Mobbing. Übel mitspielen in Organisationen

Schriftenreihe ORGANISATION & PERSONAL

Band 5 herausgegeben von Oswald Neuberger

Oswald Neuberger

Mobbing

Übel mitspielen in Organisationen

Rainer Hampp Verlag München und Mering 1999

Die Deutsche Bibliothek - CIP-Einheitsaufnahme

Neuberger, Oswald:
Mobbing : übel mitspielen in Organisationen / Oswald Neuberger. - 3., verb. u. wesentl. erw. Aufl. - München ; Mering : Hampp, 1999
(Schriftenreihe Organisation & Personal ; Bd. 5)
ISBN 3-87988-339-4

1. Auflage: 1994
2., verbesserte und erweiterte Auflage: 1995
3., verbesserte und wesentlich erweiterte Auflage: 1999

Schriftenreihe ORGANISATION & PERSONAL: ISSN 0936-7942

Liebe Leserinnen und Leser!
Wir wollen Ihnen ein gutes Buch liefern. Wenn Sie aus irgendwelchen Gründen nicht zufrieden sind, wenden Sie sich bitte an uns.

∞ *Dieses Buch ist auf säurefreiem und chlorfrei gebleichtem Papier gedruckt.*

Inhaltsverzeichnis

0. Zusammenfassung

Sozialwissenschaftliche Begriffe, die es zum Modewort gebracht haben, zeichnet neben ihrem Erklärungswert immer auch die Fähigkeit aus, aktuelle Probleme zur Sprache und ins Gespräch zu bringen. Ein solches Konzept ist Mobbing – ein Sammelbegriff für alle Arten systematisch betriebenen feindseligen, drangsalierenden und schikanierenden Verhaltens in der Arbeitswelt. Der vorliegende Beitrag geht von der journalistischen und populärwissenschaftlichen Rezeption des Begriffs aus, die vor allem von Fallberichten lebt und extreme Einzelschicksale schildert. Für die Karriere des Begriffs in Deutschland hat der Schwede *Leymann* viel getan; er ist der meistzitierte Autor und deshalb werden seine operationale Definiton des Mobbing im LIPT (Leymann Inventory for Psychological Terrorization), seine Untersuchungsergebnisse und Interpretationen referiert, mit Studien anderer AutorInnen in Beziehung gesetzt, kritisch kommentiert und mit Alternativen konfrontiert (insbesondere mit dem Entwurf eines systematischen Befragungsprogramms, das neben der Täter- auch die Opferperspektive, die Ressourcengrundlagen und strukturelle Bedingungen und Auswirkungen (Lernen) berücksichtigt). Auch auf Maßnahmen gegen Mobbing wird ausführlich eingegangen.

Die in der Mobbingliteratur vorherrschende pragmatische und opferzentrierte Argumentation wird anschließend erweitert durch die Vorstellung theoretischer Perspektiven, die die Mobbing-Diskussion an vorliegende Erklärungsansätze anzuschließen erlauben (z.B. sozialisations- und lerntheoretische, stresstheoretische, gruppendynamische, labelling- und attributionstheoretische, psychodynamische und konflikttheoretische Zugangsweisen). Mobbing sollte nicht als singuläres Phänomen betrachtet werden, sondern als allgegenwärtiger Aspekt organisierten sozialen Handelns; die Dramatik des Geschehens darf den Blick auf seine systemischen Bedingungen und Folgen nicht verstellen. Um dies zu illustrieren, wird Mobbing - für viele sicher zunächst befremdlich - aus einer mikropolitischen Perspektive als (grausames) Spiel rekonstruiert.

1. Einleitung: Krieg im Unternehmen?[1]

Dem (Deutsch-)Schweden *Leymann* ist es zu verdanken, dass das Konzept 'Mobbing' in der deutschsprachigen Öffentlichkeit intensive Resonanz gefunden hat. Seine Erfahrungen, die er als Arbeitsmediziner, Therapeut und Forscher mit Mobbingopfern gemacht hat, hat er systematisiert und veröffentlicht; darüber hinaus hat er sich mit großem Engagement für Maßnahmen gegen Mobbing eingesetzt. Seine Ini-

---

1 Vier Bücher haben einen Titel dieser Art; eines ist älteren Datums, aus der Vor-Mobbing-Zeit ("Der Krieg im Betrieb" von *Commer & Rindermann* 1977), die anderen sind aus der Gattung der Mobbing-Ratgeber, nämlich *Hesse & Schraders* (1993): "Krieg im Büro", *Brommers* (1995) "Mobbing - Psycho-Krieg am Arbeitsplatz..." und *Walters* (1993): "Mobbing: Kleinkrieg am Arbeitsplatz".

tiativen und die plastische Art seiner Darstellungen haben offensichtlich bei vielen Lesern Déjà-Vu-Erlebnisse und Betroffenheit ausgelöst; seine Ausführungen zu Verbreitung und Folgen (insbesondere Kosten) sorgten bei Verantwortlichen für Interesse an Maßnahmen der Eindämmung und Kontrolle.

In der sattsam bekannten Abfolge (Artikel in Publikumszeitschriften, Ratgeber-Bücher, wissenschaftliche Untersuchungen) hat sich das neue Schlagwort im allgemeinen Diskurs etabliert. In zum Teil recht martialischer Sprache wird die Aufmerksamkeit auf das neue Thema gelenkt [siehe die Titel der im Literaturverzeichnis aufgeführten sog. Ratgeberliteratur, der Artikel in Tageszeitungen und (Management-)Magazinen][2].

Die erste, die das Schlagwort Mobbing einer breiteren Öffentlichkeit in Deutschland nahegebracht hat, war *Monica Moebius*, die 1988 in der Zeitschrift 'Psychologie heute' ihren Beitrag mit *"Psychoterror im Betrieb"* überschrieb. Sie definiert:

> "Sozialen Stress nennen Arbeitspsychologen, was sich in der Arbeitswelt tagtäglich zwischen Kollegen und Vorgesetzten an Ärger, Streit, Schikanen und übler Nachrede abspielt. Als Psycho-Terror, der langfristig die Opfer krank macht, bezeichnet es ein schwedischer Psychologe ..." (*a.a.O.*, 32).

Ist die Mobbing-Diskussion ein weiterer Versuch, die Verschwörung des Schweigens zu durchbrechen und die häßliche Kehrseite des geschönten Bildes einer heilen, leistungsbezogenen und kooperativen Betriebswelt zu zeigen? Ist das Ganze nur für JournalistInnen und (manche) WissenschaftlerInnen ein neues Thema, ein alter Hut dagegen für alle PraktikerInnen? Oder verhält es sich wie mit dem feministischen Diskurs über sexuelle Belästigung: Der Mobbing-Diskurs schafft erst ein Mobbing-Bewußtsein und eine Atmosphäre, die es ermöglicht, gegen Mobbing vorzugehen?

Um den Neuigkeitswert der Debatte abschätzen zu können, ist es nötig, den Begriff zu klären.

2. Was ist Mobbing?

2.1 Der Mobbing-Begriff. Herkunft und Bedeutung

Mobbing leitet sich her von 'to mob', das man übersetzen kann mit (jemand) bedrängen, anpöbeln, attackieren, angreifen; über jemand herfallen; sich zusammenrotten (siehe *Willmann u.a.* 1985, 637). Ein Mob ist eine spontane, zu Schandtaten bereite Zusammenrottung.

---

2 Inzwischen ist auch ein 343-Seiten-Roman mit dem Titel "Der Mobber" (*Ralf Schäfer* 1997) erschienen. Der Autor verarbeitet darin - worüber der Autorensteckbrief am Schluss des Buchs informiert - eigene Erfahrungen: "Das Schreiben war wie eine Befreiung von dem Albdruck der Arbeitslosigkeit und eröffnete dem Autor neue Ausdrucksmöglichkeiten und Perspektiven."

Verwandte Begriffe: In Großbritannien wird schikanöses *Vorgesetzten*verhalten 'bullying' genannt (tyrannisieren, drangsalieren, schikanieren, piesacken; siehe *Adams* 1992; *Roland & Munthe* 1989; für die Variante von Mobbing, die allein von Vorgesetzten ausgeübt wird, hat sich in Deutschland das Wort 'bossing' eingebürgert); in den USA: gilt 'employee abuse' (Mitarbeiter-Misshandlung, -Missbrauch) als Dachbegriff für das, was bei uns Mobbing, Belästigung, Psychoterror etc. genannt wird. Ein Teilgebiet von Missbrauch (und Mobbing), das international in den letzten Jahren besondere Aufmerksamkeit gefunden hat, ist 'sexuelle Belästigung' (*Holzbecher u.a.* 1990, *Rastetter* 1993 bzw. 1994).

Schon vor einigen Jahren ist in deutschen Veröffentlichungen unter anderem Namen das Problem abgehandelt worden: *Löffler & Sofsky* (1986, 383ff.) erörterten ausführlich "pathogene Interpersonalität" und bereits 1979 behandelte *Althaus* die "Pathologie des sozialen Beziehungsgefüges". Diese sperrigen Ausdrücke entfalteten jedoch nicht die Publikumswirksamkeit, die ein Begriff wie Mobbing hat und vor allem haben die Autoren nicht mit *Leymann*scher missionarischer Energie die propaganda fidei betrieben.

Die erste Arbeit zu Mobbing, die mir bekannt wurde, stammt von *Heinemann* (1972)[3]. Offenbar gibt es in Schweden eine lange Tradition, an diesem Problem und mit diesem Konzept zu arbeiten. Der erste Text, der sich auf 'Mobbing' im Arbeitsverhältnis fokussierte, stammt von *Brodsky*; er hat 1976 über seine Erfahrungen als Leiter von Schiedskommissionen (California Workers' Compensation Appeals Board, Nevada Industrial Commission) unter dem Titel 'The Harassed Worker' berichtet. Es ging um Klagen von Arbeitern, die behaupteten "dass sie aufgrund schlechter Behandlung durch Arbeitgeber, Kollegen oder Kunden oder aufgrund exzessiver Leistungsforderungen krank und arbeitsunfähig wären. In einigen Fällen machten die Klageführer langdauernde, anhaltende oder völlige Arbeitsunfähigkeit geltend" (*Brodsky* 1976, XI).

---

3 *Pikas* (1989, 92) verweist darauf, daß der Begriff 'mobbing' ursprünglich von *Konrad Lorenz* geprägt worden sei, um den Angriff einer Gruppe von Tieren auf einen Eindringling zu kennzeichnen (wenn z.B. kleinere Vögel sich zusammenrotten, um eine Krähe oder ein Eichhörnchen zu vertreiben, die ein Nest plündern wollen). In den Bereich menschlichen Sozialverhaltens wurde der Begriff von dem schwedischen Chirurgen *Heinemann* übertragen, der dazu in den späten 60er Jahren Artikel und 1972 ein Bestseller-Buch geschrieben hat.
Niedl (mit Zitaten belegt, s. 1995a, 11 und 12) sowie *Leymann* (1995a, 14) haben klar gemacht, daß der Mobbing-Begriff von *Konrad Lorenz* stammt, der als kleiner Junge von einer entsprechenden Stelle in *Selma Lagerlöfs* "Wunderbare Reise des kleinen Nils Holgersson mit den Wildgänsen" so beeindruckt war, daß er sie später, dann berühmter Graugans-Forscher, wieder erinnerte und den Vorgang 'Mobbing' nannte (Nils war vor der Verfolgung durch den Fuchs durch 'Tieffluganigriffe', die Wildgänse auf den Fuchs starteten, gerettet worden).

Brodskys 'Mobbing'-Definition:

> "Harassment behavior involves repeated and persistent attempts by one person to torment, wear down, frustrate, or get a reaction from another. It is treatment that persistently provokes, pressures, frightens, intimidates, or otherwise discomforts another person ... The problem begins when harassment is excessive or when the harassee's tolerance for such treatment is low, and he experiences it as negative intimidation" (*Brodsky* 1976, 2).
>
> [Übersetzung O.N.: "Beeinträchtigendes Verhalten beinhaltet wiederholte und fortdauernde Versuche einer Person, eine andere Person zu quälen, zu zermürben, zu frustrieren oder sie zu einer Gegenreaktion zu provozieren. Es ist eine Behandlung, die eine andere Person fortdauernd provoziert, unter Druck setzt, ihr Angst einjagt, sie einschüchtert oder ihr auf andere Weise Unannehmlichkeiten bereitet ... Das Problem beginnt, wenn die Beeinträchtigung exzessiv ist oder wenn die Toleranz des Beeinträchtigten für eine solche Behandlung niedrig ist und er sie als negative Einschüchterung erlebt"].

Aus dem reich dokumentierten Text *Brodskys* ist im Beleg 1 der Fall des Lehreres *Leonard* abgedruckt, auf den ich später bei der Diskussion von Opfer-Täter-Verschränkung noch einmal zurückkommen werde.

Beleg 1: Der Fall Leonard (aus: *Brodsky* 1976)

"Leonard war ein 56 Jahre alter Lehrer, der aus seinem Beruf geekelt wurde, weil er sich nicht den damals aktuellen Verhaltensweisen und Denkhaltungen anpassen konnte. Seine Geschichte sozialer Beziehungen zeigt die Evolution eines starken Sinns für Moral und Pflicht.

Leonard und sein Bruder wuchsen im Haus einer 'Stief-Großmutter' auf, als sein Vater die Familie verließ und seine Mutter arbeiten ging. Leonard sorgte sehr für diese Frau. Seine Beziehung zu ihr war sehr stark; obwohl er z.B. mehrere College-Stipendien angeboten bekommen hatte, nahm er keines an, weil es bedeutet hätte, seine Stiefgroßmutter zu verlassen (sogar nach seiner Hochzeit lebte die Stiefgroßmutter weiterhin bei ihm und seiner Frau).

Bald nach der Hauptschule kaufte sich Leonard eine kleine Farm, sodass er, sein Bruder und seine Stiefgroßmutter zusammenleben konnten; aber es war ein verlustreiches Geschäft und er war gezwungen, die Farm wieder zu verkaufen und zur Arbeit in eine große Stadt zurückzukehren. 80 bis 90 Stunden pro Woche arbeitend, sparte er nach und nach genug Geld, um sich eine andere kleine Farm zu kaufen. Zusätzlich zu seiner Farmertätigkeit übernahm er noch einen Teilzeit-Job als Busfahrer. Einige Jahre später gab er diesen Job auf, weil er gegen das Schmiergeldwesen in der Organisation rebellierte. Obwohl einige der 'ehrbaren Bürger' in der Gegend ihn drängten, für ein öffentliches Amt zu kandidieren, lehnte er ab. Als der zweite Weltkrieg begann, nahm er eine Arbeit in einer Munitionsfabrik an.

Obwohl er verheiratet war, drei Kinder und eine kleine Farm hatte und in einer kriegswichtigen Industrie arbeitete, meldete er sich freiwillig zum Militärdienst. Er tat das, sagte Leonard, weil er eine moralische Pflicht fühlte, seinem Land zu dienen, so gut er konnte. Während seiner zwei Jahre Militärdienst erlitt er zahlreiche Verwundungen und wurde ehrenhaft als 100%ig Behinderter entlassen. Nach dem Krieg wurde er Lehrer.

Einige Jahre liefen die Dinge ganz gut. Leonard genoss das Lehren und war extrem aktiv in kommunalen und öffentlichen Dienstleistungen. Absichtlich oder unabsichtlich schlugen ihm ein paar Studenten eine Tür vor der Nase zu. Der Schlag gegen den Kopf verschlimmerte seine Taubheit, eine Folge einer Kriegsverletzung. Leonard war ein Regelpedant und als das Erziehungswesen die Krisen der sechziger Jahre durchmachte, wurden die Regeln zunehmend verbogen und er konnte sich nicht mitverbiegen. Er forderte mit Nachdruck und Beharrlichkeit, dass die Schulleiter die Regeln durchsetzen und damit bekam er wiederum mit den Leitern Schwierigkeiten. Die Studenten erkannten, dass Leonard im Clinch lag mit der Leitung und forderten ihn heraus, wohl wissend, dass die Leitung ihn nicht unterstützen würde.

In Reaktion auf Leornards Rigidität, begann die Leitung, ihn einen unverhältnismäßigen Teil unangenehmer Aufgaben zu übertragen, die als 'Latrinenjobs' berüchtigt waren. Eine solche Aufgabe war buchstäblich 'Latrinenpflicht', weil er die Jungen-Toilette zu überwachen hatte, um sicherzustellen, dass die Studenten nicht rauchten, Drogen nahmen oder tranken. Eine andere Aufgabe war die Überwachung des Studiensaals im Hinblick auf aufsässige Studenten. Unnötig zu sagen, dass er diese Aufgaben sehr ernst nahm und versuchte, die Regeln durchzusetzen. Ironischerweise wurde gerade der Lehrer, der die meisten Schwierigkeiten hatte, mit denen umzugehen, die sich nicht regelgerecht verhielten, absichtlich dazu abgeordnet, mit ihnen zu arbeiten.

Das Ende kam, als ihm übertragen wurde, die Ausfahrtstraßen der Parkplätze nach Schulschluss zu überwachen. Es gab eine Fahrspur für Schulbusse und eine Fahrspur für Studentenautos. Die Busstraße war eben, weil die Behörden nicht befürchteten, dass die Schulbusse den Parkplatz mit überhöhter Geschwindigkeit verlassen würden. Die Ausfahrtstraße für die Studenten hatte dagegen Schwellen eingebaut, sodass die Studenten langsam fahren mussten. Die Studenten wussten, dass sie in Leonard eine 'Schießbudenfigur' hatten. Die Autos flitzten an ihm vorbei. Als er das der Leitung berichtete, wurde nichts dagegen unternommen. Die Studenten begannen ihre Fahrkenntnisse zu testen, um zu sehen, wie nahe sie an ihm vorbeifahren konnten, ohne ihn umzufahren. So nahe kamen sie ihm, dass ihm einmal sogar seine Aktentasche aus der Hand gerissen wurde.

Schließlich entschloss sich der Student, der Leonard die Aktentasche aus der Hand geschlagen hatte, - trotz der Anwesenheit des Lehrers - auf der Busspur herauszufahren. Leonard war entschlossen ihn zu stoppen. Er stellte sich auf die Mitte der Strasse und winkte mit den Händen. Der Student fuhr langsam an seine Beine heran und drängte ihn rückwärts, um den Lehrer mit den Stoßstangen aus dem Weg zu schieben. Als es Leonard nicht mehr möglich war, schnell genug zurückzuweichen, versuchte er aus dem Weg zu gehen, der Student beschleunigte, erfasste mit dem Seitenspiegel den Hemdsärmel und riss Leonard um.

Er kam für fünf Tage ins Krankenhaus. Auch nach seiner Entlassung hatte er am ganzen Körper Schmerzen, Schwellungen und Abschürfungen. Trotz des Vorfalls entschloss er sich einen lange geplanten Sommerurlaub in Europa anzutreten. Wegen seiner Schmerzen war die Reise miserabel und er kehrte so schnell wie möglich zurück. Wieder zu Hause war er bestürzt zu erfahren, dass die Schulleitung nichts in der Angelegenheit unternommen hatte und dass der Staatsanwalt keine Kenntnis davon hatte. Im nächsten Herbst wurde er wieder zu 'Latrinenaufgaben' eingeteilt. Er entwickelte einen Tremor, der so schwer war, dass er als Parkinson-Krankheit diagnostiziert wurde. Seine Schmerzen steigerten sich ins Unerträgliche, die Symptome wurden ihm zuviel und er ging in Rente.

Es düfte schwer sein, einen ergreifenderen Fall von sowohl offener wie verdeckter Peinigung zu finden. Man hat das Gefühl, dass der Mann die Welt um ihn herum gerade mit seiner Rechtschaffenheit bedrohte. Er hasste Sittenverfall, er hasste Täuschung, er glaubte, jedermann sollte die Regeln befolgen und er glaubte, dass man seinem Gemeinwesen verpflichtet sei. Und er lebte alle diese Überzeugungen selbst. Aber die Arbeitswelt, in der er lebte, war eine verbogene Welt, eine Gesellschaft, die einen großen Wandel in ihren Vorstellungen von Autorität, generalisierten Beziehungen, Verhalten, sexueller Freiheit durchmachte.

Leonard wollte nach den Buchstaben eines Buchs leben, das von Tag zu Tag mehr veraltete.

Wegen Leonards Rigidität hatte ihn die Gesellschaft um ihn herum entweder zu akzeptieren und zu tolerieren oder sie musste ihn ausschließen - und sie entschloss sich zu letzterem. Sie konnte ihn nicht direkt ausschließen, aber es entwickelte sich eine unbewusste Verschwörung, ihn auszustoßen. Er wurde von seinen Fakultätskollegen aufgezogen, weil er in gewisser Weise eine Karikatur war. Wir wissen nicht, ob die Studierenden diese Einstellung vom Lehrkörper übernahmen oder ob sie von sich aus darauf kamen, dass Leonard ein gutes Ziel war. Die Auseinandersetzungen zwischen ihm und den Studierenden waren Testfälle, die zeigen sollten, ob ein solches studentisches Verhalten toleriert würde. Leonard verlor in allen Fällen und es war er, der darunter litt, nicht die Studierenden. Ihm wurden 'Latrinenaufgaben' übertragen und die Studierenden wussten das. Jeder dieser Tests war eine Einladung an die Studierenden zu weiterer Peinigung, bis schließlich das letzte, lebensbedrohende Ereignis passierte" (*Brodsky* 1976, 31-33).

Das semantische Umfeld des Begriffs Mobbing wird durch die Umschreibungen charakterisiert, die in den Texten über Mobbing auftauchen: Psychoterror, psychologische Kriegsführung, Kleinkrieg, Guerillakrieg, Grabenkämpfe, Attacken, Lust am Bösen, Kollegen-Killing, Fertigmachen, Ausmanövrieren, Kampf der Kollegen, Psychokrieg, Psychostress, Quälorgien, Büroquälereien, tägliches Martyrium, Brutalokultur, Ekelwelle, Wegekeln, Spießrutenlaufen am Arbeitsplatz, Schlammschlachten, Kesseltreiben, Treibjagd am Arbeitsplatz, Aus-Frieren, Drangsalieren, Diskreditieren, Widerwärtigkeiten, Bösartigkeiten, organisierte Gemeinheiten, Rufmord, Pöbeleien, pausenloses Kompetenzgerangel, Tratsch, Demütigungen, Nötigungen, Gehässigkeiten, Diffamierungen, Erpressungen, Schikanen, Intrigen, Machtspiele oder -kämpfe, Sticheleien, Kaltstellen, Ausgrenzen, Lächerlichmachen, "verbale(s) Kollegengemetzel... organisierte Ekelhaftigkeiten im Vorzimmer und gezielte Abschüsse ins Rentenjenseits" ... [o.V. (Der Spiegel), 1992, 59], "unter der Gürtellinie Giftspritzen des systematischen Niedermachens anzusetzen ist in Betrieben - oft unbeabsichtigt - an der Tagesordnung" (*Halama & Möckel* 1995, o.S.).

Es ist wissenschaftssoziologisch interessant sich zu fragen, warum ein Thema, das vor über fünfundzwanzig Jahren in Schweden Konjunktur hatte, heute bei uns eine solche Karriere erlebt. Zum einen zeigt es die Bedeutung, die einem zündenden Wort zukommt; 'Mobbing' ist der Aufhänger, der es erlaubt, Erfahrungen und Probleme zu thematisieren, die vorhanden waren, aber nicht als eigener Komplex ausgesondert und aufbereitet wurden. Man braucht nur die alten Texte zur Arbeitszufriedenheitsforschung zu lesen, um sich davon zu überzeugen, dass die Qualität der sozialen Beziehungen am Arbeitsplatz immer schon ein wichtiges Thema war; dies unterstreichen z.B. die Befragungen von *Levenstein* 1912, *De Man* 1927, *Herkner* 1921. Ähnlich wie andere Mode-Themen (z.B. Unternehmenskultur, Lean Management, TQM) werden bekannte Phänomene zum allgemeinen Gesprächsgegenstand, wenn sie einen Namen bekommen haben: eine Art umgekehrter Rumpelstilzchen-Effekt. Zum anderen aber spiegeln Wort und Sache den Zeitgeist wider. In der öffentlichen Diskussion spielen Fragen der Gewalt eine große Rolle; Gewalt ist im Fernsehen alltäglich geworden, sie ist präsent sowohl in Spielfilmen wie in der alltäglichen Berichterstattung über Kriege und Morde, Polizeieinsätze, Übergriffe gegen AusländerInnen, Verrohung von Jugendlichen usw. Korrespondiert der Gewalterfahrung eine Gewalterwartung und damit eine verbreitete Angst, selbst Opfer zu werden? Existiert eine Art kollektiver Paranoia, die davon ausgeht, dass jede(r) jederzeit zum Opfer gemacht werden kann und dass - nach dem Ende der 'guten Jahre' - nun allerorten die Bedrohung wächst? Tritt einem das abgespaltene eigene Böse als Äußeres (Veräußertes) unerkannt wieder gegenüber?

Gefördert wird das Interesse am Thema auch durch eine geschickte Marketing-Strategie: Der aus Niedersachsen stammende schwedische Therapeut *Leymann* hat mit Zähigkeit und Eifer das Konzept lanciert; er hat inzwischen eine "Gesellschaft gegen psychosozialen Stress und Mobbing" (mit-)begründet und plant die Ausbildung von zertifizierten Anti-Mobbing-TrainerInnen (s. für aktuelle Informationen seine homepage http://www.leymann.se). Ärzte, WissenschaftlerInnen, Gewerkschaften wurden sensibilisiert, es gab vorübergehend eine 'Mobbing-Klinik', Selbsthilfegruppen haben sich gebildet, Kontaktadressen von Beratungsstellen werden verbreitet, DAG und DGB halten für Mitglieder und Interessierte aufklärende Faltblätter und Info-Mappen bereit, der "Kirchliche Dienst in der Arbeitswelt" (KDA) der Evangelischen Kirche organisiert Aufklärungsversammlungen, Treffpunkte und Ansprechstellen, es werden Mobbingtelefone eingerichtet [s. zu alledem die Adressen im Schlussteil der Bücher von *Huber* (1993), *Leymann* (1993, 1995), *Zuschlag* (1994), *Esser & Wolmerath* (1997), *Kasper* (1998) oder in der InfoMappe von *Scharlowsky u.a.* (1994)] - ganz offensichtlich wurde ein Bedarf entdeckt oder geweckt (siehe dazu die Überlegungen in Beleg 2 auf S. 9). Nach Gewalt gegen Frauen, Gewalt in den Schulen, Kleinkrieg zwischen Nachbarn, Schikane in Behörden,

Schleifen im Militär[4], Aggression im Straßenverkehr, Gewalt im 'Milieu', hat nun auch Psychoterror bei der Arbeit ein öffentliches Forum erhalten.

Die Diskursivierung des Themas kann man aus mehreren Perspektiven interpretieren:

a) Es handelt sich um die Ent-Deckung eines bislang tabuisierten Sachverhalts, der dank unermüdlicher Bemühungen von Leuten wie *Leymann* aus der Latenz geholt wurde. Das interessierte Schweigen wird endlich durchbrochen.

b) Es wird heute tatsächlich mehr gemobbt als früher, sodass die Diskursivierung nur ein Reaktion auf einen entfesselten Kapitalismus ist, der durch soziale Kälte, egoistische und kurzsichtige Vorteilssuche, Rücksichtslosigkeit, Kostendruck, Abbaumaßnahmen etc. gekennzeichnet ist.

c) Die Zunahme von Mobbing ist eher eine Erfindung als eine Entdeckung: das Problem gab es - unter anderen Namen - schon immer (Ausbeutung, Entfremdung, Konflikte usw.). Die extreme Zunahme oder Verbreitung des Phänomens wird behauptet, aber nicht seriös belegt. Statt wie bei a) Wahrheiten - endlich - auszusprechen, wird eine dramatische Verschlechterung lediglich eingeredet.

d) Mobbing fungiert als Schlüsselwort, das im Doppelsinn assoziativ wirkt: disparate und diffuse Erfahrungen können in Verbindung und Beziehung gebracht werden. Das unverstandene Leid hat nun zumindest einen Namen, gleichzeitig wird ein Etikett oder Symbol angeboten, unter dem sich Schicksalsgenossen zusammenfinden und so ihre belastende Isolation aufheben können. Das Schlag-Wort Mobbing avanciert zum vielsagenden Anklage- oder Kampfbegriff, mit dessen Hilfe Missstände stereotypisierend angeprangert werden.

   Was *Haubl* (1998) für den Diskurs "sexueller Missbrauch in der frühen Kindheit" zu bedenken gibt, kann auch für Mobbing geltend gemacht werden: das Konzept bietet die Muster-Vorlage zur Formatierung eigener Anliegen und Probleme (nicht: Erfahrungen). Statt Erleben zum Ausdruck zu bringen, werden diskursive Arrangements bedient; sie geben vor, wie man etwas formulieren muss, um öffentliche Aufmerksamkeit zu finden.

d) In der wissenschaftlichen Diskussion kann ein neuer Name dazu benutzt werden, ein Forschungsgebiet zu arrondieren. Das hat mehrere Vorteile: Man muss sich weder mit der bisherigen Forschungsgeschichte noch mit konkurrierenden Ansätzen beschäftigen - weil man ja etwas 'Neues' untersucht - und kann sich auf diese Weise gegen Kritik immunisieren. Das mündet in die Strategie, externe KritikerInnen mit dem Argument von der Diskussion auszuschließen, sie verstünden nichts von der Sache, so wie sie die Eingeweihten nun einmal definierten.

Vielleicht ist es dieses Funktionsspektrum, das den Begriff Mobbing so attraktiv macht, weil er zugleich höchst Heterogenes leistet: Ent-Deckung und Anprangerung, Erfindung und Einrede, Verstehen und Vereinigung zusammen mit Immunisierung und Ausschließung. Nicht zuletzt: Am Mobbing-Diskurs beteiligen sich nicht nur Betroffene, sondern auch Parasiten: JournalistInnen (Artikel, Features,

---

[4] Die jährlichen Berichte des Wehrbeauftragten, in denen er das Parlament auch über Beschwerden aus der Truppe informiert, sind seit Jahren eine Fundgrube für Mobbingfälle.

Talkshows), BeraterInnen (Ratgeberliteratur, Anti-Mobbing-Kurse), WissenschaftlerInnen (Forschungsprojekte, Veröffentlichungen), TherapeutInnen (Hilfsangebote, Betätigungsfelder), GewerkschaftlerInnen, Kirchenleute und SozialpolitikerInnen (Mobilisierung und Bedienung ihrer Klientel) engagieren sich im eigenen Interesse und nach den Regeln ihres jeweiligen Gewerbes auf diesem weiten Feld.

Beleg 2: Der Mobbing-Diskurs - ökonomisch betrachtet

Einen Diskurs nennt man eine um ein Thema oder ein Konzept zentrierte Diskussion, die Aufmerksamkeit und Ressourcen auf sich fokussiert. Mobbing ist ein solcher Diskurs. Ich möchte ihn - in zugegebenermaßen polemischer Absicht - aus ökonomischer Perspektive kommentieren. 'Ökonomisch' nenne ich dabei ein Handeln, das allein verwertungslogisch orientiert ist: Ressourcen sollen effizient und effektiv eingesetzt, ein Überschuss erwirtschaftet und angeeignet werden.

Wenn Mobbing ein Produkt ist, entsteht das Problem, es marktbezogen zu konstruieren, um Kundenbedürfnisse erfüllen zu können. Nach ökonomischer Logik werden Präferenzen nicht erzeugt, sondern befriedigt. Der Mobbing-Diskurs verspricht, belastende Defizite, unter denen viele leiden, anzuprangern und zu beheben (ähnlich wie es einen Markt für Kopfschmerzmittel, Abmagerungskuren, Schönheitsoperationen etc. gibt). Für einen schöpferischen Unternehmer, der zumindest eine Zeit lang eine Monopolrente kassieren möchte, gilt es zunächst, 'schöpferische Zerstörung' zu betreiben, d.h. das bisher Dagewesene zu entwerten und sein Produkt als neu, innovativ, besonders zu etablieren. Eine wichtige Funktion hat dabei der Name: man muss sich abheben vom Gewohnten (s. die kreativen Auto-Namen, die als Kunstworte designt werden oder die Namen für neue Autofarben, die etwas Sichtbares, aber schwer benennbares, 'aufs Wort' bringen). Mobbing ist ein solch neuer, assoziationsträchtiger und unverbrauchter Begriff. Mobbing konkurriert auf einem bereits verteilten Markt um Aufmerksamkeit und Ressourcen: es muss sich daher bekannt machen. Das geschieht durch die Lancierung des Themas in den Medien; kostengünstig ist es, wenn nicht Werbeanzeigen und -spots platziert werden müssen, sondern 'kostenlos' für Bekanntheit gesorgt wird: über kontrovers diskutierte Bücher und Artikel, über Features in Zeitungen, Talkshows im Fernsehen, Edu- oder Dokutainment-Filme etc. Für die Diskursivierung ist die Kontroverse unverzichtbar, weil sie das knappe Gut Aufmerksamkeit sichert (s. *Franck* 1997). Überhaupt ins Gespräch gebracht werden (product placement) ist wichtiger als positiv dargestellt zu werden. Es werden deshalb künstlich Gegnerschaften oder Skandale etc. inszeniert (s. *Piwinger & Niehüs* 1997), Kongresse veranstaltet, Presseinformationen herausgegeben, in (Zielpublikums-)Zeitschriften reißerische Artikel lanciert. Dabei werden durchaus die Interessen mehrerer Stakeholders zugleich befriedigt: z.B. diejenigen von Verlagen, Sendern, Journalisten nach unverbrauchten Themen mit Appeal, die von Mobbing-UnternehmerInnen nach Zugang zur Öffentlichkeit, die von Mobbingopfern nach Aufklärung, Trost und Rat. Um bei zunehmendem Bekanntheitsgrad die steigende Nachfrage nach Informationen und Dienstleistungen befriedigen zu können, ist es sinnvoll, ein Vertreter-Netz aufzubauen und zugleich den wachsenden Markt für sich zu reservieren. Das erste lässt sich über die Gründung von Gesellschaften, Vereinen, Netzwerken etc. arrangieren, wobei ein geschützter Name, Zugangsbarrieren, Beitrags- und Aufnahmebedingungen und

-gebühren, Standards der Verhaltenskontrolle etc. wichtig sind. Das zweite über Kampagnen, die die 'reine Lehre' für sich reklamieren und die anderen als Kopisten, Trittbrettfahrer, Absahner, Schundproduzenten etc. diffamieren. Es ist klar, dass ein wachsender Markt Nachahmer anzieht, sodass ein neues Produkt nur kurze Zeit Monopolist ist. In dieser kurzen Spanne des Lebenszyklus gilt es, die Gewinne zu maximieren und die Grundsteine für Nachfolgeprodukte zu legen. Ökonomisch verwertbare Produkte sind Veröffentlichungen (Honorare für Bücher, Artikel; Preise für Informationsmaterial), Beratungsleistungen (Honorare für Beratung bei der Einführung von Betriebsvereinbarungen, Informationsveranstaltungen), Seminare, Schulungen, Coaching, Supervision (dabei lässt sich auch an der Professionalisierung solcher Aktivitäten verdienen, etwa durch Gebühren für die Ausbildung und Zertifizierung von TrainerInnen etc.), direkte oder indirekte Franchise-Gebühren (für die Zugehörigkeit zum Netzwerk, die Nutzung von Informationsdatenbanken, Lizenzen für Schulungs- und Präsentationsmaterial usw.). Hier vollzieht sich dann ein ähnlicher Prozess wie er z.B. von sog. Sekten in den USA vorexerziert wird: ursprünglich aus innerer Überzeugung gegründet, mutieren einige von ihnen zu profitablen Wirtschaftsunternehmen, bei denen die Einkommenserzielung (Kommerzialisierung) das ursprünglich intrinsische oder ideologische Interesse dominiert.

Um das Einkommenspotential zu skizzieren, greife ich die in der Mobbing-Literatur üblichen Zahlenspiele auf (siehe Kap. 3.5): An einem Mobbing-Taschenbuch kann man, wenn man zB. eine Auflage von 100.000 erreicht, je nach Vertragsgestaltung 100.000.- bis 300.000.- DM verdienen (bei einer investierten Arbeitszeit von mehreren Monaten). Hat man sich einen Namen als Mobbing-Experte geschaffen, kann man für Fernsehauftritte, Beratungen oder Schulungen Tageshonorare von 3000.- bis 6000.- DM und mehr berechnen (40 Beratungstage können so 120 Autorentage leicht wettmachen). Bücher und Artikel sind somit nur die Türöffner für den lukrativeren Markt der Schulung und Ausbildung. Gelingt die Professionalisierung von Ausbildung, dann lässt sich damit eine besonders gute und überdies sichere Einnahmequelle erschließen: Geht man davon aus, dass zwei Gruppen von Interessenten gewonnen und gebunden werden können, lässt sich das Marktpotential abschätzen. Einmal gibt es die Gruppe der etablierten Berater- und TrainerInnen, die ein neues Produkt anbieten, den Aufwand der Eigenentwicklung nicht treiben[5] und sich dabei aus Akquisitionsgründen zertifizieren lassen wollen, zum anderen die Betroffenen, die ihr Leid auf diese Weise verarbeiten und zu Helfern für eine bessere Zukunft werden wollen. Geht man von z.B. jährlich 300 000 Mobbingopfern aus und unterstellt, dass 5% zu Botschaftern der neuen Lehre (gemacht) werden können und setzt man eine ähnliche Größenordnung von beratend Tätigen an, von denen ebenfalls nur ein kleiner Prozentsatz an Anti-Mobbing-Angeboten interessiert ist, dann wären das - um für eine Modellrechnung eine runde Zahl zu haben - 50 000 Interessenten für die Startzeit der Markteinführung des Produkts. Gelänge es, die Ausbildung zu monopolisieren und pro Kandidat einen 2-Tages-Kurs[6] für DM 2.000.- verbindlich zu machen, ginge es um einen Markt von 100 Millionen. Auf dem Hintergrund solcher Projektionen wird verständlich, dass um diesen Markt mit harten Bandagen

5 oder - der wohl häufigste Fall - ein bereits vorhandenes Produkt unter dem neuen Namen anbieten wollen.

6 Diesbezügliche Regelungen der 'Gesellschaft gegen psychosozialen Stress und Mobbing e.V.' habe ich auf S. 103 zitiert.

gekämpft wird. Das Markt*potential* - darüber wird jedes Unternehmen, das ein neues Produkt einführt, drastisch belehrt - darf man nicht mit den tatsächlich realisierten Absatzzahlen verwechseln. Man muss hart um Marktzutritt und Kunden kämpfen, Konkurrenzanbieter verdrängen und dafür z.T. hohe Kosten in Kauf nehmen. Aber - wie bei allen Märkten - winkt den risikobereiten und erfolgreichen Entrepreneurs eine hohe Prämie. Die Rendite muss schnell erzielt werden, denn wenn die Monopolisierungsstrategie misslingt - was bei einem lukrativen und damit umkämpften Markt wahrscheinlich ist, bei dem die Zutrittsschwelle (Investitionen für eine Produktionsaufnahme) nicht hoch ist - dann wird man bald mit einem Heer von Nachahmern rechnen müssen. Überdies wird sich der volatile Markt bald neuen Produkten (Produkten mit neuem Namen) zuwenden.

2.2 Definitionen

2.2.1 Vorüberlegungen und Beispiele

Vorauszuschicken ist, dass es keine wahren oder richtigen Definitionen gibt, sondern nur zweckmäßige. Definitionen sind Vorschläge, sich auf eine bestimmte Sichtweise zu verständigen. Sie konstellieren Beschreibungen von Wirklichkeitsausschnitten zu Gestalten, die andere überzeugen sollen, die Dinge genauso zu sehen. In Abb. 1 habe ich versucht, diese Überlegung zu visualisieren, indem ich auf eine beliebte Rätselaufgabe zurückgreife, in der es darum geht, eine Reihe von nummerierten Punkten in der richtigen Reihenfolge durch eine Linie zu verbinden: aus dem Punktewirrwarr kristallisiert sich überraschend eine Figur. Bei Definitionen ist die Sache nicht ganz so einfach, weil die Wirklichkeits'punkte' leider nicht nummeriert sind. Man kann sie deshalb auf sehr verschiedene Weise verbinden, einige Punkte auslassen, in die Punktewolke immer wieder dasselbe Bild hineinsehen und -zeichnen. Es hängt von Vorwissen, Konventionen, Absichten und blinden Flecken ab, welche Muster man in 'die Wirklichkeit' hineinsieht. Darüber hinaus sind die Einzelereignisse (Punkte) nicht einfach objektiv gegeben, sondern werden von den Handelnden und Beobachtenden *erzeugt*; schon die Abgrenzung (Was ist ein *Einzel*phänomen?) ist eine beobachterspezifische und strittige Leistung.

Auf diesem Hintergrund stelle ich - bevor ich näher auf 'die Wirklichkeit' von Mobbing eingehe - zunächst einige Definitionen vor. Im Beleg 3 sind skandinavische Mobbingdefinitionen versammelt, im Beleg 4 habe ich weitere Versuche kompiliert. Am Beispiel einer Definition visualisiere ich die hohe Restriktivität, die durch die Begriffsabgrenzungen erzeugt wird. Bevor ich ausführlich auf die für die Mobbingdiskussion wichtigsten Definitionen - die von *Heinz Leymann* - eingehe, präsentiere ich kurz meinen Vorschlag.

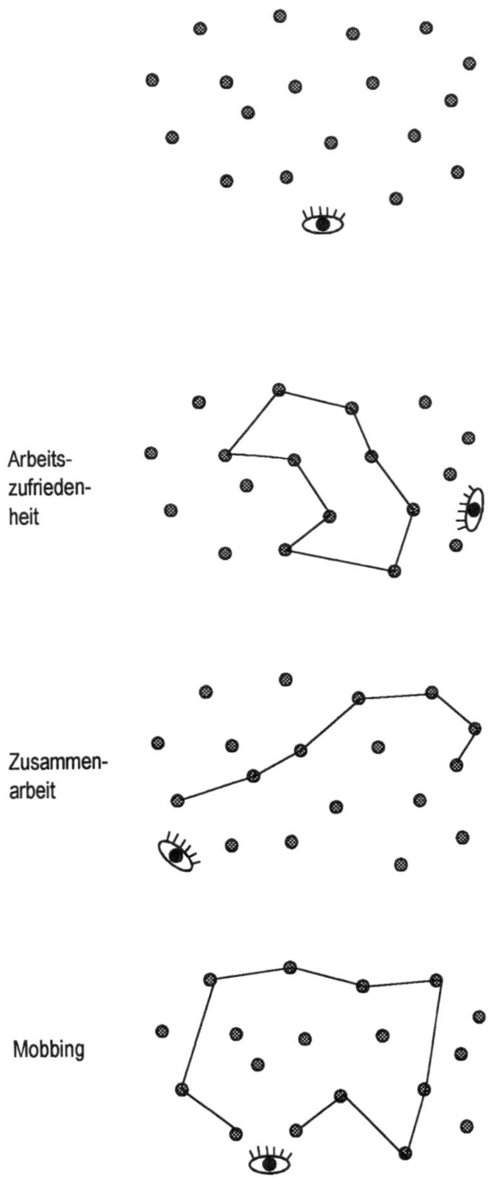

Eine Person "beobachtet" ( ) Handlungen. Dies ist keine fotografische Abbildung sondern aktive Konstruktions- oder Attributionsarbeit. Handlungen werden Personen und/oder Situationen zugerechnet und "in Zusammenhang" gebracht.
Dem Axiom "Handlungen haben einen Inhalts- und einen Beziehungsaspekt" wäre als fundamentale Voraussetzung voranzustellen: Handlungen sind ohne Beziehungen (zu Personen, Situationen und anderen Handlungen) nicht erkennbar/denkbar.

Wenn ein Beobachter eine bestimmte Handlungs-Person-Situation-Sequenz oder -Konfiguration als "Arbeits-Zufriedenheit" interpretiert, nimmt er eine Wirklichkeits-Deutung vor, d.h. er betont bestimmte Beziehungen und vernachlässigt andere.

Arbeitszufriedenheit gibt es "objektiv" genauso wenig wie es Mobbing oder Zusammenarbeit gibt. Sie sind Interpunktionen von Ereignisfolgen oder Zusammenhängen und nachfolgenden oder vorausgehenden Interpretationen.

Mobbing ist eine solche interpunktierende Interpretation (oder interpretierende Interpunktion). Sie setzt eine bestimmte theoretische Sichtweise (als Ordnung der Zusammenhänge) voraus.

Abb. 1: Mobbing als Konstrukt

Beleg 3: Skandinavische Mobbing - Definitionen

In diesem Beleg sind einige skandinavische Mobbing-Definitionen zusammengestellt, die *Klaus Niedl* in seiner informativen Dissertation zusammengestellt hat. Ich zitiere aus seiner Arbeit "Mobbing/Bullying am Arbeitsplatz. Eine empirische Analyse zum Phänomen sowie zu personalwirtschaftlich relevanten Effekten von systematischen Feindseligkeiten." (1995a) [hier: 18ff.]:

Matthiesen, Raknes & Rokkum (1989, 765) verstehen unter Mobbing, "dass eine oder mehrere Person(en) eines abgegrenzten Bereiches (Arbeitsgemeinschaft) wiederholt und über längere Zeit negativen Reaktionen oder Handlungen durch eine oder mehrere Person(en) desselben Bereiches ausgesetzt ist (sind)" (Anmerkung: Übersetzung aus dem Norwegischen, K.N.).

Thylefors (1987, 20) sieht den Kern von Mobbing darin, dass es sich dabei "um eine oder mehrere Person(en) handelt, die wiederholte Male und über längere Zeit negativen Handlungen durch ein anderes oder mehrere andere Individuen ausgesetzt ist/sind. Man zerstört auf eine systematische Art das Selbstwertgefühl und die Möglichkeiten einer Person".

Das *National Board of Occupational Safety and Health* (1993, 3) definiert: "Recurrent reprehensible or distinctly negative actions which are directed against individual employees in an offensive manner and can result in those employees being placed outside the workplace community".

[Übersetzung O.N.: "Wiederkehrende kritikwürdige oder eindeutig negative Handlungen, die in offensiver Weise gegen einzelne Mitarbeiter gerichtet sind und dazu führen können, dass diese Mitarbeiter aus der Arbeitsgemeinschaft ausgeschlossen werden."

Björkqvist, Österman & Hjelt-Bäck (1994, 1): "Repeated activities (aggression), with the aim of bringing mental, but sometimes also physical, pain, and directed towards one or more individuals who, for one reason or another, are not able to defend themselves, will in the following be defined as harassment".

[Übersetzung O.N.: "Im folgenden werden wiederholte Aktivitäten (Aggression) als 'Beeinträchtigung' definiert, wenn sie das Ziel haben, mentale und manchmal auch körperliche Qualen zu bereiten; sie sind gegen eine oder mehrere Person(en) gerichtet, die aus dem einen oder anderen Grund nicht in der Lage ist/sind, sich selbst zu verteidigen."]

Hjelt-Bäck (1992, 4) verwendet den Begriff "trakassering" (schwedisch für Schikane) und bezeichnet damit "negative und unrechte Handlungen, die von einem Individuum oder mehreren Individuen gegen ein anderes oder mehrere andere Individuen, welche sich nicht verteidigen können, ausgeführt werden. Die mangelnde Verteidigungsmöglichkeit kann z.B. auf der Stellung des Individuums in der Organisation oder darauf beruhen, dass es sich nicht sozial verteidigen kann (z.B. weil die Widersacher eine Gruppe bilden)".

Einarsen & Raknes (1991, 10) sprechen dann von Mobbing, wenn "eine Person oder mehrere Personen häufiger über eine Zeitlang negativen Handlungen (Schikane, Isolation, Kränkungen etc.) von einer anderen oder mehreren anderen Personen ausgesetzt ist bzw. sind. Weiters muss ein Ungleichgewicht im Stärkeverhältnis vorhanden sein, sodass das Mobbing-Opfer es schwer hat, sich zu verteidigen. Man spricht nicht von Mobbing, wenn etwa zwei gleich starke Personen einen Konflikt austragen, oder wenn es sich um kleine Konfliktepisoden handelt" (Anmerkung: Übersetzung aus dem Norwegischen, K.N.).

Beleg 4: Sonstige Mobbing-Definitionen

"Unter Mobbing am Arbeitsplatz werden Handlungen einer Gruppe oder eines Individuums verstanden, denen von einer Person, die diese Handlungen als gegen sie gerichtet wahrnimmt, ein feindseliger, demütigender oder einschüchternder Charakter zugeschrieben wird. Die Handlungen müssen häufig auftreten und über einen längeren Zeitraum andauern. Die betroffene Person muss sich zudem aufgrund wahrgenommener sozialer, ökonomischer, physischer oder psychischer Charakteristika außerstande sehen, sich zu wehren oder dieser Situation zu entkommen" (*Niedl* 1995a, 23).

"Ich definiere Gewalttätigkeit oder Mobben allgemein wie folgt: Ein Schüler oder eine Schülerin ist Gewalt ausgesetzt oder wird gemobbt, wenn er oder sie wiederholt und über eine längere Zeit den negativen Handlungen eines oder mehrerer anderer Schüler oder Schülerinnen ausgesetzt ist ..." (Olweus 1995, 22).

Walter bietet eine "praxisrelevante" Mobbing-Definition (1993, 38):

"Mobbing bezeichnet Konflikte,

- bei denen alle nur verlieren;
- bei denen auf die Dauer einzelne Personen deutlich unterliegen. Und zwar nicht nur in bezug auf diesen einen Konflikt, sondern mit ihrer ganzen Persönlichkeit;
- die nichts mehr mit der Suche nach einer Lösung, einem Kompromiss zu tun haben, sondern die nur um ihrer selbst willen geführt werden;
- die aus unsichtbaren, irrationalen Interessen geführt werden;
- bei denen Verhaltensweisen an den Tag gelegt werden, die alle Parteien grundsätzlich verurteilen und für die beide Seiten keine Verantwortung übernehmen;
- bei denen die Parteien sich gegenseitig für die Eskalation verantwortlich machen;
- bei denen ein sichtbarer Streitgrund, der rational zu lösen wäre, nicht oder nicht mehr erkennbar ist;
- bei denen alle Beteiligten eine rationale Auseinandersetzung ablehnen und auf der in ihren Augen berechtigten emotionalen Position bestehen;
- die sich durch beiderseitige Hilflosigkeit auszeichnen."

"Mobbing ist die regelmäßige und gezielte Beeinträchtigung von Menschen im Arbeitsbereich, die zu massiven Störungen im seelischen und körperliche Bereich führen kann, aber nicht muss" (*Waniorek & Waniorek* 1994, 65).

(Mobbing) "... steht für latent vorhandene, nicht offen in Erscheinung tretende Konflikte am Arbeitsplatz oder - sehr vereinfacht ausgedrückt - für Querelen unter Arbeitskollegen" (*Kraus & Kraus* 1993, 41f.).

"Mobbing beinhaltet, dass jemand am Arbeitsplatz von Kolleg/Innen, Vorgesetzten oder Untergebenen schikaniert, belästigt, drangsaliert, beleidigt, ausgegrenzt oder beispielsweise mit kränkenden Arbeitsaufgaben bedacht wird und der oder die Mobbingbetroffene unterlegen ist. Wenn man etwas als Mobbing bezeichnen möchte, dann muss dies häufig und wiederholt auftreten (z.B. mindestens einmal pro Woche) und sich über einen längeren Zeitraum erstrecken (mindestens ein halbes Jahr). Es handelt sich nicht um Mobbing bei einmaligen Vorfällen. Es handelt sich auch nicht um Mobbing, wenn zwei etwa gleich starke Parteien in Konflikt geraten" (*Zapf* 1997, 7).

"Mobbing stellt einen sozialen Konfliktprozess dar, in dessen Verlauf mit zunehmender Eskalation eine Personifizierung von Streitpunkten stattfindet. Der Ursprung der Entstehung liegt primär in strukturellen und sozialen Faktoren, die sich auf das Verhaltensmuster der am

Konfliktprozess beteiligten Personen auswirken. Die dabei gezeigten Konfliktverhaltensweisen sind gekennzeichnet durch systematische feindselige Handlungen, die von einem Individuum oder einer Gruppe nachhaltig gegen eine bestimmte Person gerichtet werden, welche dem Konflikt auf Dauer deutlich unterliegt und für diese Person wie auch für den Betrieb negative Folgen mit sich bringen" (*Prosch* 1995, 21).

In Anlehnung an *Leymanns* Mobbing-Definition formuliert *Brauchle* eine Variante, bei der der zweite Satz von besonderer Bedeutung ist: "Der Begriff 'Mobbing' beschreibt kommunikative Handlungen, die gegen eine Person gerichtet sind (von einem oder mehreren anderen) und die für eben die Person nachhaltig negative Konsequenzen haben. Dabei werden in Abhängigkeit vom jeweiligen sozialen Kontext Normen und Regeln sozialen Handelns verletzt" (*Brauchle* 1995, 6).

In diesem Zusammenhang ist auffällig, dass die Diskussion zur 'Sexuellen Belästigung' in der Mobbing-Literatur bislang nur oberflächlich rezipiert wurde. Es sei deshalb auch die Definition angeführt, die *Monika Holzbecher u.a.* (1990) in ihrer vom Bundesminister für Jugend, Familie, Frauen und Gesundheit herausgegebenen Studie anbieten (*a.a.O.*, 52):

"Sexuelle Belästigung kann also nur in bezug auf die Auswirkungen definiert werden, die der jeweilige Übergriff auf die betroffene Frau und die Arbeitsatmosphäre unter den übrigen Beschäftigten hat. Verhaltensweisen, die als belästigend empfunden werden, enthalten vier wesentliche Komponenten:

- Das Bedürfnis der Frau nach Distanz und Selbstbestimmung im Berufsalltag wird übergangen.
- Sexistisches Verhalten zwingt die Frau in eine unterlegene Position, die sie als herabwürdigend und verletzend empfindet.
- Der Betroffenen stehen oft keine Verhaltensmuster zur Verfügung, mit denen sie adäquat und zufriedenstellend reagieren kann.
- Aus der Belästigungssituation kann sich eine Betroffene häufig nicht befreien, ohne negative Folgereaktionen in ihrem beruflichen Umfeld zu riskieren."

2.2.2 Zur Analyse einer Mobbing-Definition - ein Beispiel

Die von *Leymann* mitbegründete "Gesellschaft gegen psychosozialen Stress und Mobbing e.V." hat folgende Definition vorgeschlagen (s. *Leymann* 1995a, 18):

> "Unter Mobbing wird eine konfliktbelastete Kommunikation am Arbeitsplatz unter Kollegen oder zwischen Vorgesetzten und Untergebenen verstanden, bei der die angegriffene Person unterlegen ist (1) und von einer oder einigen Personen systematisch, oft (2) und während längerer Zeit (3) mit dem Ziel und/oder dem Effekt des Ausstoßes aus dem Arbeitsverhältnis (4) direkt oder indirekt angegriffen wird und dies als Diskriminierung empfindet."

Am Beispiel dieser Definition, die wesentliche Gedanken anderer Definitionen zusammenfasst, möchte ich die Abgrenzungen visualisieren, die jede hierarchisierende De-Finition vornimmt. Die Abgrenzungen sind in Abb. 2 dargestellt und nummeriert.

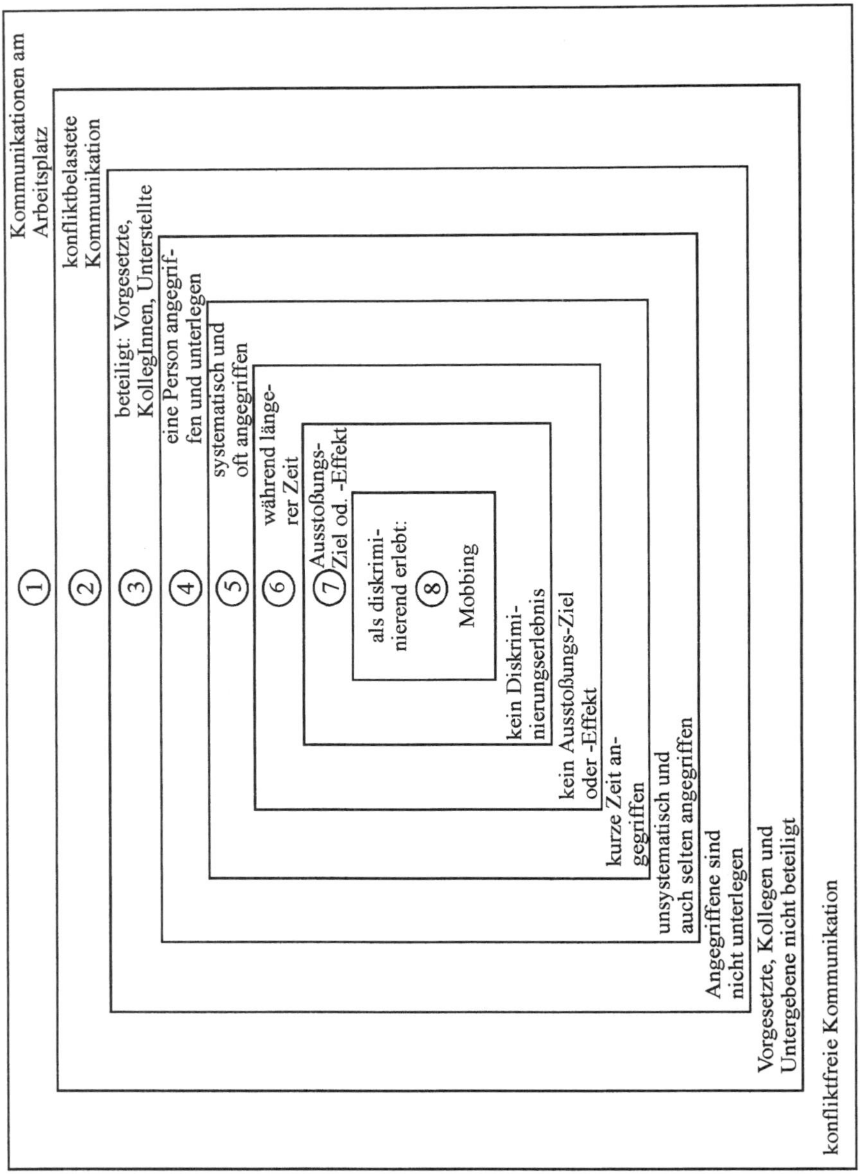

Abb. 2: Die Ab-Teilungen einer Mobbing-Definition

Das logische Schema (Identität durch Differenz), das der Abb. 2 zugrunde liegt, sei kurz erläutert:

① Die Definition bezieht sich auf 'Kommunikation am Arbeitsplatz'; damit ist ein relativ enges Feld bestimmt, das man z.B. von 'Kommunikation generell' oder 'Kommunikation im Arbeits*verhältnis*' oder von der Gesamtheit 'kommunikativer und nichtkommunikativer Akte bei der Arbeit' absetzen kann. Durch diese Akzentsetzung werden jedenfalls nichtkommunikative Akte (körperliche Angriffe, Sabotage) ausgeblendet.

② Die Kommunikation wird nun spezifisch eingeschränkt durch das Adjektiv 'konfliktbelastet'. Alle anderen Kommunikationen (z.B. neutrale, humorvolle, sachliche etc.) bleiben unberücksichtigt.

③ Des weiteren geht es nur um jene konfliktbelasteten Kommunikationen, die unter KollegInnen oder zwischen Vorgesetzten und Untergebenen stattfinden; nicht thematisiert werden z.B. Kommunikationen mit KundInnen, Behörden, UnternehmensberaterInnen etc.

④ Die Kommunikationen sind weiterhin dadurch spezifiziert, dass eine Person angegriffen wird und dabei *unterlegen* ist; alle konfliktären Kommunikationen, in denen die Person sich durchsetzt oder gleichwertige Partnerin ist, werden nicht behandelt.

⑤ Die Person wird angegriffen (von einer Person oder einigen Personen) und zwar 'systematisch, oft'. Als irrelevant werden somit einmalige, seltene, zufällige und unsystematische Attacken ausgeschlossen.

⑥ Die Angriffe müssen zudem 'während längerer Zeit' erfolgen, d.h. dass z.B. eine intensive oder massive, aber nur kurzfristige (z.B. vierwöchige) Aggression nicht zum Gegenstandsbereich zählt.

⑦ Das (intendierte) Ziel oder der (nichtintendierte) Effekt ist 'Ausstoß aus dem Arbeitsverhältnis'. Nicht als Mobbing gilt, wenn jemand 'nur' gedemütigt, als Prügelknabe benutzt oder lächerlich gemacht wird, aber das aushält, ohne aus dem Unternehmen auszuscheiden.

⑧ Schließlich qualifiziert sich eine derart bestimmte konfliktbehaftete Kommunikation nur dann als Mobbing, wenn sie das Opfer als 'diskriminierend empfindet'. Werden dauerhafte, systematische Attacken, die in Ausstoßungsabsicht erfolgen von der unterlegenen Person als 'üblich' oder 'verdient' erlebt, merkt sie sie wegen hoher Frustrationstolerenz gar nicht oder genießt sie sie gar masochistisch, dann hat kein Mobbing stattgefunden.

Das Schema führt plastisch vor Augen, dass Mobbing bei dieser Definition auf einen sehr kleinen Teil von *Interaktionen* in Organisationen eingeschränkt ist (bezogen auf die Myriaden von Interaktions- oder Kommunikationsakten, die z.B. während eines Jahres in einer Unternehmung stattfinden). Selbst wenn man nicht die Zahl der Interaktionen, sondern die der betroffenen *Personen* erfasste (was durch die Definition nicht gedeckt wäre!), ist mit einem sehr geringen Prozentsatz zu rechnen (siehe dazu unten). Nun ist - um eine Parallele zu ziehen - auch der Anteil der Morde an allen Straftaten oder allen Interaktionen in einer Gesellschaft sehr niedrig und dennoch finden sie hohe Aufmerksamkeit und werden mit besonderem Aufwand aufgeklärt und geahndet. Die buchstäbliche Exklusivität einer Definition ist kein Argument gegen die Bedeutsamkeit des Phänomens, sondern ureigenster Sinn einer Bestimmungsleistung. Das Spannungsverhältnis besteht vielmehr zwischen einer normativen (oder ethischen) und einer ökonomischen Perspektive: Welche spezifische gesellschaftliche Beachtung soll ein Phänomen finden und wieviel Aufwand soll zu seiner Kontrolle getrieben werden - beides angesichts der Tatsache, dass Mobbing mit einer nahezu unübersehbaren Zahl weiterer Probleme um Aufmerksamkeit konkurriert.

2.2.3 Meine Mobbingdefinition

Bevor ich auf Definitionsstrategien *Leymanns* eingehe, stelle ich meine Definition von Mobbing vor:

"Jemand spielt einem übel mit und man spielt wohl oder übel mit."

Zur Erläuterung der Definitionsbestandteile

- *Jemand*: eine Person oder Personmehrheit (Alternative: *etwas* - um die strukturelle oder objektive Verursachung zu markieren);
- *einem*: gemeint ist Mehrfaches: '*eine* (1) Person', 'einem selbst', 'einer anderen Person' (Alternative: *mehreren*).
- *übel*: die Handlungen *sind* übel; das zeigt sich daran, dass sie von der betroffenen Person als 'negativ' bewertet werden, für sie negative Folgen haben *und* von Dritten, die mit den Werten und Normen des Kollektivs vertraut sind, dem die Zielperson angehört, als 'übel' betrachtet werden (als verletzend, kränkend, schädigend, beeinträchtigend, ängstigend, terrorisierend, drangsalierend, quälend, arg- oder hinterlistig, schikanös, sadistisch, heimtückisch, hinterhältig, ausgrenzend, isolierend, intrigant, bösartig, repressiv, ärgerlich, frustrierend, unterdrückend, unfair, unmoralisch etc. (Alternative: allein die *Absicht* ist übel);
- *mitspielen*: es geht um Aktivitäten oder *Handlungen* (Alternativen: Geschehnisse, Zustände, Strukturen).

Bislang unterscheidet sich die Definition praktisch nicht von der *Leymanns* (siehe das Zitat auf S. 20f.). Der entscheidende Unterschied liegt im zweiten Halbsatz. Es wird noch zu erläutern sein (siehe 7. Kapitel), dass diese Akzentsetzung in eine theoretische (nämlich: mikropolitische) Konzeption eingebettet ist, die *beiden* Parteien Aktivität und Kreativität zuschreibt und nicht die eine Seite (Opfer) zum passiven Empfänger der Initiativen der anderen Seite (Täter) macht.

Die Begriffe im Einzelnen:

- *und*: Mobbing liegt erst vor, wenn übel mitgespielt wird *und* die Zielperson und weitere Beteiligte dabei mitmachen (Alternative: Mobbing ist durch die *Täter*handlungen abschließend definiert);
- *man*: das Opfer bzw. Objekt des Spiels und alle Beteiligten (TäterInnen, dritte, Parteien, passive ZuschauerInnen) (Alternative: nur eine der Parteien wird herausgegriffen, z.B. die höheren Vorgesetzten, der Betriebsrat, die KollegInnen etc.);
- *wohl oder übel*: sowohl unfreiwillig wie entweder gekonnt oder schlecht (Alternative: *nicht*);
- *mitspielen*: Dies ist der entscheidende Teil der Definition. Es wird nicht davon ausgegangen, dass das designierte Opfer passiv leidet (Alternative!), sondern dass es Abwehrstrategien oder sogar Gegenmobbing einsetzt. Mobbing ist somit keine einseitige Täter-Opfer-Relation, sondern ein dynamisches Hin und Her von Attacke und Gegenwehr, bei dem erst am (vorläufigen) Ende bilanziert und zugeschrieben (Sieger - Verlierer, Täterin - Opfer) werden kann.

  Dieser letzte Aspekt der Definition wird unten (siehe Kapitel 2.3 und Kapitel 7 ausführlich besprochen). Dort werden dann auch Fragen bzw. Probleme der Operationalisierung behandelt.

Ein Kernpunkt jeder Mobbing-Definition ist die nähere Beschreibung des 'Übels'. Sie ist nach meiner Meinung bedeutsamer als die pseudoexakte Festlegung von Fristen ('mindestens ½ Jahr') und Frequenzen ('1 mal wöchentlich'). Mobbing überfordert die Bewältigungsmöglichkeiten einer Person - und diese können beim einen Menschen schon nach wenigen Wochen, bei anderen erst nach Jahren erschöpft oder so sehr absorbiert sein, dass für andere Lebensinhalte keine Kraft mehr vorhanden ist. Diese Relativität gilt auch für das Kriterium 'Intensität': was für eine Person eine Lappalie ist, erschüttert bei einer anderen die Grundfesten. Ob eine systematische zerstörerische Feindseligkeit vorliegt, kann deshalb nicht nach behavioristischen Kriterien objektiver Beobachtbarkeit entschieden werden, weil die subjektive Überforderung das Maß der Dinge (und Taten) ist. Ich werde unten - bei der Diskussion eines Vorschlags für ein Mobbing-Analyse-Programm (siehe Kap. 5) - mein konzeptionelles Raster zur Erfassung des Mobbinggeschehens vorstellen. An dieser Stelle sei schon verkürzend vorweggenommen, dass Mobbing drei Angriffsbereiche (personale, interpersonale und apersonale) hat, deren spezifische Konsequenzen das (dreifache) Übel ausmachen:

- personal: *Entwertung* (Herabwürdigung, Ver- und Missachtung, Desorganisation),
- interpersonal: *Ausgrenzung* (Ausschluss, Ausstoßung, Isolation, Ver-Feindung),
- apersonal: *Zerstörung* (oder Entzug) der Arbeitsgrundlagen (ziellos, sinnlos, erfolglos, wertlos und unter unzumutbaren Bedingungen arbeiten müssen).

In besonders extremen Fällen erfolgt die Beeinträchtigung in allen drei Bereichen in gravierender Weise (in der folgenden Abbildung durch das große Dreieck symbolisiert); die Bewältigungsmöglichkeiten können aber auch schon extrem beansprucht oder überfordert sein, wenn in nur einem Bereich erhebliche Beeinträchtigungen erlebt werden (s. das kleinere Dreieck).

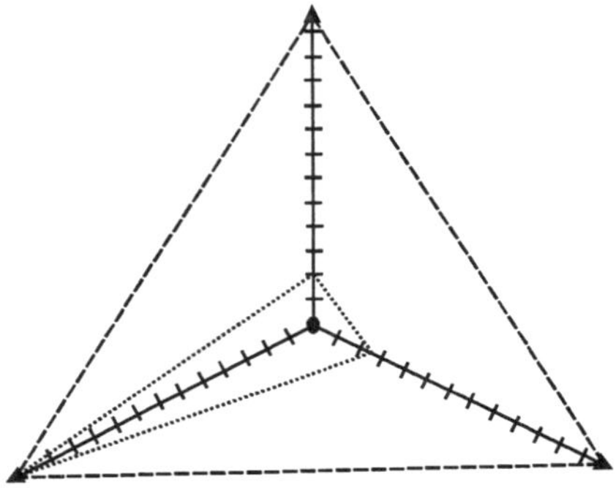

2.2.4 *Leymanns* Definitionen von Mobbing

Die meisten Mobbing-Definitionen in der deutschsprachigen Literatur beziehen sich ausdrücklich auf die von *Leymann*. Sie liegt in mehreren Varianten vor; es lässt sich eine abstrakte und eine operationale Akzentsetzung unterscheiden.

Die abstrakte Definition, die den konzeptionellen Rahmen vorgibt:

> "Meine Definition von Mobbing (oder gleichartiger Bezeichnungen) lautet: negative kommunikative Handlungen, die sich gegen eine oder mehrere Person(en) richten und sehr häufig über längere Zeit auftreten" (*Leymann* 1989, 7; in der Übersetzung aus dem Schwedischen zitiert in *Niedl* 1995a, 19).

Zwischen der allgemeinen und der operationalen (s.u.) liegt die folgende Definition (*Leymann* 1993c, 5):

> "Psychoterror oder Mobbing im Arbeitsleben stellt eine feindliche und unethische Arbeitskommunikation dar, welche systematisch von einer oder mehreren Personen vorwiegend gegen ein Individuum gerichtet ist. Mobbing erfordert, dass eine Person in diesem Konflikt sehr unterlegen ist, und dass die Aktionen oft stattfinden (fast jeden Tag, doch mindestens einmal in der Woche) und über einen langen Zeitraum (während mehrerer Monate)."

Operational definiert *Leymann* Mobbing wie folgt:

> "Von Mobbing am Arbeitsplatz spricht man, wenn eine Person von einer oder mehreren von 45 operativ beschriebenen Handlungen belästigt wird und zwar mindestens einmal in der Woche während mindestens eines zusammenhängenden halben Jahres" ... "Die 45 Handlungen sind gekennzeichnet dadurch, dass hinter ihnen negative Absichten stecken

und/oder[7], dass sie als sehr negativ empfunden werden. Die Auflistung dieser Handlungen war das Resultat von ca. 300 Interviews. Aufgrund dieser Liste wurde dann ein Fragebogen konstruiert und validiert" (*Leymann* 1993a, 272).

Auf diese operationale Definition gehe ich in einem eigenen Kapitel (2.2.6) näher ein, in dem ich den *Leymann*schen Fragebogen ausführlich bespreche. An dieser Stelle geht es mir zunächst um eine Inhaltsanalyse.

Entscheidend sind die folgenden Merkmale (dass *Leymanns* Definition gehalt- und voraussetzungsvoll ist, habe ich - analog dem obigen Exkurs - dadurch veranschaulicht, dass ich in Klammern Alternativen angeführt habe, die *Leymann* in seinen Definitionen *ausschließt*):

- *eine* Person ist Zielscheibe von Attacken anderer (Alternative: eine ganze Gruppe oder Abteilung wird gemobbt);
- die Angreifenden können *eine oder mehrere* Person(en) sein (Alternative: 'strukturelles Mobbing', z.B. benachteiligende, beeinträchtigende, schädliche Arbeitsbedingungen);
- es geht um (Arbeits-)*Kommunikation* (Alternative: gewalttätige körperliche Übergriffe; jemand vergewaltigen, foltern, töten. Zwar ist, weil man nicht nicht kommunizieren kann, dies *auch* Kommunikation, vor allem aber ist es eine Versehrung der leiblichen Integrität und Selbstbestimmung. Analoges wäre zu sagen zu Mobbinghandlungen wie Diebstahl, Sabotage und ähnlichem); verwirrend ist zudem, dass in *Leymanns* Mobbing-Fragebogen LIPT auch *Nicht*kommunikation als Mobbing gilt (s. die Items in Beleg 5: jemand wie Luft behandeln, sich nicht ansprechen lassen, man spricht nicht mehr mit der betroffenen Person usw.);
- die (Mobbing-)Handlungen sind *feindlich* oder *unethisch*; hinter ihnen stecken *negative Absichten* und/oder sie werden *negativ empfunden* (Alternative: gutgemeinte, überfürsorgliche, infantilisierende Bevormundung);
- die Handlungen erfolgen *systematisch* (Alternative: einzelne gravierende 'Fehltritte' oder impulsive ungeplante Ausbrüche);
- *Häufigkeit* und *Dauer* der Angriffe sind wichtig (Alternative: Intensität der Feindseligkeit);
- die angegriffene Person ist *sehr unterlegen* (Alternative: die Person wehrt sich und geht gestärkt - oder gar als Siegerin - aus der Auseinandersetzung hervor).

---

[7] Mit der Und/Oder-Formulierung behält sich *Leymann* eine extrem weite Definition vor, weil sowohl Täter-Absichten wie Opfer-Erleben die Negativität ausmachen können. Wie immer eine Handlung gemeint war, sie kann negativ ankommen, und wenn sie in negativer Absicht erfolgte, aber so nicht erlebt wurde: es ist trotzdem Mobbing! Mit Adjektiven wie 'negativ', 'feindlich', 'unethisch' wird vorausgesetzt, dass in dem Kollektiv, in dem sich Mobbing ereignet, übereinstimmende Bewertungsmaßstäbe existieren. Die Maßnahme eines Vorgesetzten zur Verschärfung des Leistungsdrucks kann jedoch von einer Partei als notwendige konstruktive Vorsorge zur Sicherung der Überlebensfähigkeit der Einheit, von einer anderen Partei als willkürlich, repressiv oder ausbeuterisch erlebt/etikettiert werden.

Inzwischen hat *Leymann* noch eine weitere Begriffsvariante beigesteuert, die eng an seinem Verlaufsmodell orientiert ist (s. dazu ausführlich unten Kap. 3.4.1). Während in früheren Fassungen (lediglich) die zweite Phase dieses Ablaufmodells als 'Mobbing' galt (im Sinne einer Steigerung der Feindseligkeiten und ihrer systematischen Praktizierung, siehe *Leymann* 1993, 60), ist nun der *gesamte Prozess* Mobbing (*Leymann* 1995a, 17-18). In Bezug auf den 'Krankheitsverlauf der Mobbingopfer' schreibt er, dass schon die erste Phase der 'Beginn des Mobbing' ist. Zur zweiten Phase ["Nach einem halben Jahr Mobbing"(!)] notiert *Leymann* (1995c, 48): "Dieser Zeitpunkt ist einmal als statistischer Grenzpunkt in der Definition des Mobbing gewählt worden (für den Praktiker ist natürlich auch ein Verlauf von kürzerem Zeitraum interessant und sollte auch zu Maßnahmen führen). Zum anderen wird diese Zeitabgrenzung oft in der Literatur im Zusammenhang mit posttraumatischen psychischen Problemen genannt ..." Als dritter Abschnitt wird wiederum ein Zeitraum genannt ["Nach ca. 1 - 2 Jahren" (*a.a.O.*, 48)], in dem sich die mentalen und psychosomatischen Symptome vertiefen und ausbreiten. Schließlich ("Nach ca. 2 bis 4 Jahren") scheinen sich die Beschwerden zu chronifizieren; sie können mit den derzeitigen Methoden der Rehabilitation nicht mehr rückgängig gemacht werden (*a.a.O.*, 50). Diese verschiedenen Akzentsetzungen lassen eine Problematik erkennen, auf die noch einzugehen sein wird: Kann Mobbing nur von einem bestimmten Ergebnis her *retrospektiv* diagnostiziert werden (wenn also der Endpunkt der 'Ausstoßung' erreicht wurde - und nur dann) oder ist 'schon' anhaltendes und systematisches Schikanieren Mobbing (auch wenn sich das Opfer erfolgreich wehrt und der *Täter* ausgestoßen wird)?

2.2.5 Das "*Leymann* Inventory for Psychological Terrorization" (LIPT)

Was Art oder Inhalte der Mobbinghandlungen anbelangt, so schlägt *Leymann* einmal drei Kategorien vor (1993a) oder aber - häufiger - fünf (1993, siehe dazu den Beleg 5).

> "Die Handlungen lassen sich in drei Gruppen von Verhaltensformen zusammenfassen, die beim Streit die Funktion haben, die Zielperson - in feindlicher Absicht - zu manipulieren. Es gibt eine Gruppe von Handlungen, die die *Kommunikation* mit der angegriffenen Person ins Absurde treibt oder sie gänzlich verkümmern lässt (schreien, beschimpfen, ständige unbefugte Kritik über Arbeitseinsätze oder Privatleben; Telefonterror; man wird nicht mehr angesprochen, der Kontakt wird verweigert, man wird wie Luft behandelt, es wird getuschelt usw.). Mit einer anderen Gruppe von Handlungen zielt man auf das *Ansehen* der Person ab, das es zu zerstören gilt (Klatsch, Beleidigen, Lächerlichmachen von z.B. körperlichen Behinderungen, öffentliches Verhöhnen von z.B. Lebensauffassungen, Ansichten usw., Kränkungen). Und mit Handlungen der dritten Gruppe manipuliert man den *Arbeitseinsatz* der Zielperson, etwa um diese zu bestrafen (man bekommt sinnlose Arbeitsaufgaben, oder gar keine, oder tief kränkende, oder besonders gefährliche etc.). Eine Reihe dieser Handlungen kann man sehr wohl in der alltäglichen zwischenmenschli-

chen Kommunikation wiedererkennen (z.B. 'wie Luft behandeln'), oder bei zufälligem Streiten. Wenn ein solches Verhalten jedoch gezielt, oft und lange Zeit durchgeführt wird, sollte es Mobbing genannt werden" (*Leymann* 1993a, 273f.).

Für sein Anliegen, die allgemeine Aufmerksamkeit auf das Mobbing-Phänomen zu lenken, bevorzugt *Leymann* dramatische Falldarstellungen, eindrucksvolle Hochrechnungen der Kosten und Folgen und drastische Aussagen [wie z.B. dass man damit rechnen muss "... dass über die Jahre hinweg Hunderttausende von Menschen bis zur Arbeitsunfähigkeit 'zermobbt' werden" (1993, 107)] oder Forderungen, wie etwa die, dass Mobbing als 'Körperverletzung' verfolgt werden sollte (*a.a.O.*, 127) und dass die durch Mobbing erworbenen psychischen Erkrankungen als 'Berufskrankheit' angesehen werden sollten (*a.a.O.*, 115).

Was man sich konkret unter Mobbing vorzustellen hat, wird im LIPT (Leymann Inventory for Psychological Terrorization) vorgestellt. Es enthält jene 45 Handlungstypen, die *Leymann* in seinen Fallstudien gefunden hat. Im Folgenden zitiere ich in Beleg 5 die Aufstellung, die *Leymann* in seinem Buch (1993, 33-34) abgedruckt hat [Die Item-Nummern sind von mir hinzugefügt; die Kategorien-Nummern habe ich in römischen Ziffern gedruckt].

Beleg 5: *Leymanns* operationale Mobbing-Definition durch 45 Mobbing-Handlungen

I. Angriffe auf die Möglichkeiten, sich mitzuteilen:

1. Der Vorgesetzte schränkt die Möglichkeiten ein, sich zu äußern.
2. Man wird ständig unterbrochen.
3. Kollegen schränken die Möglichkeiten ein, sich zu äußern.
4. Anschreien oder lautes Schimpfen.
5. Ständige Kritik an der Arbeit.
6. Ständige Kritik am Privatleben.
7. Telefonterror.
8. Mündliche Drohungen.
9. Schriftliche Drohungen.
10. Kontaktverweigerung durch abwertende Blicke oder Gesten.
11. Kontaktverweigerung durch Andeutungen, ohne dass man etwas direkt ausspricht.

II. Angriffe auf die sozialen Beziehungen:

12. Man spricht nicht mehr mit dem/der Betroffenen.
13. Man lässt sich nicht ansprechen.
14. Versetzung in einen Raum weitab von den Kollegen.
15. Den Arbeitskollegen/innen wird verboten, den/die Betroffene/n anzusprechen.
16. Man wird 'wie Luft' behandelt.

III. Angriffe auf das soziale Ansehen[8]:

17. Hinter dem Rücken des Betroffenen wird schlecht über ihn gesprochen.
18. Man verbreitet Gerüchte.
19. Man macht jemanden lächerlich.
20. Man verdächtigt jemanden, psychisch krank zu sein.
21. Man will jemanden zu einer psychiatrischen Untersuchung zwingen.
22. Man macht sich über eine Behinderung lustig.
23. Man imitiert den Gang, die Stimme oder Gesten, um jemanden lächerlich zu machen.
24. Man greift die politische oder religiöse Einstellung an.
25. Man macht sich über das Privatleben lustig.
26. Man macht sich über die Nationalität lustig.
27. Man zwingt jemanden, Arbeiten auszuführen, die das Selbstbewußtsein verletzen.
28. Man beurteilt den Arbeitseinsatz in falscher oder kränkender Weise.
29. Man stellt die Entscheidungen des/der Betroffenen in Frage.
30. Man ruft ihm/ihr obszöne Schimpfworte oder andere entwürdigende Ausdrücke nach.
31. Sexuelle Annäherungen oder verbale sexuelle Angebote.

IV. Angriffe auf die Qualität der Berufs- und Lebenssituation:

32. Man weist dem Betroffenen keine Arbeitsaufgaben zu.
33. Man nimmt ihm jede Beschäftigung am Arbeitsplatz, sodass er sich nicht einmal selbst Aufgaben ausdenken kann.
34. Man gibt ihm sinnlose Arbeitsaufgaben.
35. Man gibt ihm Aufgaben weit unter seinem eigentlichen Können.
36. Man gibt ihm ständig neue Aufgaben.
37. Man gibt ihm 'kränkende' Arbeitsaufgaben.
38. Man gibt dem Betroffenen Arbeitsaufgaben, die seine Qualifikation übersteigen, um ihn zu diskreditieren.

V. Angriffe auf die Gesundheit:

39. Zwang zu gesundheitsschädlichen Arbeiten.
40. Androhung körperlicher Gewalt.
41. Anwendung leichter Gewalt, zum Beispiel, um jemandem einen 'Denkzettel' zu verpassen.
42. Körperliche Misshandlung.
43. Man verursacht Kosten für den/die Betroffene/n, um ihm/ihr zu schaden.
44. Man richtet physischen Schaden im Heim oder am Arbeitsplatz des/der Betroffenen an.
45. Sexuelle Handgreiflichkeiten."

---

8 Im Original heißt es - wohl ein Druckfehler - "Auswirkungen auf das soziale Ansehen".

2.2.6 Zur Kritik am LIPT

2.2.6.1 Zum Inhalt des LIPT

Leymann geht der Frage nicht weiter nach, ob mit dem LIPT alle relevanten Mobbing-Handlungen erfasst sind. Im Gegenteil, an einer späteren Stelle seiner Ausführungen (1993, 127) räsoniert er:

> "Aber was ist eine Mobbing-Handlung? Per Definition gibt es eigentlich gar keine Mobbing*handlung*, weil ja ein Zeitfaktor berücksichtigt werden muss. Es gibt einen Mobbing*verlauf* oder *-prozeß*."

Diese Bemerkung verweist auf ein zentrales Problem der Mobbing-Forschung: Der einzelne Akt ist für sich genommen nicht bedeutsam – er wird es erst rückblickend, wenn er in einen Zusammenhang sich ständig wiederholender oder gar kumulierender Aktivitäten eingebettet wird. Daraus rühren einige Probleme der Prüfliste her, auf die ich bei der Diskussion von Phasenschemata des Mobbing ausführlicher eingehen werde.

Das Problem der Vollständigkeit der Liste soll anhand eines Kurzfalls illustriert werden. *Hans-Jörg Rättig*, ein 'von außen' einer Gruppe vorgesetzter Leiter in einem Hamburger Krankenhaus, wurde von den Untergebenen gemobbt:

> "Das Ganze fing dann so an, dass bestimmte Dienstanweisungen nicht eingehalten wurden, es gab Beschwerdebriefe an die Leitung und Verleumdungen über mich. Das ging dann bis zum Telefonterror zu Hause, oder mein Auto wurde auf dem Krankenhausparkplatz zerkratzt"[9] (aus: *Kröber* 1993, 20).

Leymanns Prüfliste kann dem konkreten Fall nur durch Generalklauseln (Kostenverursachung, Item Nr. 43) oder gar nicht (Dienstanweisungen nicht ausführen!) gerecht werden. Möglicherweise liegt das auch daran, dass *Leymanns* operationale Mobbing-Definition kaum das Mobbing 'von unten nach oben' thematisiert.

Ich werde unten - bei der Skizzierung eines 'Täter-Angriffs-Repertoires' (TAR, siehe Kap. 5.2.1) eine Vielzahl weiterer Möglichkeiten feindseliger Handlungen nennen. An dieser Stelle will ich nur einige Mobbing-Aktivitäten aufführen, die ich willkürlich aus in der Literatur berichteten Fällen herausgegriffen habe. Sie fehlen in *Leymanns* Liste oder sind nur in sehr allgemeiner Weise enthalten:

---

[9] In *Desselberger* (1993, 92) findet sich der folgende (gleiche?) Fall, bei dem aus *Rättig Rettich* wurde: "Hamburg 1987. Hans-Jörg Rettich wird Leiter der Zentralambulanz. Drei interne Bewerber ziehen den kürzeren. Beschweren sich bei Vorgesetzten, zwingen ihn durch kurzfristige Krankmeldungen zu Doppelschichten, schwärzen ihn bei Ärzten an. Telefonterror, Dienstanzug zerschnitten, Autolack zerkratzt. Kriminelle Spitze: In Rettichs Tee wurde Zigarettentabak gemischt. ... Rettich hat zwei Magenoperationen, wird dann 'aus Sicherheitsgründen' versetzt, obwohl Chefs und Personalrat hinter ihm standen. Dreht jetzt überqualifiziert Däumchen im Hafenkrankenhaus, unterstützt die Mobbing-Selbsthilfegruppe."

- exzessives und demonstratives Wartenlassen,
- nicht grüßen, Grüße nicht erwidern,
- jemanden (eigene, erfundene) Fehler in die Schuhe schieben,
- völlig unberechenbare, aus heiterem Himmel wechselnde Launen,
- Verschwörungen anzetteln,
- Hilfeangebote oder Solidarität anderer Organisationsmitglieder dadurch entmutigen, dass Ansätze dazu rigoros unterbunden werden,
- in aller Öffentlichkeit (nicht: 'hinter dem Rücken', s. Item Nr. 17) jemand 'zusammenstauchen', abkanzeln und/oder herabsetzen,
- ohne jede Begründung und völlig unerwartet die bisherigen Aufgaben oder Kompetenzen beschneiden,
- ständige Kündigungsdrohung,
- kleinliche Kontrollen, ununterbrochene Überwachung,
- mit Aktennotizen, Briefen, Beschwerden etc. überziehen,
- Anwesenheitszeiten pedantisch kontrollieren und dokumentieren (lassen),
- Dossiers anlegen über alle MitarbeiterInnen ...

Niedl (1995a, Anhang, Tab. A6.1 und A6.2) zitiert frei formulierte Zusatzangaben zum LIPT, die die Befragten in seinen beiden Untersuchungspopulationen (Krankenhaus und Forschungsinstitut) gemacht haben, z.B. "Werde total unterdrückt", "Ich bin nur Befehlsempfänger wie beim Militär. Man hält mich für zu blöd, selbständig zu handeln", "Man glaubt mir nie", "Kein Feedback zu den erfüllten Aufgaben", "Keine Einladung zu Fortbildungsveranstaltungen", "Änderungen werden ohne mein Wissen verfügt (Personal, Aufgaben). Können nicht mitreden und mitentscheiden", "Negative, meist abwertende Äußerungen über *andere* Personen" (kursiv von mir, O.N.), "ungerechte Arbeitsverteilung", "Kollege/in wird bewusst vorgezogen". Zweifellos kann man (fast) alle dieser Angaben den *Leymann*-Vorgaben zuordnen, aber die Tatsache, dass die Befragten sie extra als Zusatz(!)angaben eingetragen haben, macht deutlich, dass sie sie offenbar im LIPT selbst nicht unterbringen konnten.

Auch *Knorz & Zapf* (1995, 13) schreiben über ihre Erfahrungen: "In den 21 qualitativen Interviews schilderten die Befragten eine große Zahl von Handlungen, die sie, im Sinne der Definition, als feindselig und gegen sich gerichtet wahrnahmen. Viele dieser Handlungen waren dabei nicht in der Liste der 45 typischen Mobbinghandlungen von *Leymann* (1990) enthalten, beispielsweise 'Jemand wird absichtlich von betrieblichen Feiern und anderen sozialen Anlässen ausgeschlossen' oder 'Alle Vorschläge, die von Betroffenen gemacht werden, werden prinzipiell abgelehnt'. Damit kommt auch die vorliegende Studie ... zu dem Ergebnis, dass diese Liste nicht vollständig ist. Eine Operationalisierung von Mobbing in dieser Art muss daher in Frage gestellt werden."

Niedl (1995a) führt in einem kurzen Überblick über empirische Studien in Skandinavien aus:

> "Bei der Durchsicht der von den befragten Personen genannten Handlungen lassen sich folgende Inhalte erkennen. Die von *Skogstad/Matthiesen/Hellesoy* (vgl. 1990, 50) befragten Hilfsschwestern erlebten vor allem *Gerüchte, feindseliges Schweigen, Hänseln, schlechtes Gerede hinter dem Rücken* und *Zurückhalten von Informationen* als feindselig. *Einarsen/Raknes* (vgl. 1991, 46) führen als die 5 häufigsten Nennungen die folgenden Handlungen an: *Nichtbeachtung von Meinungen, Zurückhalten von Informationen, zum Narren halten/auslachen, Tratsch/Gerüchte* und *Erinnern an kleine Fehler*. *Vartia* (vgl. 1991, 132) berichtet, dass als häufigste Formen *üble Nachrede (Gerüchte, Verdrehen von Tatsachen, Kritik am Privatleben, Beschimpfungen* usw.) und *Isolation* auftraten. *Björkqvist* (vgl. 1992, 15) spricht im Zusammenhang mit seiner Studie vom häufigen Auftreten '*indirekter Aggression*' und meint damit Feindseligkeiten wie *ständiges Unterbrechen, Andeutungen, ohne etwas konkret auszusprechen, Einschränkung der Möglichkeit, sich auszudrücken* usw." [Kursiv- und Versaliendruck im Original; Anmerkung: In der norwegischen Studie von *Einarsen & Raknes* (1991) wurden an 4742 Beschäftigte Fragenbogen verteilt, 2215 sandten sie ausgefüllt zurück].

In *Niedl*s eigenen empirischen Untersuchungen (1995a, 113ff.) waren die häufigsten Einzelhandlungen in den von ihm unterschiedenen Kategorien:

- *Sie werden ständig unterbrochen* (im Krankenhaus von 44%, im Forschungsinstitut von 29% der Befragten bejaht); *abwertende Gesten oder Blicke*.
- *Man spricht nicht mit Ihnen* und *Man will von Ihnen nicht angesprochen werden* (K: 20%, F: 10% Bejahungen).
- *Arbeitsaufgaben erhalten, die weit unter Ihrem Können liegen* (K: 34%, F: 30,2% Zustimmungen).
- *Man spricht hinter Ihrem Rücken schlecht über Sie* (K: 49,5%, F: 31,7% Bejahungen).
- Die Kategorie 'Gewalthandlungen' spielt im Forschungsinstitut praktisch keine Rolle; im Krankenhaus ist die mit 9,2% am häufigsten bejahte Aussage dieser Gruppe "*Sie werden zu Arbeiten gezwungen, die Ihrer Gesundheit schaden.*"

Sieht man sich die häufigsten Mobbinghandlungen an, dann kann man der Kritik *Hahnes* (1994) zustimmen, dass sie - bedauerlicherweise - Alltagsverhalten in Organisationen darstellen (Unterbrochen werden, unterfordert werden, wie Luft behandelt werden; Gerüchte, Tratsch, Beschimpfungen, Informationszurückhaltungen; hinter seinem Rücken schlecht über jemand sprechen; abwertende Blicke oder Gesten, Kontaktverweigerungen durch Andeutungen, falsche Leistungsbeurteilung ...). [Die 'Alltäglichkeit' vieler Mobbing-Handlungen ist auch ein in der juristischen Fachliteratur immer wieder erörtertes Problem; dort wird es unter Begriffen wie 'erlaubtes Risiko', 'verkehrsüblich' oder 'Sozialadäquanz' abgehandelt. In Kap. 4.4 komme ich darauf zurück]. Die 'Normalität' von Bösartigkeit mag ein bezeichnendes Licht auf den Alltag in unseren Organisationen werfen, aber es stellt sich auch die Frage, ob nicht *zusätzliche* Bedingungen gegeben sein müssen, damit das schlechte

Übliche zum Psychoterror wird, der krank macht. Diese Bedingungen können in der Beziehungsgeschichte liegen, in chronifizierten Vorschädigungen der Betroffenen, in zusätzlichen negativen äußeren Arbeitsumständen (Zeitdruck, Arbeitsplatzunsicherheit, Lohn- oder Statuskonkurrenz etc.), privaten Lebensumständen usw. Nüchterne Fragebogenstudien, in denen akribisch einzelne Schikanehandlungen abgefragt werden, stehen in einem auffälligen Kontrast zu den - nicht zuletzt auch von *Leymann* - berichteten dramatischen Fallstudien. Diese besonders eindrucksvoll geschilderten Einzelschicksale müssen dazu herhalten, Aufmerksamkeit auf das Thema zu lenken; dies ist eine alte Strategie von Kommunikatoren, die die öffentliche Meinung mobilisieren möchten (siehe zum Beispiel die Diskussion über Gewalt gegen Frauen, Verfall der Sitten, Korruption in Behörden, Nieten in Nadelstreifen, Zunahme der Kriminalität, ärztliche Kunstfehler, Burnout der LehrerInnen usw.). Sieht man hinter den bewegenden Einzelfällen die breite Flut der alltäglichen Boshaftigkeiten, Nickligkeiten, Taktlosigkeiten und Gedankenlosigkeiten, dann wird man weniger geneigt sein, einseitig zu personalisieren (pedantische Auflistung von Täter-Handlungen), und wird nach systemischen Gründen und Folgen fragen, die erklären können, warum es im Arbeitsalltag fortwährend zu Spannungen, Reibereien, Konflikten und Schikanen kommt (die 'natürlich' von Personen ausagiert werden und Personen in Mitleidenschaft ziehen).

Im Anhang 9.1 (s.S. 206) habe ich aus dem praxisnahen Text von *Brigitte Huber* die von ihr berichteten 'Strategien' oder 'Methoden' zusammengestellt. Viele der Taktiken finden sich auch bei *Leymann*, aber es gibt in *Huber*s Liste einige, die er nicht nennt. Strenggenommen handelt es sich bei diesen hinzugefügten Techniken - folgt man *seiner* operationalen Definition - nicht um Mobbinghandlungen! *Leymann* (1996) wendet sich auf seiner Web-Seite wiederholt und vehement gegen *nichtwissenschaftliche* "Trittbrettfahrer"-Literatur (zu der auch das Buch der Journalistin *Huber* gehörte). Das ist erstaunlich, weil er in derselben Quelle seinen eigenen Mobbing-Report (1993) als eher nichtwissenschaftlich qualifiziert. Mit diesem Buch kommt ihm das Verdienst zu, eine breite Öffentlichkeit für das Thema sensibilisiert zu haben; es ist im Grunde ein Kompliment für seine Pioniertat, wenn AutorInnen aus verschiedenen gesellschaftlichen Feldern (Medien, Gewerkschaften, Kirchen, Parteien) seine Anstöße aufgreifen und weiterführen. Ein Exklusivrecht der Themenbehandlung kommt keinem Wissenschaftler zu; Wissenschaft lebt von Kommunikation und Kritik und verkümmert, wenn es zur Errichtung von Schutzräumen kommt, zu denen nur Rechtgläubige oder Kooptierte Zugang haben. Angewandte Wissenschaft ist ein methodischer Blick auf die Praxis, von der sie nur profitieren kann, selbst wenn Beiträge von PraktikerInnen nicht Ansprüchen genügen sollten, die aus wissenschaftlicher Perspektive zu stellen sind. Sie sind jedenfalls ein reichhaltiger Pool von Ideen und Erfahrungen, die zu Validierung von systematisch erhobenen Informationen und zur Inspiration für alternative Sichtweisen genutzt werden können.

2.2.6.2 Zur Struktur der Mobbinghandlungen

Leymann hat die Einteilung der Mobbinghandlungen in fünf Kategorien

1. Mitteilungsmöglichkeiten
2. Soziale Beziehungen
3. Soziales Ansehen
4. Qualität der Berufs- und Lebenssituation
5. Gesundheit

nicht systematisch begründet. Die ersten drei Kategorien beziehen sich auf Differenzierungen kommunikativer Inhalte und Formen, die anderen beiden thematisieren die Qualität der übertragenen *Arbeits*aufgaben (4.) und auf die körperliche Unversehrtheit (5.), dort sind allerdings zwei nicht unmittelbar gesundheitsrelevante Items (43 und 44) enthalten, die nach meiner Meinung eher zur 4. Kategorie gehören.

Es gibt vor allem zwei Möglichkeiten, die Vielzahl der praktizierten Mobbinghandlungen zu ordnen: zum einen die theoretisch, konzeptionell oder logisch fundierte Strukturierung, zum anderen die statistische Analyse empirischer Antwortverteilungen.

2.2.6.3 Zur konzeptionellen oder theoretischen Fundierung der Dimensionen von Mobbinghandlungen

Bei den folgenden Überlegungen geht es mir nicht darum, ein besseres oder das richtige Klassifikationsschema zu präsentieren, sondern ein anderes. Die Absicht ist, durch Alternativen den Blickwinkel zu erweitern und blinde Flecken der gewohnten Sichtweise zu erkennen.

Ein Beispiel für ein hierarchisiertes logisches Ordnungssystem ist in Abb. 3 wiedergegeben.

In Beleg 6 habe ich eine Gliederungssystematik von *Bassman* abgedruckt, die zeigt, dass sich auch andere Einteilungsgesichtspunkte plausibel machen lassen.

Als alternatives konzeptionelles Einteilungsraster, das bei PraktikerInnen bekannt ist, käme z.B. auch *Maslow*s Bedürfnispyramide in Frage, bei der unterschieden wird zwischen fünf Grundbedürfnissen, nämlich

- basalen Existenzbedürfnissen (z.B. Gesundheit, Unversehrheit, Nahrung, Schlafen etc.),
- Sicherheitsbedürfnissen (Existenzssicherung, Daseinsvorsorge, Schutz etc.),
- Sozialen Bedürfnissen (Zugehörigkeit, Kontakt, Beziehung usw.),
- Ich-Bedürfnissen (Ansehen, Respekt, Geltung, Anerkennung usw.) und
- Selbstverwirklichungsbedürfnissen (Wachstum, Enfaltung, Würde etc.).

Die LIPT-Kategorien 1.-3. würden den 'sozialen Bedürfnissen' (und zum Teil den Ich-Bedürfnissen) zuzurechnen sein, Gesundheit den basalen Existenzbedürfnissen und - das ist der Sinn einer alternativen Hinsicht - den Wachstums- und Sicherheitsbedürfnissen wird allenfalls indirekt Rechnung getragen.

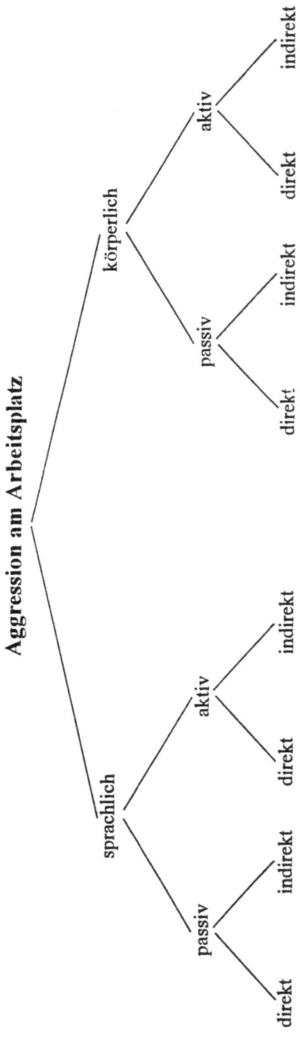

Diebstahl von Eigentum der Zielperson oder dessen Zerstörung.
Unnötig Ressourcen verbrauchen, die die Zielperson benötigt.

Körperliche Angriffe (z.B. stoßen, anrempeln, schlagen).
Abwertende oder obszöne Gesten gegenüber der Zielperson.

Dafür sorgen, das andere Personen Handlungen verzögern, die für die Zielperson wichtig sind.
Schritte unterlassen, die Wohlbefinden oder Sicherheit der Zielperson schützen würden.

Absichtlich einen Raum verlassen, wenn die Zielperson eintritt.
Die Möglichkeiten von Personen einschränken, sich ausdrücken (z.B. ihren Beitrag in einer Sitzung so weit hinten platzieren, dass sie nicht mehr drankommen).

Gerüchte über die Zielperson verbreiten.
Gegenüber anderen Personen Meinungen der Zielperson herunter machen.

Beleidigungen; anschreien, brüllen.
Status oder Autorität heraushängen lassen; sich herablassend oder überheblich benehmen.

Gerüchte über die Zielperson nicht zurückweisen.
Informationen, die die Zielperson braucht, nicht weitergeben.

Telefonanrufe nicht erwidern.
Jemand die "Schweigebehandlung" verpassen, "schneiden".

Abb. 3: Systematik und Beispiele von Aggression bei der Arbeit (aus: *Baron & Neumann* 1996, 164)

Beleg 6: Ein Beispiel für die Kategorisierung von Mobbinghandlungen

Bassman (1992, 7ff.) bietet - illustriert durch Fall-Vignetten - eine Gruppierung von Mobbinghandlungen (genauer: Missbrauch) an:

- Herabwürdigung und Entwertung der Person (Disrespect and devaluing the individual). Beispiele: Verletzende, übertriebene, schonungslose Kritik; keine Leistung durchgehen lassen oder gar loben; verachtende oder entwertende Sprache (Beschimpfen; mit obszönen oder vulgären Ausdrücken belegen);
- Arbeitsüberlastung und Entwertung des Privatlebens (Overwork and devaluation of personal life).
- Schikane durch Pedanterie (Harassment through micromanagement). MitarbeiterInnen im einzelnen und genau vorschreiben, wie sie zu arbeiten haben und die Einhaltung dieser Vorgaben kleinlich kontrollieren; oft kommt die Übertragung sinnloser Aufgaben hinzu; enge Zeitkontrolle.
- Überbewertung und Manipulation von Informationen (Overevaluation and manipulating information). Bestimmte MitarbeiterInnen werden zu 'Lieblingen' erklärt, die sich alles erlauben können und die immer und überall bevorzugt werden; bei anderen wird einseitig auf Misserfolgen und negativen Eigenschaften 'herumgeritten'; man lässt sie sogar in absichtlich aufgestellte Fallen tappen; tatsächlich positive Leistungen werden im Feedback negativ dargestellt; positive Rückmeldungen durch andere werden absichtlich verzerrt.
- Mit Drohung und Einschüchterung führen (Management by threat and intimidation). In Konferenzen vor anderen 'fertigmachen' oder dumm anreden, 'schwach anreden', 'zur Schnecke machen'; Beispiele:

  'Fangen Sie deswegen keinen Streit an, Sie werden ihn verlieren!'

  'Vergessen Sie nicht, mit wem Sie reden!'

  'Wenn Sie damit nicht bis Freitag fertig sind, ist es aus mit Ihnen!'

  'Soll sich doch ein anderer Vorgesetzter mit Ihnen herumplagen - Sie kotzen mich an!'

  'Neben einer Versetzung gibt es auch noch andere Möglichkeiten, aus dieser Gruppe auszuscheiden!'
- Sich mit fremden Federn schmücken, unfair übervorteilen (Stealing credit and taking unfair advantage). Leistungen von MitarbeiterInnen als eigene ausgeben, Belohnungen (Prämien, Anerkennungen etc.) für sich kassieren.
- Wahrnehmung von Chancen verweigern (Preventing access to opportunities).
- Die Fähigkeiten einer Arbeitskraft 'runtermachen', um Entlassungen zu rechtfertigen (Downgrading an employee's capabilities to justify downsizing). Beispiel: eine ungerechtfertigt schlechte Personalbeurteilung ausstellen, um eine Gehaltserhöhung zu verweigern oder künftige Disziplinarmaßnahmen abzusichern.
- Impulsives und destruktives Verhalten (Impulsive and destructive behavior). Wutausbrüche, physische Aggression usw.

Ein anderes Kategoriensystem ließe sich aus *Marx'* Differenzierung von Formen der Entfremdung ableiten. *Marx* unterscheidet in den Pariser Manuskripten z.B. Entfremdung

- vom Produkt,
- von der Tätigkeit,
- von den Mitmenschen und
- vom Gattungswesen (gemeint sind damit generelle menschliche Entwicklungspotentiale, die durch bestimmte Produktionsverhältnisse blockiert oder frustriert werden).

Auch auf dem Hintergrund dieser Folie werden spezifische Akzentsetzungen und Lücken des LIPT sichtbar: Während z.B. in zahlreichen Variationen Details der sozialen Beziehungen angesprochen werden, bleibt - im Rahmen der vorgegebenen Menge von insgesamt 45 Deskriptoren - nur noch wenig Raum, Beeinträchtigungen anderer Lebensbedürfnisse differenziert zu thematisieren.

Eine weitere heuristische Möglichkeit wäre es, statt von *personalen Bedürfnissen*, von *situativen Bedingungen* auszugehen und sich z.B. an das vieluntersuchte Konzept der 16 *Herzberg*schen Motivatoren und Hygiene-Faktoren anzuschließen. Als Motivatoren werden in diesem Ansatz Vorwärtskommen, Leistungserfolg, Arbeitsinhalt, Anerkennung, Verantwortungsübertragung und Entfaltungsmöglichkeiten bezeichnet, während zu den Hygiene-Faktoren Geld, interpersonelle Beziehungen zu KollegInnen/Vorgesetzten/Untergebenen, Führungsstil oder -technik, Führungspolitik und Personalleitung, Arbeitsplatzsicherheit, Status(symbole), Arbeitsbedingungen, Auswirkungen auf das Privatleben gerechnet werden. In all diesen situativen Feldern gibt es die Möglichkeit schikanöser Benachteiligung; damit würden die enge Fokussierung auf den kommunikativ-sozialen Bereich und die Gefahr der Personalisierung reduziert.

Man kann natürlich argumentieren, dass Mobbing allein auf soziale Stressoren beschränkt sein soll. Dann aber müsste man konsequenterweise all jene Items aus dem LIPT entfernen, bei denen es um Arbeitsbedingungen, -aufgaben und Gesundheit geht.

2.2.6.4 Zur empirischen Fundierung der Dimensionen von Mobbinghandlungen

Die spezifische Itemkonstellation im LIPT könnte man damit begründen, dass - in der Tradition der üblichen Fragebogen-Forschung - recht Heterogenes versammelt wird, um dann durch rechnerische Verfahren Strukturen zu ermitteln. Wenn in einem Inventar über Persönlichkeitsfaktoren oder einem Fragebogen über Führerverhalten zu relevanten Dimensionen Beschreibungs-Aussagen zusammengestellt werden, dann wird nicht angestrebt, das Universum der zugrundeliegenden Indikatoren vorzugeben. Vielmehr werden (vermutlich) *typische* Aussagen versammelt. Alle weiteren Manifestationen lassen sich dann einem dieser Prototypen zuordnen. Dieses Vorgehen setzt zweierlei voraus: Eine allgemeine Definition des Dach-Konzepts und den - empirisch strenggenommen nicht endgültig einlösbaren - Nachweis, dass weitere denkbare Indikatoren redundant sind, d.h. durch eine der vorhandenen Aussagen vollinhaltlich vertreten werden. Dieses Problem wird meist so gelöst, dass mit Hilfe geeigneter Reduktionsverfahren (am häufigsten: Faktorenanalyse) aus einer sehr großen Menge von Basis-Aussagen diejenigen herausgefiltert werden, die sich als Stellvertreter für die anderen am besten eignen. Es ist nicht bekannt, ob *Leymanns* Liste einen solchen Reduktionsprozeß durchlaufen hat.

Niedl konnte in seiner Faktorenanalyse des LIPT (die aber - wie der Autor selbst feststellt - wegen des Verhältnisses von 63 Befragten zu 45 interkorrelierten Items bestenfalls explorativen Charakter hat), die dimensionale Gliederung in 5 Bereiche *nicht* bestätigen. Die von *Niedl* gefundenen Dimensionen sind (1995a, 94ff.):

- *"Aktive Angriffe auf die persönliche Integrität"*. Die 13 Items dieser Skala stammen aus vier(!) der von *Leymann* differenzierten Bereiche: 'Angriffe auf die Gesundheit' (5 Items), 'Angriffe auf das soziale Ansehen' (5), 'Angriffe auf die sozialen Beziehungen' (1), 'Angriffe auf die Möglichkeiten, sich mitzuteilen' (2). Die 5 ladungsstärksten Items dieser neuen Dimension sind allesamt aus dem Bereich 'Angriffe auf die Gesundheit' (körperliche Misshandlung, Drohung mit körperlicher Gewalt, Anwendung leichter Gewalt als Denkzettel, trotz schlechter Gesundheit zu gesundheitsschädlichen Arbeiten gezwungen werden und zu gesundheitsschädlichen Arbeiten gezwungen werden).

  Dabei stellt sich die Frage, ob diese Items noch als 'negative *Kommunikation*' gelten können, die *Leymann* ja in seiner allgemeinen Definition von Mobbing als Leitkonzept zugrundelegt. Es geht hier weniger um Kommunikation als um physische Repression.
- *"Ausgrenzungen"*. Die 11 Items dieser neuen Dimension entstammen aus 'Soziale Beziehungen' (4), 'Ansehen' (5), 'Möglichkeiten, sich mitzuteilen' (1) und 'Qualität der Berufs- u. Lebenssituation' (1).
- *"Direkte/indirekte Kritik"*. Diese Skala besteht aus 5 Items, die allesamt aus der *Leymann*-Kategorie "Angriffe auf die Möglichkeiten, sich mitzuteilen" stammen (diese Kategorie besteht bei *Leymann* aus 11 Items).
- *"Sanktion durch Arbeitsaufgabe"* (5 Items). Diese Items entstammen alle der LIPT-Kategorie "Arbeitsaufgabe", die ursprünglich 6 Items umfasste, in *Leymanns* Buch (1993a) aber 7 Items hat, wobei im 1993-Buch 1 Item wegfiel ('gesundheitsgefährdende Arbeitsaufgaben') und 2 hinzukamen ('qualifikationsübersteigende Aufgaben', Abspaltung von 'sich nicht selbst Aufgaben ausdenken können').
- *"Drohungen"*. Die 3 Items dieser Skala (schriftliche, mündliche Drohungen, Telefonterror) sind der LIPT-Skala 'Möglichkeiten, sich mitzuteilen' entnommen.
- *"Sexuelle Übergriffe"*: Zwei der drei Items dieser Skala stammen aus 'Angriffe auf das soziale Ansehen', eines aus 'Angriffe auf die Gesundheit'.
- *"Angriffe auf die Privatsphäre"*. Diese neue Dimension besteht aus 4 Items; zwei stammen aus 'Angriffe auf die Gesundheit', zwei aus 'Soziales Ansehen'.

Grundsätzlich gilt natürlich auch für diese Faktorenanalyse, dass sie im doppelten Sinn stichprobenabhängig ist: Ihre Resultate sind kontingent sowohl von der Stichprobe der Items, die vorgegeben werden, wie auch von der Stichprobe der Personen, die Antworten geben.

Im selben Sinn berichten *Knorz & Zapf* (1995, 19), dass in zwei Stichproben einer von ihnen mitbetreuten Studie mit Hilfe von Faktorenanalysen Strukturen des LIPT gefunden wurden, "in denen sich übereinstimmend 'Mobbingfaktoren' wie 'verbale Aggression', 'soziale Isolierung' oder 'organisationale Schikane' ergaben". Faktorenanalysen sind nicht nur - wie eben bemerkt - stichprobenabhängig, auch die zu Grunde gelegten Korrelationskoeffizienten müssen bestimmten Skalenniveaus und Verteilungsannahmen entsprechen, die Zahl der Befragten sollte mindestens dreimal so hoch sein wie die Zahl der korrelierten Items etc. - all diese Argumente sind zu bedenken, wenn man *Niedl*s Faktoren würdigt. Sie sind nicht 'die' Wahrheit über die Dimensionalität des LIPT, aber sie zeigen, dass man es sich nicht so leicht machen kann wie *Leymann*, der ohne theoretische oder empirische Begründung Items generiert und klassifiziert.

Zwischenfazit:

Aus den Überlegungen zu konzeptionell und empirisch fundierten Ordnungssystemen für Mobbinghandlungen kann für das LIPT gefolgert werden, dass seine 5 Kategorien entweder rein empiristisch gewonnen wurden (und damit sowohl abhängig von den Zufälligkeiten gestellter Fragen oder spontaner Berichte, den untersuchten Populationen und Strategien der Inhaltsanalyse) oder sie sind intuitive Ordnungen, deren Rationale nicht mitgeteilt wird. Ein zugrundeliegendes *System* ist jedenfalls nicht erkennbar.

Es ist im Grunde nicht besonders wichtig zu klären, ob die Befragten vorgegebene Items in anderen Strukturen bündeln als der Autor sie vorgesehen hat. Das Ausgangsmaterial bleibt das gleiche. Wichtiger ist die Reflexion darüber, ob in freien Berichten von Betroffenen und BeobachterInnen weitere Merkmale genannt werden, die nicht im vom LIPT vorgegebenen Merkmalsraum enthalten sind. Das setzt voraus, dass die gegebene 'Systematik' (die gerade nicht *systematisch* gerechtfertigt wird) mit anderen Möglichkeiten konfrontiert wird, z.B. mit Fallschilderungen von PraktikerInnen oder Einteilungen aus anderen Forschungsbereichen, wie z.B. der Aggressions-, Konflikt-, Bewältigungs-, Mikropolitik- und Arbeitszufriedenheits-Forschung, um nur einige vielversprechende Suchfelder zu nennen.

Man könnte auch den Standpunkt einnehmen, dass es ziemlich beliebig ist, welche *inhaltliche* Qualität Akte haben, die als feindselig intendiert oder erlebt werden, weil es bei Mobbing auf die *Häufigkeit und Dauer* (und *Intensität*?) gezielter Bosheiten ankomme. Folgt man dieser Auffassung, dann ist nicht einzusehen, warum man sich die Mühe machen soll, 45 einzelne Handlungen abzufragen, die doch letztlich beliebig sind.

2.2.6.5 Zur Häufigkeit der einzelnen Mobbinghandlungen des LIPT

Bei den beiden Stichproben, die *Niedl* untersucht hat, fand er, dass in nur 3 der von ihm differenzierten 7 neuen Skalen signifikante Unterschiede zwischen 'gemobbten' und 'nichtgemobbten' Personen bestehen: übereinstimmend sind die Unterschiede am größten in 'direkte/indirekte Kritik', gefolgt von 'Ausgrenzung' und 'Sanktionen'; die anderen vier Bereiche, die immerhin mehr als die Hälfte der Items ausmachen, differenzieren praktisch nicht zwischen Gemobbten und Nichtgemobbten. Dies ist im Wesentlichen wohl auf die stark unterschiedlichen und asymmetrischen Häufigkeitsverteilungen der Antworten zurückzuführen. *Leymann* kombiniert in seiner operationalen Mobbingdefinition die *Häufigkeit* von Mobbinghandlungen (täglich, fast täglich, wöchentlich usw.) mit ihrer *Dauer* (über 5 Jahre, 2-5 Jahre, mehr als 1 Jahr usw.). Fasst man Dauer und Häufigkeit der Mobbinghandlungen zusammen, dann zeigt sich, dass in den zwei *Gesamt*stichproben *Niedl*s (die Gemobbte *und* Nichtgemobbte umfassen) nur die Skalen 'Kritik', 'Ausgrenzung' und 'Sanktionen' mit nennenswerter Intensität vorkommen ('Kritik' 31%/21% (Krankenhaus/Forschungsinstitut), 'Sanktionen' 19,3%/15,9% 'Ausgrenzung' 18,7%/6,3%). Bei den Items der anderen vier Dimensionen sagen zwischen 93,7 und 100% der Befragten, dass sie 'selten' oder 'nie' und 'kurz' oder 'nie' vorkamen. Testtheoretisch gesprochen sind die 'Schwierigkeitsindices' der Items also extrem asymmetrisch, was das Errechnen von Korrelationen und Faktorenanalysen problematisch macht.

Die im Folgenden abgedruckte Tab. 1 aus *Knorz & Zapf* (1995) gibt einen Eindruck von der extrem schiefen Häufigkeitsverteilung, mit der bei den einzelnen Handlungen zu rechnen ist. *Knorz & Zapf* berichten empirische Daten über eine schriftliche Befragung von 50 Gemobbten mit dem LIPT (die Fragebogen wurden *nur an Gemobbte* verteilt). Sie fanden ebenfalls extrem unterschiedliche Häufigkeiten für die einzelnen Mobbinghandlungen (s. Tab. 1). Obwohl die Stichprobe von *Knorz & Zapf* eine Extremauswahl darstellt, zeigt sich, dass mit einer simplen Durchschnittsbildung nicht viel gewonnen ist, wenn manche Items praktisch niemals, andere aber fast stets bejaht werden. Wichtig wäre auch zu wissen, ob systematische Unterschiede zwischen Gemobbten und Nichtgemobbten bestehen; würden z.B. auch die Nichtgemobbten zu fast 100% sagen "*Hinter dem Rücken des Betroffenen wird schlecht über ihn gesprochen*", dann wäre das Item überflüssig, weil nicht trennscharf. Es ist, wie die Juristen sagen würden, bedauerlicherweise 'verkehrsüblich', dass man, wenn sie nicht da sind, über andere herzieht.

Ein weiteres Problem entsteht durch unterschiedliche Rücklauf- oder Beteiligungsquoten. *Niedl* musste sich z.B. mit Rücklaufquoten von ca. 30% zufriedengeben, während es *Leymann* in seiner stets als Beleg herangezogenen Repräsentativstudie auf beeindruckende 70% gebracht hatte! Dies ist wichtig, weil von der auswertbaren unkontrollierten 30%-Stichprobe kaum auf die Grundgesamtheit aller möglicherweise Mobbingbetroffenen geschlossen werden kann. *Niedl* hatte zwei Organisationen untersucht: in einem Forschungsinstitut (F) hatte er 251 Fragebogen ausgeteilt, in einem Krankenhaus (K) 1264. Von F erhielt er 63 auswertbare Fragebogen zurück (25,1%), von K 368 (29,1%). Nach *Leymanns* Definition waren in F 11 Gemobbte, in K 98 Gemobbte. Bezogen auf die jeweiligen *Grundgesamtheiten* waren in F mindestens 4,4% der Belegschaft Mobbingopfer, in K mindestens 7,8%. Vermutlich befinden sich unter den Nichtantwortenden auch noch Gemobbte, sodass die angegebenen Zahlen sehr konservative Schätzungen sind - und dennoch liegen sie deutlich über der von *Leymann* für Schweden berichteten Zahl von 3,5%; (noch extremer wäre es, wenn man - s. *Niedl* 1995a, 99 - die Mobbingrate aus der Zahl der *Antwortenden* ermittelt: in K waren von 368 Antwortenden 98 Mobbingopfer: 26,6%, in F waren von 63 Antwortenden 11 Gemobbte: 17,5%!. *Leymann* hatte allerdings eine Repräsentativstudie in der schwedischen Arbeitnehmerschaft durchgeführt, während *Niedl* zwei einzelne Organisationen untersuchte. Bedenkt man, welche Bedeutung die Zahl 3,5% für die Hochrechnung von Mobbing-Kosten hat (siehe dazu unten), dann legen die *Niedl*-Daten nahe, sehr vorsichtig mit Aussagen über Verbreitung von Mobbing zu sein: die Kostenschätzungen - mit 30 bis 100 Mrd. DM für die BRD ohnehin nicht gerade zurückhaltend - könnten sich leicht verdoppeln oder gar vervielfachen.

Ein Beispiel für Zahlengaukelei, die beeindruckende Ergebnisse durch willkürliche Annahmen und Zuschreibungen, Jonglieren mit unbelegten Multiplikatoren und Außerachtlassen von Alternativen erreicht, soll im Folgenden zitiert werden. Nichts gegen Annahmen-Konstruktionen, solange sie als solche behandelt, und nicht unter der Hand zur Wirklichkeitsbeschreibung umfunktioniert werden. Es gilt: Es *könnte* so sein - aber es könnte sich auch ganz anders verhalten:

> "Wieviel 'Mobbing'-Fälle gibt es in Deutschland? Diese Frage kann nicht exakt beantwortet, allenfalls vage geschätzt werden. In unserem 80 Mio-Volk arbeiten etwa 35.000.000 Menschen. Fremdumfragen ergaben, dass etwa 80% der Befragten mit ihrem Arbeitsplatz zufrieden, d.h. etwa 20% sind aus vielerlei Gründen unzufrieden. Intuitiv schätzen wir, die Autoren, dass etwa 1 - 2% gemobbt werden, d.h. etwa 350.000 bis 700.000, etwa 1 Mio. Etwa 60.000 Gemobbte therapieren sich selbst und können wieder arbeiten (8%). Wir schätzen also vorsichtig ca. 300.000 bis 650.000 Gemobbte. Falls jeder 'Fall' über ein Jahr krank geschrieben werden würde, würden ca. 72 Mrd. Kosten entstehen (Minimalkosten). Der Volkswirtschaft würde dies insgesamt teuer zu stehen kommen" (*Halama & Möckel* 1995, 16). (Näheres zur Kostendiskussion siehe unten, Kap. 3.5.).

1.	Hinter dem Rücken wird schlecht über jemanden gesprochen	96 %
2.	Abwertende Blicke oder Gesten	86 %
3.	Kontaktverweigerung durch Andeutungen	84 %
4.	Man wird wie Luft behandelt	80 %
4.	Falsche o. kränkende Beurteilung der Arbeitsleistung	80 %
6.	Gerüchte werden verbreitet	76 %
6.	Ständige Kritik an der Arbeit	76 %
8.	Vorgesetzter schränkt Äußerungsmöglichkeiten ein	72 %
9.	Entscheidungen werden in Frage gestellt	70 %
10.	Man erhält Arbeitsaufgaben weit unter dem Können	68 %
11.	Man wird lächerlich gemacht	66 %
11.	Man spricht nicht mehr mit den Betroffenen	66 %
13.	Ständige Unterbrechungen	64 %
13.	Kollegen schränken die Äußerungsmöglichkeit ein	64 %
15.	Man lässt sich nicht ansprechen	60 %
16.	Anschreien, lautes Schimpfen	54 %
17.	Verdächtigung, psychisch krank zu sein	52 %
17.	Zwang zu selbstwertverletzenden Arbeiten	52 %
19.	Mündliche Drohungen	50 %
20.	Man erhält sinnlose Arbeitsaufgaben	46 %
21.	Man erhält ständig neue Aufgaben	44 %
22.	Man erhält kränkende Arbeitsaufgaben	42 %
23.	Kollegen wird das Ansprechen verboten	40 %
24.	Angreifen der politischen Einstellung	38 %
25.	Ständige Kritik am Privatleben	36 %
26.	Man erhält keine Arbeitsaufgaben	36 %
27.	Man macht sich über das Privatleben lustig	30 %
28.	Die Beschäftigung am Arbeitsplatz wird jemandem genommen	30 %
29.	Telefonterror	26 %
29.	Versetzung in einem Raum weitab von Kolleg(inn)en	26 %
31.	Man imitiert Gang, Stimme, Gesten etc.	24 %
32.	Man erhält Aufgaben über der Qualifikation, um diskreditiert zu werden	20 %
33.	Zwang zu gesundheitsschädlichen Aufgaben	18 %
33.	Schriftliche Drohungen	18 %
35.	Man macht sich über die Nationalität lustig	14 %
35.	Schimpfworte, Obszönitäten	14 %
35.	Angriff der religiösen Einstellung	14 %
38.	Man verursacht Kosten für die Betroffenen	12 %
38.	Man richtet Sachschaden an	12 %
38.	Man macht sich über eine Behinderung lustig	12 %
41.	Sexuelle Annäherungen oder Angebote	8 %
42.	Zwang zu psychiatrischer Untersuchung	6 %
42.	Ausübung körperlicher Gewalt	6 %
44.	Androhung körperlicher Gewalt	4 %
45.	Körperliche Misshandlung	2 %
46.	Sexuelle Handgreiflichkeiten	0 %

Tab. 1: Häufigkeit von Mobbinghandlungen in Prozent (aus: *Knorz & Zapf* 1995, 31) Anmerkung: N = 50 (die Items stammen aus *Leymann* 1993; die Nummerierung deckt sich *nicht* mit derjenigen im Beleg 5)

2.2.6.6 Mobbing: eine Ja-Nein-Angelegenheit oder ein Kontinuum?

Der Unterschied zwischen Gemobbten und Nichtgemobbten ist nicht so klar, wie man das erwartet hätte. *Niedl* (1995a, 121) berichtet für seine Krankenhausstudie, dass die *Nicht*gemobbten durchschnittlich 5,5 Mobbinghandlungen in den letzten 12 Monaten nannten, während die Gemobbten auf 14,9 Handlungen kamen. Hier zeigt sich einmal mehr, dass die dichotomisierende Gegenüberstellung von Mobbingbetroffenen und Nichtbetroffenen eine Konvention ist, die nicht sakrosankt ist.

Leymann hat eine dichotomisierende Definitions-Strategie praktiziert: Mobbing liegt entweder vor oder nicht; die exakte Abgrenzung wird durch drei Festlegungen getroffen: Qualität von Täterhandlungen (mindestens eine aus vorgegebenen 45), Dauer (mindestens 1/2 Jahr), Häufigkeit (mindestens einmal pro Woche). Stattdessen könnte man aber auch von einem Kontinuum ausgehen, das sich zwischen den Polen 'kein Mobbing' und 'extremes Mobbing' aufspannt:

'kein Mobbing' <————————————> 'extremes Mobbing'

Zwischen den Extrempolen lassen sich Grade der Mobbingintensität definieren, die sich aus Kombinationen von Inhalten, Schweregraden, Häufigkeiten und Dauerangaben zusammensetzen könnte. Diese Kombinationen könnten entweder aus einer theoretischen Rahmenkonzeption abgeleitet werden oder durch Bezugnahme auf empirische Kriterien (z.B.: Dauer des Krankenstands) bestimmt werden.

2.2.6.7 Spezifische Charakteristika der LIPT-Items

Gewichtung

Haben alle Aktivitäten das gleiche Gewicht oder gibt es 'leichtere' und 'schwerere' Handlungen? Ist z.B. eine 'schriftliche Drohung' schlimmer als eine 'mündliche' oder der 'Zwang zu gesundheitsschädlichem Arbeiten' gravierender als 'ständiges Unterbrechen'?

Im LIPT (II) findet sich nach der Abfrage der 45 Mobbinghandlungen die Frage: "Falls Sie einer oder mehrerer dieser Handlungen ausgesetzt waren: *Welche* war für sie persönlich am schwerwiegendsten?" Mir ist jedoch keine Untersuchung bekannt, die diese Information zur Ermittlung eines gewichteten Mobbing-Index genutzt hätte.

Ich habe in Vorlesungen die Studierenden gebeten, nachdem sie die LIPT-Liste durchgelesen hatten, jeweils die Handlung auszuwählen, die für sie persönlich am schlimmsten bzw. am harmlosesten ist (etwa ein Drittel der Befragten hatte Berufserfahrung). Zwei Ergebnisse sind besonders bemerkenswert: Zum einen streuten die Ergebnisse ganz erheblich, es kam sogar vor, dass ein und diesselbe Handlung ("Man wird 'wie Luft' behandelt") von einer Person als besonders schwerwiegend, von einer anderen als völlig unbedeutsam bezeichnet wurde. Zum anderen stellte sich regelmäßig erst bei näheren Nachfragen heraus, *warum* eine bestimmte Einschätzung getroffen wurde. "Sexuelle Annäherungen oder Angebote" waren für die einen unwichtig (weil sie glaubten, sich gut dagegen wehren zu können) oder wurden sogar in einen positiven Kontext gestellt (flirten, als Kompliment auffassen), während andere konkrete Umstände nannten, unter denen eine bestimmte Handlung besonders schlimm ist ("wenn man auf den Job unbedingt angewiesen ist", "wenn man blöd vor den anderen aussieht", "weil das ein wunder Punkt von mir ist und ich da ganz besonders allergisch bin").

Relativierungen wurden besonders häufig bei den Items "*Man lässt sich nicht ansprechen*" ("Arroganter Pinsel!", "Dann eben nicht"), "*Man stellt die Entscheidungen des/der Betroffenen in Frage*" ("Ist doch normal!", "Kritik muss erlaubt sein!", "keiner ist im Besitz der Wahrheit!"), "*Man gibt ihm ständig neue Aufgaben*" ("Gottseidank, etwa Abwechslung"[10], "Da kann ich was lernen"), "*Anschreien oder lautes Schimpfen*" ("Macht sich doch selbst lächerlich!", "Wer laut wird, hat unrecht!", "Damit zeigt der doch nur, dass er der Lage nicht gewachsen ist!"). Wichtig scheint mir daran, dass ganz offenkundig nicht allein das Item von Bedeutung ist, sondern vor allem seine - oft idiosynkratische - Kontextualisierung.

Damit wird ein methodisches Problem sichtbar: Der LIPT summiert oder gewichtet die Antworten zu den 45 Handlungen nicht; es genügt im Extremfall, wenn irgendeine davon wöchentlich ein halbes Jahr lang vorkam oder wenn sich verschiedene (leichtere, schwerere) in diesem Zeitraum abwechselten. Kommt es nur auf das Erleben des Opfers an, dann könnte man die Liste zu lesen geben und dann fragen: "Haben Sie sich - nachdem Sie das gelesen haben, ein halbes Jahr lang in jeder Woche schikaniert oder terrorisiert gefühlt?" Wenn die Antwort 'Ja' ist, lag Mobbing vor, egal wodurch und mit welcher Intensität gemobbt wurde. Nur für wissenschaftliche Zwecke ist es wichtig, etwas über Häufigkeit und Verteilung *einzelner* Handlungen zu erfahren.

Aus arbeitsrechtlicher Perspektive bemerkt *Kollmer* (1997, 19) zu *Leymann*s 45-er Liste:

> "Wie die Auflistung zeigt, kann Schikane reichen von eher harmlosen Unhöflichkeiten und Ruppigkeiten bis hin zu strafrechtlich relevantem Handeln. Mobbing kann reichen von *noch gesellschaftsfähigem Handeln* (z.B. jemand freundlich 'wie Luft' behandeln) über *grob unfreundlichem Handeln* (z.B. den anderen ungerecht kritisieren) bis hin zu *abscheulichem* bis *extrem abscheulichem Handeln* (z.B. den Mitarbeiter zu gesundheitsschädlichen Arbeiten zwingen, den Kollegen körperlich attackieren) [Anmerkung: Fettdruck des Originals durch Kursivdruck ersetzt; siehe zur arbeitsrechtlichen Diskussion unten, Kap. 4.4].

---

10 *Kossens* (1998, 1345, Randnummer 4) zählt sogar "Nichtzuweisung neuer Arbeit" zu den "typischen Beispielen [für Mobbing, O.N.] aus der betrieblichen Praxis"!

Substituierbarkeit der Einzelhandlungen

Muss die gleiche Handlung immer wieder vollzogen werden oder kann sie abwechselnd durch einige andere substituiert werden und - wenn nicht alle Handlungen gleich gravierend sind - wie errechnet sich deren jeweiliger 'Mobbingwert'?

Detaillierungsgrad und -grund, Kategorienzuordnung

Es fällt auf, dass sich sehr ähnliche Formulierungen finden (s. etwa die Items 19 u. 23); manche Formulierungen schließen als übergeordnete andere ein ("Man lässt sich nicht ansprechen" (13) vs. "Schränkt die Möglichkeiten ein, sich zu äußern" (21 und 3); s.a. die Aussagen Nr. 19, 22, 23, 25, 26). Der Fragebogen ließe sich also deutlich verkürzen, wenn es nur auf bestimmte Dimensions- oder Kategorienwerte ankäme.

Adressaten bzw. Urheber der Handlungen wechseln ('*Man* lässt sich nicht ansprechen', '*Man* wird wie Luft behandelt') usw.; an anderen Stellen werden aktive *Täter*-Handlungen aufgeführt.

Die Zuordnung zu den Kategorien scheint inkonsistent: Wieso sind die Items 27 und 28 in der Skala III, während sich ganz ähnliche Inhalte in den Items 33-36 der Skala IV finden?

Zuweilen wird nach Quellen (1 und 3) oder nach Modalitäten (8 und 9) oder nach Orten (5 und 6) *differenziert*; in Item 44 werden Orte jedoch *zusammengefasst.*

Abstraktionsniveau

Die Aussagen bewegen sich auf einem sehr unterschiedlichen Abstraktionsniveau ("Man wird ständig unterbrochen" (2) vs. "Man verursacht Kosten für den Betroffenen" (43); manchmal scheinen Intensitätsgrade derselben Vorgehensweise an verschiedenen Stellen lokalisiert zu sein (31: "Sexuelle Annäherungen oder verbale sexuelle Angebote" vs. 45: "Sexuelle Handgreiflichkeiten").

Mehrdeutigkeit

Einige Aussagen sind direkt aktionsbezogen, andere erfordern subjektive Wertungen oder die Annahme von Zusatzbedingungen (Was ist das Mobbende an der Tatsache, dass jemandem ständig neue Aufgaben gegeben werden? Dieses Item (Nr. 36) spiegelt z.B. eine Forderung wieder, die in der Diskussion zur Steigerung der 'Qualität des Arbeitslebens" erhoben wurde, um Möglichkeiten zur Abwechslung, Weiterqualifikation, Leistungsdemonstration usw. zu geben. Item Nr. 13 ("Man lässt sich nicht ansprechen") gibt eine Empfehlung an gestresste ManagerInnen wieder, im Rahmen eines konsequenten Zeitmanagements systematische Ansprech-Barrieren einzurichten (Sprechzeiten, SekretärIn/AssistentIn als Filter).

Das Problem kann besonders sichtbar gemacht werden an der Schwierigkeit, komplexe Mobbinghandlungen zu identifizieren. Es wird z.B. oft behauptet, dass "Intrigieren" eine der wirksamsten Techniken sei. Betrachtet man die Literatur dazu (siehe z.B. *Klein* 1980, *Pourroy* 1986, *Thau* 1990, *Wittenzellner* 1993, *Pauli* 1993), dann erkennt man, dass Einzelhandlungen ihr Gewicht und ihre Brisanz erst bekommen, wenn sie in ein bestimmtes Handlungsmuster (nämlich Intrige) eingebettet sind.

Spezifische Normativität

Es kommt auf die Praktiken und Normen des sozialen Umfelds an, ob eine bestimmte Handlung als 'diskriminierend' empfunden wird (dies ist z.B. expliziter Definitionsbestandteil der oben (S. 15ff.) analysierten Mobbing-Definition der 'Gesellschaft gegen psychosozialen Stress und Mobbing e.V.').[11]

Kontextfreiheit

Ein fundamentales Problem von Fragebogen-Items wie denen des LIPT ist, dass sie buchstäblich *unbedingt* formuliert sind, d.h. sie führen nicht gleichzeitig auch die *Bedingungen* auf, unter denen (gehäuft, überhaupt, im konkreten Einzelfall) die relevanten Handlungen vorkamen. Daraus resultiert - was bei den Führer-Verhaltens-Beschreibungsbögen Standardargument der Kritik ist - eine wenig aussagekräftige Durchschnittsbetrachtung, die nur festhält, dass bestimmte Verhaltensweisen (nie, selten, manchmal, oft, immer) beobachtet bzw. beschrieben werden, ohne dass man etwas wüsste über die *Umstände*, unter denen sie (selten, manchmal, oft) zu erwarten sind. Wenn gilt: "Man lässt sich nicht ansprechen" (LIPT-Item 13), dann wäre es informativ zu wissen, ob - und von welcher Seite aus gesehen - das irgendeine Vorgeschichte hatte oder welche konkreten Umstände mit der Kontaktverweigerung zusammengehen. Wer sich in den Augen der PartnerInnen immer wieder als empfindlich, unberechenbar, arrogant, unersättlich etc. erwiesen hat, wird vielleicht *deshalb* damit rechnen müssen, geschnitten zu werden.

Die aus dem Zusammenhang gerissenen Items des LIPT erlauben zwar Häufigkeitsauszählungen und Populationsvergleiche, die aber paradoxerweise gar nicht sinnvoll sind (wenn/weil nicht gleichartige Bedingungen vorlagen). BeantworterInnen werden nämlich gezwungen, sich ihre eigenen Kontexte dazuzudenken und gerade dieses hinzuerfundene, nicht standardisierte sachliche, soziale und zeitliche Umfeld macht letztlich die Qualität und Intensität der Bewertung aus, sodass im Grunde die

---

[11] Der Arbeitsrechtler *von Hoyningen-Huene* merkt dazu an: "Der Bauarbeiter, der von seinem Polier als 'fauler Hund' beschimpft wird, wundert sich möglicherweise darüber kaum; wird dagegen der Bankkassier durch seinen Prokuristen so tituliert, ist er entsetzt. Hieran zeigt sich, daß die Einordnung des Vorgesetztenverhaltens als Belästigungs- oder Beleidigungstatbestand nicht nur generell zu beurteilen ist, sondern auch von der Stellung und Einschätzung des Adressaten abhängt" (1991, 2215).

Item-Beantwortungen kaum zu Durchschnittswerten aggregierbar sind.[12] Dies dürfte eine Erklärung für die nicht besonders beeindruckenden Reliabilitäten und Validitäten von strukturierten Fragebogen sein.

Eine alternative Darstellung von Einflussstrategien findet man in den vielen praxisnahen Ratgeber-Artikeln und -Büchern, die inzwischen zu Mobbing erschienen sind. Hier werden Fallstudien berichtet, die als erinnerungsanregende prototypische Situationen gelten können. Durch zahlreiche Umfeldhinweise werden die jeweils gewählten Taktiken eingebettet. Das steigert nicht nur den Behaltenswert, sondern bewahrt auch Teile der emotionalen und motivationalen Dynamik der Ausgangssituation. Vignetten und Episoden haben etwas Parabelhaftes: sie können als Gleichnisse gelten, in denen Probleme musterhaft komprimiert sind, sodass ihre Botschaft oder ihr Sinn leicht auf andere Umstände übertragen werden können. *Harro von Senger* (1992) hat bei seinem Überblick über altchinesische Strategeme sehr anschaulich vorgeführt, dass eine metaphernreiche und in vielen Ausdeutungen vorliegende Präsentationsform durchaus zur Interpretation aktueller Ereignisse herangezogen werden kann.

Leymann gesteht zu, dass viele der Handlungen als (lediglich) ärgerlich, unverschämt, gedankenlos, dumme Scherze usw. eingestuft werden können. Es handelt sich bei ihnen um 'Mikrostressoren', wie sie aus der Stressforschung bekannt sind, also jene Alltagsärgernisse, die *Lazarus & Folkman* (1984) diskutiert haben und die durch ihre Anhäufung und unabsehbare Dauer zermürbend sind. Für *Leymann* ist entscheidend, dass sie sich über einen längeren Zeitraum (mindestens ein halbes Jahr) wiederholen. Dies ist eine sehr willkürliche oder pragmatische Grenzziehung (die zum Beispiel *Walter* 1993, 27 ablehnt). Denkbar ist, dass eine einmalige Aktion (Versetzung in einen abgelegenen Raum, öffentliche Herabsetzung) ausreicht, das Selbstgefühl einer Person nachhaltig zu verletzen. Das Zeitkriterium ist ein vermut-

---

12 Ein Beispiel: Wenn sich alle NichtraucherInnen durch KollegInnen, die mindestens einmal pro Woche während eines halben Jahrs am Arbeitsplatz rauchen, belästigt fühlten und dies in den Items 39 oder 42 der *Leymann*-Liste ankreuzten, dann würde wohl die Anzahl der Gemobbten weit höher sein als die ominöse Zahl von 3,5% (siehe dazu S. 70). Das Beispiel ist auch deshalb aufschlussreich, weil es zeigt, daß es nicht auf objektiv schädigendes Verhalten ankommt, sondern auf dessen soziale Bewertung. Wenn Rauchen als normal, selbstverständlich oder harmlos gilt, dann stößt Protest dagegen auf Unverständnis oder gar aggressive Gegenreaktionen, weil sich Raucher in ihren vermeintlichen Rechten durch unduldsame Nörgler eingeschränkt fühlen. Gemobbte sehen sich plötzlich als Mobber angeprangert! Um einen zweiten in der Literatur berichteten Fall aufzugreifen: MitarbeiterInnen fühlen sich durch den unangenehmen Körpergeruch einer Kollegin belästigt; sie bringen es aber nicht fertig, mit ihr offen darüber zu reden und geben ihr deshalb 'Zeichen' (indem sie ihr heimlich Reklame über Körperhygiene auf den Schreibtisch legen, Deo-Proben in die Handtasche platzieren, sich in der Kantine nicht zu ihr setzen, beim Vorbeigehen die Nase rümpfen ...). Die nichtsahnende Kollegin fühlt sich - zurecht - gemobbt; aber auch *sie* hat (unwissentlich) die anderen objektiv belästigt und beeinträchtigt.

lich unvollkommener Ersatz für ein Intensitäts- oder Schädigungskriterium, das allerdings nur subjektiv erhoben werden kann.[13]

Mobbing wird bei *Leymann* allein über Mobbing-Handlungen bestimmt, diese sind die operationale Definition von Mobbing. Weil es jedem Autor freisteht, ein von ihm entworfenes Konzept zu definieren, kann dagegen nichts eingewendet werden. Jedes andere Verständnis von Mobbing, das nicht Mobbing_L (sensu *Leymann*) ist, muss sich durch eine eigene, z.B. allgemeinere Bestimmung ausweisen. Damit aber wird ein fundamentales Problem offenbar: Definiert man Mobbing über *Reaktionen des Opfers* (z.B. psychiatrisch diagnostizierte Erkrankung, Fehlzeiten, Isolation von KollegInnen, Beschwerden usw.), dann dürften die Unterschiede zwischen Mobbing und Stress oder Aggression oder Konflikt verschwimmen. Definiert man Mobbing über *Handlungen der Täter* (wie *Leymann* es tut), dann hat man eine attributive Vorentscheidung getroffen: man hat die zirkuläre Verschränkung von Opfer und Täter aufgebrochen und den Beteiligten bestimmte Rollen zugewiesen. Wenn das so genannte (!) "Opfer" immer wieder Wutanfälle bekommt, jemand anschreit, Kontakte abbricht etc., dann wird - wenn nur Opfer befragt werden - ein solches Verhalten *nicht* Mobbing genannt werden (auch wenn es den formalen Kriterien von Häufigkeit, Dauer, Diskriminierung etc. genügte), sondern Reaktion auf Mobbing!

Im Prinzip könnte man diesem Dilemma entrinnen, wenn man Mobbing allgemeiner fasste. Ein Beispiel dafür liefert die in Beleg 4 zitierte Definition von *Walter*, die allerdings einen ziemlichen Sammelsuriums-Eindruck macht. Forschungsökonomischer wäre es, Mobbing als einen Teilbereich eines umfassenderen Forschungsfeldes zu sehen (z.B. der Stress-, Konflikt- oder Aggressionsforschung) und dessen Instrumente und Befunde zu nutzen.

2.2.6.8 Zusammenfassung der methodologischen Argumente zum LIPT

Der LIPT ist ein Forschungsinstrument, das einen praktischen Zugang zu einem neu definierten Thema eröffnete. Wie bei jedem anderen sozialwissenschaftlichen Instrument muss man sich - wenn Erfahrungen angesammelt wurden - fragen, ob die Erwartungen erfüllt wurden, welche Befunde vorliegen und wie man Mängel und Defizite beheben kann. Dazu einige resümierende Feststellungen:

- Der LIPT ist ein reaktives Instrument (auf vorformulierte Items muss reagiert werden); Alternative: Inhaltsanalyse von freien Fallschilderungen; Tagebuchstudien, teilnehmende Beobachtung, dialogische Verfahren.
- Die Selektion der 45 Items folgt keiner theoretisch begründeten Ordnung (es wird nicht systematisch begründet, welche Überlegung zur Aufnahme oder Zurück-

[13] Wie problematisch das Zeit-Kriterium ist, zeigt ein kleines Beispiel: Wenn ein Mobbingopfer während eines halben Jahres jede Woche gemobbt wurde, aber in einer einzigen Woche ungeschoren davonkam, dann liegt nach *Leymann* kein Mobbing vor!

weisung einer möglichen Mobbing-Handlung geführt haben. Alternative: Kreative Nutzung von erprobten Systematiken in verwandten Forschungsfeldern.

- Die Kategorisierung in 5 Hauptdimensionen ist inkonsistent, weil gleichinhaltliche Items verschiedenen Dimensionen zugeordnet werden. Wenn ohnehin auf Item-Ebene argumentiert wird, ist der Sinn der Kategorisierung nicht einzusehen.
- Die Items sind in Gewicht ('Schädigungswert'), Substituierbarkeit, Abstraktionsniveau, Eindeutigkeit, Normativität, Kontextabhängigkeit usw. sehr heterogen. Alternative: Berücksichtigung dieser Probleme, Itemanalyse, theoretische Fundierung.
- Mobbing wird als Entweder-Oder-Entscheidung konstruiert. Wenn auch nur eine der 45 Handlungen (z.B. ständiges Unterbrechen oder häufiges Zuweisen neuer Aufgaben) oft (1 mal pro Woche) und andauernd (1/2 Jahr) ausgeführt wurde, liegt ebenso 'Mobbing' vor, wie wenn gravierende Angriffe auf die körperliche oder moralische Unversehrtheit geführt wurden. Alternative: Mobbing als Kontinuum definieren.
- Die Befragung ist opferzentriert und täterorientiert: Es werden Erfahrungen von Mobbingopfern erhoben und mit Hilfe von Täter-Handlungen näher beschrieben. Alternativen: Auch TäterInnen werden zu denselben Episoden befragt. Oder: Statt der erinnerten Handlungen oder zusätzlich zu ihnen könnten auch Intentionen, Strategien, Gefühle, Stimmungen, Belastungseinschätzungen und/oder Auslösebedingungen und Vorgeschichte und/oder eigenes (re-)aktives Handeln erfasst werden.
- Die Befragung mit dem LIPT arbeitet retrospektiv: die Antwortenden rekonstruieren und attribuieren Episoden, die in der Vergangenheit liegen (oder dort begonnen haben). Damit unterliegen sie Erzählzwängen. Alternative: Prospektive, prädiktive Studien.
- Es wird nicht reflektiert, dass das Auskunftgeben über Mobbing ein bestimmtes soziales Verhältnis voraussetzt und/oder begründet. Es macht vermutlich einen Unterschied, ob in einer therapeutischen Zweiersituation oder einer Selbsterfahrungsgruppe Mobbinggeschädigter über Mobbing geredet wird oder ob einem fremden Interviewer auf seine strukturierten Fragen geantwortet wird oder ob im Rahmen eines Forschungsprojekts ein hochstrukturierter schriftlicher Fragebogen ausgefüllt wird. Gerade bei vorformulierten Fragen gibt es Antwortzwänge und Antwortstile, die die Ergebnisse verfälschen können. Konsequenz: In den Auswertungen dürfen die Settings nicht vermengt werden, in denen die Daten erhoben wurden.

Im Folgenden gehe ich auf (weitere) methodologische Fragestellungen ein, die für die Würdigung empirischer Ergebnisse, die bei der Untersuchung von Mobbing gefunden wurden, relevant sind.

2.3 Mobbing als Interaktion (Zur Täter-Opfer-Verschränkung)

Die Täter-Opfer-Thematik behandle ich in zwei Abschnitten: zuerst diskutiere ich die wechselseitige Bezogenheit dieser Rollen (die zuweilen sogar in wechselseitige Übernahme der Positionen übergeht), dann Überlegungen zur Opfer-Persönlichkeit.

Dass allein schon die Wahl des Terminus *Opfer* buchstäblich folgenreich sein kann, wird im Beleg 7 erörtert.

Beleg 7: Der Name 'Opfer' stigmatisiert

Brigitta Ruoss (1997) diskutiert dieses Problem aus des Perspektive des Diskurses über den 'Sexuellen Missbrauch'. Die Überlegungen, die sie dabei anstellt, lassen sich unmittelbar auf die Mobbing-Thematik übertragen, man braucht nur 'Sexueller Missbrauch' durch 'Mobbing' zu ersetzen:

"Sätze wie 'Bei der Behandlung von Sexuellem Missbrauch ...' oder 'Körpertherapeutische Interventionen bei sexuellem Missbrauch ...' sind in Therapeutenkreisen sehr häufig zu lesen und zu hören ... Die Wirklichkeit, die durch diese Sprache erzeugt wird, ist folgende: Menschen, die sexuelle Gewalt erlebt haben, werden mit der Handlung der Täter gleichgesetzt. Dadurch werden sie zum personifizierten, wandelnden 'Sexuellen Missbrauch' Sie werden nicht einmal mehr als Menschen bezeichnet, denn man verwendet statt 'Menschen, die sexuelle Gewalt erlebten' gleichbedeutend den Ausdruck 'Missbrauch' und schafft damit genau jene Wirklichkeit, die man dann in der Therapie versucht zu 'behandeln'. Menschen, die sexuelle Gewalt erlebten, werden ihrer eigenen Wirklichkeit beraubt und statt dessen durch die Wirklichkeit und die Handlungen des Täters definiert" (*a.a.O.*, 31).

"Der Versuch, eine positive Identität aus entwertenden Begriffen aufzubauen, ist von vorne herein zum Scheitern verurteilt. Wer sich selbst mit diesen 'täter- und tatzentrierten' Begriffen definiert, kann sich nur als Opfer fühlen und wahrnehmen, und gerade das ist es, was Betroffenen so oft zum Vorwurf gemacht wird: Dass sie in der 'Opferrolle verharren', dass sie 'nicht willens sind, ihre Opferidentität aufzugeben' und dass sie 'mit dem Täter identifiziert bleiben'... 'Missbraucht werden' ist die passive Formulierung (*Passiv* bedeutet '*Leideform*'), die implizit wieder den Täter, die Tat ins Zentrum rückt. 'Sexuelle Gewalt erleben' hingegen geht vom Opfer aus, betont, dass sexuelle Gewalt nicht einfach passiv erduldet, sondern aktiv erlebt wird" (*a.a.O.*, 32).

"So wird, wer anstelle einer 'Zerstörung' vom Bild einer 'Verwundung' ausgeht, sich eher die Frage stellen, welche Bedingungen denn zur Heilung dieser Wunde nötig sind. Anders als im englischen Sprachgebrauch, wo sich der Ausdruck 'Survivors' ('rape survivors', 'survivors of abuse', 'incest survivors') durchgesetzt hat, ist es im Deutschen sehr viel schwerer Ausdrücke zu finden, die das aktive Erleben und Überleben des Traumas würdigen und gleichzeitig sprachlich und kulturell 'passend' sind" (*a.a.O.*, 33).

Viele der eingangs zitierten Mobbing-Definitionen stellen das Opfer in den Mittelpunkt und sehen es als das Ziel von Mobbing-Handlungen einer Person oder mehrerer anderer Personen:

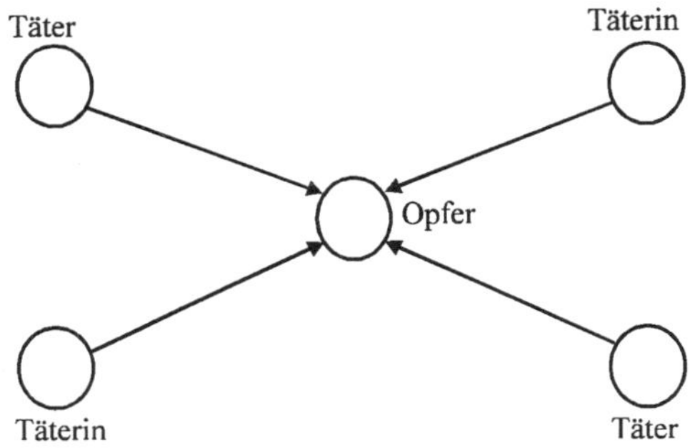

Behandelt man das Opfer nicht länger als wehrlosen Adressat von Feindseligkeiten, sondern gibt ihm seinen Status als aktive Person zurück, dann gilt, dass das Opfer *auch* Täter ist, weil es weder passiv, noch interesse- und machtlos ist.

Geht man davon aus, dass das sog. Opfer auch TäterIn ist und berücksichtigt man seine Personalität und Aktivität, dann muss die Darstellung der Situation *de*zentriert werden:

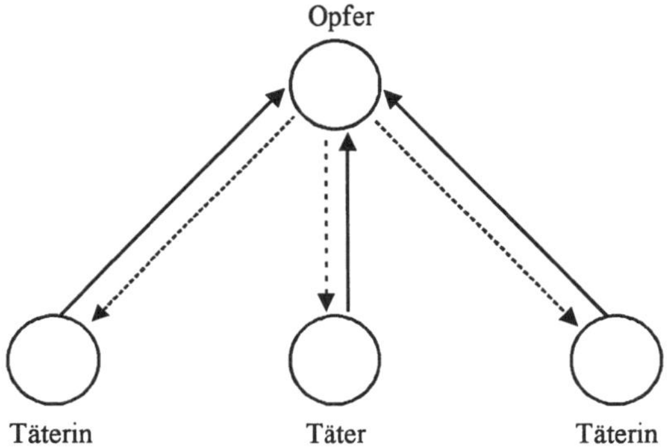

Bei einer solchen Betrachtungsweise wird davon ausgegangen, dass *beide* Parteien Handlungen ausführen, die sie wechselseitig als Re-Aktion auf vorausgegangene Angriffe, Störungen, Unbelehrbarkeiten oder Kooperationsverweigerungen erleben oder definieren. Aber auch diese Auffassung ist statisch angelegt, weil sie lediglich den Durchschnitt oder die Möglichkeit der (Mobbing-)Handlungen visualisiert.

Mit der Dyadisierung ist die Situation allerdings stark vereinfacht, weil nur die hier fokussierte Täter-Opfer-Interaktion abgebildet ist. Wirklichkeitsnäher ist es, diese Beziehung als Teil einer umfassenderen Konstellation zu sehen, von der sie ihre Stabilität oder Instabilität erhält:

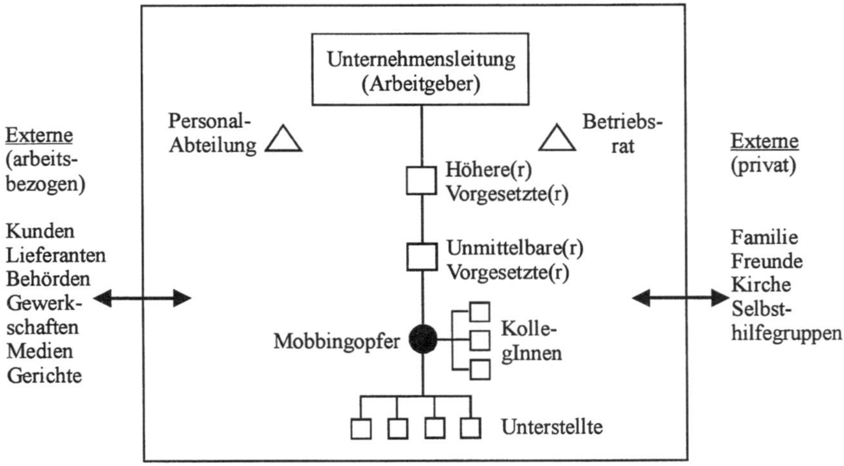

Abb. 4: Die internen und externen Akteure in Mobbingsituationen

Die bislang statische Konstellation kann in einem weiteren Schritt dynamisiert werden, wenn auch noch der *Verlauf* der Handlungen ins Kalkül einbezogen wird. (Mobbing-)Handlungen sind dann als Sequenz angeordnet, sie folgen aufeinander, oder - noch bestimmter - sie lösen einander aus:

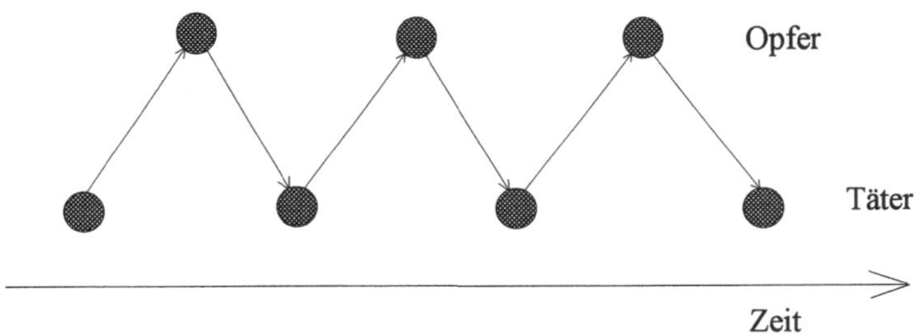

An dieser Darstellung kann auch illustriert werden, welche Bedeutung die Interpunktion einer Ereignisfolge hat: Je nachdem, an welcher Stelle man die Aktionen *beginnen* lässt, erfolgt auch die Verantwortungszuschreibung: wer angefangen hat, gilt demzufolge immer als TäterIn und die andere Seite re-agiert bloß. Es zeigt sich jedoch, dass bei längerdauernder Inter-Aktion die Verursachungsfrage nur noch rhetorischen Wert hat, weil sich das Wechselspiel von Aktion und Reaktion längst verselbständigt hat, sodass man nahezu beliebig interpunktieren kann; die Streitparteien werfen sich die Verwechslung von Ursache und Wirkung gegenseitig vor.[14] Die spiralige Eskalation sei am Beispiel einer Mikro-Episode (Ehekrach) illustriert (s. Abb. 5).

Die alternative Interpunktion eines Mobbing-Geschehens bedeutet nicht, dass zwischen TäterIn und Opfer kein Unterschied besteht, dass sie gleiche Anteile von Schuld oder Verantwortung haben (siehe die Macho-These: 'Frauen, die vergewaltigt wurden, sind selbst schuld, weil sie sich aufreizend angezogen haben, sich nicht gewehrt haben, nachts allein spazieren gegangen sind, mit in die Wohnung gekommen sind usw.'). Gegenüber einmaligen Übergriffen hat Mobbing die definitorische Besonderheit, wiederholte und länger dauernde Übergriffe zu beschreiben. In einer solchen Dauer-Situation gibt es zum einen strukturelle Macht-Asymmetrien, zum anderen aber auch die Möglichkeit aktiver Gegenwehr und der Einmischung der oben erwähnten Dritten (siehe oben die Abb. 4). Dennoch kann beim Opfer nicht immer von Waffengleichheit ausgegangen werden, wenn oder weil die Hinnahme der Beeinträchtigung als (scheinbar) kleineres Übel gegenüber dem Ausscheiden aus der Beziehung wahrgenommen wird (s.a. die 'freiwillige' Entscheidung geschlagener Frauen, zu ihrem gewalttätigen Partner zurückzukehren). Die Verletzung von Recht und Würde bleibt ein Übel, auch wenn Schwächere es hinnehmen (müssen).

Geht man davon aus, dass auf jede der Mobbing-Handlungen geantwortet wird (Es sei daran erinnert: Man kann nicht nicht handeln!), dann fordern solche Re-Aktionen womöglich ganz bestimmte weitere Mobbinghandlungen heraus. Damit entsteht aber das Interpunktionsproblem immer wieder: Die ursprünglichen TäterInnen (oder andere Betroffene) fühlen sich durch die (Anti-)Mobbinghandlungen der ursprünglichen Opfer herausgefordert - und wer die Vorgeschichte nicht kennt, kann die Re-Aktion für die eigentliche (Primär-)Aktion halten und den Opfer-Täter als Verursacher identifizieren. Anti-Mobbinghandlungen im eigentlichen Sinn wären dann Handlungen, die aus dem Teufelskreis von Aktion-Reaktion heraustreten, z.B. Versöhnungsrituale, Dritte-Partei-Friedensschließung (Mediation) oder nichtaggressive Handlungen, wie z.B. *Schettgen* (1998) sie in Zusammenhang mit fernöstlicher Kampfkunst diskutiert.

---

[14] In Streitigkeiten wird das zuweilen ganz buchstäblich artikuliert, wenn die eine Seite die andere auffordert: "Jetzt mach' aber mal einen Punkt!" Dabei geht es nicht nur um den Stopp eines ununterbrochenen Redeflusses, sondern auch um das Diktat, einen anderen Anfang zu sehen und/oder einen anderen Stand*punkt* (den des Gegners) einzunehmen.

Die Kognition "Jetzt haben wir schon wieder Ehekrach" kann folgenden weiteren Reaktionsablauf in Gang setzen:

↓

negative Akzentuierung der Situations- und Personenwahrnehmung

↓

verstärktes Produzieren negativer Hinweisreize

↓

Deutung der inneren Anspannung als "Ärger über den Partner"

↓

ausschließliche Zentrierung der Aufmerksamkeit auf die Tatsache des Angegriffenwordenseins

↓

Entwicklung negativer Erwartungen

↓

zunehmend "ich-nahe" Empfindung der gegnerischen Provokation (abwertende Äußerungen; Beleidigungen)

↓

indirekter Ausdruck des eigenen Ärgers in anklagender, den Partner verletzender Form

↓

steigende Motivation des Partners zu 'Gegenschlägen', um das verletzte Selbstwertgefühl wieder aufzurichten

↓

sinkende Motivation zur gemeinsamen Bearbeitung des eigentlichen Ausgangsproblems

Abb. 5: Das Aufschaukeln von Ärger beim ineffektiven Streiten (nach: *Verres & Sobez* 1980, 162).

Als eine Illustration dieses Problems kann der Fall 'Manfred' (aus *Leymann* 1993) dienen, den ich im Anhang 9.3 zitiere und kommentiere. Dieser Fall wird auch von *Esser & Wolmerath* (1997, 63-73) detailliert interpretiert.

Eine weitere Komplizierung mit noch größerer Realitätsnähe ist möglich (die Visualisierung könnte der obigen Abb. 4 folgen): Mobbing findet in einem komplexen Netz von Akteuren statt; die Linien zwischen den Netzknoten (Personen, Stellen) sollen die Handlungen symbolisieren, durch die die einzelnen Knoten miteinander in Beziehung stehen. Möglicherweise erlebt eine der Personen Handlungen, die auf sie zielen oder die 'an ihr vorbeilaufen' als Mobbinghandlungen, obwohl sie so gar nicht gemeint sind. Ein Gespräch zwischen zwei KollegInnen kann als "die Köpfe zusammenstecken", "eine Teufelei aushecken", "vom Kontakt ausschließen" usw. gedeutet werden, obwohl nichts von alledem der Fall ist. Handlungen werden zu Mobbinghandlungen, wenn sie von einem Opfer als systematische Feindseligkeit *erlebt* werden. Solche Interpretationen sind *Zuschreibungen* (und damit wirklich), aber nicht "die objektive Realität". Der Gefahr der grenzenlosen Subjektivierung ('Wahnwelt') kann man durch intersubjektive Bestätigung begegnen. Aber wer gilt als einerseits informierter und kompetenter, wie andererseits neutraler Beobachter? Auf diese Weise kann man auch den 'Wahnwelten' Rechnung tragen, die manchmal von TäterInnen und Opfern entwickelt werden. Wichtig ist aber vor allem, dass die Fixierung auf die Täter-Opfer-Dyade aufgebrochen wird und das soziale Feld als eine facettenreiche Matrix von Rollen gesehen wird (Zuschauer, Wegseher, Unterstützer, Im-Stich-Lasser, Doppelzüngige, Nebenangreifer usw.). Bei der Diskussion von Phasenschemata des Mobbingverlaufs werde ich die Veränderung des sozialen Felds im Verlauf eines Mobbingprozesses skizzieren (siehe Kap. 3.4.2).

Ansätze, die mit komplexeren Netzwerken, Verläufen und Feedbackschleifen operieren, könnten mit Hilfe von (prospektiven) Längsschnittstudien und nicht - wie es üblicherweise der Fall ist - mit retrospektiven Studien geprüft werden. Auf die Bedeutung der Feedback-Beziehungen soll besonders hingewiesen werden: Zum einen löst Handeln bei den Partner- oder GegnerInnen Antwort-Handeln aus, das es ohne Voraushandeln der einen Seite nicht gegeben hätte und zum anderen bewirkt das Vor-Handeln in der physischen und sozialen Umwelt Veränderungen, die dann als 'objektive Fakten' die handelnde Person unmittelbar, d.h. ohne Re-Aktion der anderen Seite, beeinflussen.

Eine bei retrospektiven Fragebogen-Erhebungen meist vernachlässigte Dimension ist (wie oben schon erwähnt), dass zu jeder berichteten Handlung auch angeführt werden müsste, wann, in welchem zeitlichen, sachlichen und sozialen Kontext sie mit welcher Intensität und/oder Erlebnisqualität ausgeführt wurde. Die rückwärtsgerichtete Datenerhebung läuft immer Gefahr, dass das damalige Geschehen im Lichte seiner erst später bekannten Konsequenzen umgedeutet wird. Eine ironische Bemerkung, ein spaßhaftes Auf-den-Arm-nehmen, eine gedankenlose Nichtbeachtung - all das kann später als Vorzeichen oder damals naiv übersehenes Indiz aktiven Mobbings interpretiert werden. Die Vergangenheit wird so zur unerschöpflichen Fundgrube für Sinngebungen.

Sitkin & Bies (1993, 352f.) zitieren *Felstiner, Abel & Sarat* (1980/81), die den Prozess der Transformation eines Streits in einen Konflikt in einem Dreischritt darstellen: '*naming*' (eine Partei identifiziert eine bestimmte Erfahrung als schädlich), '*blaming*' (die Verantwortung für den Schaden wird einer anderen Partei zugeschoben) und '*claiming*' (die geschädigte Partei meldet Ansprüche auf Entschädigung an).

Daraus erhellt, dass Konflikte nicht einfach offenkundig zu Tage liegen, sondern als solche registriert, benannt, attribuiert und (weiter-)bearbeitet werden - und dass all dies aktive Leistungen der betroffenen Subjekte sind. Wie an anderer Stelle erwähnt, liegt darin eines der zentralen Probleme der hauptsächlichen Datengewinnungsmethode derjenigen Mobbingforscher, die sich allein auf Aussagen von Mobbingopfern stützen (vor allem bei kasuistischer Methodik): Mobbingopfer erzählen jemandem stimmige Geschichten, in denen sie Sinn aus dem machen, was ihnen passiert ist. Diese Geschichten sind keine Widerspiegelungen einer objektiven Realität, sondern Konstruktionen, in denen vergangene Ereignisse und Taten erklärt, entschuldigt, begründet, verteidigt, abgeschwächt, verstärkt, zugeschrieben etc. werden. Andere erzählen andere Geschichten, die auch 'stimmig' sein können, aber ganz andere Interpunktionen vornehmen (können). Würde man z.B. 'dieselben' Fallgeschichten aus TäterInnenperspektive schreiben, könnten u.U. ganz andere Begründungen und Zusammenhänge gefunden werden. In meinen unautorisierten Reinterpretationen von Fallgeschichten (s. auf S. 61 den Beleg 9, den Fall in Kap. 9.3 und vor allem die Kontroverse, die in Kap. 9.2.3 berichtet wird) habe ich das Gespür für solche Veränderungen von Akzentsetzungen oder Interpunktionen zu wecken versucht.

> Diese absichtlichen Uminterpretationen von veröffentlichten Fallgeschichten sind mir von *Leymann* (1995b, 1996) als Verfälschungen der Wahrheit vorgehalten worden. Damit bin ich gründlich missverstanden worden. Zum einen habe ich in jedem Fall die Originale mitabgedruckt (ich habe also keine Wahrheiten unterdrückt) und zum anderen habe ich jedesmal sehr deutlich gemacht, dass ich aus theoretischen Gründen eine spekulative andere Deutung versuche. Es kommt mir darauf an, die Bedeutung von Sichtweisen (mental frames) zu illustrieren und zu veranschaulichen, was passierte, wenn man sich probeweise in die Position von TäterInnen oder BeobachterInnen versetzte.

Baumeister, Stillwell & Wotman (1990) haben 'micronarratives' ausgewertet, Geschichten, in denen die Person je ein Ereignis der eigenen Biografie berichtet, in dem sie Opfer und in dem sie Täter war. Psychologie-StudentInnen lieferten in Gruppensitzungen 58 Täter- und 55 Opfer-Geschichten.

Als Opfer erzählen sie, dass die Behandlung durch den Täter willkürlich, inkohärent, unverständlich (nicht nachvollziehbar), ungerechtfertigt war; als Täter erwähnen sie dergleichen kaum. Als Opfer erwähnen sie häufiger negative Langzeitkonsequenzen und 'Beziehungsschaden'. Täter motivieren ihr Tun eher als impulsiven Ausbruch oder Kontrollverlust und/oder auf externe oder mildernde Umstände zurückführbar, zuweilen machen sie geltend, dass sie ein Recht hatten, sich so zu verhalten oder dass es ihr persönlicher Stil ist. Täter drücken ihren Ärger aktiv und öffentlich aus, Opfer nicht. Als Täter meinen die Erzählenden, dass das Opfer überreagiert habe, sie schieben öfter die Schuld auf es.

> "Wir fanden, dass Opfererzählungen mit höherer Wahrscheinlichkeit als Tätererzählungen eine Serie von Provokationen oder Missständen beschrieben. Wir fanden auch, dass Opfer manchmal berichteten, sie unterdrückten den Ausdruck von Ärger und wenn sie das nicht taten, dann wurde das von den Tätern gern als Überreaktion wahrgenommen, die in keinem Verhältnis zur Provokation stand ... Opfer tendieren dazu, den Vorfall in einem größeren zeitlichen Rahmen zu sehen als Täter. Möglicherweise notieren sie schnell Muster wiederholter Kränkungen und Provokationen, anders als Täter, die dazu neigen, jede Kränkung als isolierten Vorfall einzuklammern" (*Baumeister, Stillwell & Wotman* 1990, 1001f.).

> "Die größere moralische Extremität der Opfer-Geschichten kann von einer zugrundeliegenden moralischen Überlegenheit der Opferrolle abgeleitet werden. Die Standardskripten und Schemata porträtieren das Opfer eher als unschuldig, es verdient Sympathie und Wiedergutmachung, wohingegen der Täter schuldig ist und Bestrafung verdient" (*a.a.O.*, 1002).

> Die AutorInnen gehen auch - am Beispiel von Nazi-Tätern - darauf ein, dass Täter manchmal später selbst die Opferrolle in ihren Rechtfertigungen einnehmen. Analoges finde man nach Ehescheidungen, Partnertrennungen, Vergewaltigungen, Verkehrsunfällen etc.

Ein interessantes Beispiel bietet der Aufsatz des Juristen *Däubler* [1995; auch in *Leymann*s 'neuem Mobbing-Bericht' (1995) veröffentlicht]. *Däubler* behandelt dort einen konstruierten Mobbing-Fall und leitet daraus eine Reihe von Überlegungen zu Möglichkeiten der juristischen Ahndung des Geschehens ab (Näheres dazu siehe auch unten im Kap. 4.4.2). Nachdem er den Fall in allen Einzelheiten interpretiert hat [in seiner Erwiderung widerspricht ihm *Gralka* (1995) in praktisch allen Punkten und in einer erneuten Erwiderung widerspricht *Dieball* ihrerseits *Gralka*], reflektiert *Däubler* sein Vorgehen und kommt auf die Lage zu sprechen, die sich in einer *realen* Gerichtsverhandlung ergeben würde. Dabei belegt er im einzelnen das nüchterne Resümee: "Im Streitfalle würde X. aller Voraussicht nach bei jedem Gericht den kürzeren ziehen" (*a.a.O.*, 1350), denn: "In der Wirklichkeit sind die Dinge sehr viel komplizierter" (*a.a.O.*). *Däubler* rekonstruiert die fiktive Gerichtsverhandlung aus der Perspektive der Gegenpartei und demonstriert, dass in allen Fällen die Gegenpartei aus den berichteten Fakten andere Schlüsse ziehen würde, sie anders werten oder einordnen würde und andere Kausalitäten behaupten würde.

Ich habe bei meinem Umschreiben von Geschichten in Anspruch genommen, diese für juristisches Denken essentielle strategische Haltung ('Wie wird die Gegenpartei argumentieren?') als generelle wissenschaftliche Perspektive zu bezeichnen. Eine Aussage wird mit Gegeninterpretationen konfrontiert, nicht, um an ihr herumzunörgeln, sondern um ihre Unbestreitbarkeit einer Feuerprobe zu unterziehen. Wenn es vernünftige Gründe gibt, die Dinge anders zu sehen (und wenn dann nachfolgende Entwicklungen verständlicher werden, der Spielraum von Erklärungen erweitert wird etc.), dann ist diese methodische Übung sinnvoll. Es gibt prominente Vorbilder: Entgegen aller unmittelbaren Evidenz hat es sich als produktiv erwiesen, die Alternative zur vorherrschenden Meinung zu verfolgen und zu behaupten, dass sich die Erde dreht und dass sie sich um die Sonne dreht. Orthodoxien können durch Widerspruch in Bewegung gebracht werden.

Überlegungen wie diese führen zu einem grundsätzlichen epistemologischen Problem: Aussagen über Mobbing können nicht ohne die Spezifizierung der *Beobachter-Position* getroffen werden (siehe dazu unten). Nimmt man z.B. stets und konsequent die Opfer-Perspektive ein, dann muss man alles, was Betroffene berichten, als Situationsschilderung akzeptieren (nach der Maxime 'Wirklich ist, was als wirklich erlebt und berichtet wird'). *Walter* (1993) ist hier weniger eng; er fordert dazu auf, immer *beide* Parteien zu berücksichtigen und sich den systematischen Standpunktwechsel anzugewöhnen (s. die Generalisierung dieser Position in *Kasper* 1998, der wiederholt 'Allparteilichkeit' fordert).

2.4 Das Mobbingopfer

Einer der Streitpunkte, zu denen sich in der Mobbingliteratur kontroverse Positionen finden, ist die Frage,

- ob das Opfer als Opfer ausgesucht wurde (sich geradezu 'angeboten' hat), weil es Fehler gemacht hat ('schuldig ist'), weil es schwach ist (sodass keine heftige Gegenwehr zu befürchten ist) oder weil es in irgendeiner Form auffällig abweichend ist, oder
- ob eine vorher ganz normale Person zum Opfer *gemacht* wurde, nämlich so behandelt wurde, dass sie Fehler machte, schwierig wurde, abweichendes Verhalten zeigte, von anderen abgelehnt wurde etc.

Leymann ist ein pointierter Vertreter der 'Unschulds-These': zum Opfer kann jeder Mensch werden, wenn er von anderen feindselig behandelt wird, unterliegt und sich in diesem Kampf aufreibt.

Lindemeier (1996), der als Betriebsarzt 87 Mobbingopfer identifiziert und untersucht hat, stellt fest:

> "In der psychiatrischen Anamnese berichteten 31% der Patienten über eine prinzipielle Neigung Konflikten aus dem Weg zu gehen. Unter Minderwertigkeitskonflikten schon vor Beginn der Schikanen litten 27%. 23% gaben an, schon immer 'schwache Nerven' zu haben, bzw. alles zu ernst zu nehmen. Diese Angaben stehen eindeutig in Widerspruch zu den Untersuchungen Leymanns, in deren Interpretationen stets die Aussage vertreten wird, dass besondere psychische Eigenschaften bei den Patienten nicht gefunden werden konnten" (*a.a.O.*, 431).

Brodsky (1976), dessen Fallgeschichte 'Leonard' oben ausführlich zitiert wurde (siehe Beleg 1, S. 4ff.), merkt an, dass die Opfer nicht selten Züge hatten, die üblicherweise oder in anderen Kontexten neutral oder gar positiv bewertet werden, die aber - situationsunangemessen, im Übermaß oder kompromisslos eingesetzt - zum Desaster führten:

> "Das gequälte Opfer neigt generell dazu, gewissenhaft, buchstabengetreu und etwas naiv zu sein. Oft ist es ein besonders Leistungstüchtiger, der dazu neigt eine unrealistische Sicht seiner selbst und der Situation, in der er sich befindet, zu haben. Er kann glauben, er sei ein idealer Arbeitnehmer und der Job, den er bekommt, sei der ideale Job. Im Ergebnis hat er große Schwierigkeiten, sich nicht nur den Unvollkommenheiten der Situation, sondern auch den Unvollkommenheiten seines eigenen Funktionierens anzupassen. Wo die meisten von uns in solchen Situation zur Schlussfolgerung kommen, dass wir nicht so gut angepasst sind, wie wir glaubten, sieht die gequälte Person oft den Mangel, der so entscheidend zum Arbeitsproblem beiträgt, nicht in sich selbst. Weil sie keine Abstriche von ihrem Ideal machen kann, neigt sie dazu, anderen für die eigene Unfähigkeit, das von sich selbst erwartete Leistungsniveau zu erreichen, die Schuld zu geben" (*a.a.O.*, 89f.).

> "Ihre Uneinsichtigkeit bedeutet auch, dass die gequälte Person keine Systemdenkerin ist. Statt die Welt als umfassende Menge von Systemen zu sehen, in der sie eine Komponente ist, die mit anderen Komponenten interagiert, fokussiert sie sich auf das Funktionieren getrennter Teile. Zum Beispiel konzentriert sie sich auf die Persönlichkeit einer bestimmten Führungskraft, auf die Idiosynkrasien eines einzelnen Kollegen, auf allein einen Aspekt einer Anweisung und verfehlt damit den Kontext, in dem die Leute handeln oder in dem die Ereignisse ablaufen. Sie ist wie die Person, die ein Sprichwort wie "Wer selbst im Glashaus sitzt, soll nicht mit Steinen werfen" nicht abstrakt verstehen kann; sie geht ein auf das Glas, das Haus, die Steine - aber versteht die allgemeine Botschaft über Vergeltung nicht" (*a.a.O.*, 95).

Die beiden Positionen (Anlage/Umwelt, nature/nurture, Erbgut/Milieu) schließen sich gegenseitig nicht aus: es ist durchaus denkbar, dass Menschen, die vorherrschenden (!) Maßstäben des Aussehens, Auftretens, Leistens, Denkens usw. nicht entsprechen, marginalisiert werden und als vereinzelte 'auffällig' sind und leichter Opfer instrumenteller oder expressiver Aggressionen anderer werden.

Olweus, der langjährige Forschungsprogramme zu Bullying und Mobbing an Schulen betreut hat, trägt dieser Ambivalenz und Zirkularität Rechnung, wenn er primäre und sekundäre Anzeichen von 'Opfer sein' (und werden) beschreibt (siehe dazu Beleg 8.

In Besprechung eines Überblicks über eigene Studien, die sich mit Persönlichkeitscharakteristika von Mobbingopfern befasst haben, resümiert *Zapf* (1997, 45) dass sie sich

> "selber signifikant häufiger abweichend in Bezug auf unsicheres und vermeidendes Verhalten, abweichende Einstellungen, nonkonformes Verhalten, Gewissenhaftigkeit/Rigidität (Pünktlichkeit, Akkuratheit, Ehrlichkeit, Unbestechlichkeit) und ihrer Leistungsorien-

tierung von Nichtopfern unterscheiden. Keine Unterschiede ergaben sich dagegen für dominantes Verhalten (z.B.: im Auftreten anderen überlegen, selbstbewusst und sicher) ... Die befragten Mobbingopfer geben häufiger als die Nichtopfer an, dass sie Konflikte erst später bemerken als ihre Kollegen, im Konfliktfall eher nachgeben und es ihnen schwerer fällt, Kontakte zu knüpfen und aufrecht zu erhalten".

Beleg 8: Opfer sein in der Schule - mögliche Anzeichen (aus: *Olweus* 1995, 61f.)

Primäre Anzeichen

Kinder oder junge Leute, die gemobbt werden, können eines oder (gewöhnlich) mehrere der folgenden Anzeichen aufweisen:

- Sie werden (wiederholt) auf hässliche Weise gehänselt, beschimpft (sie können auch herabsetzende Spitznamen tragen), verhöhnt, herabgesetzt, lächerlich gemacht, eingeschüchtert, entwürdigt, bedroht, herumkommandiert, tyrannisiert, unterdrückt.
- Man macht sich über sie lustig und lacht sie aus in herabsetzender und unfreundlicher Art und Weise.
- Man reitet auf ihnen herum, stößt sie herum, schiebt sie beiseite, pufft sie, schlägt sie, tritt sie (und sie sind nicht fähig, sich selbst angemessen zu wehren).
- Sie werden in 'Streitigkeiten' und 'Kämpfe' hineingezogen, in denen sie fast wehrlos sind und aus denen sie versuchen, sich zurückzuziehen (vielleicht weinend).
- Ihre Bücher, ihr Geld und anderer Besitz werden ihnen weggenommen, beschädigt oder verstreut.
- Sie haben Prellungen, Verletzungen, Schnitte, Kratzer oder zerrissene Kleidung, für die es keine natürliche Erklärung gibt (und weisen einige der allgemeinen Merkmale auf, die weiter unten [hier weggelassen!, O.N.] aufgeführt sind).

Sekundäre Anzeichen

° Sie sind (oft) allein und ausgeschlossen von der Gruppe Gleichaltriger in den Pausen und beim Essen. Sie scheinen keine(n) einzige(n) gute(n) Freund oder Freundin in der Klasse zu haben.

° Sie werden bei Mannschaftsspielen als letzte ausgewählt.

° Sie versuchen, sich in der Pause in der Nähe des Lehrers oder der Lehrerin oder anderer Erwachsener aufzuhalten.

° Sie haben Mühe, vor der Klasse zu sprechen und machen einen ängstlichen und unsicheren Eindruck.

° Sie scheinen hilflos, unglücklich, deprimiert, den Tränen nahe zu sein.

° Sie zeigen eine plötzliche oder allmähliche Verschlechterung ihrer Schulleistungen."

Zapf stellt klar, dass mit solchen Ergebnissen nicht entschieden werden kann, ob die zermürbende Erfahrung des Mobbing bei (vorher) 'normalen' Menschen eine Veränderung ihrer Eigenschaften in der gefundenen Richtung herbeigeführt hat, ob sie ehrlicher oder sensibler über sich Auskunft geben (bzw. durch Mobbing bestimmte Züge an sich selbst entdeckt oder stärker entwickelt haben) oder ob sie zum Opfer prädestiniert waren, weil sie von Hause aus unsicher, pedantisch etc. sind.

Wenn Mobbingopfer sich selbst als gewissenhaft, unbestechlich, leistungsorientiert, moralisch unbeugsam und für eine gute und gerechte Sache kämpfend beschreiben, dann hängt damit für *Zapf* (1997, 46f.) "vermutlich das Phänomen [zusammen], dass nicht wenige Mobbingopfer unter keinen Umständen klein beigeben wollen und zum Teil einen jahrelangen Kampf gegen die Ungerechtigkeiten führen, die ihnen widerfahren sind".

Würde man antike Modelle für den Typus des Opfers suchen, könnte man in der griechischen Mythologie fündig werden. Prominente Namen in der Ahnengalerie der Mobbingopfer sind *Prometheus*, *Sisyphos* und *Tantalos*:

Prometheus hatte den Göttern das Feuer geraubt und es den Menschen gebracht. Zur Strafe wurde er an einen Felsen gekettet; regelmäßig frisst ihm ein Adler die stets wieder nachwachsende Leber heraus.

Sisyphos galt als der verschlagenste der Menschen; er verriet *Zeus*, der ihm daraufhin Thanatos, den Totengott, schickte. *Sisyphos* nahm ihn gefangen, sodass kein Mensch mehr sterben konnte. Zur Strafe muss der Zuwiderhandelnde nun in der Unterwelt einen Marmorblock bergauf rollen, der immer dann, wenn er ihn oben hat, zu Tal rollt.

Tantalos war von den Göttern sehr geachtet, stahl ihnen aber Nektar und Ambrosia, die er den Menschen brachte; außerdem entwendete er den goldenen Hund aus dem Zeustempel und setzte den Göttern den eigenen Sohn zum Mahl vor. *Tantalos* wurde dazu verdammt, auf ewig durstig im Wasser zu stehen, das sofort zurückweicht, wenn er sich bückt, um zu trinken; über seinem Kopf hängt ein großer Fels, der herabzufallen und ihn zu erschlagen droht; in seiner Reichweite sind die köstlichsten Früchte, die sich entfernen, wenn er nach ihnen greifen will.

Prometheus, *Tantalos* und *Sisyphos* sind Mobbingopfer; sie werden in alle Ewigkeit gequält. Aber sie sind nicht unschuldig: Sie haben die Götter herausgefordert, verraten, bestohlen, betrogen, verspottet - und müssen dafür büßen. Dieser Sachverhalt liegt auch der *Laien*theorie der Mobbingopfer zugrunde: Sie sind immer (auch) selbst schuld. Im Prinzip(!) leben wir in einer gerechten Welt (*Lerner* 1980; *Müller & Hassebrauck* 1993; *Lind, Kray & Thompson* 1998) - und wer Opfer ist/wird, hat es verdient.

Mit Deutungen dieser Art wird ein Vorbehalt eingeführt. Man hält sich Schmerz und Verzweiflung eines Opfers dadurch vom Leibe, dass man ihm in bürokratischer Weise Schuldanteile aufrechnet. Frauen müssen bei Klagen gegen sexuelle Belästigung oder Gewalt immer wieder diese Zumutung ertragen. Es ist deshalb zu fragen, wodurch dieses Misstrauen gegenüber der Opferrolle herrührt. Das Erklärungsmuster der 'Gerechten Welt', demzufolge es niemand unverdient trifft, soll hier nicht weiter verfolgt werden. Vielmehr glaube ich, dass es zu dem Konflikt kommt, weil zwei Perspektiven überkreuz kommen: die empirisch-psychologische und die moralisch-rechtliche. Aus empirischer Sicht gibt es keinen Grund, die Klagen des Opfers in Zweifel zu ziehen: Wenn es sich als Opfer erlebt, dann ist es ein Opfer. Wer sich krank fühlt und die Ärztin aufsucht, ist krank, auch wenn bei der Untersuchung keine objektivierbaren Symptome gefunden werden. Geht es aber um das rechtliche Problem der Schuldzuweisung (und die Konsequenzen, die das auslöst), dann verdient der Standpunkt von Täter oder Täterin genauso viel unvoreingenommenes Gehör wie der des Opfers. Nicht mehr einseitige (An-)Klage, sondern Kommunikation steht im Mittelpunkt. Es sind die Gründe zu prüfen, die beide Parteien vorbringen, und zwar sowohl auf ihre Wahrhaftigkeit, wie auf ihre Wahrheit und Legitimität. Prüfverfahren bringen es mit sich, dass sich Standpunkte gegen grundsätzlichen Zweifel behaupten müssen ("Ab jetzt kann jede Aussage gegen Sie ausgelegt werden!") und genau das ist für ein Opfer eine zusätzliche Ungerechtigkeit. Im Bereich unmittelbarer Betroffenheit benötigt und verdient ein Opfer Mitgefühl und Vertrauen - so wie es etwa von einem Freund oder einer Therapeutin erwartet werden kann. Geht es aber um soziale Rechtfertigung vor Dritten, reichen die fraglose Unmittelbarkeit der Selbsterfahrung oder die Vertrauensgrundlage einer stabilen Zweierbeziehung nicht länger aus. Opfer und TäterIn müssen sich erklären, und beider Erklärungen werden bezweifelt. Also müssen sie objektiviert (entsubjektiviert) werden, Fakten, Beweise, ZeugInnen werden gesucht und BeobachterInnen zu Unbeteiligten(!) gemacht. Emotional hoch aufgeladene Beziehungen, wie die von Opfer und TäterIn, werden buchstäblich unwirklich, wenn man sie mit kühlem Blick analysiert. Auch *Virchow* konnte beim Sezieren unzähliger Leichen nie eine Seele finden. Darauf werde ich bei der Darstellung der arbeitsrechtlichen Maßnahmen gegen Mobbing wieder zurückkommen (siehe Kap. 4.4).

Das Problem der 'dritten Partei' oder der 'neutralen Beobachtung' kann noch aus einer anderen Perspektive betrachtet werden. Die Transaktionsanalyse (TA) spricht vom sogenannten "Drama-Dreieck", das der nun schon bekannten Dyade Opfer – TäterIn (in der TA heißt sie: Verfolger – Opfer) die dritte Rolle des Retters gegenüberstellt. Entsprechend dem Grundprinzip der transaktionsanalytischen Spiel-Analyse wird bei jeder Position/Person davon ausgegangen, dass sie durch das Spiel einen Nutzen (eine Bedürfnisbefriedigung) erlangt, *den sie verbirgt*. Es klingt hämisch, die Hilfsbereitschaft einer dritten Person auf diese Weise zu denunzieren. Allerdings muss einen die selbstkritische Analyse professioneller HelferInnen (TherapeutInnen, SozialarbeiterInnen, MedizinerInnen, s. z.B. *Schmidbauer* 1978) hellhörig machen. Sie attestieren sich im 'Helfersyndrom' (durchaus doppeldeutig) Opferbereitschaft; sie identifizieren sich mit dem Opfer und opfern sich selbst auf, um das Leid, das der anderen Person angetan wurde, zu heilen. Dabei werden sie leicht selbst zu TäterInnen/VerfolgerInnen, wenn sie

- Partei ergreifen (mit dem Opfer koalieren, sich solidarisieren oder gar identifizieren),
- das Handeln des Täters oder der Täterin unbedingt(!) anprangern und als moralisch schlecht bewerten,
- aktiv werden, um für das Opfer (und manchmal an seiner Stelle) gegen die Täter/Innen vorzugehen.

Woher kommt diese Identifikationsbereitschaft, das Mitleid(en) der RetterInnen? Oder transaktionsanalytisch gefragt: Was ist ihr Nutzen? In der Helfersyndrom-Debatte wird zum einen masochistische Opfer-Bereitschaft attestiert (sich an die Stelle des Opfers zu setzen, um 'stellvertretend' die Bestrafungen zu ertragen, die es erleidet, man selbst aber verdient hätte). Zum anderen die narzisstische Befriedigung, die aus der Selbststilisierung als Erlöser resultiert: die Hilflosen, Schwachen, Erniedrigten werden vom Helfer, der so seine Allmachtsphantasien auslebt, aus dem Tal der Tränen in die bessere Zukunft geführt. Eine besondere Spezies sind die, die nicht selbst helfen, sondern über die Opfer reden oder schreiben, um ihnen vorgeblich auf diese Weise zu helfen: vor allem JournalistInnen und WissenschaftlerInnen. Welchen 'psychologischen Nutzen' haben sie? Eine erste Näherung ist noch distanziert-cool: es ist eben ihr Job zu untersuchen, aufzuklären, zu schreiben, die Wahrheit ans Licht zu bringen usw. Sicher gehören auch (Er-)Finderstolz und die Befriedigung des Jagdeifers nach dem 'neuen Thema' dazu, das Einrichten einer Arbeitsnische, die Schaffung eines Namens als Vater von ... oder Spezialistin für ... Warum aber die oft auffällige Parteinahme und das missionarische Engagement für die Opfer?

Ein kleiner Exkurs kann hier vielleicht weiterhelfen. In der Gruppen-Psychotherapie gibt es die Institution des *Hilfs-Ichs*: ein Gruppenmitglied wird gebeten, für einen Klienten die Personalisierung eines verdrängten oder abgespaltenen Teils von dessen Persönlichkeit zu übernehmen (z.B. die verleugnete Schwäche oder Aggressivität oder Zärtlichkeit). Der Klient wird so buchstäblich konfrontiert mit sich selbst und muss sich mit sich auseinandersetzen. Diese Idee der Rollen-Spaltung ist im Rechtswesen institutionalisiert. In einem Strafprozeß ist die Verteidigerin das Hilfs-Ich des Angeklagten, der Staatsanwalt das Hilfs-Ich des Opfers (bzw. der Sachwalter des 'Öffentlichen Interesses'); beide versuchen, die "Fakten" aufzudecken. Das Opfer erhält so eine starke Partnerin (Retterin), die erfahren, selbstbewußt, durchsetzungsfähig und kompetent dafür sorgt, dass es zu seinem Recht kommt. Die Täter-Opfer-Struktur wird in gewisser Hinsicht gedoublet zu einem Stellvertreter-Kampf zwischen den AnwältInnen. In der Richter-Figur, der Inkarnation der geschulten Über-Parteilichkeit, ist die Erwartung konzentriert, dass das allwissende Über-Ich ein gerechtes Urteil fällt; die Funktion des Rächenden/Strafenden wird an die Exekutive delegiert.

Dieser Analogie entsprechend übernehmen RetterInnen, JournalistInnen und WissenschaftlerInnen die vereinigten Rollen der Anklagenden/Untersuchenden und Richtenden/Urteilenden (und manchmal noch diejenigen der Verfolgenden/Strafenden). Damit erhält das eigene Tun ein Gewicht, das es über die Routinen des Alltags hinaushebt, wichtig und wertvoll werden lässt, sodass Belohnungen resultieren, die ansonsten verwehrt blieben. So wird verständlich, warum der eigene Beitrag effekthascherisch oder sensationslüstern aufgebauscht wird (s. die vielen Reports in den Medien über Mobbing) oder als neu, besonders, wegweisend etc. bezeichnet wird (z.B. bei *Leymann* 1993d, 1996).

Wenn über die RetterInnen spekuliert wird, dann muss ebenso über diejenigen nachgedacht werden, die diese Rolle *nicht* übernehmen. Warum gibt es soviele ZuschauerInnen oder WegseherInnen? Warum erklären sich viele zu Unbeteiligten, zur Kulisse des Dramas, das sie nichts angeht? Die Altruismus-Forschung (s. z.B. *Bierhoff* 1980) hat immer wieder gezeigt, dass selbst bei dringender Hilfsbedürftigkeit die Bereitschaft zu helfen bei Umstehenden, Zuschauenden, Mithörenden, Vorbeifahrenden etc. äußerst gering ist. Dies ist - den Fallgeschichten zufolge - bei Mobbing nicht anders. Auch hier gibt es eine schweigende und inaktive Mehrheit. Gerade wenn es viele sind, die einen Vorgang beobachten, entlasten sie sich gegenseitig von der Verantwortung einzugreifen: wenn die anderen (auch) nichts tun, wird es wohl mit rechten Dingen zugehen. Der Dreischritt des Sündenbock-Mechanismus Abspalten - Delegieren - Entlasten scheint auch hier zu funktionieren: Im Opfer wird etwas verfolgt, was man auch bei sich selbst bekämpft oder fürchtet (z.B. Faulheit, Starrsinn, Schwachheit, Fehlerhaftigkeit, Trotz, Ungeschicklichkeit usw.); dieses 'Ent-Eignete' wird auf das Opfer übertragen und nun darf all das Negative an ihm bestraft werden. Die Person selbst ist entlastet, weil stellvertretend das Böse bekämpft wurde/wird. Quasi magisch wird so das Unheil, das einem selbst drohte, auf andere abgelenkt.

Oft müssen die Opfer zuvor so schlechtgeredet oder -gemacht werden, dass sie verdienen, was ihnen angetan wird. Irgendwelche Auffälligkeiten (s. dazu Näheres im Kap. 6.4) werden identifiziert, gleichsam herausvergrößert und dienen dann zur Verankerung der weiteren Zuschreibungen.

Leymann beklagt die vorherrschende Tendenz, das Mobbingopfer zu stigmatisieren: *Es* wird für schuldig erklärt, *es* hat angefangen, *es* soll entfernt werden - und dann wird alles wieder gut sein. Dabei wirkt ein Teufelskreis: Wenn eine Person sich gegen den Psychoterror wehrt, wird eben dies als Indiz gewertet, dass sie sich 'unmöglich' verhält; sie hat - wie im Mittelalter die Frauen bei Hexenproben - keine Chance. Mobbing hat auf Dauer die Konsequenz, die Coping-Reserven (s. dazu unten) des Opfers zu erschöpfen: Das Opfer wird immer weniger fähig, sich gegen den Terror zur Wehr zu setzen. Es ist in dieser Sichtweise Endprodukt, nicht Auslöser der Mobbinggeschichte. Somit stehen sich die oben schon erwähnten Selektions- vs. Drift-Erklärungen für Mobbing-Opfer gegenüber: Im ersten Fall werden sie als Opfer 'ausgesucht' bzw. suchen sich selbst Arbeitsplätze, in denen sie - masochistisch? - Bestrafung finden. Im zweiten Fall werden sie ungerecht behandelt und werden dadurch letztlich 'schwierig' - und damit gibt es gute Gründe, sie (völlig) 'fertigzumachen'.

Denkt man an das, was oben zu Anti-Mobbinghandlungen gesagt wurde, dann gibt es im Grunde mehrere Typen von Opfern, z.B. solche die sich aktiv wehren (und darum leicht selbst als TäterInnen etikettiert werden können), solche die ihr Leiden demonstrativ und hilfesuchend zur Schau stellen, wieder andere, die unbemerkt aufgeben und resignieren oder solche, die personalisieren und die Aggression gegen sich kehren, weil sie sich selbst die Schuld geben und glauben, an ihnen müsse etwas nicht in Ordnung sein, wenn andere Menschen sie so behandeln ... Aus einer solchen Perspektive wird dann - was zunächst sehr befremdlich klingt - Leiden zur Kampfform. Der klinischen Psychologie ist diese These keineswegs fremd; hier gibt es Falldarstellungen, in denen die leidende Person durch ihr Leiden protestiert und die andere Seite zwingt, darauf zu reagieren. Die Palette der Opfer-Handlungen(!) kann im Extrem auch eine Art "Starre" oder Totstellreflex beinhalten, die weitere Aggressionen unterbinden soll, ähnlich wie im Tierreich Unterwerfungsgesten und Demutsgebärden Aggressoren beruhigen und von weiteren Attacken abhalten sollen. Dies kann zur Selbstverleugnung führen, weil sich das Opfer darstellen muss als jemand, von dem jetzt und künftig keinerlei Gefahr ausgeht.

Die Selbstpräsentation als Opfer kann auch an Dritte (BeobachterInnen) adressiert sein. Opfer suchen z.B. bei WissenschaftlerInnen oder TherapeutInnen Bestätigung, die ihnen anderweitig vorenthalten wird. Sie erfahren diese (scheinbare) Zuwendung vor allem dann, wenn einseitig *ihre* Schilderungen rezipiert werden. Es gibt in der Mobbingliteratur praktisch keine systematischen Versuche, Daten *bei den Mobbenden* zu erheben und *deren* Sicht der Dinge mit den Opfer-Schilderungen zu konfrontieren. Insofern leidet die Mobbingdiskussion unter einer strukturellen Einseitigkeit: nur die eine Seite der Attribution wird zugrundegelegt.

Ich möchte anhand des folgenden Mobbingfalles illustrieren, welche Konsequenzen es haben kann, sich allein auf die Schilderungen des Opfers zu verlassen. Zu diesem Zweck zitiere ich zunächst (1.) den Fall so, wie er von *Gisela Kramer* in der Frankfurter Rundschau vom 13.2.1993 berichtet wurde. Danach erfinde ich (2.) eine mögliche (!) Perspektive der Vorgesetzten, um zu zeigen, dass man die Kernaussagen des Opfers auch anders rahmen kann. Ich gehe dabei von der Alltagsvermutung aus, dass die Vorgesetzte, würde man sie befragen, wohl kaum sagen würde: "Ja, ich will ihn völlig grundlos fertigmachen!"

Beleg 9: Michael - Opfer oder Täter?

1. Michael, das Opfer (der Originaltext)

"Michael sitzt jetzt die Angst im Nacken. Sein Arzt hat ihn für mehrere Wochen krankschreiben müssen, weil der Körper nicht mehr mitgespielt hat, nach vier, fünf Jahren strapaziöser Sonderbehandlung durch eine mittlerweile vorgesetzte Kollegin: 'Ich habe im Büro gesessen und hatte Angst: Wenn die Tür aufgeht, kommt die Dicke rein und will irgendwas gegen mich. Und diese Angst setzt sich bis ins Privatleben zu Hause fort. Da hat mich bei der Gartenarbeit blitzartig die Angst überfallen: Die Dicke steht hinter dir.'

Für Michael begann der Leidensweg, als ihm, dem Lohn- und Gehaltsbuchhalter eines mittleren Betriebes, vor einigen Jahren eine jung-dynamische Frau ins Büro gesetzt wurde, die die Geschäftsleitung offenbar angestellt hatte, "um die Dreckarbeit zu machen". Ihre erste gravierende Aktion gegen ihn war, während seines Urlaubs, durch Lichtmessungen feststellen zu lassen, dass seine dekorativen exotischen Pflanzen das Büro zu dunkel machten und deshalb auf 20 Zentimeter gekürzt werden mussten. Ein Unding, denn schon die Töpfe waren größer. Also räumte Michael alles weg - und entdeckte drei Wochen später in der Mitte des Büros ein auf Firmenkosten angeschafftes, ein Meter hohes Herbarium. Alsdann war auch noch vieles andere an ihm auszusetzen, nach fast 20 Jahren Betriebszugehörigkeit. Wie er dies machte, wie er jenes machte. Selbstverständlich ist auch das letzte von ihm aufgehängte Bild inzwischen abgehängt worden. *'Es fliegen überall ständig kleine grüne Giftpfeile durch die Gegend.'*

Die EDV-Anlage vor allem, die Michael zusammen mit einem Programmierer vor Jahren eingerichtet hatte, war der Dame ein Dorn im Auge, *'einfach nicht mehr zeitgemäß'*. *'Obwohl unser Lohn- und Gehaltsprogramm allen Prüfungen standgehalten hat und alle damit zufrieden waren. Das haut einem fast den Boden unter den Füßen weg.'* Auch, dass Michael für viele im Betrieb die Vertrauensperson ist, störte die dynamische Kollegin offenbar. Für Fragen aus der Belegschaft wird ein neues Büro, mit neuen Leuten und Sprechzeiten eingerichtet, und Michael wird von der mittlerweile zur Personalleiterin avancierten Frau in ein kleineres Büro versetzt. Sie ermahnt die Mitarbeiter, ihn doch nicht von der Arbeit abzuhalten. Als ihm schließlich zugetragen wird, dass sie unverblümt verkündet hat, ihn (wegen einer Lappalie) *'fertigmachen'* zu wollen, macht ihn das wirklich physisch und psychisch fertig.

2. Michael, der Täter (meine Umdeutung; aus der Sicht der Vorgesetzten formuliert)

"Ich habe mit Michael insgesamt 4-5 Jahre zusammengearbeitet, zuerst als Kollegin, dann als seine Vorgesetzte. Deshalb kenne ich ihn recht gut: Was die Arbeit anbelangt, so hat er sich nie ein Bein ausgerissen, er hat sich häuslich eingerichtet und eine schöne gemütliche Atmosphäre um sich herum verbreitet, mit Zimmerpflanzen, um die er sich eingehend kümmerte und die ihn auch gut abschirmten. Sein Arbeitsplatz war für die Kollegen ein beliebter Treffpunkt, weil er stets zu einem Plausch aufgelegt war und immer das Neueste wusste.

Das war natürlich der Geschäftsleitung nicht verborgen geblieben. Deshalb bin ich eingestellt worden, um den Laden wieder in Schwung zu bringen. Zunächst einmal habe ich dafür gesorgt, dass seine Pflanzen-Schutzwand entfernt wurde. Es hat ihn dann ziemlich getroffen, als wir kurze Zeit in der Mitte des Büros, wo es niemand störte, ein kleines Herbarium plaziert haben. Viel entscheidender aber war, dass er sich weigerte, seinen Arbeitseinsatz zu steigern und sich mit neuen Arbeitsmethoden zu befassen. Seine ständige Rede war: 'Ich bin jetzt schon seit 20 Jahren hier und es hat immer geklappt. Warum soll ich mich ändern?' Besonders gern hat er auf die EDV-Anlage verwiesen, von der er behauptet, er habe sie 'eingerichtet'. Vielleicht stimmt das sogar, aber inzwischen ist das Lohn- und Gehaltsprogramm den gestiegenen Anforderungen nicht mehr gewachsen und hält keinen Vergleich mit modernen Software-Systemen aus. Jeden Versuch einer Erneuerung sabotierte er mit allen Mitteln und dabei wollte er auch andere Kollegen mit hineinziehen. Ich habe ihn deshalb, als ich Personalleiterin geworden war, in ein anderes Zimmer versetzt und dafür gesorgt, dass seine 'Politik der Offenen Tür' ein Ende hatte. Trotzdem hat er immer wieder versucht, mich mit kleinen Sticheleien, Gerüchten, trotzigem Dienst nach Vorschrift usw. zu reizen. Ich konnte mir dieses Verhalten auf Dauer nicht bieten lassen, weil es meine Autorität untergraben hätte. Als er wieder einmal wegen Lappalien langatmige Diskussionen führte, habe ich den Kollegen, die unter seiner Hinhaltetaktik besonders zu leiden hatten, versprochen, dass ich ihm die Hölle heiß machen würde, wenn er sich nicht grundlegend ändern würde. Daraufhin hat er sich krank schreiben lassen und ist mehrere Wochen nicht mehr gekommen. Ganz offensichtlich ist das seine neueste Masche, mir zu zeigen, dass er sich von mir nichts sagen lässt."

Die Aussagen der Vorgesetzten beziehen sich auf die gleichen Vorkommnisse und sind genauso stimmig wie die von Michael. Die Vorgesetzte fühlt sich von Michael gemobbt, er von ihr. Wer hat angefangen? Wer hat recht? Wer ist schuldig? Wer ist Opfer, wer TäterIn? Über Mobbing kann man nicht reden, wenn man nicht den Standpunkt des oder der Beobachtenden bzw. Berichtenden reflektiert.

Im Zusammenhang mit der Diskussion rechtlicher Möglichkeiten, gegen Mobbing vorzugehen, stelle ich unten im Kap. 4.4.3 einen realen Fall vor, der zu den seltenen gehört, in denen zu einer Opfergeschichte auch andere Sichtweisen berichtet werden. *Diergarten* (1994) ist einer der wenigen, die eine *Triangulierung*[15] vornehmen. Er schildert ausführlich den bericht des Opfers, dann den Kommentar der 'mobbenden' Arbeitgeberseite, die Sicht des Arbeitsrichters und schließlich seine eigenen Eindrücke, die er aus Gesprächen mit den Beteiligten und in der - vorläufig letzten - Gerichtverhandlung gewonnen hat.

[15] *Triangulierung* ist - angelehnt an die Praxis der Landvermessung (Trigonometrisierung) - der Versuch, ein Phänomen oder Ereignis aus verschiedenen Blickwinkeln zu beobachten oder zu beschreiben. Damit soll einem Monopol auf Wirklichkeitsanschauung (z.B. nur die Opfer- oder nur die Täter-Sicht) begegnet werden, indem die Anschauungen (!) unzensiert nebeneinandergestellt und damit relativiert werden. Die übliche oder vor-herrschende Sicht der Dinge ist dann nur *eine* Auffassung unter mehreren möglichen/realen, aber keineswegs die einzige und/oder richtige.

Wissenschaftliches Ideal ist es normalerweise, den Standpunkt des sogenannten unbeteiligten Dritten einzunehmen, um auf diese Weise zu *objektiven* Aussagen zu kommen. Diese Art der Objektivität ist jedoch nicht viel mehr als eine weitere Subjektivität, weil auch WissenschaftlerInnen auf Beobachtungen und Beschreibungen zurückgreifen, die sie interpretieren müssen. Die "dritten Personen" in sozialen Interaktionen (seien es Zuschauer, scheinbar neutrale Vorgesetzte, interne oder externe ExpertInnen, die die Vorgänge untersuchen) dürfen eben nicht als "unbeteiligt" definiert werden, denn das sind sie in dem Moment nicht mehr, in dem sie in das Geschehen [als Zeugin, (Schieds-)Richterin, Vertraute, Klagemauer, Bündnispartnerin etc.] einbezogen werden. Und in eben diesem Moment verändern sie auch das Geschehen, sowohl den aktuellen Prozess, wie auch die Rekonstruktion der Vergangenheit. Wenn über Mobbing *geschrieben* (oder *geredet*) wird, wird fast immer die Rolle der dritten Person eingenommen. Dies aber hat - so jedenfalls die Attributionstheorie (siehe dazu ausführlicher unten im Kap. 6.4.) - Konsequenzen im Hinblick auf die Ursachenzuschreibung für beobachtetes, berichtetes oder erschlossenes Verhalten.

Erst wenn ein 'Opfer' *nicht* fertig wurde mit einem Angriff, handelt es sich um Mobbing. Die zahlreichen Beleidigungen, Übergriffe, Zumutungen, Bösartigkeiten usw., die man souverän gemeistert hat oder die einen überhaupt nicht berührt haben, gelten nicht als Mobbing! Jedes Opfer hat seine eigene Verursachungstheorie, mit deren Hilfe es das sogenannte objektive Geschehen *und* (dieses 'und' ist besonders zu betonen) sein eigenes Dazu*tun* interpretiert. Gerade bei der rückblickenden Deutung von verfahrenen oder leidvollen Entwicklungen spielen Kontrollerwartungen (interne vs. externe Kontrolle), Rechtfertigungsmuster, Selbstschutz-Strategien usw. eine wichtige Rolle. Wer sich in einer ausweglosen Situation sieht, kann sein Ego zum Beispiel dadurch schützen, dass er sich überzeugt (gibt), von *anderen* zum *Opfer* gemacht worden zu sein. Dies kann eine durchaus entlastende Wirkung haben, weil die eigene Mitwirkung ausgeblendet wird und man sich einreden kann, am Gang der Dinge völlig unschuldig zu sein und gegen die Über-Macht keine Chance gehabt zu haben. Würde man sich eingestehen, *nicht* ausdauernd, klug, sozialkompetent, kompromissbereit, belastbar, liebenswert etc. (gewesen) zu sein, würde man klein beigeben, zerbrochen resignieren oder sich mit dem eigenen Schicksal abfinden. Die Opfer-Rolle ist aufrechterhaltener Protest, der nicht nachlässt, die Ungerechtigkeit der anderen anzuprangern.

Aus der Perspektive der "dritten Person" kann ein Urteil (!) darüber abgegeben werden, ob diese Ungerechtigkeit vermeintlich oder tatsächlich war. Die Rechtsstreitigkeiten, die sich manchmal an Mobbing-Vorkommnisse anschließen, legen Zeugnis ab von der Schwierigkeit, hinter all den Vorwürfen, Deutungen und Eskalationen den "wahren Kern der Sache" freizulegen; Vergewaltigungsprozesse sind ein instruktiver Parallelfall. Dieser wahre Kern ist keine Entdeckung, sondern eine soziale Konstruktion, die mit mehr oder weniger großem Nachdruck und Erfolg durchgesetzt wird, um den Fortgang der sozialen Beziehungen und/oder die Fortgeltung der Rechtsordnung zu gewährleisten.

Aus der Beobachtungs-Position wird die Etikettierung einer Sequenz als 'Mobbing' zu einem komplexen Attributionsproblem. Es ist zu ermitteln, wann sich welche Vorkommnisse wie oft und wie lange ereignet haben, wer in welcher Rolle und mit welchen Aktionen beteiligt war, wie die Vorgeschichte und der konkrete Kontext ausgesehen haben, welche Folgen mittelbar und unmittelbar entstanden sind ... Hält man sich vor Augen, dass Mobbing zu einem sehr starken Anteil verbal geprägt ist, so ist nachzuvollziehen, dass es in vielen Fällen schwer sein wird, die konkrete Äußerung (Inhalt, Tonfall, Absicht) zu rekonstruieren und aus den gegebenen Umständen heraus zu verstehen.

Ich habe im Anhang 9.2 versucht, die Schwierigkeit der Kontextualisierung an dem von *Leymann* berichteten Fall 'Lena' zu illustrieren. *Leymann* (1995b, S. 37-41; 1996) hat diese Re-Interpretation heftig kritisiert. Ich gehe auf seine Argumente im Anhang 9.2.3 ein. Den in seinem Buch geäußerten Vorwurf, ich hätte Angaben zur Person Lenas unrichtig zitiert, hat er in einem Brief an mich (19.2.96) zurückgenommen: er selbst habe - um die Anonymität der Frau zu wahren - einige Daten verändert.

Gerade wegen der Wahrnehmungs- und Attributionsprobleme führt kein Weg daran vorbei, ganz ausdrücklich die *Subjektivität aller* Beteiligten in Rechnung zu stellen. Um tragfähige inter-subjektive (Re-)Konstruktionen zu ermöglichen, ist es unverzichtbar, Prozeß und Kontext mit einzubeziehen und sich jedenfalls nicht allein auf die Mobbing-Handlungen "als solche" zu beschränken. Die Rekonstruktionen sind Aushandlungsprozesse, in denen die asymmetrische Machtverteilung der Betroffenen eine Rolle spielt [s. dazu unten die Ausführungen zu "mikropolitischen Spielen" im Kap. 7].

Auf diese Weise hat man auch eine Chance, der überwältigenden Tendenz zur Personalisierung zu begegnen und strukturelle Gründe für die verfahrene Situation aufzuspüren. Wenn Arbeitende durch monotone Tätigkeiten, Zeitdruck, geringes Einkommen und drohenden Arbeitsplatzverlust extrem belastet sind und es dann zu einer Verlagerung des Drucks, der auf sie ausgeübt wird, auf andere kommt, dann kann das nicht mehr allein den unmittelbaren Akteuren angelastet werden (ausführlich illustriert das *Burawoy* 1979). Statt zu personalisieren oder zu psychologisieren, müsste hier politisiert werden: Die macht-volle 'Ordnung der Dinge', die Mobbing erlaubt oder gar belohnt, müsste aufgezeigt werden. Präventive und kurative Maßnahmen, die an den Bedingungs- oder Kontextfaktoren vorbeigehen, dürften kaum Erfolg haben. Es ist erhellend zu sehen, dass in der Mobbing-Literatur immer wieder auf die Notwendigkeit eines systemischen Vorgehens verwiesen wird: Erst wenn die Randbedingungen "stimmen" (Bezahlungs- und Beförderungssystem, Arbeitsplatzzuweisung, Informationssysteme, Arbeitsorganisation etc.), kann man hoffen, eine dauerhaft befriedigende Gestaltung der sozialen Beziehungen im Unternehmen zu erreichen. Dabei ist daran zu erinnern, dass 'befriedigend' nicht harmonisch und konfliktfrei heißt; befriedigend wäre es, wenn alle Beteiligten eine faire(!) Chance(!) hätten, ihre Interessen auf dem Boden einer akzeptierten Ordnung auszuhandeln. Die strukturelle Ungleichverteilung bestimmter Chancen (Einkommen, Gestaltungsfreiheit in der Arbeit, Sicherheit des Arbeitsplatzes, Macht) wird dadurch nicht beseitigt; wenn Menschen dauerhaft benachteiligt werden, ist das mit Fug und Recht "*strukturelles* Mobbing" zu nennen (siehe dazu näher Kap. 3.2, S. 67ff.)..

Will man Ernst machen mit der Forderung, Mobbing nicht zu personalisieren, darf man konsequenterweise Mobbing nicht nur über personale Mobbing-Handlungen operationalisieren (wie das z.B. im LIPT geschieht). Die Forderung nach Untersuchung struktureller Ursachen bleibt so ein Lippenbekenntnis. Nimmt man die Forderung nach Analyse der situativen Bedingungen, die Mobbing begünstigen, erlauben oder konditionieren ernst, dann müsste man mit ähnlicher Akribie wie die Mobbing*handlungen* auch die Mobbing*bedingungen* erfassen. Weil dies selten geschieht, bleiben rein täter(handlungs)orientierte Mobbing-Konzeptionen einseitig und lückenhaft.

Leymann betont des öfteren die Bedeutung situativer Bedingungen. Nach seiner Meinung werden vielfach solche Personen terrorisiert, die sich "in sozial schwachen oder leicht angreifbaren Positionen" befinden. Er nennt zusammenfassend vier Gründe für Mobbing-Entstehung (1993a, 278):

- Stress durch arbeitsorganisatorische Defizite; dies sind für ihn die 'wichtigsten Ursachen des Mobbing' (siehe auch 1993, 133); wiederholt führt er die Trias *Art der (Arbeits-)Organisation, Aufgabengestaltung in der Arbeit, Führung* an;
- sozial exponierte Situation des Mobbingopfers;
- moralisches Niveau des Mobbenden;
- mangelnde Handlungskompetenz von Vorgesetzten in Bezug auf soziale Konflikte, sodass dem Mobbing in seinen Frühstadien nicht Einhalt geboten wird.

Auf dem Hintergrund solcher Einsichten böte es sich an, bei der Erfassung der Täterhandlungen auch die Kontexte systematisch mitzuerfassen, in denen Mobbing erfolgt.

Bei der Diskussion der Folgen für das Mobbingopfer greift *Leymann* auf die Merkmalslisten zurück, die in der medizinischen und psychologischen Stressforschung entwickelt wurden. Sie zeigen die Palette der Reaktionsmöglichkeiten auf, die Menschen haben, wenn sie durch starke oder anhaltende Belastungen überfordert werden. Dabei fällt auf, dass *Leymann* 'Stress' - im Sinne *Selye*s - rein organismisch-biologisch sieht:

> "So wollte ein Kollege mit mir darüber diskutieren, was denn der *eigentliche* Unterschied zwischen Mobbing und Stress sei. Das ist nun eine sehr abwegige Frage. Stress ist im Grunde ein biologischer Zustand. Soziale oder sozialpsychologische Situationen *erzeugen* Stress. Mobbing ist eine sozialpsychologische Situation, die augenscheinlich meistens durch arbeitsorganisatorische Zustände ausgelöst wird. Das Erlebnis des 'Gemobbtseins' löst dann solche biologischen Reaktionen aus, die man als Stress bezeichnet" (*Leymann* 1993, 108).

So zynisch es klingen mag: In der Stress-Forschung gibt es die belegte Auffassung, dass die "Vermeidung oder Verleugnung von Stress besser [ist] als die Konfrontation mit Stress" (*Haan* 1977, 175; siehe auch *Orendi* 1982, 61ff.). Sich abzufinden mit dem Unabänderlichen ist womöglich eine gesündere Strategie, als seine Ressourcen in einem aussichtslosen Kampf zu erschöpfen. Für die einzelne Person mag dies das Ökonomischste sein, es ändert aber nichts an der Benachteiligung. Der Kampf gegen diese kann moralisch geboten sein - mit der Konsequenz, als Querulantentum oder eben als Mobbing oder Mobbingursache etikettiert zu werden.

3. Empirische Befunde und Interpretationen

3.1 Mobbingsituationen

Leymann (1993, 35ff.) unterscheidet fünf typische Mobbingsituationen:

1. Übergriffe von Kollegen,
2. Übergriffe von Untergebenen gegen einen Vorgesetzten,
3. Übergriffe eines Vorgesetzten gegen Untergebene,
4. 'Rechthabereien' und
5. 'systembedingte' Unterdrückung.

An diesen "Situationen" zeigt sich eine folgenreiche definitorische Entscheidung. Anstatt, wie es der Mobbing-Begriff ursprünglich nahelegt, nur solche Attacken zu berücksichtigen, die von einem Mob, also einer Mehrzahl von Personen, einer 'Meute', ausgeführt werden, akzeptiert *Leymann* auch Einzelakteure als Mobbende. Damit aber ist Mobbing kein Gruppen-Phänomen mehr, sondern soziale Aggression schlechthin. Wenn ein solch extrem weiter Begriff zugrundegelegt wird, kann man nicht hoffen, für höchst unterschiedliche Konstellationen übereinstimmende Inhalte, Verläufe, Zusammenhänge und Erklärungen zu finden.

Hinzu kommt, dass die von *Leymann* gewählte Klassifikation atheoretisch und unsystematisch erscheint. Sie geht z.B. davon aus, dass es gelungen ist, das Opfer eindeutig zu identifizieren und dass diese Person auch das Opfer bleiben wird. Rasch wechselnde Opfer-Täter-Rollen bleiben ausgeklammert.

Der interaktive oder transaktionale Charakter der Mobbing-Beziehung wird jedoch plötzlich in den zwei letzten Situationstypen eingeführt, die somit quasi quer zu den ersten drei Kategorien stehen. Hier wird der Analysestandpunkt gewechselt:

> "Mit dem Wort 'Rechthaberei' will ich einen Zustand bezeichnen, in dem ein Mensch sich unter keinen Umständen unterkriegen lassen will und seine elementaren Rechte mit aller Kraft verteidigt ... Die Auseinandersetzung kann bei dem Betroffenen eine Art Besessenheit hervorrufen, die schließlich einen psychiatrischen Stellenwert erreicht. Eine solche tragische Entwicklung sollte als das Resultat gezielter Unterdrückung im Arbeitsleben bewertet werden und nicht, wie es heute durchweg geschieht, als eine persönliche Veranlagung von Kindesbeinen her, die dem Gekränkten nachgesagt wird" (*Leymann* 1993, 49).

Dass ein Michael Kohlhaas die anderen bis aufs Blut reizen und seiner (vermeintlichen) Ansprüche wegen auch sich selbst ruinieren kann, ist eine extreme Konsequenz. Im Zwischenbereich geht es um die Frage, warum an sich positiv bewertete Züge wie Selbstsicherheit, Zivilcourage, das hartnäckige Anmelden berechtigter Ansprüche zu (selbst-)zerstörerischen Konsequenzen führen können. Dies muss in Beziehung gesetzt werden zum 5. Situationstyp, bei dem es um die *strukturellen* Besonderheiten des Arbeitslebens geht. Diese nennt *Leymann* aber schon bei der Diskussion von 'Rechthaberei-Fällen': administrative Maßnahmen (wie Versetzungen, Bestrafungen, Änderung der Arbeitsaufgaben etc.) gehen von "starken Machtzentren" aus, scheinen aus dem Nichts, aus heiterem Himmel zu kommen und treffen das Opfer völlig unvorbereitet; im Vorfeld wurden - oft aus "großer Feigheit" (*a.a.O.*, 52) - Informationen zurückgehalten und Aussprachen vermieden. In der Konfrontation gegen die Über-Macht hat das Opfer kaum eine Chance. Es bleibt jedoch offen, welche spezifischen Bedingungen den Typus "Rechthaberei" entstehen lassen.

Bei der "systembedingten Unterdrückung" geht es *Leymann* nicht etwa um den repressiven Charakter des Kapitalismus (im Wesentlichen: die Unterordnung aller Prozesse unter die Verwertungslogik), sondern bloß um Organisationsversagen, speziell die unnachsichtige und unsensible Anwendung bürokratischer Verfahren. Wer in ihre Mühlen kommt, kann gnadenlos zerrieben werden. Das Opfer wird kafkaesk von Instanz zu Instanz verwiesen, bekommt uneinhaltbare Fristen gesetzt, wird über die Rechtslage nicht aufgeklärt, muss auf Antworten unendlich lange warten, wird durch kleinliche Anwendung von Vorschriften schikaniert und verliert so langsam den Glauben an Gerechtigkeit und die Hoffnung auf Besserung der Situation.

3.2 Zum Konzept des 'strukturellen Mobbings'

Leymann hätte hier auf das Konzept der "strukturellen Gewalt" des Norwegers *Galtung* (1981) zurückgreifen können. Dieser Begriff basiert auf der Überlegung, dass die soziale Gewalt in Strukturen, Regeln, Institutionen, Vorschriften oder Artefakten (wie Maschinen, Programmen, Architektur) versachlicht sein kann, sodass ihr hinter einzelne Personen oder Gruppen zurückgehender herrschaftlicher Charakter nicht mehr erkannt werden kann. Nicht die schikanöse *Anwendung* z.B. von Regeln wäre dann das Verletzende, sondern ihre Einseitigkeit, Unfairness, Undurchschaubarkeit oder Auslegungsbreite. Man braucht nur an 'prekäre Arbeitsverhältnisse' zu denken (Randbelegschaften, Teilzeitkräfte, zeitbefristete Arbeitsverträge), um zu sehen, dass der ständige Druck drohender Arbeitslosigkeit zermürbend sein kann. Ähnliches gilt von Beförderungsgrundsätzen, Arbeitsanalyseverfahren, Entgeltfindungssystemen, Leistungsmess-Einrichtungen usw. In seinem materialreichen Buch "Der alltägliche Arbeitskampf" liefert *Hoffmann* (1981) zahlreiche Beispiele für den (erfolgreichen) Widerstand gegen unterdrückende Formen und Handhabungen der Arbeitsorganisation.

Der Ausbau von Überlegungen zur 'strukturellen Unterdrückung' böte die Chance, das Mobbing-Phänomen aus seiner Einzwängung in (inter-)personale Begründungen zu befreien und eine zusätzliche Erklärungsdimension zu erschließen. Nicht mehr Vorgesetztenwillkür, Kollegen-Sadismus, Zeitvertreib oder Spannungsabfuhr wären dann bevorzugte Begründungsformeln, Mobbing würde vielmehr als Reaktion auf zwar durch Personen vermittelte, aber nicht durch sie verursachte Widersprüche gesehen. Dies hätte sowohl für die Mobbing-Diagnose wie für die Mobbing-Therapie Konsequenzen. Statt des (von *Leymann* stets zurückgewiesenen) Rückgriffs auf die 'vorgeschädigte' Persönlichkeit des Opfers oder unglückliche gruppendynamische Konstellationen, würde das Netz betrieblicher und gesellschaftlicher Strukturen, Institutionen und Normen, die in ihrer spannungsgeladenen Widersprüchlichkeit Bedingungen der Möglichkeit von Mobbing sind, im Mittelpunkt stehen. Auch *Leymann* plädiert immer wieder dafür, bei Interventionen gegen Mobbing nicht in erster Linie an die Veränderung von Personen oder Beziehungen zu denken, sondern an die Umgestaltung von Systemen, Verfahren und Regeln. Diese aber determinieren Handeln nicht, sie ermöglichen und beschränken es. Akteure *müssen* nicht unbedingt konform handeln, d.h. den Systemimperativen Folge leisten; sie können dem Druck auch standhalten oder zuwiderhandeln. Das gilt für TäterInnen und Opfer. Klammert man aber - wie *Leymann* - die aktive Rolle der Opfer (und die re-aktive Rolle der TäterInnen) aus, dann verfehlt man die Möglichkeiten, Strukturen, Systeme etc. als (Re-)Produktionen des individuellen Handelns zu sehen. Durch ihr (Mit-)Handeln oder Tolerieren konstituieren TäterInnen und Opfer den erwartungsgetreuen Ablauf.

Zapf (1997, 5) wendet sich gegen das Konzept des 'strukturellen Mobbing', weil er Mobbing auf die Teilmenge der sozialen Stressoren begrenzt sehen will. Dabei missversteht er die Konzeptidee. Es geht nicht um objektive Faktoren der Arbeitssituation (z.B. physische Arbeitsbedingungen), die schädigend wirken, sondern um die apersonalen betrieblichen Logiken, die das Handeln der Akteure (der Vorgesetzten wie der MitarbeiterInnen) konditionieren: z.B. die Zwänge zu Kostensenkung, Beschleunigung und Intensivierung, Globalisierung, Fehlerfreiheit, Flexibilität etc. Konsequenz solcher Vorgaben sind dann Produktionsregimes, die einzelne Arbeitskräfte zu 'Gewinnern' machen, andere aber unter erheblichen Druck setzen, der zwar womöglich durch Vorgesetzte oder Kollegen (soziale Stressoren!) vermittelt, aber nicht durch sie verursacht ist.

Darin könnte auch eine (Teil-)Antwort auf die Frage liegen, warum Vorgesetzte überproportional häufig 'TäterInnen' sind. Wenn man sie nicht mehrheitlich als Sadisten etikettiert, die grundlos quälen, dann muss man ihre Rolle zur Kenntnis nehmen: Sie werden verantwortlich gemacht für die Exekution von Rahmenbedingungen und Zielen, die sie nicht frei gewählt haben. Im Sinne einer personalen Attribution werden sie als TäterInnen identifiziert, wenn und weil sie gegen jene vorgehen, die das zentrale Anliegen (insbesondere des Mittelmanagements) gefährden, nämlich 'dass der Laden läuft' (s. *Walgenbach* 1994, 156ff.). MitarbeiterInnen, die häufig fehlen, sich querlegen, Leistungsziele nicht erreichen, eigene Ideen kompromisslos durchsetzen möchten, auf 'Dienst nach Vorschrift' beharren usw. werden dann - zuweilen mit moralisch fragwürdigen und oft auch unwirksamen Methoden - 'diszipliniert'. Vorgesetzte sind dabei der 'verlängerte Arm' anderer Instanzen, selbst unter Druck gesetzt, kontrolliert, von Versetzung, Ersetzung oder Deprivilegierung bedroht. Druck, der 'von oben' kommt, wird 'nach unten' oder 'zur Seite' weitergeleitet. Man kann hier an ein heiß umstrittenes Diskussionsthema der Führungsforschung erinnern: Wenn in Feldstudien immer wieder gefunden wird, dass erfolgreiche Vorgesetze ein positives Betriebsklima haben und ein hohes Maß an Rücksichtnahme, Kooperations- und Partizipationsbereitschaft zeigen - liegt das daran, dass dieser Führungsstil zu Erfolgen führt oder ist die Kausalrichtung umgekehrt? Weil sie nämlich in - aus anderen Gründen - erfolgreichen Unternehmen oder Abteilungen arbeiten - können sie einen teamorientierten, kooperativen, rücksichtsvollen Führungsstil praktizieren, der vielfach ein gewisses Niveau an Befreiung von Zeit-, Kosten- oder Ergebnisdruck voraussetzt.

Aus der Perspektive von 'strukturellem Mobbing' könnte die aktuelle Diskussion über Mobbing auch Ablenkungsfunktion haben: Wird mit großem publizistischen Aufwand auf dramatische Einzelfälle mit viel human touch verwiesen, dann imponieren diese lediglich als Fehlentwicklungen in einem ansonsten fairen System. Und: Gegen die Einzel-TäterInnen lässt sich was unternehmen, weil das System selbst im Kern gesund ist. Verlagert man die Diskussion aber auf die strukturelle Ebene, dann kann man die Ursache nicht mehr bei bösartigen oder egoistischen Akteuren suchen. Arbeitshetze ist die Konsequenz von Personaleinsparungen und Rationalisierung, Konkurrenzkampf die Folge von Angst vor Arbeitslosigkeit, schlechte Arbeitsbedingungen sind Kosteneinsparungen geschuldet, Dominanzgehabe das Resultat von Hierarchieprinzip und Aufstiegsdenken, Deregulation führt zu Verunsicherung, Verflachung der Hierarchie erzeugt Statusängste ... Die Kritik an diesen Bedingungen würde die Grundfesten des Systems in Frage stellen; die Präsentation des Symptoms (Mobbing) lässt die Strukturen unangetastet, im Gegenteil, immunisiert sie noch zusätzlich.

3.3 Zur Verbreitung von Mobbing

3.3.1 Wieviele MitarbeiterInnen wurden gemobbt?

Auf der Basis seiner Mobbing-Definition (von einer oder mehreren der 45 Mobbinghandlungen mindestens 1x pro Woche, und zwar mindestens ein halbes Jahr lang, betroffen sein) fand *Leymann* (1993, 84ff.) bei einer 'landesweiten Untersuchung', die 1990 in Schweden durchgeführt wurde, dass sich 3,5% der Stichprobe, hochgerechnet also ca. 154.000 Personen, in einer 'Mobbing-Phase' befanden [s. dazu die folgende Tabelle 2]. Die durchschnittliche Expositionszeit war 1 - $1^1/_4$ Jahre. Bei Annahme einer mittleren Lebensarbeitszeit von 30 Jahren errechnet *Leymann* ein Expositionsrisiko von 1:4: *"Jede vierte Person*[16] *dürfte somit Gefahr laufen, zumindest einmal während ihres Berufslebens ein halbes Jahr lang Mobbingopfer zu sein" ... (a.a.O., 112).* Unter Zugrundelegung von ca. 40 Mio abhängig Erwerbstätigen in Deutschland rechnet *Leymann* mit ca. 1,4 Mio Mobbingfällen pro Jahr.

	Häufigkeit						
Dauer	**täglich**	**fast tägl.**	**wöchtl.**	**monatl.**	**seltener**	**nie**	**insges.**
>5 Jahre	9	4	10	7	23	0	53
2-5 Jahre	4	12	11	14	7	0	48
1 Jahr	1	9	9	19	13	0	42
1/2 Jahr	0	9	7	10	7	0	33
>2 Mon	3	2	1	4	6	0	16
>2 Mon.	1	2	1	2	11	0	17
weniger	5	0	2	1	42	0	40
nie	0	0	0	0	0	2169	2169
insges.	23	38	41	48	109	2169	2428

Tab. 2: Dauer u. Häufigkeit von Mobbingfällen in einer repräsentativen schwedischen Stichprobe (n = 2438; Ausfälle: n = 10) [das schattierte Feld weist aus, dass es nach den Kriterien *Leymanns* 85 Mobbingfälle gab (= 3,5%)] (zitiert aus: *Niedl* 1993a, 14).

Diese Tabelle ist von großer Bedeutung, weil sich an ihr zum einen die Konsequenzen der definitorischen Setzung *Leymanns* zeigen lassen und weil sie zum anderen die Grundlage für Hochrechnungen über die 'Kosten von Mobbing' bildet.

Zum ersten: In der Spalte 'täglich' finden sich 9 Personen, die über 5 Jahre lang täglich (!) gemobbt wurden, aber es findet sich keine Person, bei der das in einer halbjährigen Mobbingphase der Fall war. Dieser Befund ist zumindest überraschend, er gibt Anlass, das Zustandekommen der Angaben zu reflektieren. Es fand offensichtlich eine Befragung statt, bei der die ausgewählten Personen gegenüber InterviewerInnen zu hochstrukturierten Items Stellung nehmen mussten. Zwei Verzerrungsmöglichkeiten will ich hier erörtern, Simulation und Dissimulation. Befragte, so ist vielfach gezeigt worden, neigen zuweilen dazu, den InterviewerInnen einen Gefallen zu tun und die Ergebnisse zu liefern, die 'ankommen' (die im Trend liegen, nicht

16 Hochrechnungen wie diese stoßen zunächst auf ungläubiges Staunen. Der Effekt ist aus einem anderen Bereich bekannt, dem der sexuellen Belästigung (das ja auch Mobbing *ist*). *Sibylle Plogstedt & Kathleen Bode* haben ein Kapitel ihres Buchs "Übergriffe" (1984) überschrieben mit: "Es trifft jede vierte" (S. 83). In der vom zuständigen Bundesministerium finanzierten groß-angelegten Studie von *Monika Holzbecher, Anne Braszeit, Ursula Müller & Sibylle Plogstedt* (1990) wird sogar ein noch wesentlich höherer Prozentsatz belästigter Frauen genannt (s. dazu zusammenfassend auch *Rastetter* 1994).

begründungspflichtig sind, besondere Aufmerksamkeit sichern usw.). Ein Interview ist somit auch eine Gelegenheit, die eigene Situation zu dramatisieren. Eine solche Interpretation würde einen Übertreibungseffekt unterstellen und die Zahl der 'echten' Mobbingfälle niedriger ansetzen als die Zahl der berichteten. Das Gegenteil wäre der Fall, wenn man Dissimulationstendenzen unterstellte; dabei gäbe es 'in Wirklichkeit' viel mehr Mobbingfälle, als die Studie ausweist, weil sich die Interviewten in der Hektik und Unpersönlichkeit der (üblichen) Befragungssituation gar keine Zeit nehmen, die Geschichte ihrer eigenen Erfahrungen durchzugehen und/oder sich schämen, sie vor fremden Personen auszubreiten. *Galliker* (1980) hat bei seinen nondirektiven Interviews zum Thema Arbeitszufriedenheit zeigen können, dass es des öfteren vorkommt, dass eine zunächst bejahende (hoch zufriedene) Antwort *im Laufe eines Gesprächs* mehrfach revidiert wird, sodass dann am Ende plötzlich *dieselbe* Person das Gegenteil dessen sagt, was sie anfangs angegeben hatte - weil sie sich offenbar im Gespräch langsam vergegenwärtigt hatte, was die Frage für sie persönlich bedeutet. Die kurzen Vorgaben, die das LIPT macht, sind so unspezifisch, dass sie ohne Interpretation und Attribution nicht auskommen. *Dieser* Prozess wird aber durch die gewählte Methode (hochstrukturierte Befragung) nicht aufgehellt.

Hinzukommt, dass man die Zahl der Mobbingfälle erhöhen könnte, wenn man die operationale Definition (mindestens 1 x pro Woche, mindestens 1/2 Jahr, mindestens ein Fall aus der Liste der 45 Handlungen) erweitern würde und zwar in Bezug auf die Inhalte, die Dauer und die Häufigkeit. Die Inhalte (die 45 Mobbinghandlungen) sind oben schon ausführlich besprochen worden. Die Zahl der Mobbingfälle könnte um über 60% gesteigert werden, wenn man bei den Frequenzen die nächste Spalte neben dem schattierten Feld ('monatlich') einbezöge; nicht so krass wäre die Änderung, wenn man sehr kurzzeitiges Mobbing berücksichtigte (z.B. intensive Attacken, die nur einen Monat gedauert haben, aber das Opfer zur Resignation gezwungen haben).

Den willkürlich scheinenden Zeitraum von einem halben Jahr anhaltender Belästigungen hat *Leymann* (1995c, 48) unter anderem mit einem Argument begründet, das ihm Akzeptanz in seiner Fachdisziplin (der Psychiatrie) verschaffen kann, weil nämlich

> "diese Zeitabgrenzung oft in der Literatur im Zusammenhang mit posttraumatischen psychischen Problemen genannt (wird) ... Spätestens nach dieser Zeit und unter der Voraussetzung, dass eine Traumareaktion noch nicht abgeklungen ist, kann man von behandlungsbedürftigen posttraumatischen Belastungsstörungen reden."

Solche Überlegungen sind deshalb angebracht, weil die Zahl von 3,5% Mobbingopfern, die für die schwedische Stichprobe berichtet wird, auch für Deutschland in

Anschlag gebracht wird, sodass man - s.o. - plötzlich von 1,4 Millionen Gemobbten in Deutschland sprechen kann.[17]

Inzwischen liegen einige weitere Befragungsstudien vor, die über Mobbinghäufigkeit berichten:

Einarsen und Skogstad (1996) haben im Rahmen ihrer Auswertung von 14 Einzelstudien in Norwegen relevante Ergebnisse veröffentlicht (Gesamt-n = 7718 Personen; postalische Befragungen, u.a. zu Aspekten von Mobbing bzw. bullying und harassment bei der Arbeit). Sie legen dabei folgende Nominaldefinition von Mobbing/Bullying zugrunde:

> "... Situationen, in denen ein Mitarbeiter oder eine Führungskraft systematisch von KollegInnen oder Führungskräften schlecht behandelt und zum Opfer gemacht wird durch wiederholte negative Handlungen. Um ein Opfer solcher Peinigung zu sein, muss man sich auch unterlegen fühlen, sich in der aktuellen Situation zu verteidigen" (*Einarsen & Skogstad* 1996, 185).

Im Fragebogen wurde der Begriff folgendermaßen umschrieben, um bei den Befragten eine übereinstimmendes Bezugssystem für die nachfolgenden Fragen zu schaffen:

> "Mobbing (Quälen, Plagen, Herumnörgeln, Ausschließen, Angreifen) ist an einigen Arbeitsplätzen für einige ArbeitnehmerInnen ein Problem. Damit etwas 'Mobbing' genannt werden kann, muss es innerhalb einer bestimmten Zeit wiederholt vorkommen und die damit konfrontierte Person muss Schwierigkeiten haben, sich zu verteidigen. Es ist kein Mobbing, wenn zwei Parteien von annähernd gleicher 'Stärke' in Konflikt geraten oder der Vorgang ein isoliertes Ereignis ist" (*Einarsen & Skogstad* 1996, 191).

Die Autoren berichten die in Tabelle 3 wiedergegebenen Werte.

Die Tabelle zeigt, dass - legt man das *Leymann*-Kriterium zugrunde (mindestens 1 mal pro Woche ein halbes Jahr lang Opfer sein) - nur 1,2% aller Antwortenden als Mobbingopfer zu bezeichnen sind. Dass bei den nur wenig Gemobbten ("ein- bis zweimal") die meisten Fälle (60,2%) nur 'kurzzeitig' waren (unter 7 Monaten), während bei den 'viel Gemobbten' ("wöchentlich") ein überraschend großer Prozentsatz (43,1) angibt, über 24 Monate lang Opfer gewesen zu sein, erklären sich die Autoren damit, dass sie eine Eskalierung unterstellen: Am Anfang gibt es nur kleinere und kürzere Irritationen; wenn sie sich zu 'richtigem' (intensivem) Mobbing auswachsen, lassen sie sich kaum noch abstellen. Die mittlere Mobbingdauer im Sample war übrigens ca. 18 Monate (bei den 268 Opfern, die dazu genauer Angaben machten). An Arbeitsplätzen mit weniger als 10 MitarbeiterInnen war die durchschnittliche Häufigkeit von Mobbing 5,1%, während bei über 50 ArbeitnehmerInnen sich die Mobbingfrequenz mehr als verdoppelte (11%).

---

[17] So rechnet z.B. *Silvia Kämpf* in der Augsburger Allgemeinen vom 4.3.94 vor, dass es unter den 210 000 Beschäftigten in Augsburg ca. 8450 Mobbingopfer geben muss – weil und wenn die Zahlen schwedischer Studien auf unsere Verhältnisse übertragen werden können.

	Anzahl der Antwortenden	Häufigkeit (%)	Häufigkeit (%)	Dauer	des	Mobbing
			unter 7 Monaten	zwischen 7 u. 12 Monaten	zwischen 13 u. 24 Monaten	mehr als 24 Monate
Nie gemobbt	7718	91,4	---	---	---	---
Ja, ein- bis zweimal	309	4,0	60,2	18,3	8,6	12,9
Ja, hin und wieder	263	3,4	29,6	20,4	22,2	27,8
Ja, wöchentlich	96	1,2	17,6	13,7	25,5	43,1

Tab. 3: Anzahl der Mobbingfälle und Dauer u. Häufigkeit des Mobbing in einer norwegischen Stichprobe (*Einarsen & Skogstad* 1996).

In einer zusammenfassenden Übersicht über 14 Studien aus verschiedenen Ländern zeigt *Zapf* (1997, 14), dass die Häufigkeit des berichteten Mobbing zwischen 0,3% (in einer Teilstichprobe bei *Einarsen & Skogstadt*) und 26,6% schwankte (in der Krankenhausstichprobe von *Niedl* 1995; zu einer anderen Studie *Niedl*s siehe den folgenden Absatz). Das belegt, wie problematisch es ist, Ergebnisse, die in bestimmten Nationen, Branchen oder Unternehmen gefunden wurden, unvermittelt als die mutmaßlich für die BRD repräsentativen Werte der Verbreitung von Mobbing zu nehmen (wie das immer wieder der Fall ist, wenn die Daten von *Leymann*s schwedischer Repräsentativbefragung - 3,5% - auf Deutschland übertragen werden.

Es taucht das Problem auf, wie man bei einem statistisch seltenen (ca. 3,5%) und unnormal verteilten Ereignis den Messfehler ansetzen muss, wenn man von einer (vermutlich geschichteten!) Stichprobe von ca. 2500 Befragten ausgeht. Überdies wird nicht erörtert, ob die schwedische Erwerbspopulation mit der deutschen gleichgesetzt werden kann. In einer Pilotstudie in Österreich hat *Niedl* (1993a) interessante Erfahrungen berichtet: Er sandte einen Fragebogen an alle 251 Beschäftige eines mittelständischen Unternehmens und erhielt einen Rücklauf von 29,5%. Nach Abzug der Ausfälle konnten 63 Fragebogen (ca. 25% der Grundgesamtheit) ausgewertet werden. Im Sinne der *Leymann*-Definition fanden sich darunter 11 Gemobbte. Dies bedeutet, dass eine Mobbingquote von fast 18% (!) resultiert, wenn man von der Bezugszahl 63 ausgeht (und nicht - wie *Niedl* - von der Grundgesamtheit 251; unter den Nichtantwortenden können sich ja ebenfalls Gemobbte befunden haben). Würden wir z.B. statt der *Leymann*schen 3,5 Prozent von 10 oder gar 15 Prozent Mobbingopfern ausgehen, und zugleich die Kostenrechnungen so anlegen, wie sie üblicherweise durchgeführt werden, kämen geradezu astronomische - und damit sehr unglaubwürdige Effekte heraus (s. dazu auch die Angaben, die oben - auf S. 21f. - gemacht wurden).

Hesse & Schrader (1993) zitieren eine Infas-Umfrage, die im Auftrag des Bundesverbandes der Betriebskrankenkassen (BKK) im Zeitraum zwischen Ende Dezember 1991 und Ende Janur 1992 in West-und Ostdeutschland an insg. 2211 Berufstätigen durchgeführt wurde. Zu den Fragen gehörte auch eine Liste der Ursachen für schlechtes Betriebsklima; in der folgenden Tabelle 4 sind die Ergebnisse abgedruckt.

Ursachen für schlechtes Klima	**Westen**	**Osten**
Intrigen	71%	60%
Anschwärzen beim Chef	52%	56%
Kollegenneid	49%	46%
missgelaunter Chef	41%	36%
fehlende Anerkennung	41%	37%
faule Kollegen	38%	47%
Hektik	35%	46%
Angst um den Arbeitsplatz	32%	68%
Konkurrenzkampf	32%	30%
Karrierestreben von Kollegen	23%	31%

Tab. 4: Ursachen für schlechtes Betriebsklima in West- u. Ostdeutschland (BKK-Umfrage 1992)

Diese Ergebnisse belegen, dass "Mobbinghandlungen" - und so können wohl einige der Fragen gedeutet werden - einer sehr großen Zahl von Befragten bekannt sind. Dennoch darf man die Ergebnisse nicht überbewerten, wenn man sie in Beziehung setzt zur Gesamtbewertung des Betriebsklimas (s. Tab. 5):

Das Betriebsklima ist	**Westen**	**Osten**
sehr gut oder gut	68%	53%
erträglich	24%	32%
eher schlecht	4%	12%

Tab. 5: Einschätzung des Betriebsklimas (BKK-Umfrage 1992)

Die in Tab. 4 zusammengestellten Mobbinghandlungen - nach deren Häufigkeit nicht gefragt wurde - werden zwar negativ bewertet, aber dennoch ist es nur eine Minderheit, die sich sehr unwohl fühlt (im Westen in der Größenordnung der *Leymann*schen 3,5%). Dies deckt sich mit den vielfach reproduzierten Befunden bei Arbeitszufriedenheitsuntersuchungen, die übereinstimmend feststellen, dass Befragte mit ihrer Arbeitssituation im allgemeinen zufrieden oder sehr zufrieden sind (s. ausführlich dazu *Neuberger* 1985). Kann man daraus schließen, dass der 'Bodensatz' notorisch Unzufriedener auch bereit ist, anhaltendes Mobbing zu berichten, weil die Unzufriedenheit bei entsprechendem Nachfragen durch die InterviewerInnen damit ja gut begründet werden könnte?

Eine Richtigstellung

In der ersten Auflage des vorliegenden Buchs (1994) stand im Zusammenhang mit *Leymanns* Repräsentativstudie folgende Passage:

"Zum einen darf nicht übersehen werden, dass die Befragten nicht auf einen Bezugszeitraum (konkret: "dieses Jahr") festgelegt wurden, sondern über die gesamte bisherige Geschichte ihrer Arbeitserfahrung reden konnten. Eine Frau mit 50-jähriger Berufserfahrung wird auf diese Weise gleichgesetzt mit einem Trainee, der vielleicht 2 Jahre überblickt. Es ist also nicht die Quote der *aktuell* Gemobbten erfasst worden, sondern jener, die überhaupt schon irgend einmal gemobbt wurden".

Leymann sagt dazu (1995b, 38f.):

"In Bezug auf die schwedische Querschnittsuntersuchung zur Bestandsaufnahme von Mobbing in der Arbeitswelt stellt er [gemeint bin ich] den - wirklich schwerwiegenden - Vorwurf in den Raum, es seien von mir "die Befragten nicht auf einen Bezugszeitraum (konkret: 'dieses Jahr') festgelegt worden" (S. 39). Genau das ist selbstverständlich geschehen. Die Frage lautete nämlich, ob der oder die Befragte von einer oder mehreren der aufgeführten Handlungen *in den vergangenen 12 Monaten* betroffen gewesen sei. Neuberger setzt sich mit einer Forschungslage auseinander, die er offenkundig nicht genau kennt. So auch, wenn er (S. 47) eine Zeitung zitiert, der zufolge eine amerikanische Untersuchung ergeben hat, dass 20% aller Selbstmorde die Folge von Psychoterror am Arbeitsplatz seien. Es gibt keine solche Untersuchung in den USA. Und es gibt dort überhaupt keine Untersuchungen über Mobbing in dem Sinne, wie der Begriff in Skandinavien entwickelt wurde".

Leymann hat in der Frage des Bezugszeitraums recht: Mein Argument, dass in seinem Mobbing-Fragebogen kein Bezugszeitraum genannt sei, sodass auch Vorkommnisse, die schon lange zurücklägen, berichtet werden könnten, stimmte nicht. Weil ich nicht schwedisch kann, habe ich mich auf den LIPT II gestützt (die offensichtlich von *Leymann* autorisierte Fassung, die *Niedl* in seiner Dissertation verwendet hat). Dort steht klar und deutlich in der Anweisung: "Waren Sie innerhalb der letzten 12 Monate einigen der folgenden Handlungen ausgesetzt?" [Es folgt dann der Fragebogen mit den 45 Mobbinghandlungen]. Was den von mir übersehenen Bezugszeitraum angeht, so hatte ich mich irritieren lassen durch die Tatsache, dass die *durchschnittliche* Mobbing-Dauer bei *Leymanns* Befragung 1,25 Jahre betrug - und das heißt im Klartext, dass es eine große Zahl von Fällen gegeben haben muss, in denen die Befragten über Ereignisse berichtet haben, die schon weit länger als ein Jahr, z.T. über 5 Jahre zurückliegen. [*Knorz & Zapf* (1995, 12) fanden übrigens eine mittlere(!) Dauer von 40,1 Monaten (3,3 Jahre) der Mobbing-Betroffenheit in ihrer 50-Personen-Stichprobe. *Leymann* selbst spricht (1995d, S. 112) von einer Mobbingdauer zwischen 2 und 8 Jahren!]. In seinem Überblicksreferat stellt *Zapf* (1997, 18) Angaben zu Opfer-Aussagen über die durchschnittliche Dauer der Mobbingfälle in Monaten zusammen: während es bei *Leymann* 15 Monate waren, berichten alle anderen Studien höhere Werte (40, 46, 43 Monate).

So abwegig war also meine Vermutung nicht, dass Vorkommnisse mit in die Antworten eingehen können, deren Beginn länger zurückliegt, womit der Vergleich zwischen den Antwortenden erschwert wird.

Die Sache mit den Selbstmorden behandle ich unten (S. 98ff.) in diesem Text.

3.3.2 Geschlechterverteilung bei Opfern und TäterInnen

Leymann berichtet, dass die Erwartung nicht bestätigt werden kann, Männer und Frauen seien unterschiedlich häufig Mobbing-Opfer. Die Differenz zwischen Männern (45%) und Frauen (55%) ist statistisch nicht signifikant - was bei 85 Mobbingfällen unter mehr als 2400 Befragten nicht überrascht (dies wird auch in den Untersuchungen von *Niedl* - 1995a, 102f. - bestätigt, der bei den Opfern ebenfalls keine signifikante Differenz in der Geschlechterverteilung fand).

Für die Kreuztabellierung der Geschlechterverteilung der Täter und Opfer nennt *Leymann* Daten, die in der folgenden Tab. 6 zusammengestellt sind:

Angreifende	**Mobbingopfer**	
	Männer	*Frauen*
Männer	76%	30%
Frauen	3%	40%
Männer und Frauen	21%	30%

Tab. 6: Geschlechterverteilung von TäterInnen und Opfern beim Mobbing (nach: *Leymann* 1993, 87)

Die gravierende Ungleichverteilung erklärt *Leymann* mit zwei Argumenten: Zum einen sind die meisten Arbeitsplätze geschlechtergetrennt (Frauen arbeiten vorwiegend mit Frauen, Männer mit Männern zusammen) und zum zweiten sind die meisten Vorgesetzten Männer. Dennoch ist unübersehbar, dass Männer selten *nur* von

Frauen (häufiger: gemeinsam von Frauen und Männern) angegriffen werden, dass aber bei Frauen die Aggressoren vergleichsweise häufig nur Männer sind.

Ein weiteres Problem, das Selbstberichtdaten aufwerfen, wird in den geschlechtstypischen Unterschieden zur *Häufigkeit der Vorfälle* evident: "Gemobbte" Frauen geben an (s. *Leymann* 1993, 87), 1 x pro Tag Opfer von Attacken gewesen zu sein, Männer dagegen nennen eine durchschnittliche Frequenz von 1 x pro Woche. Es ist nicht entscheidbar, ob sich darin Unterschiede in der Sensibilität bzw. Frustrationstoleranz, eine andere tatsächliche Auftretensrate oder Äußerungswiderstände (z.B. im Sinne von Antworttendenzen) ausdrücken.

Auch die jeweils sieben häufigsten Mobbinghandlungen sind bei Männern und Frauen unterschiedlich. "Männer ziehen, psychologisch gesehen, passive Handlungen vor, sie werden weniger oft gehässig. Frauen bevorzugen aktive Handlungen, die das Ansehen verletzen" [*Leymann* 1993, 89; angemerkt sei, dass die erste und die letzten drei Handlungen in der 'Männer-Spalte' aus der Opfer-Perspektive (!) formuliert sind].

3.3.3 Zum Alter von Opfern

Was das Alter von Mobbingopfern betrifft, so zeigen sich meist keine signifikanten Unterschiede zwischen Altersgruppen (etwa derart, dass z.B. jüngere oder ältere häufiger betroffen sind). Manchmal werden zwar Häufungen berichtet, die aber meist stichprobenspezifisch sind (z.B. fand *Niedl* in seiner Krankenhaus-Population eine 'überdurchschnittliche Betroffenheit' in der Altersgruppe 21-30 Jahre, im Forschungsinstitut waren dagegen die 31-40jährigen häufiger Mobbingopfer).

3.3.4 Zur hierarchischen Position der Mobbing-TäterInnen

Mobbing erfolgt in *Leymanns* Repräsentativstudie am häufigsten zwischen ranggleichen Kollegen (44%) und geht in 37% von einer Führungskraft aus[18] (in 10% sowohl von Vorgesetzten wie KollegInnen, in 9% von Unterstellten). Die Angreifer sind einzelne Personen (34%) oder kleine Gruppen von 2-4 Personen (43%). Nur ausnahmsweise ist eine ganze Arbeitsgruppe beteiligt (*Leymann* 1993, 88). Diese Zahlen liefern den empirischen Beleg, dass Mobbing nur zu einem Teil *Meute*-Verhalten ist.

Dass Mobbing womöglich mehr von Vorgesetzten als von KollegInnen betrieben wird, deuten die Untersuchungsergebnisse von *Niedl* (1995a, 111) und *Knorz & Zapf* (1995, 30) an, die ich in Tab. 8 zusammengestellt und mit Angaben aus *Leymanns* Repräsentativstudie (1991, zitiert in *Niedl* 1995a, 112) verglichen habe:

---

[18] Die Aschaffenburger Betreuerin eines Mobbing-Telefons für Betroffene schätzt, dass etwa 80% der Mobbingfälle von Vorgesetzten ausgehen (*Kröber* 1993, 21)!

Mobbinghandlungen von Frauen	Mobbinghandlungen von Männern
Man spricht hinter Ihrem Rücken schlecht über jemand.	Jemand wird zur Strafe ständig zu neuen Arbeiten eingeteilt.
Man macht jemanden vor anderen lächerlich.	Man übt Druck auf jemand aus durch mündliche Drohungen.
Man schränkt jemandes Möglichkeiten ein, sich zu äußern.	Man spricht nicht mehr mit jemand.
Man macht sich über eine Behinderung lustig.	Man greift jemandes politische oder religiöse Einstellung an.
Man macht Andeutungen, ohne etwas direkt zu sagen.	Man wird an einem Arbeitsplatz eingesetzt, an dem man von anderen isoliert ist.
Man übt Druck aus durch ständige Kritik an jemandes Arbeit.	Man wird ständig unterbrochen.
Man verbreitet falsche Gerüchte über jemanden.	Man wird gezwungen, Arbeiten auszuführen, die das Selbstbewusstsein verletzen.

Tab. 7: Die sieben häufigsten Mobbinghandlungen bei Männern und Frauen (nach: *Leymann* 1993, 89)

Studie	Täter in %								
	Kollegen	Vorgesetzte	Untergebene	Kollegen u. Untergebene	Kollegen u. Vorgesetzte	Vorgesetzte und Untergebene	Vorgesetzte, Kollegen, Untergebene	Beteiligung von Vorgesetzten	Beteiligung von Kollegen
Niedl 1995 Krankenhaus Forsch.Inst.	 21,1 27,3	 38,2 54,2	 2,6 0	 1,3 0	 27,6 18,2	 3,9 0	 5,3 0	 74,0 % 74,4 %	 55,3 % 45,5 %
Knorz & Zapf (1995)	16,0	22,0	-	2,0	44,0	-	16,0	82,0 %	78,0 %
Leymann (1991)	44,0	37,0	9,0	-	10,0	-	-	47,0 %	54,0 %

Tab. 8: Die Mobbing-Täter (Quellen-Angaben im Text)

Diese Übersicht demonstriert zum einen die große Streubreite der Ergebnisse, die Zurückhaltung bei Verallgemeinerungen auferlegt. Aber es wird nahegelegt, dass Vorgesetzte zu einem großen Anteil mitbeteiligt sind beim 'Mobben' und dass sich Vorgesetzte und KollegInnen oft zusammentun, um jemand zu schikanieren (oder: zu disziplinieren). Das kann Anlass zum Nachdenken über Auslöser und Funktionen von Mobbing geben. Neben den verbreiteten Erklärungen (z.B. charakterliche Defizite, Langeweile, Revier- und Privilegienschutz, Konkurrenzangst, Aggressionsabfuhr und Sündenbocksuche etc.) kommen dann auch andere Anlässe in Frage: KollegInnen und Vorgesetzte wimmeln Neulinge ab, weil sie selbst überlastet sind; sie halten sich lästige Personen vom Leib durch demonstrative Grobheiten; Mobbing ist eine Erziehungsmethode oder eine Quittung: wenn man immer wieder Mehrarbeit oder Ärger hat, weil andere faul, aggressiv, arrogant, unsorgfältig, unzuverlässig, schmarotzend, distanzlos, aufdringlich, radfahrend, umständlich, nervend usw. sind *und* wenn alles andere nichts geholfen hat *und* wenn man sich nicht von diesen Personen trennen oder abgrenzen kann. Es ist dann nachvollziehbar (wenngleich nicht allgemein zu rechtfertigen), wenn der Geduldsfaden reißt und die Teufelsspirale des Mobbings in Gang kommt. Mobbing wäre dann Notwehr, Heimzahlen (quid pro quo), Durchsetzung von Gruppennormen ... (ähnlich auch *Hahne* 1994). Solange man *nur* die Aussagen der Mobbing*opfer* hat, kann man nicht entscheiden, ob sie ihre Geschichte selbstwertschonend konstruieren (siehe den 'self-serving bias' der Attributionstheorie) und in welchem Umfang sie selbst Ursache oder Anlass sind. Zu diesem Zweck müsste man 'triangulieren', d.h. sich die Mobbinggeschichte aus verschiedenen Blickwinkeln erzählen lassen, um die Täter-Opfer-Verschränkung bzw. -Umkehrung aufzuklären. Damit ist nicht gemeint, dass man nach der Parole "Selber schuld!" das Leid des Mobbingopfers als gerechten Lohn ausgibt.

Auswertungen, wie die eben berichteten, sind zu einer ersten Orientierung sehr hilfreich, weil sie einen Überblick über zentrale Tendenzen vermitteln. Ein vertieftes Verständnis resultiert aber erst, wenn die einzelnen Aspekte miteinander in Zusammenhang gebracht werden und vor allem dann, wenn Hypothesen über das Zusammenwirken der einzelnen Einflüsse bzw. Merkmale formuliert wurden. Einen Ansatz dazu bietet *Leymann* durch die Entwicklung eines Verlaufsschemas des Mobbingprozesses. Darauf soll nun eingegangen werden.

3.4 Verlaufsmodelle des Mobbing

3.4.1 *Leymanns* Phasenmodell

Leymann (1993, 59, 1995c, 46) stellt ein stereotypes Verlaufsmuster fest (siehe die Abb. 6 auf der nächsten Seite): Ausgehend von einem Konflikt, der nicht konstruktiv bewältigt wird (Phase 1), entwickelt sich in der zweiten Phase gezielter Terror (der qua Definition $^1/_2$ Jahr dauern muss, um Mobbing genannt werden zu können). Dritte Phase: Bis zu 2 Jahre dauert es, bis Arbeitgeber oder Gewerkschaften etwas

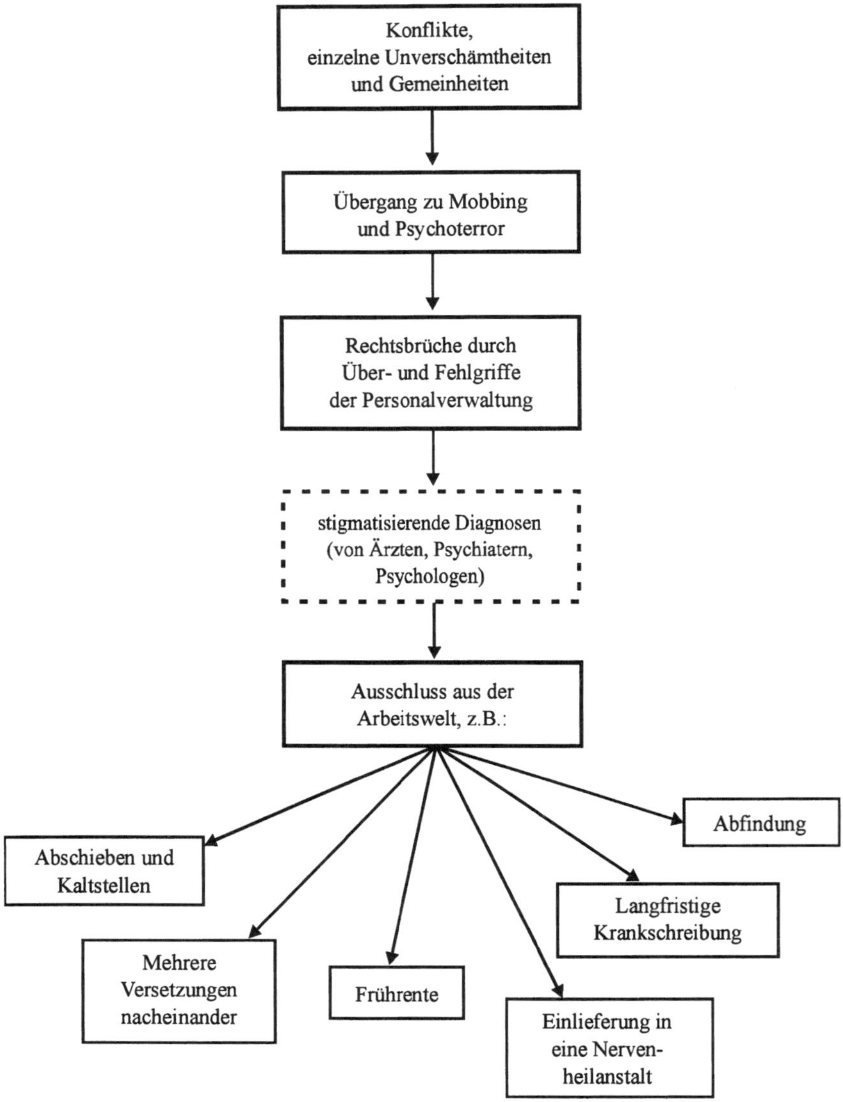

Abb. 6: Der Verlauf einer Mobbingkarriere (nach: *Leymann* 1993, 59 u. 1995c, 46)

unternehmen und die Angelegenheit damit zum "Fall" machen. Weil die Sache 'offiziell' geworden ist, müsste man eigentlich juristisch vorgehen. Meist aber wird versucht, die Gesetze zu umgehen und den Fall auf andere Weise zu bereinigen. Die dritte Phase kann 2 bis 6 Jahre dauern. In der vierten Phase kommt hinzu:

> "Ärzte, Psychiater, Psychologen etc. wählen aus unzureichendem Wissen solche Diagnosen, die weiterhin stigmatisieren und schuldzuschreibend wirken" (*Leymann* 1995c, 46).

Die fünfte und letzte Phase markiert das Endstadium 'Ausstoßung aus dem Arbeitsleben': Frühverrentung, häufige Versetzungen, Kaltstellen auf unterfordernden Positionen, langfristige Krankschreibung etc. Zur bloßen 'Ausstoßung' kommt aber noch hinzu:

> "Das Opfer gleitet in eine Pariasituation hinein. Sein weiterer sozialer Überlebenskampf wird falsch gedeutet und ihm zur Last gelegt. Mehr noch: Dieser verzweifelte Überlebenskampf und das dabei gezeigte Verhalten überzeugt die Umwelt davon, dass die Person an irgendwelchen Charakterfehlern leidet" (*a.a.O.*).

Diese Ergänzung der ursprünglichen Fassung reagiert auf das Versäumnis, von Anfang an die (Inter-)Aktionen von Opfern, TäterInnen und Dritten in das Mobbing-Konzept zu integrieren und auch weitere strukturelle Bedingungen systematisch zu berücksichtigen.

Das 5-Phasen-Modell greift willkürlich bestimmte Stadien eines komplexen Prozesses heraus. Es ist nicht erkennbar, nach welcher theoretischen Systematik die Abfolge konstruiert wurde.

Phase 1 ist eine Art "Situationsbeschreibung des Üblichen": an den meisten Arbeitsplätzen kommt derartiges manchmal vor.

Die 2. Phase diagnostiziert Mobbing (im *Leymann*schen Sinn), beschreibt also die Intensivierung und Chronifizierung der negativen Handlungen der Phase 1. Strenggenommen ist damit bei Zugrundelegung von *Leymann*s Ja-Nein-Schema der Zustand vollendeten Mobbings eingetreten und das Phasenmodell in Phase 2 abgeschlossen. Ganz offenkundig (und sinnvollerweise) wird nun implizit eine weitere Dimension (nach Inhalt, Dauer und Häufigkeit) eingeführt: (eskalierende) Intensität des Mobbing.

Die Intensitätssteigerung wird in der 3. Phase dadurch erreicht, dass die offiziellen Stellen der Firma (die Personalverwaltung[19]) ins Spiel gebracht werden und nicht mehr länger die Opfer-Täter-Verschränkung thematisiert wird. Im Grunde passieren zwei Dinge: Der Kreis der Akteure wird erweitert und der Konflikt wird 'offiziell'.

---

[19] Wenn *Leymann* von 'Personnel Administration' spricht, dann meint er eher die offiziellen Institutionen Personalabteilung, Personalverwaltung oder Personalleitung als die allgemeine Funktion 'Personalführung', die von jeder Führungskraft wahrzunehmen ist.

In der 4. Phase erfolgt eine zusätzliche Extension, weil anscheinend das Problem der Legitimation der feindseligen Behandlung gelöst werden muss. Offizielle Gutachter sichern formal ab, was von den betrieblichen Instanzen gewünscht oder betrieben wird.

In der 5. Phase erfolgt schließlich die "Ausstoßung", die sich in verschiedenen Formen manifestieren kann (abschieben, abfinden, versetzen, kündigen, Frührente etc.). Nach der operationalen Definition (s.o.) ist diese letzte Phase keineswegs zwingend, weil nach 1/2 Jahr wöchentlichen Mobbings durchaus die Rückkehr zur Normalität besteht (wenn z.B. die *Täterin* ausscheidet oder wegbefördert wird). Das Schema der fünf Stadien lässt auch offen, ob in jedem Stadium nicht nur der Übergang zum nächsten erwartet werden kann, sondern ganz andere Reaktionen möglich sind (dass z.B. der Mobbing-Prozess gestoppt oder umgeleitet werden kann). Nicht vom Beginn her (Verlauf!), sondern vom Ende her (nach erfolgter Ausstoßung) lässt sich das 5-Phasen-Modell rekonstruieren. Es ist somit die spezielle Variante eines bis zum Äußersten getriebenen Mobbing-Prozesses.

Es wird nicht diskutiert, wovon es im einzelnen abhängt, dass der Prozess genau in der behaupteten Form abläuft. Liest man Mobbingfälle, die bei *Leymann* und anderen AutorInnen berichtet werden, dann sind häufige Zwischenstadien:

Es ist mit Gegengutachten zu rechnen [Welches Obergutachten stellt mit welchem unumstrittenen Verfahren fest, dass im psychosozialen/psychosomatischen Bereich 'ärztliche und psychologische *Fehl*diagnosen' gestellt wurden?].

Man bemüht sich gar nicht um externe Legitimation, sondern zieht sofort Konsequenzen (Aufhebungsverträge; Änderungskündigungen; Gegengeschäfte mit dem Betriebsrat, um seine Zustimmung zu erhalten)

- *von 4 nach 5:*

Die Person ist zwar stigmatisiert, kann aber aus Gründen der Sozialauswahl dennoch nicht entlassen werden.

Es ergeben sich überraschende organisatorische Veränderungen (Ausscheiden oder Versetzungen treibender Kräfte)

Bei jeder der ersten vier Phasen ist ein Abschluss des Prozesses oder ein 'seitlicher' Ausgang möglich, d.h. es gibt keine notwendige 'streng gesetzmäßige' Eskalation bis hin zur Ausstoßung, sondern andere Formen der Stress- oder Konfliktbewältigung (s. dazu unten).

Im 1993-Buch macht *Leymann* explizit deutlich:

> "Sicherlich gibt es viele Fälle, bei denen der negative Verlauf unterbrochen wurde, weil die Kollegen oder Vorgesetzten sich irgendwann klargemacht haben, was sie da eigentlich tun; oder weil der Arbeitgeber die Angelegenheit seriös in die Hand nimmt ... Hier sprechen wir jedoch von Situationen, wo nichts dergleichen geschah. Wo man den Terror seinen Weg nehmen ließ ... Der Verlauf, der hier geschildert wird, ist also nicht zwangsläufig, er ist nicht vorgeschrieben. Man kann ihn verstehen lernen, und man kann ihn sehr leicht verändern. Wenn man will!" (1993, 58).

In seiner Homepage (*Leymann* 1996 www) schreibt er in krassem Gegensatz dazu:

> "Der Mobbingvorgang läuft erstaunlich gesetzmäßig ab - auch wenn man Fallbeschreibungen miteinander vergleicht, die aus verschiedenen westlichen Staaten stammen. Das ist damit zu erklären, dass die westlichen Länder ähnliche Gesetze erlassen haben, die für die Arbeitswelt gelten, und dass der Arbeitsverlauf (sei es Produktion, Pflege, Verwaltung oder anderes) in gleichartige organisatorische Formen gegossen ist. Der Mobbingverlauf läuft auf diesen kulturell gleichartigen Schienen ab. Das Neue ist auch, gezeigt zu haben, unter welchen Vorzeichen und mit welchen Mitteln die Ausgrenzung des Gemobbten vor sich geht und dass auch dieses wieder - wenn man Fälle vergleicht - ein erstaunlich stereotypes Bild abgibt."

Der scheinbare Widerspruch lässt sich auflösen, wenn man das methodische Vorgehen (Auswertung von Fallgeschichten bzw. ärztlichen Anamnesen) betrachtet. Fallgeschichten sind Rekonstruktionen einer persönlich bedeutsamen Ereigniskette. Sie unterliegen - wie schon festgestellt - Erzählzwängen (Stimmigkeit, Glaubwürdigkeit, Realismus, Adressatenorientierung usw.). Vor allem aber ist das Endergebnis - der heutige Zustand des Erzählenden - diesem bekannt und im Lichte dieser biographisch objektivierten Situation wird die Vergangenheit erklärt und aufgeklärt. *Wenn* es zur Ausstoßung gekommen ist, *dann* gibt es (womöglich) einen einheitlichen Verlauf. Das aber ist der *Grenz-* und nicht der Normalfall. Der 'Normalfall' ist Mobbing (also die Phase 2); ob dieses realisierte Mobbing dann in die weitere Karriere, also die Phasen →3→4→5 einmündet, hängt von einer spezifischen Konstellation von Bedingungen ab und ist nicht schon in Phase 2 'erstaunlich gesetzmäßig' oder 'stereotyp' vorbestimmt. Eine andere Lage wäre gegeben, wenn bereits in der Definition von Mobbing die Ausstoßung als notwendiges Merkmal enthalten wäre. Dies ist jedoch *nicht* der Fall.

Knorz & Zapf führten mit 21 Gemobbten qualitative Interviews, in denen sie unter anderem auch den Mobbingverlauf erfragten. Sie berichten folgende Abweichungen von *Leymanns* 4-Phasen-Schema (1995, 14):

- von 4 gemobbten Personen konnten keine Angaben über Phase 1 ('Ursprungskonflikte') erhoben werden;
- bei 7 von den 8 Personen, die sich gerade in Phase 3 (Macht- und Rechtsübergriffe) befanden, konnten die Phasen 2 und 3 nicht voneinander abgegrenzt werden, weil "Rechts- und Machtübergriffe meist sehr schnell zum alltäglichen Mobbinggeschehen dazugehörten" (*a.a.O.*). Das Autorenpaar verweist auf den Befund, dass Vorgesetzte sehr häufig zum 'Täter'-Kreis gehörten, sodass sie ihre Möglichkeiten von allem Anfang an ge- bzw. missbrauchten.
- 7 der 21 Personen hatten die Phase 4 (Ausschluss) erreicht und ihren Arbeitsplatz verloren. Drei von ihnen "konnten keinen typischen Anfangskonflikt benennen und bei drei Personen kam es bis zu ihrem Ausschluss nicht zu deutlichen Rechts- oder Machtübergriffen" (*a.a.O.*).

Knorz & Zapf resümieren:

> "Obwohl die zu Grunde liegende Datenbasis sehr schmal ist, kann man doch sagen, dass diese Befunde das von Leymann postulierte Phasenmodell als theoretisches Modell infrage stellen ... Auch der unidirektionale Verlauf zunehmender Verschlimmerung konnte nicht immer beobachtet werden. Mobbingsituationen können sich auch wieder verbessern oder ganz abgestellt werden, ohne dass es immer zu einem Ausschluss aus der Arbeitswelt kommen muss" (*a.a.O.*).

Leymanns Verlaufsmodell ist in Analogie zu einem labellingtheoretischen 'Karriere'-Modell (siehe dazu Kap. 6.4) konzipiert: Jemand wird stigmatisiert, d.h. als abweichende, abartige, auffällige etc. Person bezeichnet (oder besser gesagt: im Doppelsinn gezeichnet), daraufhin entsprechend behandelt, und er/sie bestätigt schließlich, dass diese Behandlung zurecht erfolgte. Auf Mobbing angewandt: In den alltäglichen Sticheleien, Frotzeleien, Ärgernissen und Reibereien des Arbeitslebens fällt jemand unangenehm auf, wird zur Zielscheibe korrektiver oder bestrafender Aktionen, kann sich dem Kesseltreiben nicht entziehen und zeigt durch sein nachfolgendes (Antwort-)Verhalten (z.B. Aggressivität, Fehlzeiten, Beschwerden, Larmoyanz, Leistungsabfall, Qualitätsmängel etc.), dass mit ihm/ihr 'tatsächlich' etwas nicht in Ordnung ist, was teufelskreisartig zu verstärkter Diskriminierung führt, die ja immer zugleich Ausgrenzung und in der Ausgrenzung festhaltendes Behandeln ist. Was aber, wenn zwischenzeitlich eine dritte Partei korrektiv eingreift, das Mobbingopfer den Spieß erfolgreich umdreht, schon bei Phase 2 kündigt (weil es keine Probleme hat, auf dem Arbeitsmarkt attraktive Stellen zu bekommen) usw.?

Die säuberliche Aufteilung in getrennte Phasen ist ein allzu linearer Entwurf. Wenn und weil das Resultat bekannt ist, wird der Hergang stimmig rekonstruiert und d.h. hier buchstäblich: linear geordnet. Wie gesagt ist das (auch) durch *Leymanns* methodisches Vorgehen bedingt, das dem der - von ihm karikierten - Psychoanalyse (1995d, 116)[20] nicht unähnlich ist: Er hat es (bislang) vor allem mit 'ausgestoßenen Opfern' zu tun, denn die in Fallgeschichten dargestellten Einzelschicksale und die durch seine Operationalisierung ausgefilterten Mobbingfälle haben mehrheitlich den ganzen schlimmstmöglichen Weg gehen müssen ("Zahlreiche detaillierte Fallbeschreibungen von Mobbingverläufen zeigen kaum fassbare Lebensschicksale, die alle einer strengen sozialen Verlaufsstruktur unterworfen sind", *Leymann* 1995c, 49). *Leymann* orientiert sich am Differentialdiagnostikum der Posttraumatischen Stress-Belastung (PTSD). Von ihr - also quasi 'von hinten her' - rekonstruiert er wie ein Detektiv, der einen Schwerverletzten gefunden hat, den Tathergang. Er kann dazu auf die Schilderungen des Opfers und vielleicht ein paar Indizien zurückgreifen, die wiederum allein vom Opfer präsentiert werden (z.B. Notizen, Briefe). Zu einer Ge-

---

[20] Unter offensichtlicher Anspielung auf psychoanalytisches Vorgehen simuliert *Leymann* folgendes Gespräch: "Gemobbt? Ja, lieber Herr Meier, wie sah es denn in Ihrer Familie aus, als Sie drei Jahre alt waren? Hatten Sie einen autoritären Vater? Mussten Sie immer den Spinat aufessen? Schlug Ihre Mutter Sie, wenn Sie das Bett nassmachten?"

genüberstellung mit TäterInnen und/oder ZeugInnen und deren Befragung oder zu einer systematischen Dokumentanalyse kommt es aber nicht. Jedes ordentliche Gericht hätte Schwierigkeiten mit einem solchen Beweisverfahren und auch vor dem 'Gerichtshof der Vernunft' kann es nicht bestehen.

Um der realen Komplexität gerecht zu werden, müsste man zusätzlich zu den von *Leymann* berücksichtigten Positionen Handlungen/Ergebnisse und Zeitablauf noch die beteiligten Personen (ihre Interessen, Interaktionen und Beziehungen) und die ermöglichenden und beschränkenden Bedingungen ins Modell einbauen. Ein solches mehrdimensionales Modell ließe sich kaum noch transparent visualisieren, weil es stark vernetzt wäre, mehr als drei Dimensionen hätte und vor allem wegen der unübersichtlichen Wechselwirkungen zwischen den Einflussgrößen keine eindeutigen Prognosen (nicht: Anamnesen!) erlaubte. Lässt man aber die wichtigen Determinanten Personen und Bedingungen weg, sinkt die Erklärungskraft des Modells ganz erheblich. Aufklärung könnten prädiktive (statt der bisherigen postdiktiven) Studien liefern, also ein Untersuchungsdesign, das eine Population über eine bestimmte Zeitstrecke hin begleitet, um festzustellen, unter welchen Bedingungen bei welchen Personen welche Handlungen zu welchen Ergebnissen führen. Man würde dann auch der Tatsache systematisch Rechnung tragen müssen, dass manche (anfänglichen) Mobbingopfer den Spieß umdrehen und 'gegenmobben' [siehe dazu den Fall aus *Kraus & Kraus* (1993), der auf S. 107f. abgedruckt ist], dass bislang unbeteiligte KollegInnen helfend oder verschlimmernd eingreifen, dass schon frühzeitige kompetente Fachberatung gesucht wird und die weitere Eskalation vermieden wird usw. Das Modell müsste also auch den vielfältigen Selbstheilungskräften oder Immunreaktionen Rechnung tragen, die es in Personen und sozialen Systemen gibt und die sie in den Stand setzen, mit schwierigen Situationen fertig zu werden und mit neuen Erfahrungen gestärkt (oder gewitzt oder vorsichtig) aus ihnen hervorzugehen. Man darf nicht aus den Augen verlieren, dass Mobbing ein seltenes Ereignis ist; also kann man annehmen, dass soziale Systeme Einrichtungen und Verfahren ausgebildet haben, mit den Bedrohungen, die Aggressionseskalationen mit sich bringen können, abweichungsdämpfend umzugehen (siehe dazu die Ausführungen in Kapitel 6.2).

Ich will mit diesen Überlegungen nicht bestreiten, dass es Mobbingfälle gibt, die so verlaufen, wie es *Leymann* in seinem Schema skizziert hat. Aber dieses Schema ist nur *ein* Typus aus einer Vielzahl möglicher Verläufe, und es ist nicht klar, ob 40% oder 20% oder noch weniger aller Mobbingkarrieren genau so ablaufen (müssen). Betrachtete man die *Bedingungen*, die Mobbing begünstigen, dann könnte aus ihrer Kombination vielleicht eine umfassendere Systematik abgeleitet werden, die sich an ein theoretisches Modell anlehnen könnte (Beispiele für solche Modelle werden in den Kapiteln 6.1 bis 6.6 gegeben).

Wichtige Bedingungen dürften sein:

- TäterInnen: Ist die Täterin eine Person oder eine Gruppe oder eine Mehrzahl; handelt es sich um Gleichgestellte, Unterstellte, Vorgesetzte?
- Auf Basis welcher Merkmale wird eine Person zum Opfer 'erwählt' (Geschlecht, Aussehen, Verhalten, Leistungsmerkmale, Herkunft, Behinderung, Krankheit...)?
- Welche konkreten situativen Bedingungen (Merkmale der Arbeits-, Organisations-, Personalsituation) sind gegeben, die Mobbing begünstigen oder erschweren?
- Mobbinghandlungen: Welche aus dem Arsenal der 45 +/– x werden eingesetzt?
- Wie wehrt sich das auserkorene Opfer (Anti-Mobbing-Handlungen)? Warum wehrt es sich nicht (effektiv)?
- Wem werden Konsequenzen bekannt (Führungskraft, Kollegen, Unterstellte, Betriebsrat, Vertrauensleute, Externe (Kunden, Familienmitglieder, Hausarzt ...)?
- Was unternehmen diese BeobachterInnen? Welche Anti-Mobbinghandlungen setzen sie ein? Warum beenden sie das Mobbing nicht? Oder: Was hindert die BeobachterInnen (weiter) zu handeln?
- Welche bzw. wessen Interessen oder Ziele stehen auf dem Spiel?

Diese Zusammenstellung macht sichtbar, dass man zur Entwicklung eines Phasenmodells des Mobbings eine theoretische Grundlage benötigt, die die einzelnen Faktoren in einen Zusammenhang bringt. Dies könnte eine Handlungs-, Konflikt-, Stress-, Attributions-, Systemtheorie etc. sein (siehe Kapitel 6).

Allen Phasenschemata liegt notwendigerweise eine kausale oder funktionale Theorie zugrunde (nach A folgt B oder A verursacht B etc.). Damit wird die *Mehrdeutigkeit* der Beziehung zwischen Vorhergehendem und Folgendem übergangen. Verschiedene Möglichkeiten sind in Abb. 7 veranschaulicht.

Auf *Leymann*s Ablaufschema angewandt, müsste sich eine wesentlich vielschichtigere Struktur ergeben, vor allem wenn man noch 'Zwischen-Stadien' einbaut, von denen aus kein eindeutiger Pfad zum nächsten führt.

Das, was bei *Leymann* als 'Ausstoßung' Ziel oder Effekt darstellt, wird nicht nur durch Mobbing erreicht, sondern auch durch eine große Zahl anderer Bedingungen und Interventionen, die man allesamt ausschließen müsste, wenn man die Resultate *allein* mobbingverursacht nennen wollte.

Erwerbsunfähigkeit (Frührente) wird also nicht nur durch Mobbing hervorgerufen, sondern auch durch Skelett- und Muskelschäden, Berufskrankheiten, Unfallfolgen, notwendige Amputationen, chronisches Rheuma usw. Es gibt zudem auf der Seite des Opfers wie auch der Dritten (z.B. Amtsarzt) verschiedene Möglichkeiten, auf ein und dasselbe Krankheitsbild zu reagieren, das normalerweise zu Erwerbsunfähigkeits-Diagnosen führt: leistungsgemindert an einem anderen Arbeitsplatz weiterarbeiten, gegen Abfindung ausscheiden, auf eine Teilzeitstelle wechseln, nach einer erfolgreichen Kur oder Behandlung normal weiterarbeiten, Erwerbsunfähigkeit auf Zeit beantragen/attestieren ... Damit erweisen sich auch die sog. Endstadien weder a) als zwangsläufig noch als b) letzte Positionen, sondern wiederum nur als Zwischenetappen, von denen aus es weitergehen kann.

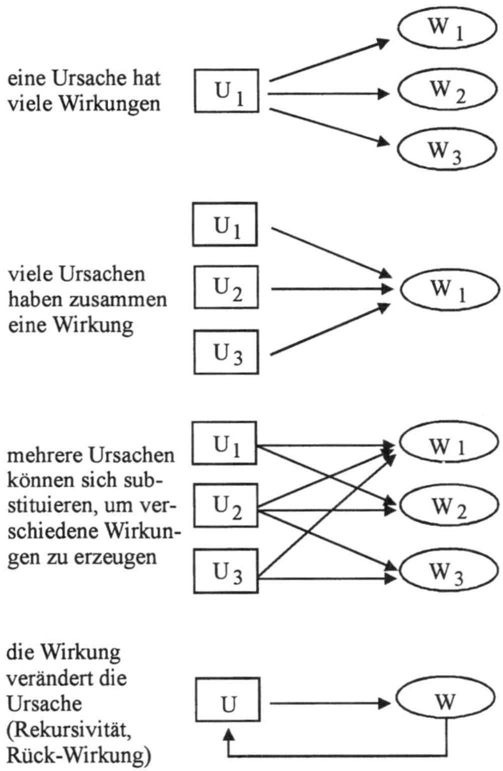

Abb. 7: Unterschiedliche Möglichkeiten an Beziehungen zwischen Ursache(n) und Wirkung(en)

3.4.2 Alternative Konzeptionen von Mobbingverläufen

Entsprechend der Analysekonzeption, die in Kap. 5 (S. 130ff.) dargestellt ist, kann man für *jede* einzelne der dort differenzierten Analyseperspektiven Verlaufsbetrachtungen anstellen. Leitfragen wären demzufolge:

- Wie verändert sich die Person?
- Wie verändert sich die soziale Beziehungsstruktur?

- Wie verändern sich die Beziehungen der Person zu den Arbeits- und Lebensverhältnissen?

Leymanns Phasenmodell wäre aus diesem Blickwinkel ein Ansatz, der Teilbereiche der Veränderungen von Sozialbeziehungen und Arbeitsverhältnissen kombiniert.

3.4.2.1 Die Veränderung der sozialen Beziehungen durch Mobbing

Für den Fall der 'sozialen Beziehungen' habe ich in Abb. 8 einen möglichen Verlauf skizziert und näher erläutert.

Eine Alternative zur dargestellten Verlaufsform ist die 9-stufige Phasengliederung, die *Glasl* in seinem Konflikteskalationsmodell vorgenommen hat (siehe die Darstellung und Erläuterung in Kap. 6.5).

Auch für die anderen Dimensionen (Arbeitsverhältnisse und Person) können Verlaufsschemata konzipiert werden. Im Folgenden sind dazu zwei Entwürfe skizziert, deren Ausarbeitung noch offensteht.

3.4.2.2 Die Veränderung der personspezifischen Arbeitsverhältnisse durch Mobbing

Der Ablauf ist in Abb. 9 veranschaulicht und soll im Folgenden kurz dargestellt werden:

Ausgangspunkt ist ein bestimmtes Niveau der gegebenen Arbeitsverhältnisse, auf das sich eine Person eingestellt hat. Zu diesem Status Quo gehört sowohl die Verfügung über *Ressourcen* (Finanzmittel, Arbeitsgeräte, Materialien, Räume, Mobiliar, Maschinen etc.), wie auch die Sicherheit bestimmter *Erwartungen* (in Bezug auf Aufgabeninhalt und -schwierigkeit, Entgelt, Laufbahn, Qualifizierung, Beurteilung, Einsatzorte und -zeiten, Information, KooperationspartnerInnen, Arbeitsplatzsicherheit usw.).

'Strukturelles Mobbing' liegt vor, wenn in einseitiger und diskriminierender Weise und ohne dass dafür sachliche Gründe geltend gemacht werden (können), bestimmte Personen oder Gruppen durch offizielle Verfahren und Systeme daran gehindert werden, Möglichkeiten zu nutzen, die anderen Personen oder Gruppen eingeräumt werden. Hier wird der für Mobbing typische Ausschluss (aus Organisationen, von Vorteilen) sozusagen ins System eingebaut; Lebenschancen und Selbstachtung der Betroffenen werden wie bei 'normalem' Mobbing ungerechterweise verringert.

Phase 0: Ausgangslage, unauffällige Beziehungen

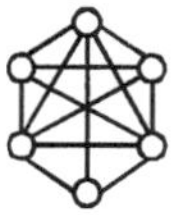

Um Mobbing als Beziehungs*störung* zu untersuchen, muss man ausgehen von einer 'normalen' Beziehungssituation, in der die Beteiligten unauffällig miteinander interagieren.

Phase 1: Herausbildung von Täter-Opfer-Rollen

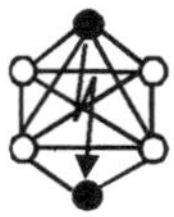

Definiert man Mobbing als feindselige Attacke auf ein Opfer, dann muss sich eine Täter-Opfer-Beziehung herauskristallisieren und von der Matrix der sonstigen Beziehungen abheben.

Phase 2: Satellitenbildung, Polarisierung

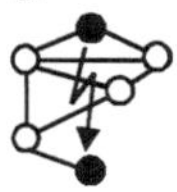

Die konfrontative Konstellation wirkt sich zunehmend auf die Arbeitsgruppe aus. Die bislang neutralen Mitglieder werden gedrängt, Position zu beziehen; sie rücken näher zu den Polen und werden zu Satelliten von Opfer oder TäterIn; es kommt zur Identifikation mit der jeweiligen Leitfigur.

Phase 3: Spaltung der Gruppe, Lagerbildung

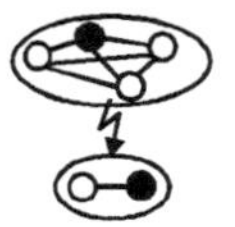

In Phase 3 spaltet sich das soziale System (Lagerbildung); man muss offen bekennen, auf welcher Seite man steht. Die 'Fraktionen' grenzen sich deutlich ab und bilden jeweils eine hohe Binnenkohäsion aus (Schicksalsgemeinschaften).

Phase 4: Expansion und Externalisierung (ins System, über die Systemgrenzen hinaus)

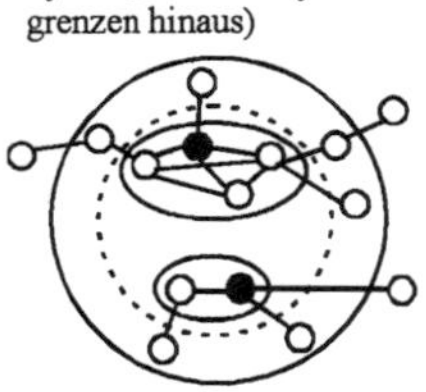

In Phase 4 sind nicht mehr nur - wie 2 und 3 - Gruppeninterne am Konflikt beteiligt; er wird exportiert: er expandiert ins System hinein sowie über die Systemgrenzen hinaus. Betriebliche Stellen (Betriebsrat, Personalabteilung) werden ebenso hineingezogen wie außerbetriebliche Stellen (Rechtsberater, Gewerkschaften, Kunden) und Privatpersonen (PartnerIn, Familienmitglieder).

Phase 5: Formalisierung, Objektivierung, Verrechtlichung

Akte: Fall X vs Y

In der 5. Phase wird der bislang fluide und informelle Konflikt objektiviert und formalisiert: er wird zum *offiziellen Fall* (mit Schriftverkehr, Aktennotizen, Dokumenten, Behandlung in offiziellen Gremien, Beschwerden beim Betriebsrat oder Arbeitgeber, Klagen beim Arbeitsgericht, Strafanzeigen). Von nun an befassen sich offizielle Stellen mit der Angelegenheit, die jetzt 'prinzipiell' (vorschriftengemäß), 'sachlich' (neutral, objektiv), 'endgültig' etc. bearbeitet oder bereinigt werden muss.

Phase 6: offizielle Entscheidung und deren Exekution; neue Ordnung

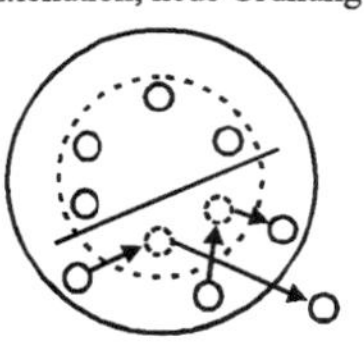

Die 6. Phase dieses Profilierungs-, Expansions- und Formalisierungsprozesses ist durch die Entscheidung der angerufenen oder eigeninitiativ tätig gewordenen offiziellen Stellen markiert. Diese Entscheidungen werden exekutiert (z.B. Entfernung und Ersatz von Opfer und/oder Täter, organisatorische Änderungen, Berichtspflichten, Schadenersatzverpflichtungen usw.). Ab dieser Phase ist der Konflikt wieder privatisiert (oder geht in neue Runden der inoffiziellen oder offiziellen Auseinandersetzung).

Abb. 8: Phasen der Veränderung der sozialen Beziehung durch Mobbing

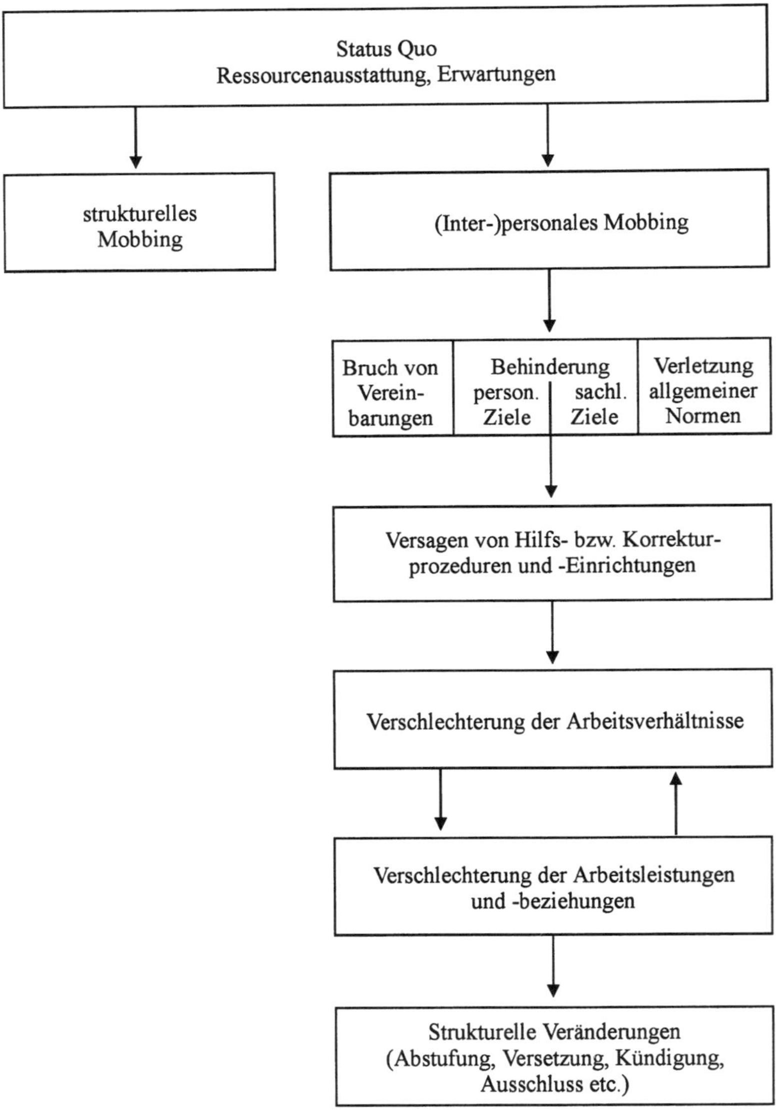

Abb. 9: Phasen der Veränderung der personspezifischen Arbeitsverhältnisse durch Mobbing

(Inter-)Personales Mobbing, das hier weiterverfolgt werden soll, besteht darin, dass es aufgrund personalen Handelns zu typischen Beeinträchtigungen kommt:

- Behinderung der Erreichung sachlicher Ziele (Verweigerung notwendiger Arbeitsmittel, Sabotage, Vorenthalten wichtiger Informationen ...);
- Behinderung der Erreichung persönlicher Ziele (Verweigerung von Qualifizierungsmöglichkeiten, Aufstiegsmöglichkeiten, Erfolgszurechnung;
- Bruch spezifischer individueller Vereinbarungen oder Zusagen (in Bezug auf Einsatzorte oder -zeiten, Arbeitsinhalte, KooperationspartnerInnen, Entwicklungsmaßnahmen, Laufbahnperspektiven, Arbeitsplatzsicherheit, Entgelthöhe oder -form etc.);
- Verletzung allgemeiner (und/oder für andere geltender) Gewohnheiten, Grundsätze, Normen oder Werte (ebenfalls in Bezug auf die im letzten Absatz genannten Möglichkeiten).

Die nächste Eskalationsstufe wird erreicht, wenn der Protest gegen diese Beeinträchtigungen erfolglos bleibt, weil die vorgesehenen Prozeduren oder Verfahren versagen oder ungerecht angewandt werden (z.B. Beschwerdeordnung, Klärungsgespräche) oder weil zuständige Institutionen (z.B. Betriebsrat, Personalabteilung) einseitig Partei ergreifen.

Die Verschlechterung der Arbeitsverhältnisse wird zementiert oder sogar noch gesteigert und es kommt zu einem Teufelskreis: unter ungünstigen Bedingungen werden die Leistungen und Arbeitsbeziehungen schlechter und dies führt - selbsterfüllende Prophezeiung - zur Rechtfertigung der ursprünglichen Kritik bzw. Abwertung, was sich wiederum leistungsmindernd auswirkt usw.

Der Ausweg aus diesem Zirkel, der sich jahrelang entwickeln kann (siehe das Phänomen der 'inneren Kündigung') wird durch *strukturelle* Veränderungen markiert. Es werden offizielle Konsequenzen gezogen: Abstufung, Versetzung, Kündigung, Entzug von Ressourcen (z.B. von Mitteln, Gewohnheitsrechten, Statussymbolen, Privilegien, Entscheidungsspielräumen usw.). Die Personifizierung des Konflikts mündet via Mobbing in seine 'Versachlichung', insofern als die *Bedingungen* für Leistung und Entwicklung objektiv (und häufig offiziell) verschlechtert werden.

3.4.2.3 Die Veränderung der Person durch Mobbing

Auch hier ist ein möglicher Entwicklungsverlauf in Abb. 9 entworfen, der im Folgenden kurz erläutert werden soll:

Fiktiver Ausgangspunkt ist eine konsolidierte Persönlichkeit mit einem bestimmten Niveau an Leistungs- und Sozialkompetenzen, Werthaltungen, Selbstwertgefühl, Grundstimmungen etc.

Diese 'Normal'-Person sieht sich wiederholten, andauernden feindseligen Attacken ausgesetzt. Sie reagiert darauf kognitiv und affektiv.

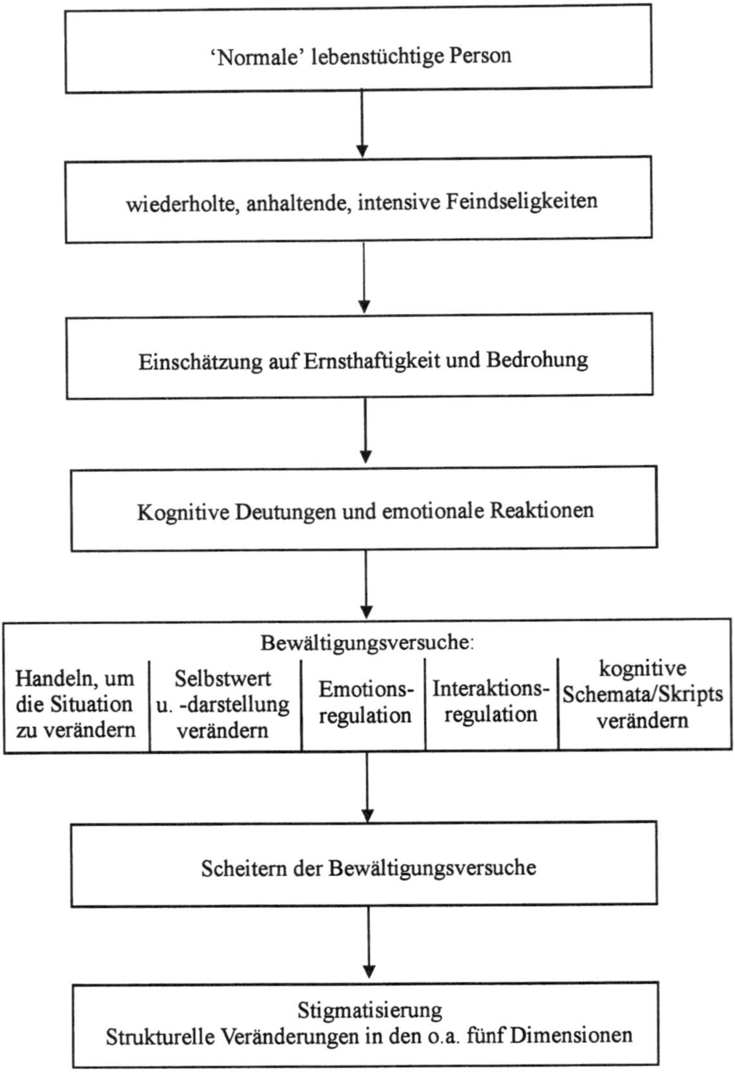

Abb. 10: Phasen der Veränderung der Person durch Mobbing

Zunächst wird die Bedrohlichkeit und Ernsthaftigkeit der Attacken eingeschätzt: sind sie harmlos oder gefährlich, spielerisch-humorvoll oder ernst gemeint?

Hand in Hand geht damit eine doppelte (kognitiv-affektive) Verarbeitung: Die kognitive Schiene ist gekennzeichnet durch Aufklärungs- und Verstehensbemühungen. Wie die Attributionstheorie unterstellt, fungiert die Person als Laienwissenschaftlerin, die sich fragt, ob die Angriffe 'distinktiv' (inhaltlich oder lokal beschränkt auf bestimmte sachliche Problem- oder Leistungsbereiche oder aber generell, universell), konsensuell (auf alle Personen bezogen oder nur an einzelne adressiert) und konsistent (fortwährend, unaufhörlich oder zufällig bzw. zu bestimmten Zeitpunkten beobachtbar) sind.

Die affektive Schiene bildet die unmittelbaren spontanen Emotionen ab, mit denen auf eine Beeinträchtigung reagiert wird: Ärger, Wut, Enttäuschung, Trauer, Angst usw.

Werden die Angriffe für ernstgemeint und bedrohlich gehalten und als individualisierte Aktionen mit hohem affektiven Potential eingestuft, wird die Person versuchen, ihr Repertoire an Coping-Mechanismen zu aktivieren. Dazu können, wie z.B. Stress- und Aggressionsforschung deutlich gemacht haben, verschiedene Strategien eingesetzt werden:

- Situationsveränderung (aktive Einwirkung auf Bedingungen, Mittel und Person des Angreifenden),
- Emotionsregulierung (sich entspannen, beruhigen, 'es gelassen nehmen'; depressiv und resignativ werden, aggressiv reagieren),
- Interaktionssteuerung (aus dem Feld gehen, konfrontieren, soziale Unterstützung aktivieren),
- Selbstregulierung: das eigene Selbst(-bild) modifizieren, neue Formen der Selbstdarstellung praktizieren (impression management), selbstwertdienliche Interpretationen produzieren etc.,
- kognitive Strategien einsetzen (neue kognitive Landkarten und Erklärungsmuster entwickeln).

Falls diese Bewältigungsversuche scheitern und/oder sich bei fortgesetztem Mobbing die Coping-Reserven erschöpfen, kommt es in den genannten fünf personalen Bereichen zu nachhaltigen und strukturellen Veränderungen:

- gelernte Hilflosigkeit, Resignation;
- Verbitterung, Trauer, blinde Wut;
- Machiavellismus, Opportunismus; Unterwerfungs- und Demutsverhalten; Konformismus und Rückgratlosigkeit; Paranoia; Rechthaberei;
- Selbstwertkrisen, Selbstabwertung, Selbsthass, Verleugnung der Realität und Imagination eines irrealen grandiosen Selbst;
- Verbissenheit, Rigidisierung (mangelnde Flexibilität), Einengung der Perspektive etc.

Genau diese Veränderungen dienen dann als Anlass und Rechtfertigung für die (weiteren) Attacken und Erniedrigungen: sie erfolg(t)en zurecht.

Mit den drei Beispielen für mögliche Phasenverläufe soll demonstriert werden, dass Mobbing als ein umfassender Angriff auf eine Person zu verstehen ist. Es geht dabei nicht nur um das mögliche Endstadium des Ausschlusses aus dem Arbeitsverhältnis, sondern auch um die monate- oder jahrelangen Zwischenstadien, in denen Selbstbild, soziale Beziehungen und Arbeitsverhältnisse eine gravierende und dauerhafte Verschlechterung erfahren. In keinem Fall wird ein gesetzmäßiger und unausweichlich-unabänderlicher Verlauf unterstellt. Es gibt bei jedem Phasenschritt die Möglichkeit des Beendigung des negativen Prozesses. Und es ist weiterhin zu berücksichtigen, dass eine lineare Kausalität, die die Entwicklung allein auf Bedingungen des Arbeitslebens zurückführte, begründungsbedürftig wäre: Es müsste gezeigt werden, dass nicht vorwiegend Einflüsse aus dem außerbetrieblichen 'Lebensraum' für die Entwicklung verantwortlich sind bzw. dass dieser selbst durch die Verschlechterung der betrieblichen Verhältnisse so beeinträchtigt wurde, dass die Person keine Gegenkräfte mehr freisetzen konnte.

3.5 Kosten und Folgen des Mobbing

Recht unverblümt erinnert *Leymann* die Verantwortlichen an das, was letzlich zählt: die Nutzung der Arbeitskraft:

> "Eigentlich ist es erstaunlich, dass Menschen in so großer Zahl an ihren Arbeitsplätzen schlecht behandelt werden. Es müsste doch auch geschäftlich weniger begabten Arbeitgebern und Vorgesetzten auffallen, wie sie da die Rosinen verschenken" (*Leymann* 1993, 124).

Insbesondere bei den Darstellungen in Zeitungen und (Management-)Zeitschriften spielt die Frage der Kosten von Mobbing eine große Rolle.

Stelzer (1992, 76) behauptet:

> "Zwischen 50.000.- und 150.000.- DM ... kostet ein Mobbing-Opfer die Unternehmen per anno: Fehlzeiten, Krankenstand, Leistungsminderung, schließlich Reibereien bei den Arbeitsabläufen und Kündigung".

Die gleichen Zahlen nennt *Hildebrandt (*1994, 16).

Meyer (1991) macht folgende Rechnung auf: Die jährlichen Fehlzeiten (fast 10% !) kosteten 35 Mrd. DM/Jahr und noch einmal 35 Mrd. koste es, weil die entnervten MitarbeiterInnen - laut *Leymann* - nur noch 50% Leistung bringen!

> "Der Anteil derjenigen, die wegen einer psychischen Erkrankung vorzeitig in den Ruhestand versetzt werden, ist steil angestiegen - auf 13,2% aller Frührentner im Jahr 1989. Das ist eine Zunahme von 57% innerhalb von 6 Jahren" (*a.a.O.*, 25).

[Hinter dieser Zahl verberge sich ein hoher Anteil von 'Fertiggemachten'- genauso wie unter den durchschnittlich 5% Alkoholabhängigen im Betrieb.].

Die volkswirtschaftlichen Mobbing-Kosten werden für Deutschland - resümiert man die Angaben in der Literatur - zwischen 30 und 100 Mrd. DM angesetzt (s. z.B. auch das oben zitierte Rechenbeispiel von *Halama & Möckel* 1995, 16). Es nimmt sich demgegenüber geradezu bescheiden an, was *Brady Wilson* für die mehr als doppelt so hohe Erwerbspopulation in den USA ansetzt: "5 bis 6 Mrd. Dollar jährlich" (1991, 47); er bezieht sich dabei auf einen Report des 'Bureau of National Affairs über 'Violence and Stress: The Work/Family Connection'.

Andererseits - und das spiegelt die verwirrende Lage in der Literatur recht gut wider - stellt *Emily Bassman* (1992) fest:

> "Die jüngste Schätzung ist, das stressbezogene Probleme und psychische Krankheiten (incl. Depression) die Unternehmen pro Jahr 150 Mrd. (Dollar) für Krankenversicherung und Erwerbsunfähigkeit, verlorene Produktivität und andere Ausgaben kosten." [...] "Der geschäftsführende Direktor des National Institute of Mental Health hat geschätzt, dass Depressions-Erkrankungen die U.S.-Wirtschaft 27 Mrd. Dollar kosteten. Von diesem Betrag entfielen 17 Mrd. Dollar allein auf Fehlzeiten" (*Bassman* 1992, 139).
>
> *Bassman* unterscheidet drei Kostenkategorien: *direkte* Kosten (z.B. Behandlung von Erkrankungen, Fehlzeiten, Entschädigungen, Prozesskosten), *indirekte* Kosten (Qualität, Fluktuation, Fehlzeiten, schlechte Kundenbeziehungen, Sabotage- und Rachehandlungen); *Opportunitäts*kosten, also entgangener Gewinn, z.B. aufgrund von 'lack of discretionary effort' (mangelnder freiwilliger hoher Leistungseinsatz): "Freiwillige Anstrengung ist die Differenz zwischen dem Maximaleinsatz, zu dem jemand fähig ist und dem Minimaleinsatz, der gezeigt werden muss, um eine Kündigung zu vermeiden" (*Bassman* 1992, 145). "Weil viele MitarbeiterInnen, was immer sie tun, von ihren Chefs bestraft werden, lernen sie, ein Minimum zu investieren, weil das Resultat so oder so das gleiche ist" (*a.a.O.*, 146). "MitarbeiterInnen von schikanierenden ('abusive') Vorgesetzten verwenden beträchtliche Zeit auf die Diskussion der Situation und auf gegenseitige Hilfe zum Überleben. Sie tauschen Einsichten, Strategien und Ansätze, den Boss zu managen, aus. Sie fantasieren über eine bessere Situation, sie halten einander über die letzten Gerüchte auf dem Laufenden und sie tauschen 'Was-sagst-Du-dazu'-Geschichten aus. [...] Aber all diese Zeit, die sie darauf verwenden ihre und ihrer KollegInnen Moral zu stärken, ist Zeit, die sie nicht auf die Arbeit verwenden, für die sie die Firma bezahlt" (*Bassman* 1992, 149).

Was die exakten Rechengrundlagen für derartige Schätzungen angeht, so wird meist die Annahmenstruktur nicht offengelegt. Eine Ausnahme macht *Alexandra Prosch* (1995, 100), deren Kalkulationsschema im folgenden Beleg 10 abgedruckt ist.

Beleg 10: Kosten des Mobbing - eine Modellrechnung (aus: *Prosch* 1995, 100)

Schilderung: Ausgangspunkt ist die krankheitsbedingte Arbeitsunfähigkeit einer Person vom 24.1.1994 bis einschließlich 20.10.1994. Die Person muss aufgrund von Beschwerden mehrere Male zum Arzt, bekommt Medikamente verschrieben und muss kurze Zeit später für zwölf Tage in krankenhäusliche Behandlung. Der Transport dorthin erfolgt mit dem Krankenwagen. Danach ist der Betroffene zur Erholung mehrere Wochen krankgeschrieben. Während dieser Zeit ist die Person weiterhin in fachärztlicher Behandlung, muss zu Therapien und bekommt Medikamente verschrieben, darunter auch Psychopharmaka, um sie von nervösen Beschwerden wie Schlaf- und Appetitstörungen und depressiven Zuständen infolge einer dreijährigen Mobbingsituation zu 'befreien'. Ergänzend erhält der Betroffene psychiatrische Behandlung. Im Februar wird eine erneute stationäre Behandlung für weitere achtzehn Tage erforderlich, danach folgt eine Anschlussheilbehandlung von vier Wochen. Während dieser Zeit endet die Lohnfortzahlung durch den Arbeitgeber, die Krankenkasse bezahlt ab März Krankengeld bis zur Entlassung aus dem Krankenhaus am 16.3.1994. Im Rahmen der Anschlussheilbehandlung wird ein Übergangsgeld vom Rentenversicherungsträger gewährt. Danach ist der Betroffene weiterhin krankgeschrieben und erhält Krankengeld, Medikamente und ärztliche Betreuungen. Aufgrund seines schlecht anhaltenden Zustands wird ihm die Erwerbsunfähigkeitsrente bewilligt, die er ab 1.10.1994 bezieht.

Die Kosten im einzelnen		**DM**
Kosten für Arztbesuch	ca.	120,--
Kosten für weitere Arztbesuche	ca.	200,--
verordnete Medikamente	ca.	200,--
stationäre Krankenhausbehandlung vom 6.2. - 17.2.1994		
12 Tage à 447, 10 DM (Tagessatz des Städt. Krankenhauses FN)		5.365,20
Kosten für Krankentransport am 6.2.1994		162,50
Kosten für weitere fachärztliche Betreuung durch den Hausarzt,		
Medikamente	ca.	1.000,--
Kosten für Therapeuten, Krankengymnastik	ca.	200,--
Kosten für stationäre Krankenhausbehandlung vom 27.2-16.3.94		8.047,50
Krankengeld ab 7.3.1994 bei Nettogehalt/Monat 3.300 DM		
kalendertäglich 110 - vom 7.3. - 16.3.1994 (18 Tage)		1.100,--
Kosten für Anschlussheilbehandlung	ca.	4.400,--
Übergangsgeld vom 17.3. - 13.4.1994 (28 Tage) à 100,-- DM		2.800,--
Krankengeld ab 14.4. - 1.10.1994		18.590,--
Kosten für ärztliche Behandlung, Medikamente vom 14.4. - 20.10.94		
ca. 600,-- DM/Monat		3.600,--
Kosten für psychiatrische Behandlung à 105,-- DM/Sitzung		2.625,--
Gesamtkosten		**DM 48.410,--**

Prosch unterstellt in ihrer Modellrechnung, dass ein Mobbingopfer ca. 9 Monate lang krankgeschrieben war, davon 12+18 = 30 Tage im Krankenhaus stationär behandelt wurde, 28 Tage Übergangsgeld und 5 ½ Monate Krankengeld erhielt, eine Anschlussheilbehandlung und psychiatrische Behandlung in Anspruch nahm usw. Für diesen konstruierten Fall kommt sie auf nahezu 50.000 DM[21] (das wäre die Untergrenze der Schätzung *Stelzer*s, der dann überdies noch Opportunitätskosten etc. in Anschlag bringt und pro Fall/Jahr auf bis zu 150.000.- DM kommt).

Es ist durchaus möglich, dass in seltenen Einzelfällen solche Kosten entstehen. Völlig überzogen ist es jedoch, diese Kosten als Bezugsgrößen zu nehmen, um alle während eines Jahres registrierten krankheitsbedingten Fehlzeiten mit diesem Satz zu multiplizieren. Zur Erinnerung: Oben sind Hochrechnungen zitiert worden, die den Anteil der Mobbing-Opfer in der Erwerbspopulation auf 1 bis 5% veranschlagen. Man dürfte also nur diejenigen Fehlzeiten berücksichtigen, die durch - nehmen wir *Leymann*s Schätzung - 3,5% aller ArbeitnehmerInnen verursacht wurden. Stellt man zudem in Rechnung, dass nach *Leymann*s operationaler Mobbing-Definition auch jemand als gemobbt gilt, der ½ Jahr lang ständig unterbrochen wurde, dann ist nicht anzunehmen, dass alle 3,5% Gemobbten ein halbes oder 1 Jahr krank geschrieben sind. Würde man z.B. 40 Tage Fehlzeiten pro Jahr/Mobbingopfer ansetzen, dann läge man damit deutlich über der durchschnittlichen Fehlzeit von gut 20 Tagen, die in Deutschland üblich ist (s. dazu ausführlich *Neuberger* 1997). *Einarsen & Raknes* (1991) berichten z.B. für ihre 2141-Stichprobe in Norwegen, dass schikanierte Frauen durchschnittlich ca. 23 Tage fehlten, nichtgemobbte dagegen im Mittel ca. 9 Tage.

Außerdem wird unterstellt, dass Fehlzeiten *allein* durch Mobbing verursacht sind, was eine unangemessen monokausale Zurechnung darstellte. Die beiden Jahresgipfel für Fehlzeiten (im Februar/März und im Oktober/November) kann man wohl kaum mit saisonalen Mobbingspitzen erklären; auch nicht, dass es im Finanzgewerbe nur etwa ein Viertel der Fehlzeiten der Gummiindustrie gibt. Und: wird bei ArbeiterInnen doppelt so viel gemobbt wie bei Angestellten, weil die Arbeiterfehlzeiten wesentlich höher sind?

Wenn es im Jahr 5% krankheitsbedingte Fehlzeiten gibt (diese Zahl dürfte näher an der Wahrheit liegen als die oben erwähnten 16! Prozent), dann macht das bei einer Population von 35 Millionen Erwerbstätigen in Deutschland bei 200 Arbeitstagen im Jahr einen Ausfall von beeindruckenden 350 Millionen Arbeitstagen aus. Aber die sind keineswegs direkt oder indirekt mobbingbedingt. Unfälle, ungünstige physische Arbeitsbedingungen, infektiöse Erkrankungen etc. dürften wohl den weitaus

---

21 Anzumerken ist, dass *Prosch* diese Zahlen explizit für einen fingierten Fall errechnet und nicht zu einer volkswirtschaftlichen Gesamtgröße hochrechnet. *Prosch*s Arbeit ist vielmehr eine durchaus seriöse Auseinandersetzung mit der Mobbing-Thematik und auch wegen ihrer ausführlich dokumentierten Interviews mit Betroffenen, die für Sekundäranalysen wertvolles Material bieten, lesenswert.

größten Anteil des Krankenstandes ausmachen. Es ist nicht viel mehr als Effekthascherei, mit willkürlich hochgerechneten Zahlen die ökonomische Bedeutung des Phänomens 'begründen' zu wollen. Insgesamt dürfte die bei *Wilson* berichtete Schätzung, die auf Deutschland umgerechnet weniger als 5 Mrd. DM Mobbing-Kosten bedeuten würde, wesentlich realistischer sein als die Mondzahlen, die sich üblicherweise finden. Ich werde auf das Zurechnungsproblem gleich noch einmal eingehen, möchte aber zunächst noch auf weitere Annahmen zu sprechen kommen, die psychische Erkrankungen und sogar Selbstmorde in einen engen und quantifizierten Zusammenhang mit Mobbing bringen.

Leymann schätzt z.B., dass sich 10% aller Selbstmorde auf Mobbing am Arbeitsplatz zurückführen ließen (1993, 76); *Grüner* (1993, 90) setzt sogar noch eins drauf und behauptet ohne weitere Begründung, laut *Leymann* gingen "*bis zu 20% aller Selbstmorde [...] auf Probleme am Arbeitsplatz zurück*".

Was psychische Erkrankungen anbelangt, argumentiert *Schwertfeger* (1992, 45) ähnlich unbekümmert:

> "So erfolgten 1990 bereits 13,8% aller Frührentenzugänge aufgrund seelischer Probleme. Das enspricht einer Zunahme von fast 60% innerhalb von sieben Jahren. Auch der BKK [Bundesverband der Betriebskrankenkassen] verzeichnet drastische Steigerungsraten: Waren 1980 nur 64 Arbeitsunfähigkeitstage je 100 Pflichtmitglieder durch psychische Krankheiten bedingt, so waren es 1990 bereits 93 Tage. Den Löwenanteil dabei nehmen Neurosen, Persönlichkeitsstörungen und andere nicht psychotische Erkrankungen ein, also Störungen, die wesentlich durch die Umwelt bestimmt sind".

Bei *Rheinz* (1994) wird - ohne Quellenangabe - behauptet:

> "Eine amerikanische Untersuchung ergab, dass vermutlich bis zu zwanzig Prozent aller Suizide in der Folge von 'Psychoterror bei der Arbeit' begangen werden" und "6,2 Millionen Beschäftigte (mehr als 16%) ergreifen angesichts hartnäckiger Zwistigkeiten mit Kollegen die Flucht in den Krankenstand. Die Folgekosten dieser Alltags-Destruktivität werden von Experten auf jährlich bis zu 100 Milliarden Mark geschätzt."

Es fällt auf, mit welcher Sorglosigkeit hier mit Zahlen jongliert wird und mit welcher Sicherheit Ursachenzuschreibungen vorgenommen werden.

Wie ich oben (S. 76) schon erwähnt habe, hat *Leymann* die obenstehenden Zitate zum Anlass genommen, mir mangelnde Kenntnis der 'Forschungslage' zum Vorwurf zu machen. Was habe ich getan? Ich habe *Hanna Rheinz* zitiert (die gleiche ominöse Zahl nennt übrigens - wie soeben belegt - unter Berufung auf *Leymann* auch *Grüner* in der nicht unseriösen DIE ZEIT). Den Zitatinhalt habe ich mir keineswegs zu eigen gemacht, sondern als Beleg für den freien Umgang mit Zahlen genannt. Und dieser Vorwurf trifft in der Tat auch *Leymann*. Er hat in seinem 1993-Buch (S. 121f.) berichtet, dass er sämtliche Pfarrer eines Bistums befragt hat und sich die Suizidfälle eines Jahres (1986) hat nennen lassen, für die die Priester (1) mit Sicherheit wussten bzw. (2) Anhaltspunkte hatten, "dass einzig und allein Verhältnisse am

Arbeitsplatz die Ursache gewesen sein können" und für es (3) glaubwürdige Informationen gäbe, dass Arbeitsplatzverhältnisse zum Selbstmord beigetragen haben. [Ich werde noch darauf zu sprechen kommen, ob man Erkrankungen oder gar einen Selbstmord 'einzig und allein' auf die Verhältnisse am Arbeitsplatz zurückführen kann]. Die berichteten Zahlen hat er dann auf ganz Schweden hochgerechnet [für 1: 105 Fälle, 2: weitere 55 Fälle und für 3 weitere 140 Fälle]. *Leymann* folgert, dass mindestens 100, vermutlich jedoch um die 300 Menschen mobbingbedingt Selbstmord verübt haben. Er erwähnt zwar die Möglichkeit, dass Arbeitskräfte auch aus anderen Gründen als Mobbing Selbstmord verübt haben könnten, aber: "Nach den Angaben der Pfarrer lagen andere Ursachen als Mobbing jedoch nur selten vor" (*a.a.O.*, 122). *Leymann* fährt fort: "Im selben Jahr 1986 starben in Schweden 65 Menschen bei klassischen Arbeitsunfällen. Die psychosozialen Probleme an den Arbeitsplätzen zumindest in Schweden (und sicherlich in anderen vergleichbaren westeuropäischen Ländern [und auch in den USA?, O.N.]) sind also sehr viel größer als die sicherheitstechnischen. Zwei- bis fünfmal so viele tödliche psychosoziale 'Arbeitsunfälle' zeugen davon. In Schweden entspricht dies etwa 10-20% der jährlichen Selbstmordrate." Und zwei Jahre später (1995e, 182) behauptet *Leymann* ohne den Hauch einer Begründung: "Aber nach wie vor werden in Deutschland grob geschätzt zwischen 1000 und 3000 Arbeitnehmer von den Spätfolgen von Mobbing in den Selbstmord getrieben." Sollte diese Aussage so gemeint gewesen sein, dass diese Zahlen pro Jahr zu erwarten sind, dann wären es ebenfalls an die 20% der hier begangenen Selbstmorde.

Die Selbstmordforschung, die in den Sozialwissenschaften seit *Durkheim* eine lange Tradition hat, bestätigt solche Konstruktionen nicht. Der tatsächliche Vollzug der Entscheidung, seinem Leben ein Ende zu setzen, dürfte wohl nicht allzu häufig mit einem halben Jahr Mobbing am Arbeitsplatz begründbar sein, wenn ansonsten die allgemeine Lebenssituation (s. critical life event-Forschung) normal, die psychische Verfassung stabil und das soziale Netz intakt sind. Damit komme ich auf ein Problem zu sprechen, das bei Mobbing-Diskussionen meist ausgeblendet wird: den Zusammenhang zwischen Alltags- und Arbeitsproblemen. Die Fokussierung auf Mobbing bringt es mit sich, dass dieses Phänomen quasi abgekoppelt von der sonstigen Lebenssituation der Menschen betrachtet wird. Die Lebenszufriedenheits-Forschung (s. dazu *Andrews & Withey* 1976, *Neuberger & Allerbeck* 1979, *Neuberger* 1985) hat gezeigt, dass der Lebensbereich 'Arbeit' in der subjektiven Bedeutsamkeit der meisten Menschen nur einen nachrangigen Stellenwert hat (etwa im Vergleich zu Partnerschaft, Wohnsituation, Freizeit, Gesundheit usw.). Dies wird auch durch die von *Lazarus & Folkman* angestoßene Erforschung der Alltagsärgernisse und -freuden bestätigt. In ihren empirischen Erhebungen konnten z.B. *Petra Katz* (1995) und *Petra Hank* (1995) zeigen, dass sich Menschen quasi tagtäglich ärgern oder Sorgen machen über bzw. Probleme haben mit eine(r) Vielzahl von Belangen; dazu gehören Streit mit bzw. Enttäuschung oder Sorgen über enge Bezugspersonen (PartnerIn, FreundIn, Familienangehörige, Bekannte), Nachbarn, Hausarbeiten, Mahlzeiten,

Aussehen, Figur, Gewicht, die eigene Gesundheit und die von Angehörigen, gesundheitliche Verfassung, verlegte, verlorene, kaputtgegangene Dinge, Freizeitaktivitäten, politische Angelegenheiten, finanzielle Situation, Verkehrsteilnehmer usw. Meist werden solche Alltagsärgernisse durch Alltagsfreuden aufgewogen. Kommt es aber dick (von der Partnerin verlassen, Wohnung gekündigt, Auto kaputt, Prüfung nicht bestanden, chronische Zahnschmerzen ...), dann kann das durchaus an die Grenze des Bewältigbaren führen. Und wenn auf diese 'Vorschädigung' (Erschöpfung der Coping-Reserven) noch zusätzlich andauernder Ärger mit einem kritisierenden Chef oder nervenden KollegInnen kommt, kann es zuviel werden. Die betriebliche Situation ist dann vielleicht Anlass oder Auslöser einer Erkrankung oder Fehlzeit, aber keineswegs die (einzige) Ursache. Wenn ich unten auf 'Maßnahmen gegen Mobbing' eingehe (Kapitel 4, S. 102ff.), werde ich auf die Bedeutung der personalen und sozialen Ressourcen zu sprechen kommen, die eine Person aktivieren kann, wenn es ihr schlecht geht. Ist dieses Reservoir leer, dann genügen schon kleine Belastungen, um jemand aus der Bahn zu werfen.

Selbst wenn man sich nur auf die betriebliche Situation beschränkte, müsste man davon ausgehen, dass negative *soziale* Einwirkungen, die nach üblicher Auffassung die wesentlichen Mobbing-Auslöser sind, nur einen Teilbereich der Belastungen ausmachen, die eine Person bei der Arbeit zu verkraften hat. Das ISTA (Instrument zur Stressbezogenen Arbeitsanalyse) von *Dunckel & Semmer* (1987) beschreibt z.B. mit 12 Skalen stressinduzierende Aspekte der Arbeitssituation. Die unmittelbar auf soziale Thematiken bezogenen Skalen "Soziale Stressoren", "Kommunikation" und "Kooperationserfordernisse" sind nur *drei* dieser Belastungs- und beanspruchsrelevanten Bereiche.

Die monokausale Argumentationsweise erinnert an andere Beispiele: Ergonomen, die die Bedeutung des richtigen Arbeitsstuhls vor Augen führen wollen, rechnen vor, dass BüroarbeiterInnen während ihres Berufslebens ca. 80 000 Std. sitzen und dass Rückenleiden die häufigste ärztliche Diagnose für Frühverrentung und Krankenstand sind. Würde es gelingen, durch bessere Sitzhaltung diesen Erkrankungen vorzubeugen, könnten pro Jahr Milliarden von Mark gespart werden. Oder: Bildschirmtätigkeiten beanspruchen die Augen; viele BildschirmarbeiterInnen benötigen Sehhilfen oder haben ungeeignete Sehhilfen. Könnte man die dadurch verursachten gesundheitlichen Belastungen oder Schäden abstellen, würden höhere Leistungen und geringere Abwesenheitszeiten resultieren, was sich - auf die Gesamtheit aller BildschirmarbeiterInnen umgerechnet - zu Milliardeneinsparungen summieren würde [...]. Den Betrieben und der Volkswirtschaft entstehen jährlich durch Mitarbeiterdiebstahl, Betrug, Korruption, geplante Konkurse, Insidergeschäfte, Schwarzarbeit usw. Verluste in mehrstelliger Millarden-Höhe. Oder: Die *Wirtschaftswoche* (13.8.98, 91) berichtet über eine Befragung von 384 deutschen Führungskräften, die angegeben haben sollen, dass MitarbeiterInnen im Schnitt nur 50-60% ihres Leistungspotentials realisierten. Darin liegen nicht realisierte volkswirtschaftliche Reserven in Höhe von hunderten von Milliarden Mark! In den USA und Großbritannien ist in den letzten Jahren eine intensive Diskussion über Sabotage und Gewalt am Arbeitsplatz angelaufen (s. dazu *Filipczak* 1993, *Sprouse* 1993, 1994, *Bensimon* 1994, *Analoui & Kakabadse* 1991, 1994, *Mantell & Albrecht* 1994, *Stuart* 1992). Es ist beeindruckend, z.B. für die USA die Zahlen für Mord und Totschlag am Arbeitsplatz zu lesen (s. etwa bei *Mantell & Albrecht* 1994, 11ff. oder *Baron & Neuman* 1996, 162). Je nachdem wie man die Kosten ansetzt, könnte man auf diese Weise zu astronomischen Größenordnungen kommen![22] Außerdem: Wäre dies nicht eine weitere Phase, die an *Leymanns* Schematik angefügt werden könnte - wenn nämlich ein Opfer sich nicht in die 'Ausstoßung' oder Stigmatisierung fügt, depressiv resigniert (Suizid?) oder obsessiv auf seinen Rechten besteht, sondern sich dabei sogar aggressiv rächt, indem es seine PeinigerInnen umbringt? Oder: Wieviele Ehescheidungen, wieviele Gewalttaten gegen Frauen und Kinder sind auf Mobbing am Arbeitsplatz zurückzuführen? Man sieht: die ökonomische Bedeutung von Mobbing könnte noch erheblich vergrößert werden! Vor allem auch dadurch, dass man noch auf die für das Unternehmen nützlichen Konsequenzen von Mobbing hinweist. Ich meine damit nicht die manchmal kolportierte 'Bossing'-Strategie von Personalverantwortlichen, durch systematisches 'Rausekeln' den Personalbestand zu verringern (s.a.: o.V. 1995 oder die Horrorgeschichte in *Leymann* 1995c, 177f.), sondern eine Überlegung *Niedl*s (1995b, 61ff.), derzufolge man zuweilen anfangs eine Überproduktion der Gemobbten beobachten könne, weil sie sich als zu unrecht Angegriffene oder Ausgegrenzte erweisen wollen und dies durch besondere Sorgfalt, Leistungsmenge, Unterordnungsbereitschaft etc. unter Beweis stellten!

Ich will mit diesen Beispielen die Bedeutung des Mobbingphänomens nicht herunterspielen, sondern nur die Unbekümmertheit veranschaulichen, mit der in den oben genannten Texten das Zurechnungsproblem gelöst wird.

Zusammengefasst: Es entsteht der Eindruck, als ob die Propagatoren des Mobbing-Konzepts mit aller Gewalt (!) auf die Bedeutung ihrer Entdeckung hinweisen wollten. Diese Monomanie verführt sie dazu, Effekte, die *auch* anderen Einwirkungen und sehr komplexen Interaktionen zuzuschreiben sind, einseitig aufs Konto von Mobbing zu buchen. Oder sollte es sich um ein subversives Plädoyer für die Bedeutung von 'strukturellem Mobbing' handeln?

---

[22] Das Zentrum für Europäische Wirtschaftsforschung hat im Rahmen einer Studie zu den externen Kosten des Autoverkehrs für 1995 als Wert eines Menschenlebens 5,8 Mio DM bestimmt ("Diese Zahl repräsentiert zum Beispiel den Betrag, den die Gesellschaft in technische Verbesserungen zu investieren bereit ist, um die Wahrscheinlichkeit eines Unfallstodes um eine Person zu reduzieren", *Süddeutsche Zeitung*, 19.8.98, 37).

4. Maßnahmen gegen Mobbing

Die folgende Diskussion von Maßnahmen gegen Mobbing ist in vier Abschnitte gegliedert: Im ersten Teil gebe ich einen Überblick über Zusammenstellungen von Vorgehensweisen, die in der *Ratgeber-Literatur* empfohlen werden. Dem stelle ich dann im zweiten Teil *empirische Befunde* gegenüber, die sich auf den tatsächlichen Einsatz und die Wirksamkeit verschiedener Abhilfemaßnahmen beziehen. Der dritte Teil zitiert und kommentiert zwei Beispiele für *präventive* Maßnahmen gegen Mobbing (Anti-Mobbing-Konventionen und -Betriebsvereinbarungen); im vierten Teil gehe ich dann auf *rechtliche* Schritte gegen Mobbing ein.

Dem folgt dann im nächsten Kapitel der Entwurf eines Erfassungsvorschlags, in dem Mobbinghandlungen, Gegenmaßnahmen, Ressourcen, Strukturen und Lerneffekte integriert sind.

4.1 Anti-Mobbing-Maßnahmen in der Ratgeberliteratur

Bei den Katalogen von Vorschlägen, wie Mobbing abzuhelfen sei, zeigt sich besonders deutlich, dass das theoretische (Vor-)Verständnis - und sei es implizit - die Methoden der Intervention bestimmt. Geht es einem um den Schutz des 'unschuldigen' Opfers, dann wird man dessen Abwehrkräfte stärken, Hilfe mobilisieren, die negativen Umfeldbedingungen bekämpfen. Will man die Verklammerung von TäterIn und Opfer aufklären oder aufbrechen, wird man konfrontative oder versöhnende Interventionen einsetzen. Geht es um Prävention, kann man an strukturelle organisationale Maßnahmen denken (Anti-Mobbing-Kommissionen, Betriebsvereinbarungen, Konventionen usw. Die implizite Theorie gibt jedenfalls vor, an welcher Stelle anzusetzen ist: Am Opfer, an den TäterInnen, an den Strukturen, an der Gesellschaft...

4.1.1 *Leymann*

Leymann (1993, 149) geht davon aus, dass Betroffene selbst kaum noch etwas tun können, ohne sich immer weiter in das Geflecht der Missverständnisse und Gegenaktionen zu verstricken; sie brauchen Hilfe 'von außen'. Er nennt (1993, 149-172) verschiedene Möglichkeiten, die er nicht aus seinem Mobbing-Konzept oder irgendeiner systematischen Theorie herleitet. Es handelt sich vielmehr um eine erfahrungsgestützte pragmatische Aufstellung von Interventionen, die sich als nützlich erwiesen haben:

- *Vorbeugen und frühes Eingreifen.* Instrumente in diesem Zusammenhang sind Gesprächsrunden, Seminare, Einladung freier Theatergruppen, Führungsschulung. Bewährt haben sich qualitätszirkelartige Gesprächsrunden, in denen die Probleme gemeinsam diskutiert werden können. Dazu gibt es Diskussionsunterlagen, Foliensätze, Videokassetten "mit von Schauspielern dargestellten authentischen Fällen" (*a.a.O.*, 150); mit derartigem pädagogischen Material kann geübt oder gelernt werden, wie man sich in Mobbingsituationen sinnvoll verhält. Andere Möglichkeit sind offizielle Schlichtungsverfahren, Einführung einer funktionierenden Beschwerdeordnung, "sich einen Berater gönnen" (*a.a.O.*, 154).

- *Versöhnen*. Für menschliches Zusammenleben sind gelegentliche Konflikte, Aggressionen, Streitigkeiten etc. normal. Es muss aber immer wieder versucht werden, sich nach Auseinandersetzungen wieder zu versöhnen, damit Störungen nicht zu unkontrollierten und destruktiven Feindseligkeiten ausarten (*Leymann*, 1993, 155).
- *Professionelle Hilfe*. Hier denkt *Leymann** an ausgebildete Mobbing-Experten (und wendet sich gegen Scharlatane, die in einem rasch expandierenden Markt lediglich 'absahnen' möchten).

  In der von ihm mitgegründeten gemeinnützigen 'Gesellschaft gegen psychosozialen Stress und Mobbing e.V.' kann z.B. gegen einen Jahresbetrag von DM 240,- (1994) Ordentliches Mitglied werden, wer

  > "... über ein Grundlagenwissen des psychosozialen Stresses und Mobbing verfügt. Neben intensivem Literaturstudium müssen mindestens 50 Unterrichtsstunden bei von der Gesellschaft autorisierten Ausbildern nachgewiesen werden. Dazu gehören arbeits- und organisationspsychologisches Grundwissen (mindestens 10 Stunden), rechtlich-ethische Aspekte (mindestens 5 Stunden), Ursachen und Auswirkungen von Mobbing (mindestens 25 Stunden) und ambulante und klinische Behandlungsmaßnahmen (mindestens 10 Stunden). Von neuen Mitgliedern, die selbst ausbilden wollen, wird mehr verlangt; zusätzlich müssen sie sich sehr ausführlich mit Rechtsfragen, Behandlung und Beratung befassen sowie Supervisions-Stunden und Falldokumentationen nachweisen" (*Diergarten* 1994, 117).

- *Juristische und psychosoziale Rehabilitation.*

  Juristisch: Vielfach ist die Mobbing-Situation so verfahren und es sind so viele Rechtsbrüche vorgekommen, dass psychosoziale Interventionen nicht mehr weiterhelfen und juristische Klärungen herbeigeführt werden müssen. In Skandinavien hat sich dabei auch die Zwischenform der "Vermittlung" (Mediation) bewährt, ein unterhalb des offiziellen Rechtsstreit liegendes Schlichtungsverfahren.

  Bei *psychosozialer* Rehabilitation geht es u.a. um Entstigmatisierung des Opfers und medizinische Untersuchungen, um "somatische Probleme ausschließen zu können". Neben medizinischen Therapien können Psychotherapien, Krisengespräche, berufliche Rehabilitation und auch das Coaching der Vorgesetzten hilfreich sein. Manchmal ist eine vorübergehende stationäre Behandlung unausweichlich.
- Die Rolle der *Gewerkschaften* schätzt *Leymann* eher skeptisch ein, weil sehr häufig Mobbing von KollegInnen ausgeht und es nicht leicht ist, als Außenstehende(r) Partei zu ergreifen. Auf jeden Fall können Gewerkschaften juristische Beratung und die Vermittlung von juristischen und therapeutischen Hilfsangeboten übernehmen. Ein Beispiel ist die erwähnte Aktion der DAG, die Informationsblätter entwickelt und ein 'Mobbingtelefon' eingerichtet hat.

"Wer einmal in der Mobbingphase steckt, der betreibt ein reines Glücksspiel mit geringen Chancen, wenn er direkt und selbst mit den Gegenspielern verhandeln und sie zur Vernunft bringen will - besonders wenn es ein Chef ist, der sehr gehässig geworden ist" (*Leymann*, 1993, 168).

- Größere Chancen bestehen, wenn man einzelne *KollegInnen* um Intervention bitten kann. Auch *Selbsthilfegruppen* Betroffener sollen sich bewährt haben, insbesondere deshalb, weil sie den so lange entbehrten emotionalen Rückhalt bieten können. In vielen Veröffentlichungen finden sich am Schluss Angaben über Stellen, die Mobbing-Beratung anbieten können.
- Als letzte Möglichkeit erwähnt *Leymann* noch - wegen der oft tiefen existentiellen Verunsicherung der Mobbingopfer - die Inanspruchnahme *seelsorgerischer Hilfe*.

4.1.2 *Esser & Wolmerath*

Der Psychologe *Esser* und der Rechtsanwalt *Wolmerath* schlagen in ihrem materialreichen und informativen Buch (1997), das insbesondere für aktive Betriebsratsarbeit zahlreiche praxisgestützte Anregungen gibt, einen zweistufigen Ansatz vor: zunächst geht es um eine gründliche neunstufige Mobbing-Analyse (*a.a.O.*, 141-173), der dann "zehn Eckpunkte" für eine Mobbing-Intervention folgen. Prinzipiell stehen nach ihrer Auffassung folgende Wege zur Konfliktbehandlung bei Mobbing zur Verfügung (*a.a.O.*, 191f.):

- Bearbeitung und Supervision durch externe Experten,
- persönliche Gegenwehr des Mobbingbetroffenen,
- Schlichtungsversuch des Betriebsrats,
- Konfliktbereinigung/Machteingriff durch Vorgesetzte,
- juristische Maßnahmen/Einigungsstelle.

Zu diesen einzelnen Möglichkeiten werden jeweils differenzierte Aussagen gemacht. Am Beispiel der "möglichen Formen der Gegenwehr für Mobbingbetroffene" sei das illustriert (*a.a.O.*, 205):

- (dem Mobber) Grenzen setzen,
- (den Mobber) entmutigen,
- (den Konflikt) versachlichen,
- (den Mobber) verunsichern,
- (den Mobber) isolieren,
- (den Mobber) einschüchtern.[23]

---

[23] An anderer Stelle ihres Buchs (*Esser & Wolmerath* 1997, 41ff.) entwerfen sie eine andere Systematik:
- Sich durchschlagen (Innere Kündigung, Gegen-Mobbing, Eigenkündigung, Aus-Zeiten, wie etwa Krankschreibung);
- Soziale Unterstützung suchen (Selbsthilfegruppen, Fachleute (Ärzte, Therapeuten), Arbeitskollegen, Familie und Freund, Betriebsrat);
- Gegenwehr organisieren, z.B. Stress-Abbau, Selbstbehauptungstraining, Mobbing-Analyse, Mobbing-Gegenwehr (betriebliche Mittel, juristische Mittel).

Esser & Wolmerath entwerfen damit das Bild eines souveränen, starken Opfers, das sich klug, sachlich und kompetent wehren kann; damit unterscheiden sie sich von *Leymann*, der - einen weit fortgeschrittenen Mobbingverlauf unterstellend - von der Unmöglichkeit des Opfers ausgeht, sich noch aus eigener Kraft aus den Verstrickungen zu lösen.

4.1.3 *Zuschlag*

Zuschlag (1994, 115f.) differenziert zwischen folgenden 6 Hauptgruppen, die er jeweils näher detailliert:

1. Abwarten und erdulden,
2. Selbstkritische Prüfung,
3. Vorbeugung gegen Mobbing bzw. Mobbing-Eskalation,
4. Gegenangriff,
5. Innere Kündigung,
6. Kündigung des Arbeitsverhältnisses.

4.1.4 *Hesse & Schrader*

Hesse & Schrader nennen z.B. folgende Strategien (1993, 132-170):

1. *Entfeindung*

   Hier unterscheiden sie - im Anschluss an die *Glasl*schen Hauptphasen der Konflikteskalation (s.u.) - "Verstimmung", "Schlagabtausch" und "Vernichtungsschläge" und fordern jedesmal zu einem Dreischritt der Gegenmaßnahmen auf: Reflektieren - Besprechen - Handeln, was dann auch für mögliche Gruppen (Opfer, Täter, Beobachter) "durchdekliniert" wird.

2. *Sprechen*

   In diesem Abschnitt werden einige Regeln für richtige Gesprächsführung genannt, v.a. aber findet sich eine umfangreiche Aufstellung (152-158) von Techniken des direkten Angriffs - eine andere Möglichkeit, einen Überblick über verbale Mobbinghandlungen zu geben!

3. *Die hilfreichen Dritten*

   Hier werden jene Personen oder Institutionen, an die man sich als betroffenes Opfer wenden kann, aufgezählt (das geht vom Partner bis zum Rechtsanwalt, vom Betriebsrat bis zum Arbeitsamt usw.)

4. *Juristische Gegenwehr*

   Dieser Abschnitt informiert über Arbeitnehmerrechte und geht auf Möglichkeiten wie Beschwerde, Kündigung, Anregung der Kündigung des Schädigers, Anspruch auf Unterlassung u.a. ein.

5. *Lösungsstrategie Kündigung kann helfen*

Eine Eigenkündigung sollte trotz aller Kränkungen und Ärgernisse nicht spontan erfolgen, sondern gut überlegt sein; insbesondere dem Arbeitszeugnis sollte große Aufmerksamkeit geschenkt werden.

4.1.5 *Huber*

In dem sehr praxisnah geschriebenen Text von *Brigitte Huber* (1993, 126ff.) werden die Ratschläge danach unterschieden, welches Stadium der Mobbingprozess erreicht hat:

1. *Wenn noch Chancen bestehen*
   a) Wie man sich selbst helfen kann
      Konflikte sinnvoll anpacken (benennen - bearbeiten - bereinigen)
      Versöhnen
      Familie und Freunde
      Entspannung
      Die trügerischen Helfer (Alkohol, Drogen, Medikamente ...)
   b) Hilfe innerhalb der Firma
      Beschwerderecht beim Arbeitgeber
      Beschwerderecht beim Betriebsrat
   c) Die schwierige Rolle der Zuschauer
2. *Wenn es keine Chance mehr gibt*
   Alarmzeichen für eine Kündigung, Kündigung durch Arbeitgeber, Kündigung im beiderseitigen Einvernehmen, Eigenkündigung, Vorsicht Falle: das Zeugnis.
3. *Hilfe von außen*
   Gesprächskreise und Selbsthilfegruppen
   Seminare, Workshops und Tagungen
   Klinik für Mobbing-Patienten
   Hilfe über den heißen Draht
4. *Vorsorgemaßnahmen: Das Übel an der Wurzel packen*
   Mobbing zum Thema machen (in Betriebsversammlungen, Fragebogenaktionen, Schulungen)
   Betriebsvereinbarungen
   Schlichtungsmodelle
   Mobbing-Beauftragte
   Übergeordnete Beratungsstellen
   Regelmäßige Aussprachen in den Abteilungen oder Team-Patenschaften
   Rechtssituation verbessern.

4.1.6 *Ardelt, Buchner & Gattinger*

Einen Artikel, der kaum ein gutes Haar an *Leymann* lässt, schließen *Ardelt, Buchner & Gattinger* (1993) mit einem Vorschlag zu "Maßnahmen zum Bereich Mobbing" (S. 31). Lediglich das Einteilungsprinzip scheint interessant; die Eintragungen in die Zellen der Tabelle sind recht willkürlich und unvollständig und - gemessen an der vorangehenden Kritik - ziemlich dürftig.

	Prävention	**Intervention**
Individuum	Training: Stressmanagement, Gruppentraining, Konfliktmanagement, Interessen vertreten, Führungstraining, Aufklärung über Mobbing, Arbeitssituationsdiagnose	Coaching, unterstützende Psychotherapie
Gruppe	Aufklärung über Gruppenprozesse, Teamtraining, Kommunikationstraining, Supervision	Konfliktberatung Gruppensupervision
Organisation	"Diagnostik" Organisationskultur, Organisationsentwicklung, Ausbildung der Arbeitnehmervertreter	Organisationsentwicklung

Tab. 9: Maßnahmen gegen Mobbing (aus: *Ardelt, Buchner & Gattinger* 1993, 31)

4.1.7 Schluss

Eine besonders kuriose Aufstellung von Maßnahmen gegen Mobbing findet sich bei *Thomas* (1993); sie ist in Anhang 9.4 abgedruckt.

Ohne das Unmoralische ihres Vorschlags zu kommentieren, beschreiben *Kraus & Kraus* (1993, 41f.) folgendes Beispiel für Gegenmobbing. Es handelt sich um die Fälle von zwei Mitarbeitern, die von Kollegen gemobbt wurden, "sie griffen einfach zur Selbsthilfe und mobbten handfest zurück" (*a.a.O.*, 40):

> "Die Gemobbten griffen in der Form zur Selbsthilfe, dass sie - auch unter Berücksichtigung den Falschen zu treffen - bei ins Auge gefassten Zielpersonen
>
> - bei winterlich-nachmittäglicher Dunkelheit auf dem Firmenparkplatz von den Pkws der Zielpersonen TÜV-Plaketten entfernten, hintere Kfz-Kennzeichen mit Farbspray schwärzten und Fahrertürschlösser mit Metallpaste unbrauchbar machten.
> - zu wiederholten Malen die Stechkarten von Zielpersonen am Betriebsausgang fehlten.
> - auf dezent verteilten Witzzeichnungen mit Sprechblasen den Kollegen F./die Kollegin W. gegenseitig lächerlich machten.

- in anonymen Briefen auf firmenfremder Maschine geschrieben, ihren Austritt aus der Gemeinschaft/den Maßnahmen gegen Herrn F./Frau W. erklärten.

Diese Maßnahmen führten bei den Mobbern sehr schnell - bedingt durch große Verunsicherung und dem Gefühl, selbst gemobbt zu werden - zur Unterlassung von Attacken und zur Befriedigung des Betriebsklimas."

Die Überblicke über die Maßnahmen bei *Leymann, Esser & Wolmerath, Zuschlag, Hesse & Schrader, Huber* und *Ardelt et al.* (sowie *Thomas*) geben einen guten Eindruck von dem, was generell in der Mobbing-Literatur unter dem Stichwort "Maßnahmen gegen Mobbing" abgehandelt wird. Die enorme Breite der Techniken verdeutlicht, dass Mobbing im Grunde kein isoliertes Phänomen, sondern *ein, allerdings* symptomatischer, Ausdruck der Bedingungen ist, unter denen Erwerbsarbeit bei uns stattfindet.

Vermutlich sind viele der eben referierten Vorschläge praxisbewährt. Die Maßnahmen gegen Mobbing können aber auch quasi gegen den Strich gelesen werden, wenn man davon ausgeht, dass sich in ihnen eine - unausgesprochene - Mobbingtheorie verbirgt. Glaubt man zum Beispiel, dass eine gelungene "Einführung neuer MitarbeiterInnen" Mobbing vorbeugt, dann unterstellt man damit, dass bei Mobbing kognitive Orientierung, soziale Kontakte zu Kolleginnen und Vorgesetzten, Kenntnis von und Fügsamkeit gegenüber informellen Gruppennormen, fachliche und methodische Kompetenz bei der Arbeitsausführung von Bedeutung sind und dass jeder dieser Aspekte Ausgangspunkt für Mobbing werden kann. Oder: Wieso können ausgebildete Anti-Mobbing-ExpertInnen Erfolg haben? Wie sieht ihr Interventionsprogramm aus, das eine Organisationsentwicklungsmaßnahme mit Schwerpunkt "Beratung" ist? Von wem kommt der Auftrag? Was sind seine Inhalte und Ziele? Welcher (implizite) Vertrag wird mit wem geschlossen? Wer wird kontaktiert? Welche Strategie wird gewählt (z.B. Teambildung, Konfrontationsmeeting, 3-D-Spiegelung, Qualitätszirkel, Projektarbeit ...)? Wer stellt - anhand welcher Kriterien - den Erfolg fest? Wer bezahlt?

Allen Interventionen gegen Mobbing liegt eine Theorie zugrunde, auch wenn sie nicht expliziert wird. Versucht man sie herauszuarbeiten, kann man bestimmte Maßnahmen mit mehr Bewusstheit und unter Nutzung oftmals reicher vorliegender Erfahrungen ergreifen. Andernfalls entsteht der Eindruck einer mechanischen Reparatur: Der Sozial- oder Mobbingingenieur greift in seinen Werkzeugkasten, zieht das richtige Instrument heraus und bringt die Sache (!) wieder in Ordnung, sodass alles wie geplant oder wie vorher funktioniert. Ich werde im Kapitel 6 eine Auswahl von Theorien vorstellen, mit deren Hilfe das Mobbinggeschehen interpretiert werden kann und die zum Teil über reiche Forschungstraditionen verfügen und Erfahrungen über die Wirksamkeit von Interventionen gesammelt haben.

Im folgenden Abschnitt stelle ich einige Studien dar, in denen nach Einsatzhäufigkeit und/oder Effektivität von Maßnahmen gegen Mobbing und vergleichbare Phänomene gefragt wurde.

4.2 Welche Maßnahmen werden (häufiger) eingesetzt und wie wirksam sind sie?

Knorz & Zapf (1995) haben in ihrer Befragung von 50 Mobbingopfern auch 'Bewältigungsstrategien' bewerten lassen ("Haben Sie sie eingesetzt? Konnten Sie Ihre Situation am Arbeitsplatz durch dieses Verhalten verbessern?"). Sie fanden folgende Ergebnisse:

	gesamt N = 50	Voll und ganz verbessert N = 6	verschlechtert N = 18	Differenz verbessert verschlechtert
Gespräche mit Angreifern geführt	66 %	33 %	89 %	*
Mobbingsituation ausgewichen	56 %	67 %	50 %	n.s.
Situation am Arbeitzsplatz ignoriert	50 %	67 %	50 %	n.s.
Vorgesetzte eingeschaltet	40 %	17 %	56 %	p = .09
Betriebs- oder Personalrat eingeschaltet	40 %	0 %	61 %	**
Wehren mit gleichen Mitteln	36 %	50 %	39 %	n.s.
Häufigeres Fehlen am Arbeitsplatz	24 %	0 %	28 %	*
Langfristige Krankschreibung	24 %	17 %	28 %	n.s.
Gewerkschaft eingeschaltet	20 %	17 %	28 %	n.s.
Psychotherapie	16 %	17 %	17 %	n.s.
Kündigung auf eigenen Wunsch	14 %	0 %	22 %	*
Sich versetzen lassen	8 %	17 %	6 %	n.s.
Drogen, Psychopharmaka	8 %	0 %	0 %	n.s.
Frührente beantragt	6 %	0 %	6 %	n.s.

Anmerkung: Spalte 1 ("gesamt") gibt an, von wievielen der Befragten die jeweilige Strategie eingesetzt wurde. Spalte 2 und 3 enthalten Angaben von Personen, die auf die Frage "Konnten Sie Ihre Situation am Arbeitsplatz durch dieses Verhalten verbessern?" mit "Ja, voll und ganz" bzw. "Nein, die Situation hat sich noch weiter verschlechtert" geantwortet haben. Die anderen Antwortmöglichkeiten waren "Ja, ein wenig" und "Nein, es hat sich dadurch nichts verändert". * : signifikant

Tab. 10: Bewältigungsstrategien der Mobbingopfer (aus: *Knorz & Zapf* 1995, 33)

Knorz & Zapf resümieren ihre Befunde wie folgt (1995, 21):

"a) Betroffene sollten frühzeitig Grenzen ziehen und konsequent aus dem 'üblen Spiel' Mobbing aussteigen. b) eine persönliche Stabilisierung ist notwendig. c) Mobbing kann nur dauerhaft abgestellt werden, wenn eine einschneidende objektive Veränderung bezüglich der Form der Zusammenarbeit oder der Interaktion von Mobbern und Gemobbten durchgesetzt werden kann. Insgesamt scheinen solche Coping-Strategien überlegen zu sein, bei denen jegliche Form der Eskalation sorgfältig vermieden wird und der konstruktive Gedanke im Mittelpunkt steht. Dabei spielen vermutlich auch intrapsychische Mechanismen eine besondere Rolle. Auch in der Bewältigungsforschung ist darauf hingewiesen worden, dass aktive, problemorientierte Strategien nicht immer die beste Lösung sein müssen (Weber, 1993). Ähnlich argumentiert man auch in der Konfliktforschung, dass es nicht immer sinnvoll ist, alle Konflikte auszutragen, sondern genau zu prüfen, welche Konflikte vielleicht besser vom einzelnen selber innerlich zu verarbeiten sind (Berkel, 1991). Die Gruppe der Mobbingopfer, bei denen es trotz Bewältigungsstrategien zu einer Verschlechterung kam, wählte häufiger 'aktive' Strategien aus ... Doch sollte nicht vorschnell der Schluß gezogen werden, dass es sich hierbei um 'schlechte' Copingstrategien für Mobbing handelt. Denn es ist denkbar, dass es gerade aufgrund der Verschlechterung der sozialen Arbeitsplatzsituation nötig war, aktiv zu werden und solche Wege zu beschreiten."

An dieser Stelle ist zweierlei festzuhalten:

- Erstens, dass nur ein geringer Prozentsatz der Mobbingopfer seine Situation 'voll und ganz' verbessern konnte[24].

  In seinem 1997-Sammelreferat wird *Zapf* noch deutlicher und extremer: "Letztendlich zeigten diese Ergebnisse, dass von den untersuchten Personen keine einzige aus eigener Kraft und ohne fremde Hilfe die Mobbingsituation in positivem Sinne bewältigen konnte" (*Zapf* 1997, 55).

  Zweitens, dass intuitiv häufig empfohlene Strategien (wie z.B. das Gespräch suchen, den Betriebs- oder Personalrat einschalten etc.) viel weniger als erwartet bringen.

  Zum Ratschlag "Miteinander sprechen!" nimmt *Ursula Nuber* (1998) in einem Beitrag Stellung, dem sie den Titel "Gut, dass wir nicht darüber geredet haben!" gegeben hat. Sie berichtet darin über Thesen des Australiers *David Stiebel* und stellt die herkömmlichen Ratschläge der Kommunikationstherapeuten und Konfliktlösungstrainerinnen in Frage ("Mythos der Großen Harmonie: Wenn wir nur miteinander reden, werden wir uns gegenseitig verstehen und uns einigen"). Es gibt aber nicht nur (kognitive) *Missverständnisse* (die ließen sich ausräumen durch aufklärendes Reden), sondern *Meinungsverschiedenheiten*: Man will sich gar nicht ändern, schon gar nicht auf den anderen zubewegen. *Nuber* gibt den Rat-Schlag (!): Sich in die Situation des anderen versetzen und aus des-

---

24 In ihrem Überblick über Ergebnisse der Coping-Forschung in Bezug auf die Bewältigung negativer Emotionen stellen *Weber & Laux* lakonisch fest:
"Grundsätzlich stellt sich für die Bewältigungsforschenden das Problem, dass zwar ein Teil der erfassten Bewältigungsformen zu einer Verschlechterung des Befindens beiträgt, kaum aber welche zu einer Verbesserung" (*Weber & Laux* 1993, 22).

sen Perspektive strategisch argumentieren, aber nicht versuchen, ein gemeinsames 'richtiges' Verständnis herbeiführen zu wollen.

Ähnliches wird übrigens in dem Ratgeberbuch von *Fisher, Kopelman & Kupfer Schneider* (1995) behauptet, das als Beispielsmaterial vor allem internationale Konflikte benutzt.

Die auffällige Diskrepanz zwischen fiktivem Handeln (bzw. guten Ratschlägen) und tatsächlichem Handeln wird auch in einer großzahligen Befragung in England erhellt. Die Ergebnisse dieser Studie von *Rayner* (1997) sind in Tab. 11 abgedruckt.

Handlung	**tyrannisiert 'Nein' "Ich würde ... tun") (%) n = 530**	**tyrannisiert 'Ja' "Ich habe ... getan") (%) n = 607**
Nichts tun	6	38
den Täter konfrontieren	75	45
die Personalabt. konfrontieren	60	22
zur Gewerkschaft gehen	30	7
sich dem Arzt anvertrauen	2	5
Hilfe von außen suchen	6	4
Beratung suchen	8	3
von Kollegen Hilfe suchen	57	21
kündigen	8	27

Tab. 11: Hypothetisches und tatsächliches Reagieren in Bullying-Situationen (aus: *Rayner* 1997).

Die in vielen Ratgeber-Texten empfohlene Strategie, den Täter zu konfrontieren, sich mit ihm konstruktiv auseinander zu setzen und eine neue Qualität des Umgangs miteinander zu finden, wird auch am häufigsten genannt, wenn man sich *vorstellt*, wie man handeln *würde*, wenn man in eine Mobbing-Situation *käme*. Jene, die tatsächlich tyrannisiert wurde, greifen weit seltener zu dieser Maßnahme. Das gibt *Leymann* Recht, der davon ausgeht, dass man mit jemandem, der einen quält und schikaniert, nicht (mehr) reden kann, bzw. dass das die Sache nur noch schlimmer macht, weil man sich allzu leicht in gegenseitige Vorwürfe hineinsteigert (siehe *Verres & Sobez'* Beispiel des Ehekrachs, das ich oben - S. 49- abgedruckt habe).

Auch die Möglichkeit, von der Personalabteilung, der Gewerkschaft oder den KollegInnen unterstützt zu werden, wird von den Bullying-Erfahrenen weit skeptischer gesehen als von den fiktiv argumentierenden. Ein Grund dafür könnte sein, dass Opfer nicht selten stigmatisiert sind ("Sie sind selbst schuld!", "Sie haben es verdient!") oder willkommene Sündenböcke sind. Andererseits scheinen die Strategien "aussitzen" (nichts tun) und "ausweichen" (kündigen) in der Praxis verbreiteter zu sein als - sich selbst überschätzende? - Naive es glauben.

Aus dem verwandten Gebiet der Ärgerforschung sollen noch Resultate berichtet werden, die *Hannelore Weber* veröffentlicht hat. In Zusammenfassung von sieben Einzelstudien, in denen die Befragten zum Teil eigene Erfahrungen (frei formuliert) erzählten, zum Teil auf vorgegebene Situationsschilderungen reagierten, hat *Weber* (1994, 168ff.) folgende Verteilung von *Ärger*reaktionen gefunden. Einige Unterschiede zu den oben berichteten Mobbing- bzw. Bullying-Studien könnten darin begründet sein, dass *Familien*situationen untersucht wurden.

Weitverbreitete Formen:
- Problemlöseplanung,
- offen-beherrschter Emotionsausdruck,
- Probleminangriffnahme,
- klärendes Gespräch,
- verbaler Angriff, Vorwürfe machen.

Verbreitete Formen:
- den anderen in Gedanken abwerten,
- Gespräche mit Dritten,
- Perspektive des anderen übernehmen, sich in ihn hineinversetzen,
- positive Umdeutung der Situation,
- Flucht, 'aus dem Felde gehen',
- Selbstvorwürfe.

Weniger häufige Formen:
- Bagatellisieren,
- Rachegedanken,
- Überspielen/Verbergen,
- den anderen mit Missachtung strafen,
- Unterdrücken/Wegstecken,
- Alkzeptieren/Hinnehmen,
- Selbstmitleid,
- Abwarten, passiv bleiben.

Seltene Formen:
- Humor,
- körperlicher Angriff gegen den anderen,
- Angriff gegen Dritte.

Für die Systematisierung der Reaktionen auf ärgerauslösende Erfahrungen hat *Weber* ein Ordnungsraster entwickelt, das in seiner dimensionalen Struktur gut geeignet erscheint, auch Opfer-Reaktionen auf Mobbing abzubilden. Ich zitiere es deshalb im Folgenden (s. Tab. 12) und werden unten - bei der Darstellung des Opfer-Aktions-Repertoires - noch einmal auf die Gliederungsdimensionen zurückkommen.

Art und Richtung des Engagements	**Art der Auseinandersetzung**	
	antagonistisch	**friedfertig**
offene und direkte Auseinandersetzung	- körperlicher Angriff - verbaler Angriff	- beherrschter Ausdruck - klärendes Gespräch - gemeinsames Problemlöse-handeln
indirekte oder verschobene Auseinandersetzung	- Angriff gegen Dritte - Gewalt gegen Sachen - indirekte Angriffe auf und Bestrafung von *alter*	- Gespräche mit Dritten - Sachbezogene Problem-inangriffnahme - Umleitung zu produktiven Arbeiten
Internalisierte Auseinandersetzung	- Rachegedanken - *alter* abwerten - brüten - Selbstvorwürfe - Selbstmitleid	- Situationsanalysen - Perspektive von *alter* über-nehmen - Akzeptieren/Hinnehmen - Verzeihen - Wunsch- und Tagträume -
Auseinandersetzung wird vermieden	- Depression - Selbstaggression - Selbstgefährdung	- passiv bleiben - Ärger unterdrücken, weg-stecken - Ablenkung - bagatellisieren - Situation verfremden - Situation umdeuten - Humor

Tab. 12: Ordnungsschema für Formen der Ärgerreaktion (aus: *Weber* 1994, 164)

4.3 Präventive strukturelle Maßnahmen gegen Mobbing

Weil Mobbing ein affektiv stark besetztes Geschehen ist, nimmt es nicht wunder, wenn in der Ratgeberliteratur personale und interpersonale Empfehlungen im Vordergrund stehen. Dennoch fehlt fast nie der Hinweis, gegen Mobbing vorbeugend vorzugehen, indem betriebliche Institutionen geschaffen oder genutzt werden. Es geht dabei um vier Gruppen von Möglichkeiten: Schaffung eines normativen Regelwerks, das eine Legitimationsgrundlage für das Vorgehen gegen Mobbing bietet; dafür kommen 'weiche' und 'harte' Instrumente in Frage; Öffentlichkeitsarbeit und Training und schließlich Organisationsentwicklung.

4.3.1 'Weiche' Instrumente (Selbstverpflichtungen, Leitsätze usw.)

Zu den weichen Instrumenten gehören schriftliche Selbstverpflichtungen, Führungsleitlinien, Verhaltenskodices, Unternehmensgrundsätze, Ethik-Standards und ähnliches.

Im Beleg 11 ist eine *Anti-Mobbing-Konvention* für Schulen aus dem Buch *Kasper*s (1998) abgedruckt. An diesem Beispiel wird deutlich, dass der Appell an eine gemeinsam geteilte humanistische Wertorientierung im Mittelpunkt steht und dass Dokumente dieses Typus keine einklagbaren Anspruchsgrundlagen formulieren.

Bei dieser "Erklärung zur Achtung der Menschenwürde" (*Kasper* 1998, 185) kommt es aber auch gar nicht so sehr auf die Justitiabilität der Einzelbestimmungen an, sondern auf den bewusstseinsbildenden Prozess der Entwicklung dieses Dokuments und seine Existenz als 'gutes Gewissen' und Berufungs- und Bewertungssystem. Damit die Konvention praktisch wirksam wird, muss mit ihr und auf ihrer Grundlage gearbeitet werden, sodass sie immer wieder (re-)aktiviert wird. *Kasper* - ein erfahrener Schulpraktiker - erwähnt z.B. Schikanebriefkästen, Mobbingbeauftragte, regelmäßige Erörterung der Erfahrungen in den Sitzungen der Schulkonferenz, einen jährlichen hausinternern 'Schikanebericht'.

4.3.2 'Harte' Instrumente (Betriebsvereinbarung)

Bei den 'harten' Instrumenten steht an erster Stelle die Betriebsvereinbarung. Sie kann auf Antrag der Belegschaftsvertretern mit dem Arbeitgeber abgeschlossen werden und hat für beide Seiten rechtliche Bindewirkung. Dort wird im einzelnen dann definiert, welcher Tatbestand geregelt wird, wer für die Einführung und Überwachung der neuen Regelung verantwortlich ist, wie und wann die Umsetzung überprüft und welche Konsequenzen beim Zuwiderhandeln oder der Nichterfüllung vorgesehen sind.

Im Beleg 12 ist auszugsweise eine Betriebsvereinbarung abgedruckt, die 1996 bei Volkswagen in Kraft trat. Ein anderes Beispiele ist die *Dienstvereinbarung gegen Mobbing* des Gesamtpersonalrats der Stadt Friedrichshafen (Bodensee), die in "Der Personalrat" (10, 1996, 391ff abgedruckt ist) oder die Dienstvereinbarung für eine "Anlaufstelle zur Lösung von Personalkonflikten am Arbeitsplatz" am Universitäts-Krankenhaus Eppendorf Hamburg 1997 (die in *Kasper* 1998, 237-242 zitiert ist).

Sehr ausführlich beschäftigen sich *Esser & Wolmerath* (1997, 293-325) mit diesem Thema; sie drucken eine 'Musterbetriebsvereinbarung Mobbing' ab und kommentieren sie detailliert.

Beleg 11: Die Anti-Mobbing-Konvention der ... - Schule (aus: *Kasper* 1998, 185)

10 Artikel für eine Schule ohne Mobbing und Schikane

1. Wir achten in Wort und Tat die Würde unserer Mitmenschen.
2. Wir leisten jedem Mitmenschen, der darum bittet, Beistand gegen Schikanen und stellen uns demonstrativ an seine Seite, auch wenn wir nicht in allem seine Meinung teilen. Wir lassen Angefeindete nicht allein!
3. Wir wollen den Anfängen von Psychoterror in unserer Schule wehren, von wem er auch ausgeht.
4. Wir wollen uns in Toleranz und Zivilcourage üben.
5. Wir begegnen fremden Fehlern ebenso nachsichtig wie unseren eigenen.
6. Wir wollen uns nicht an der Entstehung und Verbreitung von Gerüchten beteiligen. Unser Grundsatz sei: mit den Menschen, nicht über sie reden!
7. Wir erklären ausdrücklich, dass wir uns an die Gesetze und die sonstigen Bestimmungen zum Schutz von Schwachen halten und verpflichten uns, auf deren Einhaltung in unserer Schule zu bestehen.
8. Wir erklären, dass wir niemanden schikanieren. Niemand soll andere über- oder unterfordern. Niemand soll andere bewusst Situationen aussetzen, denen sie nicht gewachsen sind.
9. Wir wollen uns stets Mühe geben, mit jedermann in unserer Schule höflich und offen zusammenzuarbeiten und dabei Problemen nicht aus dem Weg zu gehen.
10. Wir verpflichten uns, mit anderen gemeinsam gegen Mobbing und Psychoterror vorzugehen, wo wir dies beobachten. Wir handeln gemeinsam, statt einsam.

für die Schüler | für die Eltern | für die Lehrer

Beleg 12: Die Anti-Mobbing-Betriebsvereinbarung von Volkswagen

Die Zeitschrift "Arbeit + Recht" [1996 (11), 443-444] zitiert Auszüge einer zwischen dem Gesamtbetriebsrat und der Unternehmensleitung der Volkswagen AG am 1.7.96 abgeschlossenen

Betriebsvereinbarung gegen sexuelle Belästigung, Mobbing und Diskriminierung

"Gemäß der Arbeitsordnung ist jeder Werksangehörige verpflichtet, zur Einhaltung des Arbeitsfriedens und eines guten Arbeitsklimas beizutragen. Hierzu gehört vor allem, die Persönlichkeit jedes Werksangehörigen zu respektieren. Zur Verletzung dieser Würde des Einzelnen gehört insbes. das bewusste, gezielte und fahrlässige Herabwürdigen bis hin zum/zur

- sexuellen Belästigung, wie beispielsweise
  - unerwünschter Körperkontakt,
  - anzügliche Bemerkungen, Kommentare oder Witze zur Person,
  - Zeigen sexistischer und pornographischer Darstellungen (z.B. Pin-up-Kalender),
  - Aufforderung zu sexuellen Handlungen,
  - Andeutungen, daß sexuelles Entgegenkommen berufliche Vorteile bringen könnte.

Was als sexuelle Belästigung empfunden wird, ist durch das subjektive Empfinden der Betroffenen bestimmt.

- Mobbing, wie beispielsweise
  - Verleumden von Werksangehörigen oder deren Familien,
  - Verbreiten von Gerüchten über Werksangehörige oder deren Familien,
  - absichtliches Zurückhalten von arbeitsnotwendigen Informationen oder sogar Desinformation,
  - Drohungen und Erniedrigungen,
  - Beschimpfung, verletzende Behandlung, Hohn und Aggressivität,
  - unwürdige Behandlung durch Vorgesetzte, wie z.B. die Zuteilung kränkender, unlösbarer, sinnloser oder gar keiner Aufgaben.
- Diskriminierung, wie beispielsweise aus
  - rassistischen, ausländerfeindlichen oder religiösen Gründen, die in mündlicher oder schriftlicher Form geäußert werden sowie
  - diesbezügliche Handlungen gegenüber Werksangehörigen.

Beschwerderecht

Wenn eine persönliche Zurechtweisung durch die belästigte Person im Einzelfall erfolglos ist oder unangebracht erscheint, können sich die betroffenen Werksangehörigen an die nachfolgenden Stellen wenden

- den/die betrieblichen Vorgesetzten,
- den Betriebsrat,
- die Frauenbeauftragte,
- das Personalwesen,
- das Gesundheitswesen.

Diese haben die Aufgabe, unverzüglich, spätestens innerhalb einer Woche nach Kenntnis des Vorfalls:

- die Betroffenen zu beraten und zu unterstützen,
- in getrennten oder gemeinsamen Gesprächen mit den belästigenden und den belästigten Personen den Sachverhalt festzustellen und zu dokumentieren,
- die belästigende Person über die tatsächlichen und arbeitsrechtlichen Zusammenhänge und Folgen einer Belästigung im vorgenannten Sinne am Arbeitsplatz aufzuklären,
- den zuständigen Gremien Gegenmaßnahmen und ggf. arbeitsrechtliche Konsequenzen im Rahmen der bestehenden Verfahren vorzuschlagen,
- allen - auch vertraulichen - Hinweisen und Beschwerden von Belästigungen im vorgenannten Sinne nachzugehen,
- auf Wunsch die/den Betroffenen zu/in allen Gesprächen und Besprechungen einschließlich zu Sitzungen des Personalausschusses zu begleiten, zu beraten und sie in ihrer Vertretung zu unterstützen.

Über die Teilnahme von Vertrauenspersonen an seinen Sitzungen entscheidet der Personalausschuss in Abwägung der Umstände des Einzelfalls. Darüber hinaus können sich betroffene Werksangehörige auch jederzeit an Personen ihres Vertrauens sowie den Werkschutz wenden. Die §§ 84 und 85 BetrVG über das allgemeine Beschwerderecht bleiben unberührt. Die Beschwerde darf nicht zu Benachteiligungen führen.

Vertraulichkeit

Über die Informationen und Vorkommnisse, persönlichen Daten und Gespräche ist absolutes Stillschweigen gegenüber Dritten zu bewahren, die nicht am Verfahren beteiligt sind.

Maßnahmen

Das Unternehmen hat die dem Einzelfall angemessenen betrieblichen Maßnahmen gem. § 32 der Arbeitsordnung, wie z.B.

- Belehrung,
- Verwarnung,
- Verweis,
- Geldbuße

oder arbeitsrechtliche Maßnahmen, wie z.B.

- Versetzung,
- Abmahnung oder
- Kündigung

zu ergreifen.

Die Durchführung erfolgt in Abstimmung mit dem Betriebsrat. Zur Abhilfe kann auch ein Beratungs- und/oder Therapieangebot erfolgen. Im übrigen gelten die einschlägigen gesetzlichen Bestimmungen, z.B. das Beschäftigungsschutzgesetz.

Fortbildung

Im Rahmen der beruflichen Fort- und Weiterbildung von Werksangehörigen wird die Problematik der sexuellen Belästigung am Arbeitsplatz, des Mobbings und der Diskriminierung, des Rechtsschutzes für die Betroffenen und der Handlungsverpflichtungen der Vorgesetzten aufgenommen.

Seminare

In Zusammenarbeit mit dem Gleichstellungsausschuss des Betriebsrates, der Frauenförderung und der VW-Coaching GmbH werden zielgruppenorientierte Seminare/Seminarbausteine erstellt."

Betriebs- oder Dienstvereinbarungen können auch die Schaffung bestimmter Institutionen vorsehen (wie z.B. Mobbing- oder Konfliktbeauftragte oder Mobbing-Kommissionen) und regeln, wie diese Stellen besetzt und ausgestattet werden und wie dafür gesorgt wird, dass Konflikte dort vorgetragen und wirksam bearbeitet werden können.

Wenn die Position 'Mobbing-Beauftragter' eingerichtet wird, taucht die Frage auf, wo sie organisatorisch verankert sein soll. Es gibt mehrere Optionen: bei der Personalabteilung, beim Werksarzt, bei einer externen Stelle (Unternehmensberater, Psychotherapeutin, Arzt usw.) oder - und das ist der Regelfall - beim Betriebsrat. Dabei sind zwei Lösungen denkbar: ein Betriebsrat übernimmt die Aufgabe des Mobbingbeauftragten oder dieser ist unabhängig, berichtet aber dem Betriebsrat. *Esser & Wolmerath,* deren Buch sich explizit als Ratgeber für die betriebliche Interessenvertretung versteht, gehen ausführlich auf die oftmals dilemmatische Situation des Betriebsrats oder der Personalvertretung ein, wenn es um Intervention in Sachen Mobbing geht (1997, 51-62). Als Interne verfügen Betriebsräte zwar über zahlreiche Informationsquellen und Insiderwissen, müssen sich aber gegenüber allen Teilen der Belegschaft fair, loyal und vorurteilsfrei verhalten. Gerade bei Mobbingkonflikten, in denen sich Vorgesetzte und größere Teile der Belegschaft gegen einzelne Opfer verbünden, tauchen sachliche und mikropolitische Probleme auf. In sachlicher Hinsicht geht es um Fragen der Glaubwürdigkeit und die Sicherung 'objektiven' Beweismaterials in emotional aufgeheizten Situationen. Mikropolitisch gesehen ist auch der Betriebsrat in ein enges Geflecht sozialer Beziehungen eingebunden (siehe die obige Abb. 4, S. 47), er darf es sich mit seiner Wählerschaft nicht verderben und auch die vertrauensvolle Zusammenarbeit mit dem Arbeitgeber nicht aufs Spiel setzen, weil es wichtig ist, für andere Vorhaben und Problemlösungen mit ihm 'im Geschäft' zu bleiben.

Bieler & Heilmann (1996, 432) bemerken dazu:

"Das Ausgangsdilemma für aktive Betriebsräte besteht in 3 Unsicherheiten: zum einen ist die Beweislage wie auch die Glaubwürdigkeit der Beteiligten ausgesprochen schwierig zu erfassen und zu beurteilen. Die Probleme reichen hier im einzelnen von der persönlichen Befangenheit in positiver wie auch in negativer Hinsicht bis hin zur Abwehrneigung, d.h. das Geschehen sei nicht so gravierend und werde sich von selbst lösen. Weiterhin können sich Loyalitäts- und Schuldzuweisungsprobleme ergeben [denn Betriebsräte sind] in allen Hinsichten Teil der Belegschaft. Und schließlich mag es Defiziteinschätzungen bzw. Schwierigkeiten in Bezug auf die Handlungsfähigkeit und die soziale Kompetenz in dem betreffenden Konflikt geben."

4.3.3 Öffentlichkeits- und Schulungsarbeit

Eine weitere Möglichkeit, vorbeugend tätig zu werden, ist ganz allgemein Bewusstseinsbildung. Das kann geschehen durch systematische Sensibilisierung für das Thema mithilfe innerbetrieblicher Medien und Aktivitäten (Werkszeitung, Intranet, Aushänge, Poster, Aktionen, Stellungnahmen auf Betriebsversammlungen etc.). Dabei geht es zum einen darum, Mobbing zum Thema zu machen, über das geredet werden kann und soll und zum zweiten um Information über konkrete Vorfälle, Aktionsprogramme, Erfahrungen bzw. um Anregungen zu Initiativen und Aktionen (z.B. auf dem Hintergrund von vorbildlicher Praxis in anderen Organisationen).

Ein Teil dieser Aufklärungs-Arbeit kann auch in konkrete Trainingsprogramme übertragen werden, wobei der Einbau in vorhandene Bausteine (z.B. zu Gesprächstraining, Konfliktmanagement, Gruppendynamik, Führungsstil etc.) ebenso in Frage kommt wie das Angebot spezialisierter Veranstaltungen, bei denen man dann vertieft auf das inzwischen vermehrt verfügbare Material an Schulungsunterlagen, Foliensätzen, Videokassetten usw. zurückgreifen kann. Dabei können innerbetriebliche Fallsammlungen, Rollenspiele oder gar Theateraufführungen (durch MitarbeiterInnen oder Profis) genutzt werden.

4.3.4 Organisatorische Maßnahmen

Mobbingvorfälle können auch als Indikatoren für schlechte Organisationspraxis gesehen werden (z.B. schlechte Personalauswahl, unüberlegte Zusammensetzung von Teams, unklare Definition und Abgrenzung von Aufgabengebieten, mehrdeutige Zielsetzungen und Bewertungsmaßstäbe, saloppe Handhabung von Regeln und Vorschriften, unzeitgemäße und ungerechte Anhäufung von Besitzständen und Privilegien, ungleiche und benachteiligende Ausstattung mit Arbeitsmitteln usw.). All das kann zum Nährboden für Konflikte werden, die sich - wenn sie nicht direkt angegangen werden - auf dem Umweg über Mobbing Ausdruck verschaffen. Weil es nicht den einen besten Weg des Organisierens gibt und weil, was früher einmal gut war, nicht unbedingt für alle Zeiten richtig sein muss, bedeutet das, dass alle organisationalen Regelungen immer wieder auf den Prüfstand müssen, um sie alten Erfahrungen und/oder neuen Erfordernissen anzupassen.

4.4 Rechtliche Gegenmaßnahmen

Weil bei den Gegenmaßnahmen immer wieder rechtliche Schritte genannt werden und weil sich - in letzter Zeit vermehrt - juristische FachautorInnen mit der Thematik auseinandergesetzt haben (*von Hoyningen-Huene* 1991, *Schneider* 1994, *Haller & Koch* 1995, *Däubler* 1995, *Gralka* 1995, *Wilhelm* 1995, *Bieler & Heilmann* 1996, *Kollmer* 1997, *Esser & Wolmerath* 1997), sei im Folgenden auf diese Problematik eingegangen. Es gibt zwar keinen speziellen Mobbing-Paragraphen im deutschen Recht (siehe den Hinweis auf schwedisches Recht in Beleg 13), wohl aber eine Fülle von rechtlichen Bestimmungen, unter die Mobbing-Sachverhalte subsumiert werden können (siehe dazu den Auszug aus gesetzlichen Bestimmungen in Beleg 15 im Anhang 9.8). Bevor aber allzu schnell von den Gesetzesbestimmungen auf gute Chancen geschlossen wird, Mobbing auch juristisch zu ahnden, wird eingangs auf einige Probleme hingewiesen, die einer allzu optimistischen Sicht im Wege stehen. Anschließend daran werden einige dieser Überlegungen anhand eines Mobbing-Beispielfalls analysiert, den der Bremer Arbeitsrechtler *Däubler* veröffentlicht und kommentiert hat; seine Analysen und Schlussfolgerungen werden in der Fachliteratur zum Teil abgelehnt (s. vor allem *Gralka* 1995). Abschließend berichte ich anhand einer Falldarstellung von *Diergarten* (1994) über das 'Prozessmarathon' in einem Mobbingfall.

Beleg 13: Die schwedische "Anti-Mobbing-VO"

Bieler & Heilmann (1996, 431) berichten über

"eine am 1.4.94 in Schweden in Kraft getretene Verordnung, die man mit etwas Phantasie Anti-Mobbing-VO nennen könnte. Diese soweit ersichtlich erste gesetzliche Maßnahme gegen Mobbing und seine Auswirkungen enthält 5 Regelungen:

1. Der Arbeitgeber hat die Arbeit so zu planen und zu organisieren, dass Mobbing-Tendenzen von vorneherein verhindert werden.
2. Der Arbeitgeber soll keinen Zweifel daran lassen, dass er Mobbing missbilligt.
3. In die betrieblichen Tätigkeitsabläufe soll ein Art Frühwarnsystem implementiert werden. Ferner soll eine fortlaufende Verbesserung von nicht zufriedenstellenden Arbeitsbedingungen und Arbeitsabläufen erreicht werden. Durch eine umfassende Kooperation aller Beteiligten bei der Lösung dieser Probleme sollte es zu Mobbing gar nicht erst kommen.
4. Wenn dennoch Anzeichen für Mobbing deutlich werden, müssen umgehend Gegenmaßnahmen ergriffen werden. Eine anschließende Analyse der Ursachen soll ermitteln, ob die Mängel bei einer Zusammenarbeit der Beteiligten sowie einer besseren Arbeitsorganisation hätten verhindert werden können.
5. Schließlich soll Mobbing-Opfern schnell geholfen werden, wofür der Arbeitgeber verantwortlich ist."

4.4.1 Probleme einer rechtlichen Ahndung des Mobbing

Wird in einer mutmaßlichen Mobbing-Situation überlegt, den Rechtsweg zu gehen, tauchen eine Reihe von Fragen auf:

1. *Darlegungs- oder Beweisproblem*: Was ist vorgefallen? Hat sich der Sachverhalt so zugetragen wie dargestellt? Kann dafür Beweismaterial (Dokumente, Zeugen usw.) beigebracht werden, das den Vorgang über jeden vernünftigen Zweifel hinaus belegt?

   Handelt es sich dabei um Mobbing?[25] Oder geht es um einmalige Vorgänge oder zufällige Häufungen? Mobbing erfordert, dass über längere Zeit und systematisch schikaniert wird; hat der Beklagte also 'beharrlich', absichtlich, wissentlich und unter Inkaufnahme der Folgen gehandelt? Die meisten in der juristischen Mobbing-Literatur diskutierten Vorkommnisse sind Einzelfälle (oder es werden aus mehreren Handlungen nur jene herausgegriffen, die vor Gericht besondere Erfolgsaussichten haben).

   Geht die Beeinträchtigung über das 'erlaubte Risiko' hinaus? Ist der Vorgang nicht mehr 'sozialadäquat' oder 'verkehrsüblich' und in seinen Wirkungen erheblich (oder bloß geringfügig)?
2. *Subsumptionsproblem*: Welcher Tatbestand ist erfüllt? Ist eine *Rechts*norm verletzt worden (oder bloß eine Regel des menschlichen Umgangs)? *Welche* Rechtsnorm ist verletzt worden (Verletzung der Fürsorgepflicht, Beleidigung, Körperverletzung etc.)?

   Nach welchem Recht kann der Beklagte belangt werden? Geht es um eine privatrechtliche, strafrechtliche oder öffentlich-rechtliche Angelegenheit?
3. *Kausalitätsproblem*: Hat das Handeln des Beklagten unmittelbar und gegebenenfalls allein das Ergebnis bewirkt oder war es nur *ein* Einfluss unter mehreren? Welche anderen Einflüsse können zum 'tatbestandlichen Erfolg' geführt haben (Ausschlussverfahren)?
4. *Zurechnungsproblem*: Muss sich die Beklagte das Ergebnis zurechnen lassen? Hat sie vorsätzlich, (grob) fahrlässig, schuldhaft, im guten Glauben, nach Verkehrssitte, unter Wahrung der üblichen Sorgfaltspflicht, in Abwägung von Rechtsgütern, zur Abwendung einer Gefahr, in Notwehr etc. gehandelt? Wurde die Beklagte vorher durch die Klägerin provoziert? Sind bei monierten Missständen offenkundig betriebliche Zweckmäßigkeit, Erfordernisse der Arbeitssituation, übliche Standards etc. außer Acht gelassen worden?

---

[25] Am 15.1.97 hat erstmalig ein höheres Bundesgericht (das Bundesarbeitsgericht, BAG) Mobbing definiert. Es versteht darunter das
- systematische
- Anfeinden, Schikanieren oder Diskriminieren
- von Arbeitnehmern untereinander oder durch Vorgesetzte,
- wobei Mobbing durch Stresssituationen am Arbeitsplatz, deren Ursachen u.a. in einer Über- oder Unterforderung einzelner Arbeitnehmer oder Arbeitnehmergruppen liegen können, begünstigt wird (nach *Kollmer* 1997, 18).

5. *Ausschöpfung aller vorgerichtlichen Möglichkeiten*: Hat die klagende Partei vorher alle vorgesehenen, üblichen und vernünftigen Möglichkeiten ausgeschöpft, dem beklagtem Zustand abzuhelfen? Ist nachdrücklich Abhilfe verlangt worden und auf juristische Konsequenzen hingewiesen worden, falls das nicht geschieht?
6. *Zweck der Klage*: Worauf wird geklagt? Welche Maßnahmen oder Sanktionen strebt der Kläger an (Unterlassung, Abhilfe, Bestrafung, Schadensersatz etc.)?

Um die Behandlung dieser Fragen konkreter zu gestalten, sei im Folgenden der Beispielsfall zitiert, den *Däubler* seiner juristischen Würdigung des Mobbing-Geschehens zugrundelegt.

4.4.2 Ein Beispielsfall in der Fachdiskussion

*Däubler*s Beispielsfall:

"Über den Sachbearbeiter X. wird im Betrieb verbreitet, er sei vom Amtsgericht wegen Exhibitionismus bestraft worden. Die sechs Kollegen, die mit ihm denselben Raum teilen, behandeln ihn wie Luft. Der Vorgesetzte weist ihm immer häufiger 'Problemfälle' zu und schüttelt nur den Kopf, wenn X. sie nicht lösen kann. Geht X. in die Kantine, setzt sich niemand zu ihm; setzt er sich zu anderen an den Tisch, stehen diese auf und suchen sich einen anderen Platz. Nach sechs Monaten wird X. wegen Depressionen und psychosomatischer Störungen krankgeschrieben. Auf Anraten seines Arztes kündigt er sein Arbeitsverhältnis mit gesetzlicher Frist. Welche rechtlichen Sanktionen kommen gegen die Verfolger oder gegen den Arbeitgeber in Betracht?" (*Däubler* 1995, 1347).

Däubler kommt in seiner differenzierten Auseinandersetzung zu dem Ergebnis, dass zivilrechtlich (Schadenersatzpflicht) und strafrechtlich (Körperverletzung, Beleidigung) gegen das Mobbing vorgegangen werden könne. Er sieht jedoch auch grundsätzliche Probleme:

> "Das Recht knüpft aber traditionellerweise an Einzelhandlungen an: Man untersucht die Betrugshandlung des X, den Verkehrsunfall auf der Königsalleee oder den Kaufvertrag zwischen A und B über eine Möbelgarnitur. Die ganze Vorgeschichte, mit der einzelne Menschen in einen solchen punktuellen 'Kontakt' hineingehen, spielt prinzipiell keine Rolle (Ausnahme: Strafzumessung). Unser meist am Tausch auf dem Markt orientiertes Recht tut sich schwer, aus dem Ruder laufende längerfristige soziale Beziehungen zu beurteilen" (*Däubler* 1995, 1347).

Obwohl er vorher anhand seines konstruierten Falles mehrere Möglichkeiten durchgespielt hat, die in Frage kämen, zieht *Däubler* ein realistisches und resignatives Fazit. Zum Problem der Beweisbarkeit sagt er:

"In der Wirklichkeit sind die Dinge sehr viel komplizierter. ... Im Streitfalle würde X. aller Voraussicht nach bei jedem Gericht den kürzeren ziehen. Auch wenn er sich - was bei einem eingeschüchterten und verunsicherten Menschen wenig wahrscheinlich ist - genaue Notizen über jeden Vorfall gefertigt hat, steht er bei der gerichtlichen Aufklärung des Sachverhalts allein: Verklagt er den Arbeitgeber auf Schadensersatz, stehen ihm sieben Zeugen gegenüber, die sich in der hier angedeuteten Weise wechselseitig die Bälle zuwerfen. Gerade weil sich ihre Sicht der Dinge nicht total, sondern nur in den (entscheidenden) Einzelheiten von der des X. unterscheidet, würden ihre Aussagen als glaubwürdig behandelt" (*Däubler,* 1995, 1350).

Kollmer sekundiert: "Die Messbarkeit und Beweisbarkeit des Schikane-Tatbestandes wird sich regelmäßig als das Hauptproblem darstellen. Ein weiteres Problem ergibt sich schließlich aus der individuellen Wertung des Tatbestandes: Je nach psychischer Stabilität ('Robustheit') des Mobbing-Opfers und je nach dem beruflichen Umfeld können aggressive Handlungen von Mitarbeitern, Vorgesetzten oder Kollegen höchst unterschiedlich wahrgenommen werden" (*Kollmer* 1997, 20).

Gralka (1995) stimmt *Däubler*s Resümee zu; ansonsten aber unterzieht er dessen rechtliche Würdigung seines Beispielsfalls einer kritischen Analyse und weist praktisch alle Begründungen und Folgerungen *Däubler*s zurück: Es liege weder Körperverletzung, noch Beleidigung vor und der Arbeitgeber sei nicht zu Schadensersatz verpflichtet (für eine Kritik dieser Kritik siehe *Dieball* 1996). Um ein Beispiel für die Argumentation *Gralka*s zu geben und damit zu konkretisieren, auf welche Denkfiguren sich ein Mobbingopfer einstellen muss, wenn es eine gerichtliche Klärung anstrebt, zitiere ich im Folgenden einige Passagen aus *Gralka*s Analyse.

Gralka geht auf die These *Däubler*s ein, derzufolge das Verhalten der Arbeitskollegen ('Schneiden' des X.) den Tatbestand der Beleidigung nach § 185 StGB erfüllen könnte.

"Nach dieser Vorschrift macht sich strafbar, wer einen anderen bewusst abwertet oder missachtet" (*Däubler* 1995, 1348)[26]

26 Überraschenderweise hat *Däubler* selbst kurz vor diesem Passus festgestellt:
"Wer trotz Grippe mit anderen zusammentrifft, steckt diese möglicherweise an, sodass ganz ohne Zweifel ihre Gesundheit für ein bis zwei Wochen beeinträchtigt ist. Dass in Fällen dieser Art nicht der Staatsanwalt auf den Plan tritt, hängt mit dem Rechtfertigungsgrund des erlaubten Risikos zusammen. ... Auch wer andere mit Grippe ansteckt, hat nichts zu befürchten, würde doch andernfalls das soziale Leben zu einem ständigen Balanceakt zwischen Recht und Unrecht. Ist aber ein Verhalten unter solchen Umständen rechtmäßig (was auch mit dem Begriff der 'Sozialadäquanz' umschrieben wird), so tritt auch dann keine Strafbarkeit ein, wenn im Einzelfall eine böse Absicht vorliegt, der andere also bewusst geschädigt werden soll. Dabei spielt sicherlich auch eine Rolle, dass die Schädigungsabsicht in aller Regel nicht beweisbar wäre ..." (*Däubler* 1995, 1348).
"Das 'Schneiden' durch andere Menschen mag zwar unschön und unmoralisch sein - es gehört genauso zur Normalität des Lebens wie die Ansteckung mit Erkältungskrankheiten. Bereitschaft zur Kommunikation ist rechtlich nicht erzwingbar" (*Däubler* 1995, 1348).

Dazu stellt *Gralka* fest:

"Zum einen sind bloße Unhöflichkeiten keine tatbestandlichen Beleidigungen[27]; auch die schiere Nichtanerkennung eines anderen ist nicht als dessen Missachtung anzusehen. Indem die sechs Kollegen den X. wie Luft behandelten, haben sie sich unhöflich verhalten und ihn nicht als Kollegen anerkannt, mit dem sie Umgang pflegen wollen. Beleidigt haben sie ihn dadurch jedoch nicht. Zum anderen scheint hier zwar wenigstens insoweit ein positives Tun vorzuliegen, als die Kollegen vom Tisch aufstanden, wenn X. sich dazusetzte. Ob allerdings einem Täter ein Handeln oder Unterlassen vorzuwerfen ist, hängt nach ganz überwiegender Auffassung davon ab, bei welcher Form des Verhaltens der Schwerpunkt liegt. Das Aufstehen vom Tisch gewinnt seine soziale Bedeutung erst, wenn es auf X. bezogen wirkt. Insoweit ist es als Vermeidung zwischenmenschlicher Kontakte mit X. außerhalb der eigentlichen Arbeitsaufgabe anzusehen. Das Schwergewicht dieses Verhaltens liegt nach den geschilderten Maßstäben folglich auf dem Unterlassen jeglichen Kontakts mit X. Mangels einer Rechtspflicht zu solchen Kontakten scheidet damit auch hier schon auf der objektiven Tatbestandsebene eine Strafbarkeit der sechs Kollegen aus" (*Gralka* 1995, 2652). "... der Wunsch des X. nach über die Erledigung der Arbeitsaufgabe hinausgehendem Kontakt mit seinen Kollegen hat keinen Vorrang vor dem Wunsch der Kollegen, mit X. keinen solchen Umgang zu pflegen" (*a.a.O.*, 2653).

Selbst grobe Scherze (die hier nicht einmal vorliegen), wären nach *Gralka*s Auffassung "im Betrieb nicht stets unzulässig, sondern regelmäßig noch sozialadäquat" (*Gralka* 1995, 2651).

Im Hinblick auf eine mögliche Körperverletzung kommt *Gralka* ebenfalls zu einer abweichenden Beurteilung. Das Kopfschütteln des Vorgesetzten angesichts nicht gelöster 'Problemfälle' sei nicht kausal für den weiteren Gang der Dinge (was auch *Däubler* schon andeutet):

"Die Ursache für die Depressionen und psychosomatischen Störungen können aber auch im privaten Bereich des X. zu finden sein, etwa in seiner strafrechtlichen Verurteilung, oder - falls diese nur ein böswillig verbreitetes Gerücht ist - in dem Gerücht selbst. [...] Es ist nichts dafür ersichtlich, dass das Kopfschütteln allein den X. krankgemacht hat. [...] Erst wenn Zurechenbarkeit und entsprechender Vorsatz gegeben wären, stellte sich die [...] Frage nach der Rechtfertigung des dann objektiv wie subjektiv tatbestandsmäßigen Verhaltens unter dem Gesichtspunkt des erlaubten Risikos bzw. des sozialadäquaten Verhaltens" (*Gralka* 195, 2653).

---

27 Eine Beleidigung - so *Wilhelm* 1995, 236 - "stellt einen Angriff auf die Ehre eines anderen durch vorsätzliche Bekundung der Miss- oder Nichtachtung dar. Geschützt ist der innere Wert des Menschen (Ausdruck des Art. 1 Abs. 1 GG) als auch die äußere Ehre in den Augen anderer." *Wilhelm* stellt weiterhin fest, dass "die meisten Verfahren gegen Arbeitgeber, die negative Urteile über Mitarbeiter abgeben, wegen 'Wahrnehmung berechtigter Interessen' eingestellt" werden.

Gesundheitsbeschädigung nach § 223 Abs. 1 StGB

> "besteht im Hervorrufen oder Steigern eines pathologischen Zustands. Bloß psychologische Einwirkungen genügen solange nicht, wie sie lediglich das seelische Wohlbefinden berühren, wohl aber, wenn durch sie *die Nerven in einen krankhaften Zustand versetzt* werden" (*Gralka* 1995, 252; er verweist in Bezug auf den von mir kursiv hervorgehobenen Ausdruck auf "*Dreher/Tröndle*, StGB, 47. Aufl. 1995, § 223 Rn. 6.").

Kollmer pflichtet dieser Folgerung bei:

> Das Zusammenleben von Menschen ist "ersichtlich mit Risiken verbunden. Der Rechtfertigungsgrund des erlaubten Risikos verhindert, dass das soziale Leben zu einem ständigen Balanceakt zwischen Recht und Unrecht wird. Das 'Schneiden' durch andere Menschen mag unschön und unmoralisch sein. Innerbetriebliche Zwistigkeiten, die sich psychosomatisch und damit gesundheitlich auswirken auf die Ebene des Strafrechts zu heben, dürfte jedoch nur in gravierenden Fällen gerechtfertigt sein. Die Strafbarkeit einer fahrlässigen Körperverletzung (§ 230 StGB) bei Mobbing-Handlungen, die nicht auf ein bewusstes Fertigmachen des Kollegen auch in körperlicher Hinsicht abzielen, wird daher häufig zu verneinen sein" (*Kollmer* 1997, 69f.).

Gralka resümiert:

> "Der hier diskutierte Beispielsfall verdeutlicht, dass Mobbing aus vielen kleinen Nadelstichen bestehen klann, die für sich genommen zwar menschlich missbilligenswert, sein mögen, aber straf- und zivilrechtlich keine Relevanz aufweisen, weil sie noch innerhalb der Bandbreite sozialadäquaten Verhaltens liegen. Man kann sogar sagen, dass dies der Inbegriff wirkungsvollen Mobbings ist: Der Mitarbeiter, gegen den sich das Mobbing richtet, wird mit vielen kleinen, zwar unfeinen, aber gerade noch innerhalb der gesellschaftlich tolerierten Grenzen liegenden Mitteln systematisch so lange unter Druck gesetzt, bis er diesem Druck weicht oder sich als 'druckfest' erweist. Straf- und zivilrechtlich ist dies alles nicht relevant, eben weil der Rahmen gerade noch gewahrt bleibt. [...] Anstatt sich in sein Schicksal zu fügen und allenfalls die Höhe vermeintlicher Schadensersatzansprüche zu kalkulieren oder nach der Einführung des Amtes eines Anti-Mobbing-Beauftragten zu rufen, sollte er sich wehren" (*Gralka* 1995, 2654f.).

Ein Problem, das sich wie ein roter Faden durch die juristischen Überlegungen zieht, ist, dass der Mobbingbegriff relativ unscharf definiert ist. In Bezug auf *Leymanns* Liste von Mobbinghandlungen bemerkt z.B. *Kollmer* (1997, 19), dass Schikane gehen kann

> "von eher harmlosen Unhöflichkeiten und Ruppigkeiten bis hin zu strafrechtlich relevantem Handeln. Mobbing kann reichen von *noch gesellschaftsfähigem Handeln* (z.B. jemand freundlich 'wie Luft' behandeln) über *grob unfreundliches Handeln* (z.B. den anderen ungerecht kritisieren) bis hin zu *abscheulichem* bis *extrem abscheulichem Handeln* (z.B. den Mitarbeiter zu gesundheitsschädlichem Arbeiten zwingen, den Kollegen körperlich attackieren)."

Und an anderen Stellen ergänzt und begründet er:

> "Bloße Unhöflichkeiten sind nämlich noch keine tatbestandlichen Beleidigungen. Genausowenig die bloße Nichtanerkennung eines anderen. Unmögliches Verhalten ist noch nicht kriminell" (*Kollmer* 1997, 68).

> " ... der Schikanetäter [muss] nur im Falle des Überschreitens bestimmter Grenzen Sanktionen befürchten. Es müssen bestimmte *Grenzen der Sozialadäquanz* überschritten worden sein. Mobbing ist nämlich kein rechtlich fest umrissener, sondern ein Sammelbegriff für eine Vielzahl von Verhaltensweisen, durch die sich Arbeitnehmer von ihrem Arbeitgeber oder anderen Mitarbeitern und Vorgesetzten unter Druck gesetzt sehen. Die Spannweite reicht dabei von schlichten Unhöflichkeiten bis zu offenen Feindseligkeiten. Viele Verhaltensweisen mögen zwar menschlich missbilligenswert sein, aber straf- und zivilrechtlich keine Relevanz aufweisen. Wer sich als 'druckfest' erweist, macht möglicherweise Karriere; wer 'klein beigibt' wird ausgebootet ... Mit rechtlicher Handhabe wird nur an den Symptomen herumkuriert. Die Ursachenbekämpfung kann nur vom Unternehmen selbst geleistet werden" (*Kollme*r 1997, 90).

4.4.3 Der lange Weg durch die Instanzen - ein Fallbeispiel

Bevor er seine eigene Fallreportage vorstellt, kommentiert *Diergarten* (ein den Gewerkschaften nahestehender Journalist) die vorherrschende Dramaturgie der Fallgeschichten in der Mobbingliteratur:

> "Betrachtet man die unzähligen anonymisierten Fallbeispiele .... so wird deutlich, dass ihre Leidensgeschichten ein immer gleiches Strickmuster aufweisen: Ein fachlich qualifizierter, menschlich hochanständiger und im Umgang mit Arbeitskollegen hilfsbereiter und integrer Mensch fällt in die Hände eines Kannibalenstammes, der sich Belegschaft nennt. Dort wird er, aus Lust an der Niedertracht und unter Ausschaltung jeder menschlichen Regung, psychisch demontiert und der Meute zum Fraß vorgeworfen. Stoff für einen Horrorfilm" (*Diergarten* 1994, 89).

Die Fallgeschichte:

Es geht um den sich über mehr als 13 Jahre hinziehenden Fall des qualifizierten Versicherungs-Sachbearbeiters S. Der habe sich 1977 aktiv an der Gründung eines örtlichen Betriebsrats beteiligt, "da sich die Intrigen und Machenschaften der örtlichen Geschäftsleitung zusehends gehäuft hätten". Wenige Tage danach habe ihm die Geschäftsleitung nahegelegt zu kündigen. Da er das verweigert habe, begannen Schikanen. "So wird er von seinem Dienstvorgesetzten angewiesen, binnen einer halben Stunde seinen bisherigen Arbeitsplatz zu räumen. Sein neuer Schreibtisch ist direkt gegenüber dem des stellvertretenden Abteilungsleiters postiert", sodass er rund um die Uhr kontrolliert werden kann. Am 1.1.84 erhält er die erste fristlose Kündigung: er hatte zwar für eine zweiwöchige Erkrankung ein fachärztliches Attest vorgelegt, das seine Arbeitsunfähigkeit bestätigte; der Arbeitgeber aber erkannte es nicht an, weil zwei Mitarbeiter bezeugt hätten, dass er am letzten Arbeitstag vor der Erkrankung noch relativ gesund ausgesehen und keine sichtbaren Symptome gezeigt habe. Ausgerechnet der von ihm mitbegründete Betriebsrat stimmt der fristlosen Kündigung zu. Die Ortsgruppe der Gewerkschaft rügt das unsolidarische Verhalten der gewerkschaftlich organisierten Betriebsräte gegenüber dem Gewerkschaftskollegen S. und fordert sie zur Niederlegung der Ämter auf. In der Gerichtsverhandlung unterliegt der Arbeitgeber, weil der Kündigungsgrund (Arbeitsverweigerung) "tatsächlich geringfügig" gewesen sei. Der Fall findet die Aufmerksamkeit der örtlichen Presse, die das Verhalten des Arbeitgebers anprangert. Es beginnt nun für S. "ein wahrer Prozessmarathon" ... "Binnen sieben Monaten sehen sich die Kontrahenten sechsmal vor dem Kadi." Der Arbeitgeber verliert jeden Prozess und legt jedesmal Berufung ein oder spricht neue Kündigungen aus. Vor der achten Verhandlung kehrt der zwischenzeitlich erkrankte S. an seinen Arbeitsplatz zurück, muss aber - isoliert von seinen Kollegen - Arbeiten weit unter seiner Qualifikation verrichten. Nachdem das Arbeitsgericht auch diesmal auf Weiterbeschäftigung entscheidet, geht die Drangsalierung weiter: S. muss Aktendeckel beschriften. Kollegen wenden sich gegen S.; sie wollen - so informieren sie schriftlich die Geschäftsleitung - "den unruhestiftenden Mitarbeiter nicht mehr in der Firma sehen." Der Richter am Landesarbeitsgericht (LAG) versucht im Vorfeld der Verhandlung eine alternative Konfliktlösung: Versetzung an einen anderen Arbeitsplatz im Unternehmen oder Auflösung des Arbeitsverhältnisses gegen eine Abfindungszahlung in Höhe von 25.000,- DM. S. lehnt ab, weil er als 36-jähriger (und inzwischen Schwerbehinderter) keine Chance habe, kurzfristig eine neue Arbeit zu finden. Das LAG erkennt auf Weiterbeschäftigung. Inzwischen hat auch die überörtliche Presse von den bislang 10 Prozessen berichtet, die der Arbeitgeber allesamt verloren hat. Die Aktionen der Geschäftsleitung gegen S. gehen weiter; sie übernimmt z.B. die Anwaltskosten für eine Kollegin, die sich verleumderisch über S. geäußert hatte, von ihm verklagt worden war und den Prozess verloren hatte. Für S. ist das "ein Indiz dafür, dass jene Mobbing-Experten, die Betroffenen massive Gegenwehr empfehlen, in die Schublade der falschen Ratgeber gehören [...] Wenn man sich gegen die Willkür von Vorgesetzten und Kollegen wehrt, wird man erst recht kaputt gemacht. Und zwar auf ganz brutale Weise."

Der Konzern beantragt 1985 bei der Hauptfürsorgestelle (HFS) die Zustimmung zur Kündigung des S., der seit Juli 1984 wegen schwerer psychosomatisch bedingter Schuppenflechte als zu 50% Schwerbehinderter anerkannt ist. Die HFS schlägt dem Unternehmen vor, S. von Bremen an die Schadenaußenstelle Hamburg zu versetzen. Der Arbeitgeber erklärt sich bereit, ihm einen neuen, seinen Qualifikationen angemessenen Arbeitsplatz zur Verfügung zu stellen, die Umzugskosten zu übernehmen und den firmenüblichen Fahrtkostenzuschuss zu zahlen. Weil S. seine fachärztliche Behandlung in Bremen fortsetzen und die Situation am neuen Arbeitsplatz testen möchte, will er zunächst 18 Monate in Bremen bleiben und pendeln. Er macht deshalb zur Bedingung, dass der Arbeitgeber täglich 2 Stunden Fahrtzeit auf die Arbeitszeit anrechnen, die Fahrtkosten zum überwiegenden Teil übernehmen und garantieren solle, ihn in Hamburg als qualifizierten Schadensachbearbeiter zu beschäftigen und zu bezahlen. Die Versicherung bietet lediglich an, den Versetzungstermin um ein halbes Jahr zu verschieben; S. lehnt den ganzen Vorschlag daraufhin ab. Der Kleinkrieg geht weiter.

Sechs Jahre (1991) später erhält S. schließlich eine Erwerbsunfähigkeitsrente auf Zeit und solange diese nicht auf Dauer ausgesprochen ist, kann S. nicht gekündigt werden. Nach zwei Jahren klagt S. gegen den Arbeitgeber auf Schadenersatz und will die Differenz von 60.000.- DM zwischen Rente und seinem normalen Gehalt erstattet bekommen.

Vor dem Arbeitsgerichtstermin macht der Arbeitsrichter deutlich, dass er die Sache endgültig "vom Tisch bringen" wolle. Er schlägt in einem Vorgespräch die Auflösung des Arbeitsverhältnisses und eine Abfindungszahlung in Höhe von 80.000.- DM vor und lässt durchblicken, dass die Ablehnung der damals angebotenen Versetzung zur ungünstigen Entwicklung der gesundheitlichen Situation des Klägers beigetragen habe.

Die Versicherung nimmt den Einigungsvorschlag an, der Kläger lehnt ihn ab. Noch am selben Tag fällt der Richter das Urteil, die Klage des S. sei als 'unbegründet' abzulehnen, weil S. ein überwiegendes Mitverschulden an seiner Erwerbsunfähigkeit treffe, denn er habe damals das Angebot auf Versetzung abgelehnt und so die nachfolgende (Verschlimmerung seiner) Erkrankung mitverschuldet. S. kündigt an, Berufung einzulegen. Damit endet die noch vorläufige Chronologie des Falls.

Der gewerkschaftsnahe Journalist *Diergarten* beschreibt im Folgenden seine Eindrücke von den drei Hauptbeteiligten (S., dem Prozessvertreter des Konzerns (B.), dem Arbeitsrichter), mit denen er Gespräche geführt hat. Der Prozessbevollmächtigte der Versicherung macht deutlich, dass nach seiner Meinung S. von einer "Michael-Kohlhaas-Mentalität besessen sei" und dass es ihm nicht primär um die materielle Abfindung gehe, sondern darum, "vor aller Welt bescheinigt zu bekommen, dass er nach dem Buchstaben des Gesetzes auf Punkt und Komma recht habe." B. geht auf die Persönlichkeit des S. ein, der ein hochintelligenter und fachlich ausgezeichneter Mitarbeiter sei, aber "im privaten Bereich einen Sack voller Probleme mit sich herumgeschleppt habe" (über die B. sich nicht äußern wolle, es sei ja in der lokalen Presse darüber berichtet worden). Der Verdacht, die Kündigungen hätten mit seiner Betriebsratsgründung zu tun, sei abwegig, es habe im Unternehmen ja schon vorher Betriebsräte gegeben; Kündigungsgrund sei Arbeitsverweigerung gewesen. Er berichtet Fälle: nach der Rückkehr aus dem Urlaub habe es S. "strikt abgelehnt, den Netzanschluss eines Diktiergeräts, den offenbar eine Putzfrau versehentlich herausgezogen hatte, wieder in die Steckdose zu stecken. 'Der hat allen Ernstes verlangt [...] einen Elektriker kommen zu lassen, weil - so seine Begründung - die Reparatur von Arbeitsgeräten nicht in seinen Aufgabenbereich falle." Dass die Chemie zwischen ihm und seinen Kollegen nicht mehr gestimmt habe, sei nicht darauf zurückzuführen, dass diese im Auftrag der Geschäftsleitung über ihn Aktenvermerke angelegt hätten, sondern im Gegenteil: S. habe sich, "wenn er Urlaubs- oder Krankheitsvertretung machen musste, Notizen über die Arbeit der Kollegen gemacht [...] und hinterher manches Mal versucht, Mitarbeiter in die Pfanne zu hauen. Der hat sowieso vom ersten Tag seiner Beschäftigung an alles besser gewusst und gekonnt. Der hat belehrt und korrigiert und sich als der Fachmann schlechthin dargestellt [...] Das lassen sich die Leute [...] auf Dauer nicht gefallen. Wer ist schon begeistert, wenn ihm permanent gesagt wird, dass er eine Pflaume ist?" In seinem Privatleben habe S. große Probleme, über die vor Gericht gesprochen worden sei, und deshalb sei die Auseinandersetzung mit dem Arbeitgeber für ihn so wichtig: "Und er genießt offenbar das öffentliche Interesse an seinem Fall, das ihm ja eine Art Popularität beschert. Der hat scheinbar panische Angst davor, dass dieser Rechtsstreit einmal zu Ende sein könnte, weil er dann nichts mehr zu tun hätte und sozusagen von der Bühne abtreten müsste. Der ganze Lebensinhalt wäre auf einmal weg. Das ist schon sehr traurig." Dass das Gericht unmoralisches Handeln auf Seiten des Unternehmens nicht habe völlig in Abrede stellen wollen, erklärt der Prozessvertreter damit, dass bei fristlosen Kündigungen immer schmutzige Wäsche gewaschen werde, weil man ja handfeste

Gründe nennen müsse, wenn man kündigen wolle [auch wenn der eigentliche Grund sei, dass man einfach nicht mehr miteinander könne].

Der Richter schließlich macht *Diergarten* im Gespräch seine rechtspolitische Auffassung deutlich, dass auch der Kläger eine Schadensminderungspflicht habe. "Wenn eine unentwirrbare Situation entstanden ist, [...], ist es deshalb Verpflichtung - eine entsprechende Kostenabsicherung durch den Arbeitgeber vorausgesetzt - des Arbeitnehmers, das seinige zu tun, um diese Situation zu entwirren." Der Kläger habe die Möglichkeit zu nutzen, sich einer Situation zu entziehen, die ihm schade. Diese Möglichkeit sei angeboten worden (Versetzung) und der Kläger habe sie ausgeschlagen.

In seinem abschließenden Kommentar gibt *Diergarten* seinen Eindruck vom Mobbingopfer S. wieder, den er für einen rationalen, aber auf seine Rechte fixierten Mann hält, der sich ein hohes Maß an juristischer Fachkenntnis angeeignet habe. Er sei nicht zuletzt durch eine Mobbing-Selbsthilfegruppe in die Rolle eines "Vorzeige-Opfers" gedrängt worden, das zum Präzedenzfall aufgebaut werden sollte. S. habe sich immer mehr auf seine vermeintliche Rechtsposition versteift und nicht realisiert, dass es auf der Basis der bisherigen Entwicklung (Geschäftsleitung, Betriebsrat, Kollegen gegen ihn) keine Aussicht auf eine vernünftige Arbeitsbeziehung mehr gegeben habe. Statt das einzusehen, habe er auf seinem Recht bestanden, sei krank (gemacht) worden und habe auch nicht den Rettungsanker ergriffen, der ihm zugeworfen worden sei.

Der Fall demonstriert die heterogenen Logiken, unter die eine Kette 'objektiver' Ereignisse subsumiert werden kann: Auf der einen Seite die Sicht des vermutlich unbequemen Mitarbeiters S., der trotz aller Schikanen nicht klein beigibt, um seine Rechte kämpft und - deshalb - die Situation zu *objektivieren* sucht ("Beweise sammeln"). Auf der anderen Seite der Standpunkt des Unternehmensvertreters: Ganz offenkundig war, wie in einer schlechten Ehe, die Beziehung zwischen Geschäftsleitung und Mitarbeiter völlig zerrüttet. Statt auf Versöhnung hinzuarbeiten und statt sich gegenseitig weiter zu quälen, wurde die Trennung angestrebt, die der Mitarbeiter aber verweigerte, sodass fortwährend mit z.T. fadenscheinigen *objektiv(iert)en* Gründen gekündigt und prozessiert wurde ("Begründungen produzieren"). Der Mitarbeiter realisierte nicht, dass er gegen die Zermürbungsstrategie des Konzerns keine Chance hatte und "wollte es wissen." Damit wurde die Spirale der Gerichtsverhandlungen in Gang gesetzt. Der Arbeitsrichter erkannte die 'verwirrte' Situation (formalrechtliche Klärung eines aussichtslosen Beziehungsproblems), machte sich aber nicht die Opfer-Perspektive zu eigen, sondern sah im Opfer auch den Mit-Täter.

5. Ein Mobbing-Analyse-Programm

5.1 Überblick

In diesem Kapitel stelle ich den programmatischen Entwurf eines Systems zur Analyse von Mobbing vor. Dieser Ansatz ist als Leitfaden zur Befragung von Beteiligten (Opfern, TäterInnen, Beobachtenden) konzipiert. In der vorliegenden Form ist das Inventar nicht für zeit- und aufwandsökonomische großzahlige Befragungen gedacht, sondern als Anregung zur persönlichen Reflexion des Geschehens (die auch als Selbstreflexion ablaufen kann).

Folgende Analyseschritte werden behandelt (der Einfachheit halber argumentiere ich im Weiteren aus der Perspektive des Mobbingsopfers, obgleich auch die anderen Beteiligten in analoger Form befragt werden könnten):

1. Auf welche *Phase* des Mobbingprozesses beziehen sich die Aussagen? Wie sieht die *Struktur* der Beziehung zwischen den Beteiligten aus?

   Es ist für *jede* der drei oben (Kap. 3.4.2) beschriebenen Perspektiven (Selbst, soziale Beziehungen, Arbeitssituation) festzuhalten, in welcher Phase sich der Mobbingprozess befindet, über den geredet wird.

   Darüber hinaus ist eine 'Beziehungsklärung' sinnvoll. Dazu kann die allgemeine Struktur (s. Abb. 4, S. 47) konkret ausgefüllt werden, indem die Namen der Beteiligten eingetragen und Verbindungs-Linien gezogen werden, wer mit wem zu tun hat. Diese Linien können durch zwei Merkmale näher charakterisiert werden: mit *Vorzeichen* (+ oder -) lässt sich die Beziehung als 'unterstützend' oder 'angreifend' kennzeichnen und durch die *Breite der Linie* kann angedeutet werden, wie intensiv Unterstützung oder Angriff sind.

2. Welche Mobbinghandlungen der *TäterInnen* waren besonders wirksam?

   Zur Beantwortung dieser Frage wird ein 'Täter-Angriffs-Repertoire' (TAR) vorgelegt, das in drei Abschnitte gegliedert ist. Zugrunde liegt dem die Annahme, dass ein Täter versuchen wird, das selbstbezogene, interaktionsbezogene und arbeitsbezogene Handeln des Opfers zu behindern oder zu blockieren. Aus einem Repertoire von ca. 50 Handlungen sollen diejenigen zwei bis fünf Handlungen ausgewählt werden, die als besonders starke Beeinträchtigung erlebt wurde.

3. Wie hat das *Opfer* reagiert?

   Ausgehend von der These, dass das sog. Opfer versuchen wird, sich aktiv gegen Beeinträchtigungen und Schikanen zu wehren oder sich vor ihnen zu schützen, wurde ein 'Opfer-Aktions-Repertoire' (OAR) entwickelt, das aus über 60 Gruppen von Abwehrhandlungen besteht. Auch hier sind für die Lageanalyse aus dem Insgesamt der Vorschläge einige wenige auszuwählen, die besonders charakteristisch für Gegenwehr und Selbstschutz des Opfers waren.

4. Auf welche *Ressourcen* haben TäterInnen und Opfer zurückgegriffen, um den lang dauernden Mobbingprozess durchstehen zu können?

   These ist, dass Angreifer wie Angegriffene den energieverzehrenden Mobbingprozess nur dann durchhalten, wenn sie fortwährend Kraft, Wissen, Unterstützung etc. zugeführt erhalten. Beide Seiten des Konflikts werden versuchen, sich selbst einen möglichst breiten und ungehinderten Ressourcenzufluss zu sichern und den der anderen Seite zu blockieren.

   Ressourcen können aus vier Bereichen stammen: der Person selbst, ihren sozialen Beziehungen bei der Arbeit, den Arbeitsverhältnissen und dem Lebensraum (der Umwelt). Ein Leitfaden nennt über 40 Positionen, in denen eine Ressourcenversorgung bzw. -blockade stattfinden kann.

5. Welche *strukturellen* Faktoren ermöglichen oder begünstigen Mobbing?

   Mobbing ist mehr als ein interpersonales oder gar dyadisches Geschehen. Bei dieser Fragengruppe soll von den konkreten handelnden Personen abgesehen und untersucht werden, welche generellen (personübergreifenden) Bedingungen der Möglichkeit von Mobbing anzunehmen sind.

6. Was hat sich *verändert* ? Was wurde aus dem Mobbinggeschehen gelernt?

   In diesem abschließenden Punkt geht es um Bilanzierung: Welche individuellen, interpersonalen und organisationalen Lernprozesse hat Mobbing ausgelöst? Was ist anders geworden - und was bedeutet das für künftiges Mobbing?

Bevor diese sechs Punkte im Einzelnen behandelt werden, soll zunächst das Denkmodell vorgestellt werden, das die Analyse strukturiert.

5.2 Die zu Grunde liegende Konzeption

Das handlungstheoretische Modell, das meine Überlegungen zur Täter-Opfer-Interaktion, zur Ressourcenlage und strukturellen Begründung anleitet, ist in Abb. 11 visualisiert. Es geht aus von einem Subjekt, das in einer regulierten sozialen Situation eigene Interessen verfolgt und dabei Handlungsspielräume hat.

Die Darstellung hat strukturelle Ähnlichkeit mit *Ruth Cohns* (1975) *Ich-Es-Wir*-Dreieck, das in die *Welt* eingebettet ist. Während bei *Cohn* Vernetzung und Ganzheitlichkeit im Mittelpunkt stehen, geht es mir um die Akzentsetzung auf das handelnde Subjekt.

Bevor ich auf die einzelnen mit Zahlen und Buchstaben gekennzeichneten Komponenten der Abb. 11 eingehe, skizziere ich die Grundgedanken.

Im Zentrum steht der Akteur oder das Subjekt **S**. Mit der Bezeichnung 'Akteur' oder 'Subjekt'[28] soll zum Ausdruck gebracht werden, dass nicht die Täterin als Handelnde und das Opfer als (Er-)Leidendes/Erlebendes gegenübergestellt werden, sondern dass *beide* absichtsvoll und/oder gewohnheitsmäßig in einem strukturierten sozialen Feld *agieren* und *beide* durch das Mobbinggeschehen in Schwierigkeiten kommen.

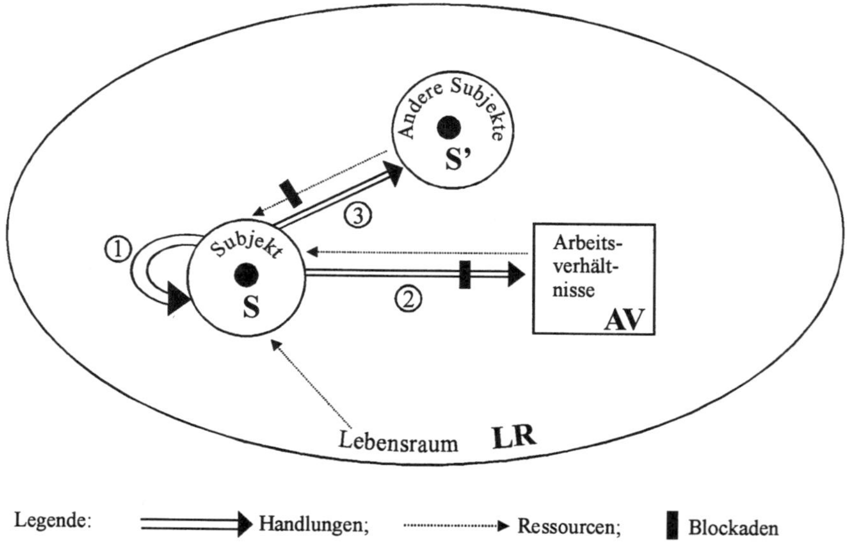

Abb. 11: Die konzeptionellen Grundlage der Mobbinganalyse

Die Entscheidung, vom (handelnden und leidenden) *Subjekt* auszugehen, bedeutet auch, dass das Geschehen nicht - wie in der Handlungstheorie ansonsten üblich - in Einzelvorgänge oder Elemente (Entscheidungen, Kommunikationen, Tätigkeiten) aufgelöst wird, sondern dass die Subjekt-Einheit, der diese Handlungen zugeschrieben werden, gesondert betrachtet wird. Das eröffnet die Möglichkeit, einerseits dispositionelle oder habituelle Prägungen als berechenbare Handlungskonstanten zu

---

[28] Es soll hier an die Doppeldeutigkeit von 'Subjekt' erinnert werden: auf der einen Seite meint es das 'subiectum' (das Unterworfene), auf der anderen Seite den (souverän) Handelnden, der als das Aktive, Belebte und Bestimmende zum toten Ding oder Objekt in Opposition gesetzt wird. Das Mobbingopfer ist zweifach Subjekt: subiectum und Souverän.

berücksichtigen, andererseits auch 'unerwartete' Entscheidungen oder Aktionen zu thematisieren. Vor allem wird - das ist in der Abb. 11 durch einen schwarzen Kern im Akteur symbolisiert - von einem Zentrum ausgegangen, das als Selbst oder Identität gefasst wird.

Wenn im Folgenden von *Handlung* geredet wird, dann ist damit der gesamte Handlungsprozess gemeint, nicht etwa nur das konkrete *Ausführen* eines Vorhabens. Ein Handlungs*prozess* umschließt somit Wahrnehmung, Bewertung, Interpretation, Entschluss, Ausführung, Evaluation; jeder Handlungsprozess stiftet und formt eine Beziehung zwischen der handelnden Person und ihrem (sozialen) Objekt. Zum Handeln in einer sozialen Beziehung gehören Emotionen, Phantasien, Skripten, Gedanken, Zuschreibungen usw. In der Abb. 11 sind Handlungen durch einen Doppelpfeil symbolisiert, der zum Ausdruck bringen soll, dass es nicht nur um eine mechanische bewusstlose 'Einwirkung' oder 'Beeinflussung' geht, sondern dass jeder Einfluss begleitet oder überlagert wird von Reflexion, Bewusstheit, Interpretation, Sinngebung, Bewertung, Beziehung etc.

Drei Arten der Handlungen werden hervorgehoben und durch entsprechende Nummerierung gekennzeichnet:

① Handlungen mit primärem *Personbezug*

① Der Handlungstyp steht für den reflexiven Bezug der handelnden Person auf sich selbst. Handlungen geschehen nicht einfach so, sondern wirken zurück und verändern oder verfestigen das 'Aktionszentrum'. Dabei kann diese Rück-Wirkung Korrelat oder Konsequenz einer objektorientierten Handlung (siehe ②), aber auch eigenständiger Selbst-Bezug sein (z.B. reflektieren, sich klar werden über Motive und Ziele, aktiv 'an sich' arbeiten, etwa um Haltungen oder Fähigkeiten zu trainieren oder mentale Landkarten zu verändern usw.).

② Handlungen mit primärem *Arbeitsbezug*

Mit dem Handlungstypus ② ist 'objektorientiertes' Handeln gemeint: es geht um das Verändern der materiellen oder symbolischen Wirklichkeit, z.B. das Herstellen eines konkreten Produkts, das Erbringen einer spezifischen Leistung, die Lösung eines Sachproblems. Dieser Aspekt ist im vorliegenden Zusammenhang besonders wichtig, weil es um Mobbing in *Arbeits*verhältnissen geht. Arbeit in Organisationen ist gemeinhin durch diesen Leistungs- oder Sachbezug gekennzeichnet (s. dazu näher unten). Die Erfüllung der diesbezüglichen Erwartungen ist Maßstab für Gegen-Leistungen (Bezahlung, Anerkennung, Beförderung, Arbeitsplatzsicherheit usw.).

③ Handlungen mit primärem *Sozialbezug*

Der Handlungstyp ③ betont - was für den Mobbing-Diskurs besonders wichtig ist - die Möglichkeit, dass Handlungen auch ausschließlich oder vermittelnd auf andere Personen gerichtet sein können. Im sozialwissenschaftlichen Jargon hat diese Art von Aktion den Namen *Interaktion* erhalten. Betont wird dabei, dass eine konkrete

Person (nicht eine abstrakte Einheit, wie z.B. die Organisation oder die Gesellschaft) zugleich Adressatin und Antwortende ist. Soziale *Einfluss*prozesse laufen darauf hinaus, dass andere Personen instrumentalisiert werden, damit *sie* bestimmte objektorientierte Handlungen ausführen.

Das Modell enthält neben den drei Handlungstypen des Weiteren drei verschiedene Arten von Einheiten, die **S**, **AV** und **LR** genannt werden.

S bezeichnet das oben schon erwähnte Akteur-Subjekt, das näher durch seine Eigenschaften zu charakterisieren ist (Fähigkeiten, Motive, Interessen, Dispositionen, körperliche Merkmale, Geschlecht, Alter, soziales Ansehen etc.). Diese Eigenschaften können Auslöser, Formgeber und Objekt von Handlungen werden. Dem Akteur-Subjekt **S** stehen andere Subjekte **S'** gegenüber, die Adressat seiner Handlungen und Beeinflussungen sind. Die Mobbing-Beziehung ist eine spezifische **S-S'**-Beziehung.

AV steht für Arbeitsverhältnisse. Damit ist nicht das konkrete Arbeiten als Tätigsein gemeint (das ist in ② beschrieben), sondern die Form des Arbeitens in erwerbswirtschaftlichen Organisationen im Rahmen der gegebenen sozioökonomischen Strukturen. **AV** (Arbeitsverhältnisse) sind nicht beschränkt auf das rechtliche Vertragsverhältnis, sondern umfassen die Bedingungen, unter denen Arbeit organisiert und die Merkmale, mit denen sie charakterisiert ist. **AV** - bezogen auf das Akteur-Subjekt - implizieren,

- dass Handeln fremdbestimmt ('aufgegeben') und in einen größeren Kontext anderer Handlungen (Handlungen Anderer) eingeordnet ist und von daher Sinn, Bestimmung und Ziel erhält (Aufgabe, Soll, Erwartung);
- dass geprüft und bewertet wird, ob und wie dieses Soll tatsächlich realisiert wurde ('Ist': ob und wie gut Produkt, Leistung, Problemlösung wie vorgesehen erstellt wurden) und
- dass die Zielerreichung nicht Selbstzweck ist, sondern Teil einer Wertschöpfung, die in einen Verwertungsprozess mündet. Die Verwertungslogik (Trennung von Gebrauchs- und Tauschwert, Aneignung, Akkumulation) ist es, die den gesamten Arbeitsprozess unter unseren sozioökonomischen Verhältnissen reguliert.

  Die formalen oder strukturellen (organisationalen) Bedingungen, unter denen diese Trias realisiert wird, kann sich die Person nicht aussuchen, sie findet sie vor und kann bestenfalls an ihrer Transformation mitwirken.

Für Mobbingsituationen sind alle Komponenten von **AV** relevant: die Ziele (Aufgabenstellungen) können unrealistisch, zu schwierig, unterfordernd, unklar, instabil etc. gesetzt werden; die gefertigten Leistungen, Produkte oder Problemlösungen (z.B. ein Schriftstück, ein Computerprogramm, ein Verkaufsgespräch, ein Montagevorgang usw.) können fehlerhaft, überkritisch oder unfair erfasst und bewertet werden und im Verwertungsprozess enteignet (anderen zugeschrieben), unangemessen honoriert oder als 'wertlos' (Abfall, Ausschuss, Schund) ausgesondert werden. Die organisationalen Strukturen können verhärtet, intransparent, entfremdend usw. sein.

Charakteristisch für **AV** ist, dass sie als objektiv(iert) und fremdbestimmt angesehen und dem Akteur-Subjekt **S** als ein Äußeres gegenübergestellt werden (ein System von An-Forderungen, denen es zu genügen hat). **AV** folgen Eigengesetzlichkeiten und prägen ihre Formbestimmung dem Handelnden auf (s. Aufforderungscharakter, Vorschrift, 'Sachgesetzlichkeit', 'wirtschaftliche Notwendigkeiten' etc.). Die Subjekte unterliegen (!) deshalb objektivierten, legitimierten, normativen Erwartungen, wenn sie gegenstandsbezogen tätig werden. Handlungen werden durch die **AV** jedoch nicht alternativenlos determiniert, sondern nur konditioniert: es gibt Handlungs-Spielräume, die dann auch z.B. dafür verantwortlich sind, dass sich Akteure Ergebnisse und Verläufe (einseitig, unberechtigt, unvollständig) zurechnen können oder zurechnen lassen müssen. Die 'Eigengesetzlichkeit' der **AV** wird einerseits als Widerstand erlebt, dessen Überwindung z.B. mit Stolz, Freude, Reputation etc. quittiert wird, andererseits bietet sie Entlastungsmöglichkeiten, falls die Absicht verfehlt wird (ein Versagen lässt sich rechtfertigen, Schuld auf 'die Verhältnisse' abwälzen).

LR markiert als Lebensraum (Umwelt, Kontext, Situation) - über die **AV** hinaus, die auf die betriebliche Situation fokussiert sind - das Insgesamt der materiellen, institutionellen und symbolischen Umwelt, von der der Akteur **S** - eventuell unmerklich - beeinflusst wird und die potentielle Objekte seines Handelns bietet. Auch wenn es ein Akteur im Moment des Handelns nicht weiß oder bedenkt, ist er doch bestimmt durch objektive Arbeitsbedingungen (Hitze, Lärm, Helligkeit, Material- und Maschineneigenschaften usw.), geltende Spielregeln, Normen und Gesetze, soziale Traditionen, in Arbeitssysteme eingebaute Programme, legitime und faktische Ressourcen- und Machtverteilungen etc., das Rechtssystem, die politischen Verhältnisse, die Konjunkturlage etc. Handeln ist somit nicht die freie Absichts- und Interessenverwirklichung des rational entscheidenden autonomen Akteurs; dieser ist vielmehr durch vielfältige externe (und internalisierte) Vor-Bestimmungen auf einen schmalen Korridor beschränkt, in dem Akzentsetzungen erfolgen können. Die situativen Bedingungen sind zum einen immer in ihrer Pluralität zu sehen (d.h. es kann kompensiert, gegeneinander ausgespielt, selektiert usw. werden), zum anderen sind sie in sich und als Gesamtheit häufig mehrdeutig, fluide, intransparent, widersprüchlich etc. Beide Bedingungen schaffen Ungewissheitszonen, die Voraussetzung für kreatives, politisches, interessegeleitetes, opportunistisches und schädigendes Handeln sind.

Auf der Grundlage dieser allgemeinen sozialtheoretischen Überlegungen soll nun das Mobbing-Geschehen interpretiert werden.

Mobbing ist eine dauerhafte Inter-Aktions-Beziehung, die von Beteiligten und Beobachtenden als destruktiv bewertet wird. Es geht also nicht um einmalige feindselige oder belästigende Akte, sondern um ein Geschehen in einer organisierten sozialen Beziehung, die die Beteiligten verbindet und die sie nicht einfach vermeiden bzw. verlassen können oder wollen. In dieser strukturierten Beziehung begegnen sich die Akteure in vorgegebenen legitimierten Rollen (Kollegin, Vorgesetzte, Unterstellte), die durch die beiden spezifischen informellen und unlegitimierten Mobbing-Rollen (TäterIn, Opfer) überlagert werden. Charakteristisch ist die Personifizierung eines nur vordergründig sachlichen Problems. Mobbing-Rollen sind durch aktives Handeln aufeinander bezogen (z.B. Angriff - Verteidigung, Beleidigung - Beschwerde, Beschimpfen - Weinen usw.). Das Handlungsrepertoire der beiden Rollen ist aber nicht grundverschieden, sie bedienen sich zum Teil aus demselben Fundus. Mobbing ist eine andauernde, antagonistische dyadische Beziehung zwischen zwei Parteien in einem strukturierten sozialen Feld, das unweigerlich in den Konflikt hineingezogen wird (z.B. über Bündnisse, Appelle, Beschwerden, formelle Klagen; die Ressourcen des sozialen Feldes werden aktiviert: Freundschaften, Abhängigkeiten, gesetzliche Rechte, Positionsautorität, Kommunikationskanäle usw.). Es handelt sich also lediglich im ersten Anschein - und vielleicht anfänglich - um eine Privatfehde verfeindeter Personen oder Parteien; ihr Andauern ist nur möglich, wenn die dazu nötigen Ressourcen aus dem Umfeld bezogen werden können. Inhalt und Form der Auseinandersetzung sind durch die Arenen, Anlässe und Ordnungen bestimmt, die für die organisierte Sozialbeziehung typisch sind, in der das Konfliktgeschehen stattfindet - eine Krankenschwester findet sich in einem anderen Mobbingnetz als eine Lehrerin oder eine Bankangestellte oder eine Verkäuferin.

Für das Verständnis des Mobbinggeschehens reicht es deshalb nicht, sich auf einen Katalog der Gemeinheiten zu beschränken, die Menschen einander antun können. Diese Aufstellung würde überdies, wollte man konkret werden und ins Detail gehen, Bände füllen und wäre dennoch dank der menschlichen Kreativität in der Erfindung von Bosheiten immer unvollständig. Den vorangegangenen Überlegungen folgend, muss nicht nur aufgeklärt werden, was Organisationsmitglieder einander antun und wie sie sich vor einander schützen und gegen Angriffe wehren, sondern auch, warum sie das - fortgesetzt - tun *können*, warum sie nicht voneinander lassen und wie sie und ihr Umfeld dadurch verändert werden.

Es sind also folgende vier Themenkreise zu behandeln:

1. Das Handlungsrepertoire von TäterInnen und Opfern. Leitfrage: *Was wird getan?* (Angriffs- *und* Bewältigungshandeln).
2. Ressourcen der Akteure (Herkunft: aus sich, ihren Beziehungen, Leistungen, Umwelten). Leitfrage: *Wodurch wird das ermöglicht?*
3. Strukturelle Gründe und Formen der Schikanen/Tyrannisierungen. Leitfrage: *Welche anderen als rein personale Gründe sind für das Auftreten von Mobbing relevant?*
4. Veränderung von Akteuren, Beziehungen, Leistungen und Umwelten. Leitfrage: Was macht Mobbing (und der Kampf gegen Mobbing) mit/aus den Beteiligten und was sind seine Folgen? Oder: *Was wird durch/nach Mobbing anders als vorher?*

Die Antworten auf die genannten Leitfragen werden jeweils anders ausfallen, wenn man bei der Datenerhebung abstrakte und generalisierende Ziele verfolgt (z.B. Häufigkeitsverteilungen von Einzelhandlungen oder Korrelationen ermitteln möchte) oder einer betroffenen Person helfen möchte, ihre Lage zu analysieren, um sie besser bewältigen zu können. Die folgende Darstellung ist für beide Verwendungsweisen offen, aber so formuliert, dass sie eher die zweite Zielsetzung bedient.

Bei dieser Akzentsetzung ist es dann auch sinnvoll, *vor* der Erhebung von Täter- und Opfer-Handlungen zu klären, in welcher Phase des Mobbingprozesses sich das Opfer (nach eigener Einschätzung oder derjenigen Dritter) befindet. Dazu können z.B. die drei grafischen Schemata, die oben entwickelt wurden (S. 89-92) benutzt werden. Für jeden der Entwicklungsstränge (Person, soziale Beziehungen, Arbeitsverhältnisse) wäre eine Positionierung vorzunehmen, um das, was passiert ist, aktuell der Fall ist und für die Zukunft geplant oder erwartet wird, besser zu verstehen. Außerdem können in der oben beschriebenen Weise Struktur, Qualität und Intensität der Beziehungen visualisiert werden.

Ich beginne mit der Darstellung der Handlungsrepertoires.

5.3 Die Handlungsrepertoires von TäterInnen und Opfern (TAR und OAR)

Der Leitfrage '*Was wird getan?*' entsprechend geht es hier um die Erfassung der Praktiken, die TäterInnen und Opfer einsetzen. Die strukturelle Asymmetrie der Mobbing-Beziehung liegt darin, dass bei der Angreiferseite Formen der Schikane, Terrorisierung, Tyrannisierung, Beeinträchtigung differenziert werden müssen, während bei der Opferseite Formen der Re-Aktion, Abwehr, Bewältigung, Kontrolle, Prävention und des (Selbst-)Schutzes zu untersuchen sind. Dem Opfer steht im Prinzip jedoch auch das gesamte Repertoire des Täters oder der Täterin zur Verfügung, falls es sich entschließt und dazu in der Lage ist, mit gleicher Münze (mit Gegenaggression) heimzuzahlen.

Die Mobbing-Literatur hat einen ihrer inhaltlichen Schwerpunkte in der Aufzählung der vielfältigen Möglichkeiten, andere Menschen zu schikanieren. *Leymann*s LIPT (s. Seite 22f.) ist das bekannteste Inventar in Bezug auf die Mobber-Handlungen. Ich habe oben kritisiert, dass die konzeptionellen Grundlagen der Itemauswahl und -zuordnung nicht klar sind und dass auf unterschiedlichem Abstraktionsgrad sowie mit impliziter auslegungsfähiger Kontextualisierung formuliert wird. Im Folgenden entwerfe ich die Grundzüge einer Alternative.

Zuvor aber eine kurze methodologische Reflexion über die verschiedenen Zwecke von Datenerhebungen mittels strukturierter Befragung (Fragebogen, Prüflisten, Interviewleitfaden). Solche Erhebungen können drei Ziele verfolgen bzw. Wirkungen haben:

1. Wirklichkeitsabbildung, Bestandsaufnahme; Information über Häufigkeiten, Zusammenhänge und Formen eines Phänomens. Meist werden die Befragten nur als Datenlieferanten benutzt; die aufbereiteten Ergebnisse werden lediglich den Auftraggebern präsentiert oder für Forschungszwecke verwertet.
2. Vorbereitung, Begründung, Auslösung oder Verhinderung bestimmter Handlungsprogramme angesichts einer durch die Frage fokussierten Sachlage (stimulieren, agitieren, 'reframing', verharmlosen, normalisieren).
3. Gelegenheit zur Kommunikation und Selbstreflexion der Befragten über das thematisierte Phänomen (sich persönlich damit auseinandersetzen, neue Aspekte sehen, sich mitteilen).

Diese Funktionstrias (Abbilden, Agitieren, Aufklären) muss nicht immer zugleich bedient werden. Häufig wird nur der erste Zweck verfolgt; aber möglicherweise sind Gemobbte weniger daran interessiert, für eine Datenbank Material zu liefern, damit etwas über die Häufigkeit einzelner Mobbinghandlungen in Deutschland oder die Ergebnisse der Faktoranalysen von Mobbing-Inventaren in Erfahrung gebracht wird, als sich über die eigene Situation klar zu werden, sich das Leid von der Seele zu reden oder neue Reaktionsmöglichkeiten kennenzulernen.

Die konzeptionelle Begründung ist aus den Zusammenhängen ersichtlich, die in Abb. 11 visualisiert sind. Das im Schema hervorgehobene Subjekt **S** kann prinzipiell Mobber oder Gemobbter sein (oder abwechselnd diese Rollen spielen), ich werde aber in der folgenden Darstellung die Opfer-Rolle in den Mittelpunkt stellen. Mobbing besteht in einem Doppelangriff:

- einmal werden die drei typisierten Handlungsbeziehungen ①,② und ③ eines Akteurs (also des Opfers **S**) gekappt, gestört oder pervertiert,
- und zum anderen werden die Unterstützungen, die **S** von anderen Akteuren **S'**, sowie aus **AV** und **LR** erfahren könnte, behindert und die Ressourcen, die in **S** selbst liegen (Selbstbewusstsein, Gesundheit, Leistungsfähigkeit etc.) blockiert oder erschöpft.

Um diesen doppelten Angriff des/der Mobbenden zu symbolisieren, ist der Doppelpfeil einer Handlung und der einfache Pfeil eines Ressourcenzuflusses durch kleine Querbalken unterbrochen.

Auf dieser konzeptionellen Grundlage ist das folgende *Täter-Angriffs-Repertoire (TAR)* entworfen. Es ist in drei Abschnitte gegliedert, die die drei genannten Felder, nämlich *personale* (**S**), *interpersonale* (**S'**) und *apersonale* Beziehungen (**AV** bzw. **LR**) thematisieren. Auf das TAR folgt dann das *Opfer-Aktions-Repertoire (OAR)*, das - zusätzliche - Möglichkeiten des Opfers beschreibt, sich gegen schikanöse Übergriffe zur Wehr zu setzen. In einem weiteren Schritt wird dann auf die *Ressourcen* eingegangen, die das Opfer aktivieren (und die ein Täter blockieren) kann. Danach wird - entsprechend den oben (S. 136) genannten Leitfragen - noch über *Strukturen* und *Veränderungen (Lernen)* reflektiert.

5.3.1 Das "Täter-Angriffs-Repertoire" (TAR)

Im Folgenden werden - geordnet nach den drei möglichen Adressaten (personale, interpersonale, apersonale) - Handlungsmöglichkeiten von TäterInnen beschrieben, durch die Aktionen und/oder Ressourcen blockiert werden. Dabei sind jeweils thematisch ähnliche Handlungen zu Subgruppen zusammengefasst. In einer empirischen Erhebung könnten zusätzlich zum Inhalt noch Aussagen zu Häufigkeit, Dauer, zum Beeinträchtigungspotential (Belastungsstärke, Bewältigungsmöglichkeit), Zusammenvorkommen mit anderen Handlungen etc. erhoben werden. Auf solche Untergliederungsmöglichkeiten habe ich oben bei der Vorstellung der Schemata von *Baron & Neuman* (S. 30) und von *Weber* (S. 113) hingewiesen.

① Thema Personalität (Identität, Würde, Unversehrtheit)

Die Angriffe konzentrieren sich darauf, Selbstachtung, Selbstentfaltung und Integrität (auch die körperliche) des Opfers zu beeinträchtigen. Es kann sich um direkte Angriffe auf den Selbstwert und das Selbstbild handeln und/oder um die Verhinderung aller Erfahrungen bzw. Handlungen, die Qualifikation, Selbstwert, Ehre, Würde der Person aufbauen oder bestätigen. Auch Zumutungen, die die körperliche Unversehrtheit gefährden, gehören dazu.

Beispiele:

- Durch Nadelstiche (eine Vielzahl von im einzelnen belanglosen und nicht justiziablen Gemeinheiten, Unachtsamkeiten, 'Spitzen' etc.) zermürben;
- demonstratives Wartenlassen;
- nicht grüßen, Grüße nicht erwidern;
- vor anderen (KollegInnen, Unterstellten, KundInnen, Gästen, höheren Vorgesetzten) abkanzeln, zusammenstauchen, herabsetzen, überzogen kritisieren oder bloßstellen;
- unbestritten besondere Leistungen des Opfers als egoistisch motiviert, plagiiert, fremdgesteuert etc. entwerten;
- mehrdeutiges Reden, das auch als Drohen etc. aufgefasst werden kann;
- in bösartiger Weise oder Absicht Witze über das Opfer machen, es hänseln, anzügliche Graffiti oder Poster platzieren, ihm Streiche spielen, es dumm aussehen lassen, lächerlich machen, nachäffen, sich über Fehler, Aussagen, Aussehen, Herkunft, Behinderung in verletzender Weise lustig machen;
- bei Dritten über persönliche oder private Eigenheiten herziehen (Kleidung, Geruch, Hobbies, PartnerIn usw.);
- verächtlich mit dem/über das Opfer reden (vulgäre, obszöne, verletzende Bemerkungen);
- mündlich oder schriftlich offen beleidigen, beschimpfen, verleumden, übel nachreden, denunzieren;

- nicht ausreden lassen; demonstrativ weghören und/oder etwas anderes tun; unvermittelt das Thema wechseln, nicht zur Sache reden; das Wort im Mund umdrehen;
- Telefonterror (beim Opfer oder seinen Angehörigen: anonyme Anrufe, Drohungen, Beleidigungen);
- sich über sexuelle Präferenzen, Nationalität, Rasse, Alter, Geschlecht, Behinderungen des Opfers herabsetzend äußern;
- Gewalt androhen, unerwünschte sexuelle Annäherung/Missbrauch androhen;
- anbrüllen, toben, ausrasten, mit Dingen nach dem Opfer werfen;
- unerwünschte und unnötige körperliche Berührungen; Gewalt antun, sexuell missbrauchen, Körperverletzung;
- vertrauliche Informationen ausplaudern oder streuen;
- nebensächliche Verfehlungen, auch bloß gemutmaßte, frühere ('verjährte') und solche aus dem Privatleben, an die große Glocke hängen;
- Stigmatisierung: Unterstellung negativer Persönlichkeitszüge ('psychisch krank', 'querulatorisch', 'paranoid', 'geltungssüchtig', 'parasitär' etc.); mangelnde psychische oder physische Belastbarkeit behaupten, erfundene oder tatsächliche ärztliche oder psychologische Diagnosen verbreiten;
- gesetzte Grenzen nicht achten; persönliches Besitztum beschädigen, stehlen, verächtlich behandeln, missbrauchen, zweckentfremden;
- das Opfer absichtlich und ausdauernd erheblich belästigen und z.B. genau das tun, was sich das Opfer verbeten hat: Rauchen, laute Musik spielen, für Zugluft sorgen, die Heizung aufdrehen, laute private Unterhaltungen führen usw.

② Thema Apersonalität (Arbeitsverhältnisse)

TäterInnen geht es darum, Handlungen zu stören oder unterbinden, die die positive und konstruktive Gestaltung der Arbeitsverhältnisse **AV** ermöglichen und zwar in allen drei Facetten [Aufgaben, Ziele; Leistungen und deren Bewertung; Wertschöpfung und Verwertung] und unter Berücksichtigung der organisationalen Verfahren und Strukturen.

In den Kontext der apersonalen Handlungsziele gehören auch Aktivitäten des Opfers, die auf Schutz und Gestaltung seines Lebensraums **LR** gerichtet sind (z.B. Freizeit genießen, von der Familie und Bekannten geachtet und geschätzt werden, eine langfristige Lebensplanung machen können). MobberInnen können durch Arbeitszeitgestaltung, (anonyme) Anrufe zu Hause, Verweigerung oder Gefährdung einer beruflichen Perspektive etc. für erhebliche Beeinträchtigungen sorgen. Weil dieser Bereich aber im Vergleich zu Einwirkungen auf **AV** - empirisch gesehen - nachrangig ist, soll er hier nicht weiter vertieft werden.

Beispiele:

- Fremde oder erfundene Fehler in die Schuhe schieben;
- gute Leistungen des Opfers als eigene ausgeben (sich mit fremden Federn schmücken); Belohnungen, Prämien, Anerkennungen, die dem Opfer zustünden, für sich kassieren, ihm Erfolgserlebnisse nehmen;
- Leistungen oder Produkte heruntermachen; sie zu Unrecht als fehlerhaft bezeichnen;
- ohne Begründung und/oder unerwartet dem Opfer bisherige Aufgaben oder Kompetenzen beschneiden oder entziehen; es aus dem Informationsfluss ausschalten; es zu Besprechungen nicht oder nicht rechtzeitig einladen; Wegnahme von Gewohnheitsrechten und früher verdienten Privilegien; plötzliche einseitige Aufkündigung von Abmachungen;
- ständige Umsetzungs-, Versetzungs- oder Kündigungsdrohung;
- kleinliche, pedantische, ununterbrochene, schikanöse, unangemeldete Kontrollen (z.B. von Pünktlichkeit, Anwesenheit, Ordnung, Leistungsqualität und -quantität, Einhaltung von Dienstanweisungen);
- autoritäres Eingreifen in den Arbeitsbereich;
- Dritte falsch informieren (z.B. über Termine, Qualitätsstandards, Zuständigkeiten usw.), so dass sie mit dem Opfer Schwierigkeiten bekommen oder ihm machen;
- Beschwerden und Vorwürfe umdrehen und gegen das Opfer kehren;
- unbegründete (anonyme) Anschuldigungen erheben; Aktennotizen über das Opfer anfertigen, Abmahnungen androhen/aussprechen;
- das Opfer in Fallen laufen lassen (kurzfristig Präsentationen anberaumen, unerfüllbare Leistungs- oder Qualitätsforderungen stellen, auf falsche Fährten locken);
- fälschliche Unterstellung vorschriftswidrigen, unsolidarischen oder allgemein/unspezifisch 'schädlichen' Handelns (z.B. 'Unkollegialität', 'Störung des Betriebsklimas');
- dem Opfer Hilfe, Vertretung, Nacharbeiten verweigern; es als unfähig, faul, unzuverlässig hinstellen;
- auf das Opfer zielende Sabotage: Diebstahl, 'Verlegen' oder Unbrauchbarmachen von für die Arbeit nötigen Unterlagen, Hilfsmitteln, Werkzeugen;
- absichtlich unter Bedingungen oder an Aufgaben arbeiten lassen, die Sicherheitsrisiken haben oder die Gesundheit gefährden können, bzw. diese Risiken aktiv herbeiführen;
- Arbeitsbedingungen so gestalten, dass sie beeinträchtigend oder belästigend sind (z.B. Verweigerung notwendiger Arbeitsmittel, sodass die Arbeit unnötig erschwert wird; unnötigen Lärm verursachen oder nicht abstellen; durch unzulängliche Heizung oder Lüftung Beeinträchtigungen oder Erkrankungen verursachen);
- Verzögerung der Gewährung zustehender Rechte und Belohnungen, Verzögerung der Bearbeitung von Vorlagen oder Anträgen; Hintertreiben zustehender Anrechte;

- bei Versuchen, sich gegen Benachteiligung, Kritik und Vorwürfe zu wehren: konstantes Ignorieren von (Gegen-)Darstellungen und (Entlastungs-)Belegen, das Wort abschneiden, ständig ins Wort fallen, das Wort im Mund umdrehen;
- überfordernde, unterfordernde, sinnlose, kränkende oder überflüssige Arbeiten tun lassen;
- Arbeitszeit (Vertretungen, Schichtpläne, Urlaubspläne, Bereitschaftsdienstzeiten, Nacht-, Feiertags-, Wochenendarbeit usw.) so einteilen, dass keine kollegialen Unterstützungs-Netzwerke aufgebaut oder gepflegt werden können.

③ Thema Interpersonalität (Soziale Beziehungen)

Mobbende legen es darauf an, Handlungen zu stören oder zu unterbinden, die Kontakt, Kommunikation, Unterstützung (Solidarität) und Wertschätzung zum Inhalt und Ziel haben.

- innerhalb der Arbeitsgruppe Andeutungen machen oder Gerüchte verbreiten, die das Opfer 'unmöglich' machen und/oder zum Gruppenausschluss führen (können);
- Dritte aufhetzen, das Opfer vor ihnen schlecht machen, z.B. fachliche oder persönliche Qualifikationen und/oder Verhalten/Leistungen in Frage stellen und diskreditieren;
- Lagerbildung (Fraktionen, Bündnisse) betreiben oder begünstigen ('Kanalarbeiter');
- Kontaktsperre: den Umgang mit dem Opfer untersagen, hintertreiben, diskreditieren;
- das Opfer und/oder dessen Unterstützer oder Mentoren oder höhere Entscheidungsinstanzen mit Resolutionen, Meinungsbildern oder Mehrheitsentscheidungen konfrontieren, die dem Opfer schaden (sollen);
- Aktivieren 'geliehener Autorität' (Nutzen von guten Beziehungen zu Kunden, Parteien, Behörden, Kirchen, Vereinen etc.), um das Opfer von dritter 'unabhängiger' Seite unter Druck zu setzen;
- Kontaktabbruch und -vermeidung; Schneiden, Isolieren, sich unvermittelt abwenden, bei Näherkommen Gespräche einstellen oder Türen schließen, vom Kantinentisch aufstehen; sich verleugnen lassen, unerreichbar oder 'verhindert' sein, mit offenkundigen Ausreden vereinbarte Termine platzen lassen;
- beantragte Gespräche auf die lange Bank schieben;
- ArbeitskollegInnen, zu denen gute Beziehungen bestehen, versetzen oder 'abwerben';
- nach Gesprächen unter vier Augen gegenüber Dritten oder dem Opfer das Gegenteil des Besprochenen behaupten und/oder ausstreuen.

5.3.2 Das "Opfer-Aktions-Repertoire" (OAR)

Entsprechend der These, dass das Opfer nicht auf die passive Erleidensrolle beschränkt ist, sondern alles in seinen Kräften stehende tun wird, sich aus seiner misslichen Lage zu befreien, soll im Folgenden das Arsenal der Handlungsmöglichkeiten skizziert werden, die das Opfer für dieses Vorhaben nutzen kann.

Die folgende Zusammenstellung klammert alle Techniken aus, die schon als Täter-Strategien beschrieben wurden, obwohl natürlich auch sie - vom Opfer gegen den Täter gerichtet - in Frage kommen. Für das Opferhandeln wären im Grunde zwei Inventare vorzusehen: die (obenstehende) Angriffs-Liste und die (folgende) Coping- oder Bewältigungs-Liste.

Wie in der Abb. 11 (S. 132) veranschaulicht, stehen als aktive Möglichkeiten des sich Wehrens, sich aus der Schlinge Ziehens, Ausweichens, Neugestaltens etc. wiederum die drei Handlungstypen ①, ② und ③ zur Verfügung. Diese an Bezugspersonen oder -objekten ausgerichtete Gliederung könnte noch weiter unterteilt werden. *Weber & Laux* (1993) haben bei ihrer Diskussion von Formen der 'Emotionsbewältigung' verschiedene Einteilungsgesichtspunkte vorgestellt, die auch hier genutzt werden könnten (siehe auch die Tab. 14 auf S. 168):

- Konzentration auf die Bewältigung der negativen *emotionalen* Reaktionen (für die Emotion 'Ärger', die ja auch für Mobbing typisch sein dürfte, kämen die Formen 'anger-in' [z.B. in sich hineinfressen], 'anger-out' [z.B. ausrasten], 'anger-control' [z.B. sich zusammenreissen], 'anger-discuss' [z.B. sich mit dem Gegner oder mit Freunden aussprechen] oder 'anger reflecting' [sich mit den eigenen Befindlichkeiten und Reaktionen bewusst befassen] in Frage (siehe auch *Weber* 1994, 89ff.).
- Auseinandersetzung mit der *Situation* (sie verändern, sich anpassen, sich zurückhalten etc.);
- *Selbstbild und Selbstwert* verteidigen oder wiederherstellen;
- die *Interaktionen* mit anderen neu gestalten, abbrechen, für eigene Zwecke nutzen usw.

Innerhalb dieser Kategorien ließe sich eine Unterteilung hinsichtlich zweier weiterer Perspektiven vornehmen, die in der Coping-Literatur immer wieder hervorgehoben werden: es kann sich um *offensive* (andere angreifende, die Umstände ändernde) oder *defensive* (sich selbst schützende) und um *direkte* (offene, sichtbare) oder um *indirekte* (heimliche, verborgene) Techniken handeln. Ich habe auf eine entsprechende formale Untergliederung der folgenden Liste verzichtet, um die Darstellung nicht zu sehr zu zersplittern, habe aber bei der Zusammenstellung der Items darauf geachtet, dass all diese Aspekte berücksichtigt wurden.

① Thema Personalität (Identität, Entfaltung, Integrität)

Es geht darum, mit Angriffen auf die Identität und Unversehrtheit fertigzuwerden. Das kann in konstruktiver, konfrontativer, ausweichender und reflexiver Weise geschehen. Eine Bewertung der Wirksamkeit der Strategien wird im Folgenden nicht vorgenommen.

Beispiele:

- So tun, als sei eigentlich gar nichts geschehen oder als mache es einem nichts aus (ignorieren, auflaufen lassen, dickes Fell);
- Stellung nehmen, aber die Dinge relativieren, gelassen und mit Humor nehmen; sich nicht aus der Ruhe bringen lassen, ganz cool bleiben;
- sich ablenken, etwas anderes machen, sich in Hobbies vertiefen, auf gute Gedanken zu kommen suchen, sich etwas Gutes tun, um sich positiv zu stimmen;
- 'reframing': eigene Sichtweisen und Deutungsmuster in Frage stellen (wie das z.B. in *Ellis*' Rational-Emotiver-Therapie praktiziert wird); positive oder konstruktive Umdeutungen versuchen[29], eigene blinde Flecken erkennen;
- völlig gelähmt und wie erschlagen sein, grübeln und brüten, keinen Kopf mehr für irgend etwas anderes haben; sich Vorwürfe machen, sich hineinsteigern und zunehmend mehr von der Realität abkapseln;
- die Gründe bei sich suchen; die Vorfälle (immer wieder) durchgehen, um herauszufinden, was man falsch gemacht hat und was man besser/richtig machen könnte;
- sich zurückziehen, Kontakten aus dem Weg gehen; allein mit der Sache fertig werden wollen;
- depressiv werden, resignieren, verzweifeln, sein Schicksal beklagen;
- sich in eine Traumwelt flüchten, Tagträume, Rache-Phantasien pflegen; versuchen, das Unangenehme zu vergessen oder zu verdrängen;
- sich ärgern, aber alles in sich hineinfressen und sich äußerlich nichts anmerken lassen; 'stark sein' um jeden Preis;
- sich ärgern, aber den Ärger herauslassen: explodieren, 'auf den Tisch hauen';
- ein Mobbing-Tagebuch führen, um sich über die eigene Situation klar zu werden;
- primärer und sekundärer Krankheitsgewinn durch psychosomatische Symptome (Schlaflosigkeit, Nervosität, Kreislaufprobleme, Hautausschlag, Verspannungen ...);
- Ent-Spannungs-Übungen machen (Meditation, Yoga, autogenes Training, progressive Muskelentspannung);
- Selbstsicherheits-Training machen;
- Training in Stressmanagement machen;
- Selbstmedikation (Beruhigungsmittel, Schlaftabletten);
- Flucht in Alkohol oder Drogen; exzessives Essen;
- sich in ärztliche oder psychologische Behandlung begeben;
- an einer Selbsthilfegruppe teilnehmen; die Geschehnisse in einer Theatergruppe oder einem Psychodrama verarbeiten.

---

[29] *Weber* (1994, 116) berichtet über ein Krebstherapie-Programm, das geradezu neutestamentarische Nächsten-Liebe propagiert. Den PatientInnen wird empfohlen, "alte Verbitterungen, lange gehegten Groll, endgültig zu bewältigen, indem man den betreffenden Menschen vergibt und verzeiht. [Das] Programm sieht Übungen vor, in denen dem Feind von ehedem alles Gute gewünscht wird - als äußerstes Zeichen von Vergebung. Auch hier geht es letztlich um die 'Reinigung' von negativen Gefühlen, da alter Groll endgültig gelöscht werden soll, aber durch die völlig andere, im Vergleich zur Katharsis sicherlich nicht minder extreme Grundhaltung des Verzeihens."

② **Thema Apersonalität (Arbeitsverhältnisse)**

Zur Parierung diesbezüglicher Angriffe kann das Mobbing-Opfer jene Ressourcen aktivieren, die nötig sind, damit die Funktion des Arbeitsverhältnisses erfüllt wird: es geht darum, gesetzte Ziele ökonomisch zu erreichen, um eine optimale Verwertung der Produktionsfaktoren sicherzustellen. Bezogen auf den Faktor Arbeitskraft heißt das, dass er zum erwartungsgemäßen und engagierten Mitmachen aktiviert werden muss. Störungen von Produktion und Kooperation beeinträchtigten Wertschöpfung und Verwertung.

Dem Mobbingopfer stehen u.a. folgende Optionen offen:

- Die eigenen Anteile am Problem einsehen und sich so verhalten, dass es keine weitere Kritik mehr auf sich zieht; durch objektive Leistungen überzeugen;
- der anderen Seite zu erkennen geben, dass es am längeren Hebel sitzt (Rechtsgrundlagen, 'Beziehungen', finanzielle Unabhängigkeit, Unkündbarkeit, starker kollegialer und/oder gewerkschaftlicher Rückhalt);
- sofort gegenhalten und die andere Seite unter Druck setzen:
  - Dienst nach Vorschrift machen, keine freiwilligen Überstunden mehr machen,
  - spontane Kooperation verweigern, Leistungseinsatz reduzieren, Fachwissen zurückhalten,
  - Termine platzen lassen, Zeitpläne durcheinanderbringen,
  - sein Desinteresse an der Arbeit deutlich zeigen, schlampig arbeiten, absichtlich Ausschuss produzieren, Kunden unfreundlich behandeln,
  - absichtlich Maschinen, Programme, Unterlagen so manipulieren, dass sie fehlerhaft oder unbrauchbar werden,
  - sich krankschreiben lassen, eine Kur beantragen,
  - innere Kündigung, seine Interessen und Schwerpunkte völlig in den Freizeitbereich verlagern;
  - während der Arbeit öfter 'Auszeiten' nehmen (Pausen verlängern, längere Telefonate, aufs WC gehen, Internet surfen, 'Fachgespräche' mit KollegInnen in anderen Abteilungen führen ...), durch 'schwierige Fehler' in Daten, Material, Programmen, Maschinen lange aufgehalten werden;
- Öffentlichkeit herstellen: die Vorgänge an die große Glocke hängen (whistleblowing; Betriebsrat, Presse, Medien, Gewerkschaften, wichtige Kunden, 'alte Freunde' aktivieren); das Problem auf einer Betriebsversammlung zur Sprache bringen/bringen lassen;
- sich formell beschweren; Widerspruch einlegen, den Instanzenweg gehen, Rechtsmittel ausschöpfen; den Klageweg beschreiten [Strafanzeige, Zivilklage (Entschädigung)];
- kündigen oder eine angebotene Kündigung mit Abfindungszahlung akzeptieren;
- Frühverrentung oder Altersteilzeit beantragen oder ein solches Angebot akzeptieren;

- Erwerbs- oder Berufsunfähigkeit (auf Zeit, auf Dauer) beantragen oder einen solchen Vorschlag akzeptieren;
- sich innerbetrieblich auf eine andere Stelle bewerben; selbst eine Versetzung beantragen; einem Versetzungsvorschlag (Änderungskündigung) zustimmen;
- längeren Urlaub, ein Sabbatical, unbezahlten Urlaub nehmen (um Abstand zu gewinnen, die Sache abkühlen zu lassen, Alternativen zu suchen);
- eine *innerbetrieblich* organisierte Mediation oder Supervision anstreben oder ihr zustimmen, um formelle Entscheidungen auf dem Dienstweg, Präzendenzfälle, Rechtsstreitigkeiten zu vermeiden, die als letzte Option offenstehen;
- mobilisierende Gegenaktionen organisieren (Unterschriftslisten, Abteilungs- oder Betriebsversammlung, Anti-Mobbing-Demonstrationen; Leserbriefe an Werkszeitung, Poster aufhängen, Solidaritätskundgebungen);
- *aktive* (tatkräftige) und/oder *emotionale* Unterstützung suchen und/oder spontan angebotene *aktive* (tatkräftige) und/oder *emotionale* Unterstützung akzeptieren und zwar von
  - Unterstellten,
  - KollegInnen oder
  - betrieblichen Stellen (Personalabteilung, Betriebsrat);
- Ärger und Verletzung konstruktiv verarbeiten:
  - Verbesserungsvorschläge machen,
  - darauf hinarbeiten, dass grundsätzliche (strukturelle, präventive) Einrichtungen geschaffen werden (Betriebsvereinbarung, Anti-Mobbing-Konvention, Mobbing-Beauftragter oder Mobbing-Kommission),
  - Mitarbeiterbefragung, Führungsseminare, Aufklärungsaktionen anregen,
  - Sensibilisierung der Unternehmensleitung für das Problem durch Materialien oder Hearings externer ExpertInnen;
  - Benchmarking (vorbildliche Initiativen anderen Unternehmen zusammenstellen und präsentieren) usw.

③ Thema Interpersonalität (Soziale Beziehungen)

Organisationen sind arbeitsteilig organisiert: die Aktivitäten einer Mehrzahl von Akteuren sind zu koordinieren. Die vorgeschriebenen Rollen müssen im konkreten Einzelfall ausgefüllt und ausgehandelt werden; Positionen (Stellen) werden mit 'eigensinnigen' Menschen besetzt, die zueinander instrumentelle und emotionale Beziehungen eingehen. Das Opfer kann auf verschiedene Weise versuchen, mit Angriffen auf das Netz der sozialen Beziehungen, auf die Möglichkeiten zu interagieren und zu kommunizieren und von anderen Wertschätzung und Unterstützung zu erhalten, fertig zu werden.

Beispiele:

- Sich für eingesehene Fehler oder Fehlverhalten bei den TäterInnen oder der Gruppe entschuldigen, (Ver-)Besserung versprechen;

- klein beigeben; sich fügen und unterordnen; den zugewiesenen sozialen Platz und Stellenwert akzeptieren (seine Lektion gelernt haben);
- die zugewiesene Rolle nach außen hin konform spielen, sich innerlich (nur anfänglich?) distanzieren;
- sich rechtfertigen; sich in gutes Licht rücken; Fehler abstreiten, verkleinern, als Vorzüge hinstellen;
- Konfrontation mit TäterInnen, sie zur Rede stellen, sich sofort verbal wehren; Bedingungen formulieren und Konsequenzen androhen;
- extrem reagieren, ausrasten, durchdrehen, eine Szene machen (um der anderen Seite Angst einzujagen, einen Warnschuss zu geben, Grenzen zu ziehen);
- verbal spiegeln: was wäre, wenn sich das Opfer dem Täter gegenüber genauso verhielte (z.B. Intrigen, Anschwärzen, Produktsabotage, pedantisch bei der anderen Seite jede Regelverletzung monieren);
- den TäterInnen aus dem Weg gehen, den Kontakt vermeiden (um sich selbst zu beruhigen und nicht zu unüberlegten Äußerungen oder Taten hinreißen zu lassen);
- sofort/immer wieder versuchen, vernünftig miteinander zu reden; die Sache klären, Gründe erläutern, Missverständnisse beseitigen;
- auf Versöhnung hinarbeiten, einen Kompromiss vorschlagen;
- *außerbetriebliche* Schlichtung oder Mediation suchen;
- eine Dokumentation anlegen, Belege kopieren oder sammeln, Tonbandaufzeichnungen machen, Zeugen suchen, Zeugenaussagen protokollieren und bestätigen lassen;
- den/die unmittelbare(n) Vorgesetzte(n) bzw. höhere Vorgesetzte informieren/einschalten;
- *aktive* (tatkräftige) und/oder *emotionale* Unterstützung suchen und/oder spontan angebotene *aktive* (tatkräftige) und/oder *emotionale* Unterstützung akzeptieren und zwar von
    - außerbetrieblichen Personen (PartnerIn, FreundIn, Bekannte, Familie ...),
    - organisierten außerbetrieblichen Gruppen (Gewerkschaft, Selbsthilfe-Gruppen, Therapie-Gruppen),
    - außerbetrieblichen Professionellen (Ärztin, Psychotherapeut, Rechtsanwältin, Priester, Sozialarbeiterin etc.).

5.4 Personale, apersonale und interpersonale Ressourcen

Die Untersuchung dieses Themenkreises soll entsprechend der Leitfrage '*Wodurch wird das ermöglicht?*' Auskunft darüber geben, warum und wie es die beteiligten Parteien schaffen, über längere Zeit hinweg in einer womöglich eskalierenden destruktiven Interaktion zu bestehen. Es geht also um die Kraftquellen oder Coping-Reserven, aus denen sich TäterInnen und Opfer die Energie holen, die Belastungen zu ertragen, die Mobbing für beide mit sich bringt.

Die Suche nach diesen Ressourcen könnte für Opfer und TäterInnen getrennt durchgeführt werden. Das soll aber hier nicht weiter entfaltet werden. Handlungsmöglichkeiten und Widerstandskraft können - siehe die Abb. 11 auf S. 132 - dem Subjekt **S** (dem Täter wie dem Opfer) aus vier Quellen zufließen: personalen (aus sich selbst), interpersonalen (den anderen Subjekten **S'**) und apersonalen (den Arbeitsverhältnissen **AV** und dem Lebensraum **LR**). Im Folgenden sind Beispiele solcher Ressourcen zusammengestellt.

① Personalität (Identität, Selbstwert)

Leitfrage dieses - um eine Anleihe aus der Organisationstheorie zu nehmen - 'resource based view' sind die 'assets' (Aktiva, 'Vermögenswerte'), die die Person hat. Was macht sie handlungsfähig, eröffnet ihr Wahlmöglichkeiten? Was hat sie, was sie als Angebot in einen Verhaltenstausch (à la *Friedberg* 1995 oder *Simon et al.* 1992) einbringen kann? Was hat Marktwert und wird nachgefragt? Im Prinzip geht es um eine Inventur der eigenen Stärken und Schwächen, sozusagen um eine personale SWOT-Analyse[30]. Stärken und Schwächen lassen sich immer nur in Bezug auf einen Handlungskontext bestimmen. Die neutrale Kategorie 'Geschlecht: weiblich' kann z.B. in einem patriarchalen System zum Nachteil werden, wenn die Bezahlungs- und Beförderungswirklichkeit Männer begünstigt. Ganz allgemein ist eine Ressource ein Handlungspotential, mit dem eine strategische Ungewissheitszone kontrolliert werden kann. 'Erfahrung' ist z.B. nur dann ein Aktivum, wenn die Verhältnisse (Technologie, Organisation, Produkte, Märkte) sich nicht radikal geändert haben, sodass frühere Problemlösungen noch immer gefragt sind.

Mobbende können versuchen, bestimmte 'assets' zu entwerten (z.B. Fachwissen, indem sie neue Aufgaben/Technologien einführen; Sozialkompetenz, indem sie die Person isolieren) oder Schwächen besonders herauszustellen (Alter, Gesundheitsprobleme). Opfer haben die Möglichkeit, Schwachpunke zu verbergen oder zu kompensieren und ihre Stärken als Trümpfe auszuspielen (z.B. Drohung, Spezialwissen nicht zur Verfügung zu stellen oder über 'Leichen im Keller' öffentlich zu reden).

Auf folgende personale Attribute kann sich **S** gegebenenfalls stützen:

- Fähigkeiten:
  - Selbstkompetenz (Selbstsicherheit, mentale und emotionale Stärke/Gelassenheit, elitäre Überlegenheit; Fundierung in starkem religiösen Glauben oder politischen Ideologien);
  - Fachkompetenz (Expertise, Fachwissen, 'Unentbehrlichkeit');
  - Methodenkompetenz (Verfahrenswissen);
  - Sozialkompetenz (Feingefühl, Kontaktfähigkeit, Kommunikationsfähigkeit, emotionale Intelligenz);

---

30 SWOT: Strengths, Weaknesses, Opportunities, Threats

- Extrafunktionale Qualifikationen (Verlässlichkeit, Vertrauenswürdigkeit, Pünktlichkeit, Anstrengungsbereitschaft, Gehorsam, Nehmerqualitäten, Stressresistenz, Robustheit, Belastbarkeit etc.);
- Erfahrungen, Insider-Wissen (das auch zur Drohung oder Erpressung benutzt werden kann);
- Aussehen, Geschlecht, Alter/Jugend, Nationalität, Rasse;
- Gesundheit, Behinderung;
- gefestigte moralische Überzeugungen, spezifische Werthaltungen;
- Biografie (starke/wunde Punkte; kritische Lebensereignisse im Privatleben; öffentliche Ämter, öffentliche Auszeichnungen; Alkoholismus, Drogenkonsum; Freiheitsstrafe; Tod des Partners; Promiskuität, sexuelle Vorlieben; schwere Erkrankungen in der Familie usw.);
- gute Beziehungen ('Vitamin B') zu internen und externen (informellen) Autoritäten;
- finanzielle Unabhängigkeit;
- rechtlich geschützte Position oder Ansprüche (z.B. als Behinderte, Schwangere, Mutter);
- privat bedingte niedrige/hohe Mobilität.

② Apersonalität

a) Arbeitsverhältnisse AV

Hier geht es um die Stärkung oder Schwächung von Ressourcen, auf die die Person kraft ihrer Stellung und Funktion im Arbeitsprozess und in der betrieblichen Organisation zurückgreifen kann. Wenn die Person diese externen Kraftquellen nutzen kann oder aber von ihnen abgeschnitten wird, kann ihr persönliches Handlungspotential nachhaltig und erheblich potenziert oder reduziert werden.

Beispiele:

- Strategische Position (Schaltstelle, linking pin), Stellung in teilautonomer Arbeitsgruppe bzw. einem Fraktal, Center, Netzwerk, Venture;
- persönliche Unkündbarkeit; arbeitsvertragliche Garantien;
- generelle Regularien, Besitzstände oder Rechtsansprüche (z.B. Arbeitssicherheit, Arbeitszeit, Entlohnung etc.) wie sie in Gesetzen, Arbeitsordnungen, Betriebsvereinbarungen, Führungsgrundsätze etc. niedergelegt sind;
- Organisationsregeln und formale Verfahren (Unterschriftsregelung, Prüfverfahren, Anhörungspflichten, Mitbestimmungsrechte, Mehrheitsentscheidungen);
- Unternehmenskultur (Konkurrenz vs. Kooperation, Solidarität vs. Egoismus, Individualisierung vs. Kollektivierung usw.);
- Existenz eines interessierten und engagierten Betriebsrats;
- bisherige Leistungsmenge und -qualität (Produktivität, Effizienz); Möglichkeit des taktischen Einsatzes von Leistungsverweigerung oder Produkt- bzw. Organisationssabotage als Druckmittel;

- Präsenz (hohe/niedrige Fehlzeitenchronik);
- Kundenbeschwerden oder -anerkennungen;
- Dokumentationen, z.B. Personalakten oder Arbeitszeugnisse (die Stärken/Schwächen formal ausweisen, z.B. Verbesserungsvorschläge im Rahmen von Kaizen- oder KVP-Programmen, Personalbeurteilungen, Prämien, Auszeichnungen, Anerkennungen; Abmahnungen, Aktennotizen);
- Verhandlungsposition auf dem Arbeitsmarkt (gefragte Qualifikationen besitzen);
- Organisations- oder Managementmodell (z.B. lean management, Dezentralisierung, Outsourcing, strategische Allianzen, Fusionen etc. und die damit verbundenen Chancen oder Restriktionen auf dem Personalsektor);
- konjunkturelle und finanzielle Situation (Auf- oder Abschwungsphase; gute finanzielle Lage des Unternehmens oder Engpässe, Rationalisierungs- bzw. Abbauphase).

b) Lebensraum LR

Zu den apersonalen Ressourcen, die Täter und Opfer nutzen können, gehören auch Potentiale aus dem außerbetrieblichen und außerökonomischen Lebensraum.

An erster Stelle ist dabei das soziale Netz zu nennen, in das eine Person außerbetrieblich integriert ist und von dem es soziale Unterstützung erfahren kann.

Von besonderer Bedeutung ist auch ein funktionierendes Rechtssystem, das Opfern die Chance gibt, nachweisliche Verletzungen ihrer Rechte zu ahnden, wobei diese Möglichkeit intern als Drohpotential genutzt werden kann (umgekehrt können auch als TäterInnen Beschuldigte darauf hoffen, ein faires Verfahren zu bekommen). Auch eine lebendige demokratische Kultur (Pressefreiheit, Meinungsfreiheit, Vereinigungsfreiheit etc.) kann es erleichtern, Benachteilungen und Schikanen vor eine größeren Öffentlichkeit zu tragen und Unterstützung zu mobilisieren.

Beispiele:

- Dichtes und tragfähiges Netz an außerbetrieblichen privaten Beziehungen (Familie, Bekannte; Mitgliedschaft in Vereinen und Glaubensgemeinschaften; Bürgerinitiativen);
- *Aktivierung* externer Autoritäten oder Interessenten (Kirchen/Sekten, Parteien, Vereine, Bürgerinitiativen, Cliquen; z.B. Brief- und Unterschriften- und Posteraktionen, Demonstrationen);
- Gewerkschafts-Mitgliedschaft; Solidaritätsaktionen, Rechtsbeistand, Druck auf Betriebsrat;
- spezielle Stopp-Mobbing-, No-Mobbing-, Anti-Mobbing-Initiativen; Selbsterfahrungsgruppen; Netzwerke;
- Medien-Kampagnen, die für das Thema insgesamt sensibilisieren oder konkrete Vorfälle aufgreifen; z.B. Presse (Reportagen, Gerichtsberichte), Fernsehen (Reports, Talkshows, Spielfilme), Chatforen im Internet;
- Vorhandensein von Einrichtungen für Mediation (Schlichtung);

- aufgeschlossene Richter, Präzendenzfälle, Verfügbarkeit erfahrener spezialisierter Rechtsanwälte; Rechtschutzversicherung etc.;
- Kraft schöpfen können oder Entspannung bzw. Ablenkung finden durch Hobbies, Freizeitaktivitäten etc.

③ Interpersonalität (Soziale Beziehungen)

Ein häufiges Moment des Mobbing ist die Isolation des Opfers, die mit Kontaktabbruch, Ausschluss aus Informationsnetzen und -strömen und dem Versiegen von Quellen der Bestätigung und Wertschätzung verbunden ist. Als soziale Wesen gewinnen Menschen Identität, Lebensfreude und Produktivität aus der Integration in soziale Beziehungen und der Möglichkeit zu sozialer Aktivität. Auf diesem Hintergrund spielen folgende Ressourcen eine Rolle:

- Stellung in informellen innerbetrieblichen Netzwerken (Zentralität/Marginalität bzw. Ausgeschlossensein); Druckkündigung (geschlossene Front der KollegInnen, die den Arbeitgeber zur Kündigung zwingen);
- Existenz funktionierender innerbetrieblicher Zirkel oder Selbsthilfegruppen; praktizierte Solidarität für einzelne, die in Bedrängnis geraten sind;
- Position als (informeller) Gruppensprecher oder respektiertes Gruppenmitglied;
- Existenz von Fraktionen oder Lagern, die sich gegenseitig bekämpfen und für/gegen die man sich entscheiden muss;
- Erfahrungen von und Möglichkeiten zu einem Feedback, das durch Offenheit und Fairness gekennzeichnet ist (vs. verzerrte, abwertende oder einschmeichelnde, unaufrichtige Rückmeldungen);
- Vorhandensein oder Wegnahme *sozialer* Identitätsmarker (Titel, Statussymbole, Ausstattung);
- Vorhandensein von Fürsprechern, Mentoren, Promotoren, Sponsoren;
- Aufbau oder Zuschreibung einer bestimmten Gruppenrolle (Star, Sündenbock, Clown, guter Kumpel, Exzentrikerin etc.), die die Entpersonalisierung von Handlungen erlaubt.

5.5 Strukturelle Gründe und Formen der Schikanen

Im Mittelpunkt steht hier die schon erwähnte Leitfrage: *"Welche anderen als rein personale Gründe könnten für das Auftreten von Mobbing verantwortlich sein?"* Das Nachdenken über strukturelle Gründe soll den allzu bequemen Ausweg versperren, Unverträglichkeiten zwischen den einzelnen Beteiligten zur Alleinursache zu erklären. Es geht also um das Absehen von den Idiosynkrasien konkreter Menschen und die Suche nach Determinanten, die "hinter dem Rücken der Subjekte" wirken.

Warum kommt es zu Mobbing und warum tritt es in der Form auf, in der es sich ereignet? Die Beantwortung der ersten Teilfrage kann ins Grundsätzliche ausgeweitet werden und ist dann zentrales Thema aller religiösen, mythologischen und philosophischen Systeme: Wie kam das Böse in die Welt? Wie sieht die Genealogie menschlicher Destruktivität aus? Warum gibt es statt paradiesischer, harmonischer, altruistischer Zustände Gewalt, Leid, Feindseligkeit usw.?

Ich möchte darüber nicht aus einer fundamentalen anthropologischen Perspektive räsonieren, sondern einige strukturelle Gründe nennen, die für das Mobbing in seiner historisch spezifischen heutigen Form verantwortlich sein könnten. Von vielen PraktikerInnen hört man das Argument, Mobbing sei überhaupt nichts Neues, das habe es schon immer gegeben, wenn Menschen in Verbänden dauerhaft zusammengelebt oder zusammengearbeitet haben. Zwischen Ehepartnern gab es 'schon immer' Rosenkriege, zwischen Geschwistern Rivalität, in Schulen und im Militär Brutalitäten und Quälereien, zwischen Stämmen und Staaten Vernichtungskriege, zwischen Nachbarn blutige oder juristische Fehden wegen Gartenzwergen, Heckenabstand, Radiolautstärke, Kinderlärm usw.

Andererseits: Warum ist Mobbing nicht der Normalfall in den Betrieben, sondern ein relativ seltenes Ereignis? Welche Immunmechanismen haben soziale Systeme entwickelt, um die epidemische Ausbreitung dieser Krankheit zu verhindern? Und was kennzeichnet jene Sozialsysteme, in denen die Abwehrkräfte so geschwächt sind, dass sich das Mobbing-Virus ungehemmt ausbreiten kann? Gibt es vielleicht ein Gutes am Schlechten?

Die abstrakte Antwort auf diese Fragen ist, dass in 'gesunden' Systemen nicht etwa keine Aggressionen oder Gemeinheiten vorkommen, sondern dass in ihnen Werte und Verfahren etabliert sind, die die stets virulenten Spannungen und Krisen eingrenzen, evtl. sogar konstruktiv bearbeiten lassen.

Exzessives Mobbing indiziert ein Versagen solcher Kontroll- und Reparatureinrichtungen. Damit wird zugleich unterstellt, dass ein 'gewisses' Maß an Konflikten und Aggressivität unvermeidlich, vermutlich sogar positiv ist. Ich möchte die Diskussion dieser positiven Funktionen hier nicht vertiefen, weil ich in verschiedenen Abschnitten des Theorieteils darauf zurückkommen werde. Mobbing ist aber nicht bloß Konflikt, sondern Dauerkonflikt, der zudem noch auf bestimmte Personen fokussiert ist.

Gründe dafür können - der Schematik von Abb. 11 (S. 132) folgend - in den Akteuren **S** und **S'**, den Arbeitsverhältnissen **AV** und Einflüssen aus dem Lebensraum **LR** liegen.

Zu S (Personalität)

Es geht hier nicht um Personalisierung in dem Sinn, dass die Ursache für das Mobbing in spezifischen Eigenschaften von konkretem Opfer oder konkreten TäterIn gesucht wird. Vielmehr müsste unterstellt werden, dass (alle) Menschen - sozusagen als unverrückbare anthropologische Konstante - das Potential (den Hang, den Trieb, das Bedürfnis) haben, sich andere zu unterwerfen und sie zu missbrauchen. Sie unterscheiden sich allenfalls in der Stärke bzw. Hemmung dieses Potentials. Über das 'Sogenannte Böse' im Menschen möchte ich nicht weiter diskutieren; es scheint übereinstimmende Meinung in der Aggressionsforschung zu sein, dass aggressives Potential universelles Erbgut ist, dass sich aber verschiedene Kulturen insgesamt und Menschen innerhalb der jeweiligen Kulturen in Niveau und Art gelebter Feindseligkeit stark unterscheiden. Hängt man der Auffassung an, dass Mobbing auf personale Bosheit oder 'geborenes' Opfertum zurückzuführen ist, dann bleiben für gehäuft auftretendes Mobbing zwei Erklärungen (und Kuren): es liegt an der spezifischen Selektion (es wurden absichtlich oder unabsichtlich aggressivere oder schwache BewerberInnen eingestellt) oder Schikanieren wurde am Modell gelernt und/oder hat sich als erfolgreich herausgestellt und wird deshalb kalkuliert aus utilitaristischen Gründen praktiziert bzw. toleriert [z.B. um ein bestimmtes Niveau an Alertness, Nehmerqualitäten, Härte, 'Biss' etc. zu kultivieren (tough guy, macho-Unternehmenskulturen im Sinne von *Deal & Kennedy* (1982)].

Zu S-S' (Interpersonalität)

Auch hier wäre nach Strukturen und Prozessen zu suchen, die unabhängig von den konkreten Beteiligten ("ohne Ansehen der Person") wirksam sind und als formale Muster, Gesetzmäßigkeiten oder Spielregeln das scheinbar autonome Handeln der Subjekte konditionieren oder reglementieren.

Beispiele:

Gruppendynamik: In allen Gruppen, speziell aber in solchen, die neue Mitglieder aufzunehmen, einen Führungswechsel zu verkraften oder Krisen durchzustehen haben, gibt es Konflikte und Turbulenzen, bis neue Gleichgewichte gefunden wurden; siehe etwa die von *Bion* (1971) beschriebene Fight-Flight-Thematik in 'Grundannahmen-Gruppen';

Rollendivergenztheorem: in jeder Gruppe kommt zur Rollenspaltung zwischem dem 'Tüchtigen' und dem 'Beliebten'; wer sich durch hohe Leistung (oder Leistungsforderung) profiliert, macht sich unbeliebt. Allgemeiner: Wer etablierte tradierte Gruppennormen verletzt (z.B.: "Sich nicht exzessiv anstrengen!", "Am Bestehenden nicht rütteln! Vorrechte und Gewohnheiten nicht in Frage stellen!", "Nichts nach außen tragen!"), macht sich unbeliebt und wird zur 'Ordnung' gerufen oder zur Strecke gebracht.

Dichte-Effekte (Crowding): Wird durch beengte räumliche Verhältnisse ein bestimmtes Nähe-Distanz-Verhältnis unterschritten, kommt es zu Territorialkämpfen und 'innerartlicher' Aggression (vor allem wenn gemeinsames Ziel, gemeinsame Not oder gemeinsamer Gegner fehlen).

Rang- oder Hackordnungen: Keine Gruppe besteht aus Gleichen; es wird so lange gekämpft und gestritten, bis sich eine stabile interne Ordnung entwickelt hat (oder die Gruppe zerbricht). Mobbing wäre dann eine (vorübergehende) Phase in diesen Rangkämpfen.

Zu AV (Arbeitsverhältnisse)

Schettgen (1998) belegt, dass die Metaphern *Kampf* und *Krieg* von ManagerInnen und JournalistInnen bevorzugt benutzt werden, wenn es darum geht, die Zustände in Wirtschafts-Organisationen zu beschreiben.

Die in einer Organisation praktizierten Verfahren und Systeme wären nach der Art eines 'ethical screening' daraufhin zu untersuchen, inwieweit sie Konkurrenz, Egoismus und Opportunismus unterstellen oder fördern. Wenn z.B. bessere individuelle Bezahlung, Beförderung, Arbeitsbedingungen usw. davon abhängen, dass man bessere Zahlen präsentiert als andere (was nicht unbedingt heißt: bessere Leistungen erbringt!), positiv auf sich aufmerksam macht (und Fehler oder Versagen vertuscht), die eigenen Ergebnisse maximiert (statt gemeinsame oder übergeordnete Ziele zu unterstützen) - dann muss man sich nicht wundern, wenn KonkurrentInnen auch mit unfairen Mitteln aus dem Feld geschlagen werden.

Wenn in Perversion des humanistischen Ideals "Der Mensch im Mittelpunkt" der Mensch zum Mittel.Punkt gemacht wird und nur noch als Kostenfaktor oder Einsatzgröße zählt, ist es nur konsequent, ihn wie ein Ding zu behandeln und zu instrumentalisieren - ohne Rücksicht auf Moral, Emotionen oder Eigenwert. Mobbing ist so gesehen der Preis für die Versachlichung des Menschen zur Ware Arbeitskraft.

Zu LR (Lebensraum, Kontexte, Umwelt)

Die Beschränkung auf die betriebliche Situation ist im letzten Abschnitt im Grunde schon aufgegeben worden, weil auf das generelle Diktat der kapitalistischen Verwertungslogik hingewiesen wurde, der sich auch das einzelne Unternehmen - "bei Strafe des Untergangs" - nicht entziehen kann.

Darüber hinaus können generelle Entwicklungen in funktional differenzierten (post-) modernen Gesellschaften mit erhöhten Auftretensraten von Mobbing in Beziehung gebracht werden: Individualisierung (im Arbeits-, Wohn- und Familienbereich), Coolness, Wertewandel hin zu egoistischem Hedonismus (und verringerter sozialer und moralischer Bindung), Modelllernen in den Medien (Veralltäglichung von Gewalt, Rücksichtslosigkeit, Egoismus, Zynismus etc.). Auf die Sozialisation von "Destruktivqualifikationen" werde ich in Kap. 6.1 zurückkommen. Wenn die Erwartungen niedriger (realistischer?) werden, ist die Enttäuschung geringer, wenn sie frustriert werden.

Die mobbingrelevanten positiven Effekte von Fragmentierung, Beschleunigung, Individualisierung und Virtualisierung in modernen Gesellschaften dürfen aber nicht außer Acht gelassen werden: Es ist leichter, Bindungen aufzugeben und neue einzugehen; die einzelnen Lebensbereiche sind voneinander abgeschottet, sodass ein Desaster in einem Bereich nicht unbedingt auf alle anderen durchschlägt; das kulturelle Training in Unverbindlichkeit und Oberflächlichkeit lässt Enttäuschungen nicht so tief gehen und leichter verarbeiten; die Flucht aus dem realen Leben in virtuelle Welten wird durch eine immer einflussreichere Kulturindustrie erleichtert und Happiness kann man in Pillen-, Drogen- oder CD-ROM-Form kaufen.

5.6 Veränderung von Akteuren, Beziehungen, Leistungen und Umwelten

Leitfrage: *Was macht Mobbing (und der Kampf gegen Mobbing) mit/aus den Beteiligten und was sind seine Folgen?* Oder: *Was wird durch/nach Mobbing anders als vorher?*

Die klassische Critical Incident Technique fragt nicht nur nach Vorgeschichte, Beteiligten und konkretem Ereignis, sondern auch: "Wie ist es weiter- oder ausgegangen?" Darüber täuscht die in der Mobbing-Literatur so verbreitete kasuistische Methode hinweg, die sich meist auf bereits abgeschlossene Episoden beschränkt. Man muss sich klar machen, dass über Mobbing fast immer retrospektiv geredet wird, so als ob es sich um ein sowohl punktuelles wie beendetes Ereignis handelte. Aber - wie oben schon ausführlich diskutiert - Mobbing ist ein Prozess, der sehr unterschiedliche Phasen und Verlaufsgestalten haben kann und - worauf nun einzugehen sein wird - er hinterlässt Spuren (Wunden, Narben, Amputationen, eine geschwächte Konstitution oder aber neu erworbene Abwehrkräfte). Die Nach-Wirkungen sind wiederum in den drei Relationen aufzusuchen, die oben differenziert wurden (personal, interpersonal, apersonal). Das Problem ließe sich auch abhandeln unter dem Stichwort 'Organisationales Lernen', denn auch dieses thematisiert in seiner weiten Begriffsfassung sowohl individuelles, wie interaktionelles und institutionelles Lernen, wobei 'Lernen' nicht missverstanden werden darf als intentionale Wissensaneignung, sondern gesehen werden muss als das Insgesamt der erfahrungsbasierten Veränderungsprozesse, die die künftige Auseinandersetzung mit sich, den Anderen und der Welt in neuer Weise bestimmt.

Personales Lernen

Der weitgefasste Begriff von Lernen, den ich eben skizziert habe, lässt es auch zu, dramatische Persönlichkeitsstörungen und -veränderungen als Lernen zu bezeichnen, weil sie eine in der Person verankerte, dauerhaft wirksame Umformung des Verhältnisses und Verhaltens zur Welt bedeuten. Wenn durch die traumatische Erfahrung eines langanhaltenden Mobbings eine Häufung psychosomatischer Beschwerden auftritt, die die Person außerstande setzen, die normalen Anforderungen von Arbeit und Leben mit eigener Kraft zu bewältigen, dann hat der Organismus ganzheitlich (leib-seelisch) gelernt, sich unerträglichen Belastungen zu entziehen, an Hilfe zu appellieren und sich selbst auf eine neue, wenngleich reduzierte Lebensführung einzustellen. Die in den Spätphasen schweren Mobbings berichtete PTSD (posttraumatische Stress-Störung), generalisierte Angstzustände und Depressionen (s. etwa *Groeblinghoff & Becker* 1996) sind einschneidende Persönlichkeitsveränderungen, die die Lebensqualität erheblich herabsetzen und meist langwierige therapeutische Hilfe nötig machen.

Mobbing führt jedoch nicht zwangsläufig zu psychiatrischen und psychosomatischen Störungen mit Krankheitswert; es werden in weniger schweren Verläufen auch allgemeine Befindensbeeinträchtigungen und Beschwerden genannt (Schlafstörungen, Kreislaufprobleme, Verspannungen, Kopf- und Magenschmerzen, Zittern usw.). Personen müssen sich mit ihrer verringerten Belastbarkeit arrangieren, ihre gewohnte Lebensführung umstellen, ihren sozialen Verkehr einschränken und laufen Gefahr, zu Dauer- und DrehtürpatientInnen zu werden. Es ist nicht verwunderlich, wenn derartige Erfahrungen zu einem Verlust an Selbstsicherheit und Selbstvertrauen und zu gelernter Hilflosigkeit führen: die Person traut sich nicht mehr zu, selbst kleine Herausforderungen anzunehmen und zu bestehen. Der so in Gang gebrachte Teufelskreis von Versagensangst und Scheitern führt immer tiefer in die Selbstentwertung.

Mobbingerfahrungen können aber auch andere Lerninhalte und -richtungen stimulieren: die Person kann lernen, anderen nicht mehr blind und leichtfertig zu trauen; sie entwickelt Vorsicht, Misstrauen und Zynismus. Machiavellistische und opportunistische Haltungen und Verhaltensweisen sind auch als Reaktionsbildungen gegen zu große Gutgläubigkeit und Vertrauensseligkeit zu werten. Wer sich nicht auf eine stabile soziale Umwelt verlassen kann, lernt manipulative Fertigkeiten, um auf diese Weise dem Gang der Dinge nicht mehr hilflos ausgeliefert zu sein. Bittere Lektionen gelernt zu haben, heißt auch, sich gegen künftige Enttäuschungen zu wappnen, das eigene Weltbild (die 'mentalen Landkarten') umzuzeichnen und neue Skripten oder Drehbücher für die Auftritte auf der Bühne des Arbeitshandelns einzustudieren.

Interpersonales Lernen

Interpersonales Lernen bezieht sich auf Normen, Formen und Regeln, die den sozialen Verkehr bestimmen. Sie gelten für ein überschaubares Kollektiv; der einzelne muss, um dazuzugehören und unauffällig mitspielen zu können, diese Vorgaben kennen und beherrschen. Es geht also um das in einer Gruppe Übliche, Gebotene und Normale: wie offen 'man' über private Dinge oder Arbeitsprobleme spricht, wie sehr 'man' sich anstrengen und anderen helfen muss, was 'man' nicht sehen, bereden oder melden darf, wie 'man' sich kleidet, wie pünktlich und freundlich 'man' sein muss usw. Wer solche Regeln und Normen unentschuldbar verletzt, muss mit Sanktionen bis hin zur Ausstoßung rechnen. Mobbing ist so gesehen eine Art drastischer 'Lernhilfe', durch die AbweichlerInnen auf den Pfad der Gruppentugend zurückgebracht werden sollen.

Verweigern sich einzelne dieser Normung und Normalisierung, können sie zur Spaltung der Gruppe und zur Fraktions- oder Lagerbildung beitragen (siehe dazu die Verlaufsskizze in Abb. 8, S. 89). Zwischen den Fronten herrschen Funkstille und eisiges Schweigen; intern werden die Feindbilder kultiviert und immer extremer und unversöhnlicher ausgemalt.

Es können sich aber auch gesündere und konstruktive Bewältigungsformen herausbilden, wenn die KollegInnen aufgrund bitterer Erfahrungen gelernt haben, dass es sinnvoller ist, bei ersten Anzeichen von Konflikt offen miteinander zu reden, die eigene Betroffenheit deutlich zu machen, Feedback zu geben und zu akzeptieren und Rituale der Konfliktbewältigung zu praktizieren [dazu kann ein jour fixe oder eine moderierte Sprech-Stunde gehören; Auskühlzeiten ("eine Nacht darüber schlafen"); Übung im 'Lesen' von Frühwarnsignalen; Toleranz gegenüber individuellen Ausdrucksformen (Wutausbruch, Rückzug, stundenlanges Schweigen); die Institution von PatInnen, die Schlichterfunktion übernehmen, wenn sich Kontrahenten zu sehr ineinander verkrallt haben; Entkrampfungsgesten (eine Tasse Tee zusammen trinken, mit Material oder Werkzeugen aushelfen, über gemeinsame Gegner schimpfen oder eine gemeinsame Schwierigkeit beklagen usw.]. In sehr reifen Formen der Konfliktkultur können auch fallweise oder regelmäßige Supervisionen stattfinden, um unter Betreuung von ExpertInnen Lösungen für die Krisen wechselseitiger Abhängigkeit zu erarbeiten.

Apersonales Lernen

Mit 'apersonalem' Lernen oder 'Organisationslernen im engeren Sinn' ist gemeint, dass nicht einzelne Personen ihre kognitiven, emotionalen oder interaktionalen Schemata verändern, sondern dass unabhängig von Personen *strukturelle organisationale* Veränderungen erfolgen, die auch dann Bestand haben, wenn jene Personen, die den Lernprozess vorangetrieben haben, die Organisation verlassen haben.

Mit derartigem 'institutionellen' Lernen ist gemeint, dass generell gültige Verfahren, Systeme, Regeln, Positionen eingeführt werden, die es ermöglichen, einen Konflikt, der bislang durch Kräftemessen entschieden wurde, in - buchstäblich - geregelter Form zu bearbeiten. Das ganze Arsenal der Formalisierung kommt zum Einsatz: Schriftliche Grundsätze (Normen, Prozeduren, Vorgehensweisen), verantwortliche Stellen, Kontrollorgane, Sanktionen.

Beispiele für solche Institutionen:

Betriebsvereinbarungen; Installierung eines Anti-Mobbing-Beauftragten oder einer Anti-Mobbing-Kommission; Festlegung von Beschwerdeverfahren[31] und Schlichtungsprozeduren;

---

[31] *Esser & Wolmerath* (1997, 264f.) visualisieren in einem doppelseitigen Schaubild den formalen Ablauf von Beschwerden gemäß §§ 84, 85 BetrVG.

Entwicklung und Einführung von Führungsleitlinien oder Verhaltensstandards (ethical codes); Sensibilisierung für eine Unternehmenskultur, die auf konstruktiven Umgang mit interpersonellen Problemen setzt;

Intensivierung der Führungsschulung (Gesprächsführung, Konfliktmanagement, Führungsstil); Training in Organisationsentwicklungstechniken wie 3-D-Analysen, Confrontation Meetings, Rollenklärung, Rollenverhandeln; Behandlung von Mobbing-Situationen in Rollenspielen oder Theateraufführungen, Beschaffung und Verleih von Video-Materialien und Literatur;

Pflicht zur Durchführung regelmäßiger Mitarbeiterbefragungen mit fester Abfolgestruktur: Befragung - Veröffentlichung der Ergebnisse - Diskussion - Maßnahmen zur Beseitigung der Schwachpunkte und zur Festigung der Stärken - Kontrolle der Ergebnisse.

Erarbeitung eines jährlichen 'Sozialberichts'; Installation von Frühwarnsystemen (systematische Erfassung und Bereitstellung von Controlling-Indikatoren wie Fehlzeiten, Ausschussproduktion, Kundenbeschwerden, Produktivitätsabfall etc.); Einrichtung von Quality Circles mit diesem Thema;

Würdigung des Verhaltens in Mobbingsituationen bei der Beurteilung von Führungskräften und/oder MitarbeiterInnen; Berücksichtigung der Erfahrungen bei Richtlinien und Praxis der Einstellung, Schulung, Beförderung und Entlassung von Führungskräften;

Formelle und informelle Sanktionen, die ritualisiert administriert werden (Verleihung von positiven oder negativen Preisen, 'Pokalen' oder Titeln für entsprechend aufgefallene Personen oder Abteilungen; regelmäßige Kolumnen in der Werkszeitung über Vorfälle und Lösungen).

Lebensraum-Lernen?

Am Rande soll noch erwähnt werden, dass auch ein 'Lebensraum-Lernen' stattfinden kann. Der beste Beweis dafür ist der Mobbing-Diskurs selbst. Noch vor wenigen Jahren gab es zwar das Phänomen, aber nicht den Begriff und damit auch nicht die Möglichkeit, unter diesem Namen konzentrierte Initiativen zu ergreifen (wie z.B. Medienkampagnen, Schaffung von Selbsthilfe-Netzwerken und Mobbing-Telefonen, Gründung von Gesellschaften, Angebot von Unternehmensberatungs-Dienstleistungen und neuen Traininsbausteinen - bis hin zum Lernen des Gesetzgebers, der mit neuen Bestimmungen auf allgemein thematisierte Probleme reagieren kann (siehe zu Mobbing das oben zitierte schwedische Beispiel und zu sexueller Belästigung das deutsche Beschäftigtenschutzgesetz, das auszugsweise im Anhang - Kap. 9.8 abgedruckt ist).

Aber nicht nur an diese Formen öffentlicher Diskursivierung ist zu denken. Es gibt auch ein weniger sichtbares Lernen in den anderen nichtbetrieblichen Lebensbereichen: Kinder lernen, wie es 'in der Wirtschaft zugeht', wenn Vater oder Mutter systematisch fertig gemacht werden; Arbeitssuchende lernen, was sie von Firmen halten müssen, über deren Mobbing-Praktiken in der lokalen Öffentlichkeit geredet wird, Kirchen lernen, eine neue Dienstleistung anzubieten.

Die Ausführungen zur systematischen Erfassung des Mobbinggeschehens waren pragmatisch orientiert. Wenn dabei über Reaktionen, Wirkungen, Strukturen und Veränderungen geredet wurde, wurden keine notwendigen und gesetzesartigen Verbindungen behauptet, sondern *mögliche* Zusammenhänge angenommen. Je nach zugrundegelegten Annahmen können sehr verschieden Folgerungen gezogen werden. Auf dieses Problem soll im nächsten Kapitel ausführlich eingegangen werden, in dem ein selektiver Überblick über theoretische Ansätze gegeben wird, die als Erklärungsbeiträge für Mobbing in Frage kommen.

6. Theoretische Zugänge zum Verständnis von Mobbing

Es droht eine Inflation: Wenn ein Staat den anderen bedroht: ist das Mobbing? Wenn in einer, Kultur für die Jünglinge ängstigende und grausame Initiationsriten durchgeführt werden, um sie zu Männern zu machen: ist das Mobbing? Wenn Eltern ihre Kinder über Jahre hinweg physisch oder psychisch misshandeln: Mobbing? Die Beliebigkeit, mit der der Mobbing-Begriff angewandt wird, hat *Leymann* einzudämmen versucht, indem er ihn operational definiert (45 Mobbinghandlungen) und auf betriebliche Belange begrenzt hat. Es ist oben schon gezeigt worden, dass dieser Versuch nicht befriedigend ist.

Aber sind die Sachverhalte, die heute in lockerer Anwendung des Begriffs 'Mobbing' genannt werden, so neu?[32] Vor allem: Ist es ein *singuläres Phänomen,* das ohne Zusammenhang zu anderen Konzepten, Befunden und Theorien untersucht werden sollte? Einen neuen *Namen* propagiert zu haben, heißt noch nicht, einen neuen Gegenstand entdeckt zu haben. Mit der Lancierung des Begriffs erzielt man eine hohe Mobilisations-Wirkung; Probleme finden (wieder) Aufmerksamkeit, die als unausweichliches Übel, bedauerliche Fehlentwicklung oder lokale Besonderheit der öffentlichen Beachtung entzogen waren. Was allgemein als Mobbing bezeichnet

---

[32] Einer der frühesten überlieferten Fälle von Mobbing durch Vorgesetzte dürfte der Fall Hiob aus dem Alten Testament sein. Die typische Klage eines Opfers findet sich in Hiob, 30, 9-17:
"Und jetzt bin ich ihr Spottlied geworden und diene ihrem Gerede zur Kurzweil. Mit Abscheu halten sie sich fern von mir und scheuen sich nicht, vor mir auszuspeien; weil Gott meine Bogensehne abgespannt und mich niedergebeugt hat, lassen sie den Zügel vor mir schießen. Zu meiner Rechten erhebt sich die Brut; sie stoßen meine Füße weg und schütten ihre Unheilsstraßen gegen mich auf. Meinen Pfad haben sie aufgerissen, auf meinen Sturz arbeiten sie hin, niemand tut ihnen Einhalt. Wie durch einen breiten Mauerriss kommen sie heran, durch die Trümmer wälzen sie sich daher: ein Schreckensheer hat sich gegen mich gekehrt; wie vom Sturmwind wird meine Ehre weggerafft, und wie eine Wolke ist mein Glück vorübergezogen. So verblutet sich denn jetzt das Herz in mir: die Tage des Elends halten mich in ihrer Gewalt. Die Nacht bohrt in meinen Gebeinen und löst sie von mir ab, und die an mir nagenden Schmerzen schlafen nicht."

wird, ist unter anderen Etiketten (vor allem: Stress, Konflikte, Arbeits*un*zufriedenheit, Betriebsklima usw.) Dauerthema der organisationspsychologischen und -soziologischen Forschung. Selbstredend kann man es niemandem verwehren, eine Beobachtung, die er für wichtig hält, durch Benennung (Thematisierung) aus dem allgemeinen Rauschen auszugliedern und buchstäblich als 'Be-Sonderheit' hervorzuheben. Es ist jedoch unökonomisch, das Rad neu zu erfinden, zudem ist es eine unnötige Einengung der Verstehensbemühungen, auf den vorliegenden Reichtum an Befunden und Erklärungsansätzen zu verzichten.

Im Folgenden möchte ich verschiedene Ansätze, Differenzierungen, Einsichten, Erfahrungen, Konzepte, Modelle, Theorien etc., die aus benachbarten Gebieten vorliegen, skizzieren, um dazu einzuladen, auch andere Hinsichten auf Mobbing zu erproben. Die folgende Abbildung 12 soll veranschaulichen, dass die unterschiedlichsten Theorietraditionen genutzt werden können, um Aspekte(!) des Mobbing-Phänomens zu interpretieren Keiner dieser Zugänge erfasst alles, was Mobbing genannt wird und jeder erfasst weit mehr als (nur) Mobbing. Es ist jedoch wichtig, daran zu erinnern, dass eine theoriefreie Beschreibung von Mobbing nicht möglich ist.

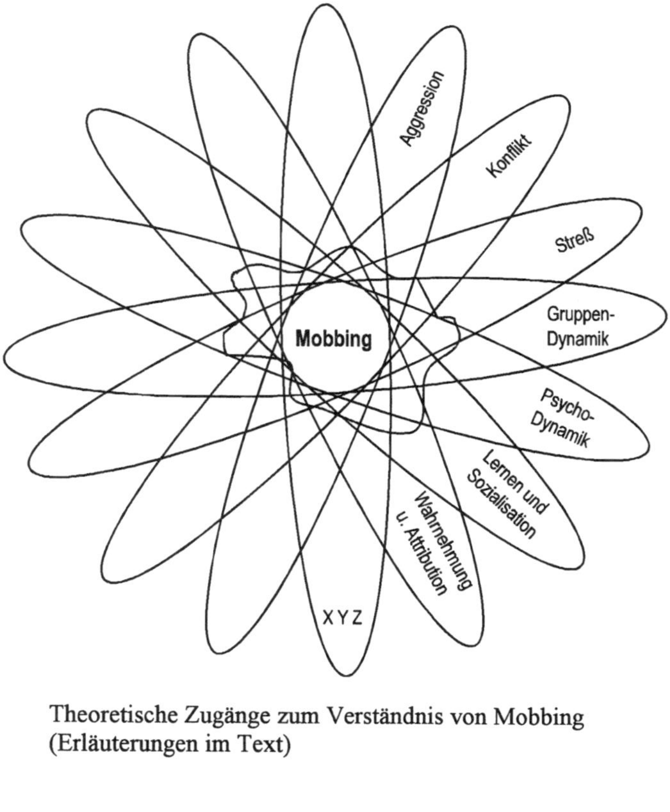

Abb. 12: Theoretische Zugänge zum Verständnis von Mobbing (Erläuterungen im Text)

Die folgenden Skizzen theoretischer Erklärungsversuche für Mobbing sollen durch ihre jeweils sehr unterschiedlichen Akzentsetzungen darauf aufmerksam machen, dass *ein* Name für eine Sache (Mobbing) noch lange nicht bedeutet, dass es *eine* Sache ist, um die es geht und dass - was auch für Maßnahmen gegen Mobbing wichtig ist - je nach Hinsicht ganz verschiedene Dinge ins Blickfeld kommen. Damit ist kein Plädoyer für die Beliebigkeit oder Gleichgültigkeit von theoretischen Zugängen verbunden, es soll vielmehr gerade darauf hingewiesen werden, dass eine Auseinandersetzung mit dem Phänomen Mobbing *ohne* theoretische Fundierung nicht stattfinden kann, bzw. oberflächlich und beliebig bleibt.

6.1 Sozialisations- und lerntheoretische Interpretationen

In den Zielkatalogen von Personalentwicklungs-Texten spielen Positiv-Qualifikationen, wie z.B. Methoden-, Fach-, Sozial- und Selbstkompetenz eine herausragende Rolle. Es ist *Bamme, Feuerstein & Holling* (1982) zu danken, dass sie auf die Kehrseite der Medaille aufmerksam gemacht und daran erinnert haben, dass es zum Überleben unter den Bedingungen moderner (kapitalistisch organisierter) Arbeit auch der "Destruktiv-Qualifikationen" - so der Titel ihres Buchs - bedarf. In jedem Menschen und der Menschheit insgesamt sind antagonistische Qualifikationen angelegt; welche Seite dominant wird, hängt nicht zuletzt von konkreten Umständen in der Arbeitswelt ab, die bestimmte Qualifikationen fordert und fördert, und andere unterdrückt. In der Kultur, in der eine Person aufwächst, macht sie einen Bildungsprozess durch, der sie letztlich zu jenem Persönlichkeitstyp formt, der dem gegebenen Kontext angepasst ist. Um unter kapitalistischen (Lohn-)Arbeitsbedingungen überlebenstüchtig zu sein, müssen spezifische Haltungen entwickelt werden.

Es ist oben schon an verschiedenen Stellen darauf aufmerksam gemacht worden, dass Mobbing nicht umstandslos dem schlechten Charakter von TäterInnen zuzuschreiben ist; immer wieder wurde darauf hingewiesen, dass "Systemimperative" (Regeln, Normen, Strukturen) die Handlungsmöglichkeiten der Akteure zwar nicht determinieren, aber doch prägen. Aus sozialisationstheoretischer Perspektive muss von dem Gedanken Abschied genommen werden, diese Bedingungen wirkten als *äußere* Kräfte auf die Person ein; sie sind vielmehr in einem langen Prozess der Vergesellschaftung verinnerlicht worden: die Fremdsteuerung wurde durch Selbststeuerung ersetzt, weil das vollsozialisierte Individuum die ursprünglich externen Forderungen zum eigenen Anliegen gemacht hat. Über die Qualität der "externen Forderungen" kann man sich klar werden, wenn man sich die Formbestimmungen vergegenwärtigt, unter denen in hochkomplexen kapitalistischen Gesellschaften Arbeit organisiert ist. In den folgenden Zitaten aus dem Text von *Bamme et al.* (1982) werden einige Grundzüge des Sozialcharakters entworfen, der Mobbing möglich macht.

"Die gelungene Verinnerlichung der Normen abstrakter Arbeit, Resultat langfristiger Sozialisationsprozesse in Familie, Schule und Beruf, schlägt sich in dem Bestreben nieder, die Umwelt konstant und gleichförmig zu halten. Damit geht ein tendenziell quantifiziertes Zeiterleben und ein ebenso entqualifiziertes Raumerleben einher. Die Raum-Zeit-Struktur der Warenproduktion und -zirkulation wird zur inneren Natur der Menschen. Die zur inneren Natur gewordene Gleichgültigkeit, das gleichzeitige Nebeneinander von Beziehung und Beziehungslosigkeit, funktionierendem Verhalten und emotional-motivationaler Frustration, die ertragen wird, sind Ausdruck gelungener Sozialisation zur Warenförmigkeit" (*a.a.O.*, 45).

"Effektiv Warentauschende müssen daher alle Emotionen als Ballast aus dem Zirkulationsakt heraushalten, ein notorisches Misstrauen sowie gnadenlose Gleichgültigkeit gegenüber dem eigenen sowie dem Bedürfnis des anderen entwickeln. Allenfalls können die Bedürfnisse des anderen geschickt für die eigenen Zwecke instrumentalisiert werden. Aber Gnadenlosigkeit und Gleichgültigkeit reichen nicht aus, um in der Zirkulationssphäre erfolgreich zu sein. Um sein Gegenüber instrumentalisieren zu können, muss man dessen Bedürfnisse kennen und scheinbar auf sie eingehen. Gleichgültigkeit und Gnadenlosigkeit werden hinter der Fassade liebenswürdigen Scheins verborgen" (*a.a.O.*, 65). "Für uns ist nun wichtig, dass der zum Bestandteil der eigenen Persönlichkeit gewordene Zwang, die fremde Perspektive misstrauisch zu antizipieren, nachdem er erst einmal internalisiert ist, nicht auf Tauschbeziehungen im ökonomischen Interesse, in denen er für die Selbsterhaltung funktional ist, beschränkt bleibt. Das habitualisierte Misstrauen strahlt auch auf die anderen Bereiche und Formen sozialer Beziehungen aus" (*a.a.O.*, 66).

"Der Arbeitsprozess ist dem Verwertungsprozess reell subsumiert. Die taktmäßige Gleichförmigkeit der Produktion, die Notwendigkeit der Pünktlichkeit, die Quantifizierung der Arbeitsleistung, die Form der Entlohnung, die Trennung von Produkt und Bedürfnis, all das führt schließlich zur Verarmung der Erlebnisfähigkeit. Normen und verinnerlichte Zwänge, wie Disziplin, Unterordnung, Pünktlichkeit, Sparsamkeit, bilden fürderhin das Stützkorsett der angeschlagenen Persönlichkeit und verschaffen sich auch in Bereichen und Beziehungen außerhalb der unmittelbaren Produktion Geltung" (*a.a.O.*, 57).

"Man kann nicht von 8 bis 17 Uhr Arbeitsinstrument, außerdem ein perfekter Jongleur zirkulationsfunktionaler Verhaltensmuster sein und den Rest des Tages Mensch. Man kann nicht durchgängig instrumentelle Beziehungen haben und anschließend authentische mit seinen Kindern und seinem Ehepartner. Irgendwann schlägt der Prozess der Selbstverstümmelung um und der 'funktionierende' Mensch wird auch in seinen Beziehungen außerhalb der Produktion empfindungsleer, bindungsunfähig, instrumentalistisch" (*a.a.O.*, 71).

Wer anderen gegenüber freundlich-misstrauisch, berechnend, gleichgültig, distanziert, emotionslos gemacht wurde, dem fällt es nicht schwer, in Krisensituationen 'über Leichen zu gehen' und 'gnadenlos gleichgültig', instrumentalisierend, egoistisch, ja feindselig zu sein.

Alexandra Prosch (1995, 77) zitiert die Ergebnisse einer Umfrage unter Führungskräften, bei der die Prozentverteilung der Antworten deutlich macht, dass die Verhaltensweisen, die eben beschrieben wurden, keineswegs auf wenige Außenseiter beschränkt sind:

> "Wie stark der Konkurrenzkampf ist, bestätigen die Ergebnisse einer Repräsentativumfrage des GRP München im Auftrag der Zeitschrift Forbes im Jahr 1994[33]. Danach bejahten von insgesamt 2372 befragten Angestellten und Beamten zwischen 25 und 49 Jahren aus dem mittleren und gehobenen Management die Frage
>
> Um im Beruf weiterzukommen ...
>
> 1. 'habe ich schon mal einem direkten Konkurrenten bei Schwierigkeiten absichtlich nicht geholfen, um ihn bewusst Fehler machen zu lassen.' 86 %
> 2. 'habe ich schon mal einen direkten Konkurrenten vor anderen Kollegen bzw. Vorgesetzten bewusst bloßgestellt oder lächerlich gemacht.' 68 %
> 3. 'habe ich einen Konkurrenten schon mal bewusst benachteiligt.' 54 %
> 4. 'habe ich schon mal einen Konkurrenten mit unfairen Mitteln ausgestochen.' 39 %
> 5. 'darf man keine Schwäche zeigen und sich keine Blöße geben, weil das die Karriere-Mitbewerber sofort ausnutzen würden.' 91 %
> 6. 'braucht man zuverlässige Verbündete oder einen einflussreichen Förderer.' 78 %
> 7. 'darf man keine übertriebenen moralischen Skrupel haben.' 49 %
>
> Nach Ansicht von *C. Kirsch* ist es vor allem die neue 'Streber-Generation' ('ehrgeizig, aalglatt und eiskalt') von heute, die um der eigenen Karriere willen mit Ellbogentaktik auch auf Kosten anderer sich empor zu arbeiten versucht."

Es ist eine menschliche Potenz oder Kompetenz, aggressiv und destruktiv sein zu können. Damit die Potenz zur Realität wird, müssen sowohl äussere Gelegenheiten wie innere Bereitschaften vorhanden sein. Aus einer solchen Perspektive ist allen Versuchen, begütigend auf die Mobbing-Parteien einzuwirken, sie zur Zusammenarbeit und zu gegenseitigem Verständnis aufzurufen, nur geringe Erfolgsaussicht beschert, wenn gleichzeitig die systemischen Strukturen und Regeln Konkurrenz, Eigeninteresse, Durchsetzung, Sachlichkeit und 'Coolness' belohnen. Wo ringsum mit harten Bandagen gekämpft wird, kann die Beschwörung von Inseln kooperativer Idylle kaum weiterhelfen, im Gegenteil, sie wird als weltfern, wenn nicht gar zynisch erlebt. Die Einsicht in diese Gegebenheiten bedeutet, dass man grundsätzlich von der Ambivalenz der Arbeitssituation ausgehen muss und die Ziele nicht *Harmonie, Sensibilität, Mitfühlen* heißen können, wenn diese Kriterien allenfalls in Nischen verwirklicht werden können. Ein noch so gut gemeintes Organisationsentwicklungs-Projekt kann die Funktionsbedingungen eines Wirtschaftssystems nicht umkrempeln. Was gelernt, gebraucht und belohnt wird, ist widersprüchlich und mit eben dieser Widersprüchlichkeit umgehen zu können, ist realistisches Veränderungsziel. Das bedeutet, dass man lernen muss, sich auf Widrigkeiten, Widerwärtig-

---

[33] Gemeint ist der Beitrag von *Claudia Kirsch*: 'S-Klasse'

keiten und Widersprüche einzustellen, sich selbst zu schützen, zu erfahren, wie und von wem man Unterstützung erhalten kann, Alternativen zu kennen und zu entwickeln, eine zutreffende Landkarte der typischen Situationen zu zeichnen ...

Sozialisationstheoretische Erklärungen beschränken sich somit nicht auf die Hypostase von 'Destruktivqualifikationen' als den Antipoden der 'Sozialkompetenz'. Es ist vielmehr Zeichen gelungener Sozialisation, wenn die Person gelernt hat, Kompromisse zu schließen, sich hindurchzulavieren, nicht auf seinem (vermeintlichen) Recht zu bestehen. Fast niemand kann in Organisationen seine eigenen Maximalforderungen durchsetzen; man muss lernen, Teile seiner Ansprüche aufzugeben, um mit anderen auszukommen. Wer puristisch (Kohlhaas!) auf legale Ansprüche pocht, provoziert Reaktanz. Organisationales Handeln wird deshalb von einigen Autoren als 'verhandelter Verhaltenstausch' (*Friedberg* 1995) oder als 'Handel' (*Simon et al.* 1992) bezeichnet.

Beide, Mobbingopfer und MobbingtäterIn sind aus dieser Perspektive extrem: sie sind zu Abstrichen an ihren Idealen und Rechten nicht willens oder in der Lage. Sie handeln 'prinzipiell' und machen die Verbiegungen des Rückgrats nicht mit, die soziales Handeln in Organisationen zuweilen fordert. Zugeständnisse machen, Entgegenkommen zeigen, Opfer bringen, Fünf gerade sein lassen, Kompromisse eingehen, auf Prinzipienreiterei verzichten - all das macht den Alltag in Organisationen lebbar. Bei Mobbing scheint dieser informelle Regelungsmechanismus außer Kraft gesetzt.

Gerade in Mobbingsituationen könnte man aber solche Fähigkeiten und Fertigkeiten gut gebrauchen - aber sie wurden eben nicht gelernt. Zu den Grundannahmen der Lerntheorie gehört es, dass bestimmte Handlungen dann gehäuft auftreten, wenn sie belohnt wurden oder werden. Die simple Schlussfolgerung: Wenn 'starres' Mobbingverhalten existiert, muss es 'verstärkt' worden sein oder immer noch verstärkt werden (oder es muss 'Modelle' geben, deren Vorbild nachahmenswert erscheint, weil sie attraktiv und/oder erfolgreich sind). Nicht was konkret geschieht (Mobbinghandlungen!), wäre dann der primäre Untersuchungsgegenstand, sondern wie es verstärkt wird. Es müssten alle jene Belohnungen und deren 'Vergabepraktiken' und Anwendungsschemata identifiziert werden, die das Wiederauftreten von Mobbing wahrscheinlich machen (z.B. billigende oder gar anfeuernde Kommentare, Beförderungen, Versetzungen, Kassieren von Vorrechten etc.). Für TäterInnen dürfte ein wichtiges Motiv neben der Belohnung die 'Ent-Strafung' sein, die sie durch Mobbing sichern: ein für sie unerfreulicher Zustand wird durch die Kontrolle des Opfers beendet (man schafft sich einen bedrohlichen Konkurrenten oder Rivalen, unbequemen Mahner oder lästigen Störenfried vom Hals). All dies aber funktioniert nur wenn und nur solange wie die zum Mobbing benötigten Ressourcen (Zeit, Macht, Rechte, Informationen usw.) organisational verfügbar sind. Folgt man der reinen Lehre, so müsste es in Unternehmen ein funktionierendes Controlling geben, das beständig Rechenschaft ablegt über Einsatz und Wirkungsgrad von Ressourcen.

Entweder werden die Lücken dieses Systems genutzt oder "das System" nutzt seine Lücken, um latente Ziele zu verfolgen. Darauf wird in den folgenden Punkten noch wiederholt eingegangen werden.

6.2 Mobbing und Stress

Die Parallelen zwischen Stress- und Mobbing-Diskurs sind auffällig; auch *Leymann* erwähnt sie (1993, 108ff.). Er beschreibt in seinem zitierten Ablaufmodell eine typische Stress-Sequenz: Zunächst treten einzelne Symptome auf (Magenschmerzen, Schlafstörungen, Niedergeschlagenheit etc.). Baut sich der Druck weiter auf, so ist die 'posttraumatische Stress-Störung' (PTSD: post traumatic stress disorder) zu beobachten, die sich bald zu einer 'Allgemeinen Angst-Störung' (General Anxiety Disorder, GAD) ausweiten kann. Nach zwei bis vier Jahren kann dieser Zustand chronisch werden und sich zu psychiatrischen Krankheitsbildern entwickeln (1993a, 279).

Wie Stress, so kann auch Mobbing als eine Störung eines normalen oder gesunden Person-Umwelt-Verhältnisses bezeichnet werden: die Möglichkeiten des Mobbing-Opfers, sich gegen die Zuschreibungen und Zumutungen zu wehren, erschöpfen seine Bewältigungskapazität, sodass die typische Mobbing-Karriere so endet, wie *Leymann* es festgehalten hat. Dies ist jedoch nur *ein* mögliches Resultat und es verdeckt die dazwischenliegenden Prozesse und Alternativen; der dramatische *Effekt* täuscht über die lange Reihe dazwischenliegender Episoden und Verwicklungen hinweg, er suggeriert, dass es mit unerbittlicher Folgerichtigkeit zu eben diesem Ergebnis kommen *musste*.

Am Beispiel des wohl meistzitierten Stress-Konzepts, der kognitiv akzentuierten Stresstheorie von *Lazarus* [*Lazarus* (1966), *Lazarus & Launier* (1978 bzw. 1981), *Wimmer* 1980] soll untersucht werden, ob die von *Leymann* identifizierten (Prozess-) Merkmale durch ein solches Modell in einen systematischen Zusammenhang gebracht werden können; möglicherweise hat die Stress-Forschung bislang ungenutzte Interpretationen anzubieten, die für Genese und Bewältigung von Mobbing relevant sind.

Das *Lazarus*'sche Stressmodell gilt als ein 'transaktionales': es konzentriert sich weder allein auf die *Person* (Fähigkeiten, physiologischer Zustand, Biographie etc.), noch allein auf die *Situation* (Umweltanforderungen wie z.B. Zeitdruck, Lärm, räumliche Enge, pausenlose Überwachung, Monotonie), sondern auf die 'Transaktionen' zwischen Person und Umwelt. Es wird also weder rein *reiz*bezogen (die Belastung ist 'objektiv' in der Situation vorhanden), noch rein *reaktions*bezogen argumentiert (von Stress kann erst geredet werden, wenn die Person ein entsprechendes physiologisches, psychisches, soziales Antwortverhalten zeigt). Stress wird vielmehr 'dazwischen' lokalisiert: durch das *Agieren* der Person wird eine Unausgewogenheit zwischen ihren Kapazitäten und den Anforderungen der Situation überbrückt, *trans*-agiert. Mit Transaktion ist zudem gemeint, dass sich die beiden Pole (Person, Umwelt) im Verlauf der Beziehung *wandeln;* anders als bei bloßer Interaktion, bei der die Entitäten, die miteinander Effekte produzieren, unverändert bleiben, werden sie bei einer Transaktion durch die Rückwirkungen ihrer Effekte selbst verändert, sodass strenggenommen im Zeitablauf niemals (mehr) die gleichen Gegebenheiten miteinander in Beziehung treten. Es ist wichtig festzuhalten, dass die transaktionistische Konzeption ein theoretischer Entwurf ist; in der Praxis der Stressforschung wird nach wie vor das reaktionsbezogene Vorgehen bevorzugt. Dies zeigt sich daran, dass der Stresscharakter von Situationen meist dadurch bestimmt wird, dass man auszählt, wie häufig typische Stressreaktionen (im physiologischen und/oder psychischen und/oder aktionalen Bereich) im Durchschnitt bei den betroffenen Personen gezeigt werden.

Das transaktionale Modell ist prozessual angelegt: Die Person analysiert in einer *ersten* Einschätzung den (stressenden) Charakter der Situation; sie prüft, ob Möglichkeiten von Schädigung oder Verlust, Bedrohung oder Herausforderung vorliegen und wie die Situation emotional einzuschätzen ist (ängstigend, erregend, überfordernd, langweilig, uninteressant etc.). In einer *zweiten* Einschätzung taxiert die Person ihre Fähigkeiten und Chancen, die Stress-Situation *bewältigen* zu können. Während und nach der konkreten Auseinandersetzung mit der Stress-Situation kommt es dann - in einer *dritten* (Rückkopplungs-)Phase - zu Neu-Einschätzungen, die die vorherigen Diagnosen revidieren oder bestätigen können. Beim Versuch der Bewältigung ('coping') kann man entweder problemzentriert 'instrumentell' oder 'palliativ'[34] vorgehen, also entweder die problematische Transaktion in den Mittelpunkt stellen oder die eigene emotionale Reaktion darauf (das 'innere Milieu'). In beiden Fällen können verschiedene Strategien oder Modalitäten eingesetzt werden: (weitere) Informationssuche, sofortiges direktes Handeln, Hemmung des Handelns, intrapsychische Anpassungsleistungen:

1. *Informationssuche* ist angezeigt, wenn die Situation für die Person relativ neu, mehrdeutig, komplex, undurchschaut ist, sodass sie sich über Inhalt und Ausmaß der möglichen Schädigung, Bedrohung oder Herausforderung nicht im klaren ist und auch ihre eigenen Bewältigungschancen nicht einschätzen kann.
2. *Direktes Handeln* ist der *aktive* Versuch, mit den erlebten Belastungen fertig zu werden; diese Strategie verspricht Erfolg, wenn sich die Person ihrer Fähigkeiten (auf der Basis früherer Erfahrungen, des Überblicks über die Situation) sicher ist.
3. *Handlungshemmung* kann geraten erscheinen, wenn zu schnelles, unüberlegtes oder unkontrolliertes Handeln (Panik, Wutanfall, aggressive Entladung, Flucht etc.) negative Konsequenzen verspricht.
4. *Intrapsychische Anpassungen* ähneln als Umdefinitionen der 'inneren' Situation den Abwehrmechanismen der Psychoanalyse. Es geht nicht um Veränderungen der 'objektiven' Situation, sondern der subjektiven Repräsentation bzw. Stellung-

34 'Palliativ' heißt: lindernd, bemäntelnd, beschönigend, entschuldigend

nahme: Gefahren werden verharmlost oder als Chancen umdefiniert, Beleidigungen verdrängt, negative Folgen ausgeblendet ...

Die Zusammenhänge sind in der folgenden Tab. 13 von *Lazarus & Launier* 1981 (hier entnommen aus dem Text von *Heller* 1994, 347) dargestellt.

	zeitliche Orientierung			
	Vergangenheit/Gegenwart		*Zukunft*	
	Funktionen		**Funktionen**	
	(1) Änderung der gestörten Transaktion (instrumentell)	*(2) Regulierung der Emotion (Palliation)*	*(1)*	*(2)*
Instrumenteller Schwerpunkt	Bewältigungsmodi:	Bewältigungsmodi:	Bew.-Modi:	Bew.-Modi:
Selbst	(a) Informationssuche (b) direkte Aktion (c) Aktionshemmung (d) intrapsychisch	(a) Informationssuche (b) direkte Aktion (c) Aktionshemmung (d) intrapsychisch	(a) (b) (c) (d)	(a) (b) (c) (d)
Umwelt	(a) Informationssuche (b) direkte Aktion (c) Aktionshemmung (d) intrapsychisch	(a) Informationssuche (b) direkte Aktion (c) Aktionshemmung (d) intrapsychisch	(a) (b) (c) (d)	(a) (b) (c) (d)
Bewertungen	Schädigung		Bedrohung oder Herausforderung; Aufrechterhaltung	
Thematischer Charakter	Überwinden, Tolerieren, Erholen, Neuinterpretieren vergangener Ereignisse im gegenwärtigen Situationszusammenhang		Präventive oder entwicklungsorientierte Prozesse	

Tab. 13: Schema zur Klassifikation von Bewältigungsprozessen

Den beiden Bewältigungs*funktionen* (instrumentell, palliativ) stellen *Weber & Laux* (1993, 26) eine Systematik von Bewältigung*intentionen* zur Seite, die für Mobbing deshalb besonders interessant ist, weil das Augenmerk nicht nur auf 'Emotion' und 'Situation', sondern auch auf soziale Sachverhalte, nämlich das Selbst und die Interaktion gelenkt wird. In der folgenden Tabelle 14 ist dieses Schema abgedruckt; es könnte eine Grundlage für ein systematisch geordnetes Repertoire von Maßnahmen gegen Mobbing abgeben.

Wie beim Coping-Prozess, so ist auch bei Mobbing mit aktiven Subjekten zu rechnen, die zumindest zunächst, höchstwahrscheinlich aber während des gesamten laufenden Prozesses verschiedene Optionen wahrnehmen(!) und im Regelfall *mehrere* Strategien gleichzeitig oder nacheinander einsetzen. [Bei Modellen wie dem von *Rahe & Arthur*, das im Anhang 9.6 abgedruckt ist, wird die *Aktivitität* des Subjekts völlig ausgeblendet; es entsteht der Eindruck, als ob sich an ihm ein gesetzmäßiger Prozess vollzöge]. Betont man die Eigenaktivität, dann erscheint der 'typische' Mobbing-Verlauf als eine sehr spezielle Variante aus einer Vielzahl von Möglichkeiten. Wenn diese Variante in negative Konsequenzen mündet, dann ist zu fragen, warum alternative Ausgänge für die betroffene (oder handelnde?) Person nicht in Frage kamen.

Emotionsregulation
- Die Gefühle, das subjektive Empfinden, regulieren - Den Gefühlsausdruck regulieren - Physiologische Erregung und Symptome regulieren - Die kognitive Bewertung der Situation ändern - Handlungsimpulse kontrollieren.
Situationsregulation
- Die Situation aktiv ändern - Sich selbst an die Situation anpassen - Den 'status quo ante' bewahren - Eine Auseinandersetzung mit der Situation vermeiden
Selbstregulation
- Verletztes Selbstwertgefühl und angegriffenes Selbstkonzept wiederherstellen - Selbstwertgefühl und Selbstkonzept schützen und bewahren - Selbstwertgefühl steigern und Selbstkonzept erweitern
Interaktionsregulation
- Feedback geben / Befinden und Gefühle rückmelden - Interaktionsbezogene Selbstbilder kommunizieren - Die anderen zu einem gewünschten Verhalten bringen - Interaktion/Beziehung in Frage stellen, demontieren - Interaktion/Beziehung schützen, fördern

Tab. 14: Bewältigungsfunktionen und -intentionen (nach: *Weber & Laux* 1993, 26)

Bei einer Übertragung von An- und Einsichten der Stressforschung auf die Mobbing-Diskussion wäre auch zu untersuchen, an welchen Symptomen die Existenz von Mobbing festgemacht wird. Dies liefe auf eine neue operationale Definition hinaus, die nicht mehr - wie die über 45 Handlungen - inputorientiert ist: Mobbing läge nur dann vor, wenn *bestimmte* Folgen beobachtet werden können. Eine 'folgenlose' Mobbingsituation kann es nicht geben, sie wäre keine. Typischerweise wird jedoch in den Mobbing-Reports die *ganze* Palette der Stress-*Reaktionen* genannt [s. dazu als Überblick die Tabelle 15 aus *Kaufmann et al.* (1982), die in *Udris & Frese* 1988, 432 zitiert ist].

<table>
<tr><th colspan="2"></th><th>kurzfristige, aktuelle Reaktionen</th><th>mittel- bis langfristige chronische Reaktionen</th></tr>
<tr><td colspan="2">physiologisch, somatisch</td><td>• erhöhte Herzfrequenz
• Blutdrucksteigerung
• Adrenalinausschüttung
• ("Stresshormon")</td><td rowspan="2">• allgemeine psychosomatische Beschwerden und Erkrankungen
• Unzufriedenheit, Resignation, Depression</td></tr>
<tr><td colspan="2">psychisch (Erleben)</td><td>• Anspannung
• Frustration
• Ärger
• Ermüdungs-, Monotonie-, Sättigungsgefühle</td></tr>
<tr><td>verhaltens-mäßig</td><td>individuell</td><td>• Leistungsschwankung
• Nachlassen der Konzentration
• Fehler
• schlechte sensumotorische Koordination</td><td>• vermehrter Nikotin-, Alkohol-, Tablettenkonsum
• Fehlzeiten (Krankheitstage)</td></tr>
<tr><td></td><td>sozial</td><td colspan="2">• Konflikte
• Streit
• Aggression gegen Andere
• Rückzug (Isolierung) innerhalb und ausserhalb der Arbeit</td></tr>
</table>

Tab. 15: Beispiele für Stressfolgen (aus: *Udris & Frese* 1988, 432; nach: *Kaufmann, Pornschlegel & Udris* 1982).

Aus dieser Abbildung geht hervor, dass die im engeren Sinn *sozialen* Stressfolgen [*"Konflikte, Streit, Aggressionen gegen Andere, Rückzug (Isolierung) innerhalb und außerhalb der Arbeit"*] ziemlich genau das treffen, was unter dem Stichwort 'Mobbing' diskutiert wird. Allerdings wird 'Mobbing' nicht auf den Bereich sozialer Symptomatik beschränkt, sondern breiter gefasst. Wenn einerseits *alle* möglichen Stress*reaktionen* in Frage kommen und andererseits die Definition von 45 Mobbinghandlungen viel zu willkürlich und speziell ist, dann wird deutlich, dass der Mobbingbegriff nicht pragmatisch entweder am Input- oder am Output-Ende festgemacht werden sollte, sondern in einem *theoretischen* Kontext definiert werden muss (s. dazu unten).

In der Stressforschung wird auf einige Bedingungen aufmerksam gemacht, von denen die Wahl der Reaktionsformen abhängt. Dazu gehören:

a) Kontrollstile, z.B. erlernte Hilflosigkeit;

b) Grad der erlebten Ungewissheit der Situation;

c) Grad der (subjektiv bewerteten) Bedrohung;

d) Ressourcen, z.B. soziale Unterstützung.

Alle diese intervenierenden Variablen sind für Mobbing relevant: eine Person, die habituell glaubt, auf ihr eigenes Schicksal keinen Einfluss zu haben und fremder Einwirkung machtlos ausgeliefert zu sein, wird sich kaum aktiv gegen Zumutungen wehren und infolge dessen in Resignation und Rückzug verfallen; eine Lage, die völlig undurchschaubar, extrem komplex, vieldeutig und turbulent ist, kann die Zuversicht, HerrIn der Lage zu sein, in Frage stellen und zu Handlungslähmung führen; wird die Bedrohung als übermächtig erlebt, so kann es zu unangemessenen Panikreaktionen kommen; verfügt die Person über keinerlei Ressourcen (trainierte Fähigkeiten, bewährte Bewältigungsmechanismen, belastbare soziale Netze etc.),[35] werden Widerstandskraft, Selbstbewusstsein und kreativer Umgang mit Bedrohungen und Chancen beeinträchtigt.

In der Mobbing-Literatur wird stets auf die große Bedeutung *sozialer Unterstützung* hingewiesen (generell zu diesem Thema: *Röhrle* 1993); ja man könnte Mobbing geradezu als das Gegenteil von sozialer Unterstützung definieren. Angegriffene werden Opfer, weil sie den Attacken ihrer Gegner schutzlos ausgeliefert sind und - um in der militärischen Diktion zu bleiben - keine soziale Logistik und Struktur haben,

---

35 *Leymann* (1993, 70) führt im Gefolge der "einschlägigen Literatur" bei einem "kompletten Bewältigungsregister" "bis zu acht Bestandteile" auf:

- Eine gute physische und psychische Konstitution
- Selbstvertrauen
- Ansehen bei anderen
- Soziale Unterstützung (social support) in der Umwelt
- Stabile wirtschaftliche Verhältnisse
- Handlungsspielraum
- Die Fähigkeit, Probleme zu lösen
- Die Fähigkeit, sich in der Gesellschaft zu orientieren.

um sich für die nächste Runde der Auseinandersetzung munitionieren, taktisch beraten und (kampf)moralisch stärken zu können. Auch hier ist die Parallele zur Stressforschung eng:

> "Mangelnde oder eingeschränkte Kooperationsmöglichkeiten auf der Kollegenebene, fehlende Anerkennung und/oder Rücksichtslosigkeit durch Kollegen und Vorgesetzte, Arbeitsgruppen ohne Kohäsion sind soziale Arbeitsbedingungen, die psychische Stressreaktionen verursachen können" (*Udris & Frese*, 1988, 437).

Wenn der Mobbing-Verlauf keine naturgesetzliche Konstante ist, sondern ein sehr voraussetzungsvolles Produkt einer Vielzahl von Determinanten und wenn Mobbing zwar selten (3,5%!, siehe oben), aber dennoch immer noch viel zu häufig vorkommt, dann liegt jene sprichwörtliche Verkettung unglücklicher Umstände vor, die keineswegs zufällig, sondern sehr systematisch sein kann.

Zusammenfassung zur stresstheoretischen Interpretation von Mobbing:

Mobbing wurde bislang bei den meisten AutorInnen, stresstheoretisch gesehen, *reiz*definiert (z.B. 45 Mobbinghandlungen). Als *Reaktionen* gelten die allgemeinen Stressindikatoren, die in der Literatur behandelt werden.

Das *Leymann*sche Phasenmodell ist pragmatisch konzipiert. Auf dem Hintergrund von Stressmodellen wird die Einseitigkeit oder anders gesagt: Voraussetzungsfülle des *Leymann*schen Modells deutlich:

a) Es wird nicht systematisch geklärt, warum (in welcher Situation[36], in welchem Kontext) es zu Sticheleien, verletzender Kommunikation, Intrigen, einzelnen Unverschämtheiten etc. kommt.

b) Es bleibt offen, warum und wann die Entwicklung zum Psychoterror gegen eine *einzelne* Person eskaliert und nicht etwa konstruktiv mit Lerneffekten für alle Beteiligten bewältigt wird. Es ist davon auszugehen, dass verschiedene fehlgeschlagene 'Therapie'-Versuche unternommen worden sind: Warum sind sie erfolglos geblieben? Wer hatte am Misserfolg ein Interesse, welchen Nutzen (für wen) hat das Scheitern? Kann durch die Umlenkung der Gruppen-Probleme auf einzelne vielleicht der Zerfall der Gruppe verhindert (aufgeschoben) werden?

c) An dieser Stelle fehlt insbesondere die Auseinandersetzung mit der systemischen Qualität der Intragruppen-Beziehungen und ihre Verschränkung mit anderen Aspekten der Arbeitsumwelt.

---

[36] *Leymann* (1993, 74) nennt ohne Diskussion folgende "Situationsfaktoren", die für die "Bewältigung von Schicksalsschlägen" von "großem Einfluss" sind:

- "Ist die Situation neu oder ist sie wohlbekannt?
- Ist die Situation voraussehbar oder nicht?
- Kann die Situation gedeutet werden oder nicht?
- Ruft die Situation Unsicherheit hervor oder nicht?
- Welche Rolle spielt die Zeit? Kann man abschätzen, wann etwas Unangenehmes vorüber ist oder nicht?
- Fällt die Situation mit anderen beschwerenden Lebensumständen zusammen oder nicht?

d) Welche Interaktionen fanden zwischenzeitlich statt, die letztlich in die Alternative "Ausschluss aus der Arbeitswelt" mündeten? Warum (wegen welcher *Bedingungen*) sind andere Problemlösungsversuche erfolglos geblieben? Bedenkt man, dass die Stressforschung mehrere Reaktionsmöglichkeiten differenziert und zwischen intensiver Informationssuche, direkten Aktionen, zurückgehaltenen Handlungsimpulsen und intrapsychischer Umdeutung unterscheidet, und dass all das von allen Beteiligten ins Spiel gebracht wird, dann wird es wahrscheinlich, dass eine nur personale oder allein interpersonale Interpretation zu kurz greift, weil auch apersonale Faktoren (wie z.B. objektive Arbeitsbedingungen, Spielregeln, Firmengewohnheiten usw.) eine wichtige Rolle spielen (können). *Leymann* betont ausdrücklich und wiederholt die große Bedeutung systembedingter Faktoren, aber er bietet kein Rahmenkonzept, das diese Einflüsse systematisch zu berücksichtigen erlaubte.

6.3 Gruppendynamisch-systemische Interpretation

Man kann das Mobbingphänomen als Erbe unserer Evolutionsgeschichte sehen: Der Mensch ist auf 'Jäger' programmiert und hat das uralte Feind-Beute-Schema immer noch verinnerlicht. Wenn die schwächeren Mitglieder einer Gruppe oder jene, die den Zusammenhalt der 'Horde' bedrohen, eliminiert werden, steigen Kampfkraft und Überlebenschancen der Gesamtgruppe; es handelt sich also um eine fast immunologische Abstoßungsreaktion, mit der sich die Gruppe von Ungeeigneten befreit. Dieses sozialdarwinistische Prinzip läuft auf die Geltung der Maxime 'survival of the fittest' hinaus. An denen, die ausgesondert werden, erkennt man die in einem Verband geltenden Anforderungen, die durch die Umwelt im weitesten Sinne vorgegeben werden. Eine solche soziobiologische Betrachtungsweise hat den entlastenden Effekt, die Mobbenden von der Verantwortung für ihr Tun und die unterlassene Suche nach Alternativen freizusprechen. Vielfach werden in diesem Zusammenhang lakonische Formeln angeboten, wie z.B. "Wo gehobelt wird, da fallen Späne", "Man muss Nehmerqualitäten entwickeln", "Es geht bei der Arbeit eben ziemlich rauh zu" usw. Damit wird ein gewisses(?) Maß an Aggressivität für normal erklärt und der Ellbogengesellschaft ein Freibrief ausgestellt. Im Arbeitsleben bleibt auf der Strecke, wer sich einen Kuschel- und Schmusekurs erwartet hatte; nicht Feinfühligkeit, sondern Durchsetzung wird erwartet und prämiert. Es gibt zahlreiche Härtetests, Mobbing ist einer von ihnen. Dies könnte auch Formen 'institutionalisierten' Mobbings erklären, wie sie von militärischen Organisationen berichtet werden: Um Härte zu entwickeln und individuelle Empfindlichkeit auszumerzen, werden die Personen 'geschliffen' und nicht selten geben sie die von Vorgesetzten erfahrenen Kränkungen an das schwächste Gruppenmitglied (oder an rivalisierende Einheiten, idealerweise: an den 'Feind') weiter.

Gegen soziobiologische Schicksalsergebenheit opponiert ein sozialpsychologisch akzentuierter Ansatz, der das Zustandekommen der Opferwahl untersucht. Für ihn sind Stress- und Mobbing-Phänomene Prozesse, die Phasen durchlaufen, in denen jeweils alternative Handlungsmöglichkeiten bestehen; die Vor-Geschichte der Bedingungen und Erfahrungen bestimmt das Repertoire der erwogenen und eingesetzten Strategien mit. Zum anderen werden Einsichten versperrt, wenn man wie gebannt auf das Mobbing-Opfer blickt und die *soziale Situation*, die es sowohl vorfindet wie mitgestaltet, vernachlässigt. Mobbing-Prozesse haben eine *inter*personale Dynamik. Es dürfte wohl der Ausnahmefall sein, dass ein tückischer, sadistischer Täter ein Mobbing-Opfer kürt und einen Quäl-Plan ausheckt, um es dann systematisch 'fertigzumachen'. Eine neue Perspektive erschließt sich, wenn man im Sinne gruppendynamischer oder systemischer Ansätze das sogenannte Mobbing-*Opfer* als Index-Patient (im Doppelsinn) sieht, nämlich als 'leidende' Person, auf die die anderen hinzeigen (um von sich selbst abzulenken[37]) und eine, die in ihrem Leiden ein kollektives Problem anzeigt[38]. Bei einer solchen Betrachtung stünde dann nicht mehr das bedauernswerte Opfer im Mittelpunkt, sondern die gesamte soziale Konstellation. Denn im Opfer reflektiert sich das System: das Tun des einen ist das Tun des anderen - in diesem Sinn übernimmt *Stierlin* die berühmte Stelle aus der Herr-Knecht-Dialektik in *Hegel*s 'Phänomenologie des Geistes'. Mobbing-Situationen müssten dann nicht mehr dadurch kuriert werden, dass für effektiven Schutz der Opfer und Wiedergutmachtung der angerichteten Schäden gesorgt wird, sondern dass erhellt wird, welche latente (Psycho- und Sozio-)Dynamik sowohl die Arbeitsgruppe, wie auch die Bedingungen, unter denen die Gruppe zu funktionieren hat, charakterisiert. Mobbing ist so nicht länger ein dyadischer asymmetrischer Prozess zwischen attackierender und attackierter Person, sondern Oberflächen-Ausdruck sozialer Spannungen, die sich durchaus auch in anderer Weise und an anderen Personen entladen können. Ein Beispiel wäre die 'Auswahl' von Kunden oder Klienten als Objekten von Schikane (s. *Seemann & Meier* 1989); dadurch würde zwar die innere Harmonie der Arbeitsgruppe bewahrt, Dritte aber müssten dafür bezahlen. Es ist eine alte politische Technik, durch Schaffung und Bekämpfung eines äußeren Feindes innere Befriedung zu erreichen. Das Opfer ist lediglich 'Symptomträger', aber nicht Ursache; die Interaktionen zwischen Opfer und TäterInnen haben eine Funktion für die Erhaltung des Systems. Daraus folgt die These, dass, wenn Mobbing unterdrückt würde, die Spannungen auf eine andere Weise zum Ausdruck kämen. Das Opfer erfüllt z.B. eine Stabilisierungsfunktion für die Gruppe; fällt es weg, z.B. durch Ausstoßung, dann wird - so die Annahme - binnen kurzem ein neuer Sündenbock gekürt werden. Wenn MitarbeiterInnen einen Kollegen mobben, kann er Ersatzobjekt für

---

37 - wobei die alte Regel gilt, dass auf den einen Finger, der auf andere zeigt, deren drei treffen, die auf die zeigende Person zurückweisen!

38 *Leymann* geht in einer kurzen Bemerkung (1993, 140) auf diese Möglichkeit ein, verfolgt den Gedanken jedoch nicht weiter: "In der Psychologie gibt es Vertreter, die annehmen, daß jede Gruppe ihren Sündenbock hat. Das ist jedoch eine statische Annahme, die dynamischen Verhältnissen in keiner Weise gerecht wird. Es wäre besser, sich die Frage zu stellen, *wann* und *unter welchen Voraussetzungen* eine Gruppe jemanden braucht, an dem sie sich abreagieren und dem sie danach auch die Schuld für die Folgen des Abreagierens in die Schuhe schieben kann." In der Tat, diese Frage sollte beantwortet werden!

die eigentlich gemeinte Vorgesetzte sein oder als Adressat für Aggressionen herhalten, die sich eigentlich gegen die Ungerechtigkeiten oder Unzulänglichkeiten von Bezahlungssystemen, Arbeitsbedingungen, Personalentscheidungen etc. richten. Die unerbittliche Verfolgung des Opfers kann die Weitergeltung bestimmter Gruppennormen oder -standards unterstreichen. An der abweichenden Person wird die 'ganze Schärfe des Gesetzes' demonstriert, was durchaus auch eine generalpräventive Wirkung für alle anderen Mitglieder haben soll, die sich versucht sehen, ebenfalls abzuweichen. Dies lässt sich in vielen Mobbingfällen veranschaulichen: Opfer wird häufig diejenige Person, die prekäre Gruppennormen in Frage gestellt hat (Solche Normen können sein: Alle sozialen Aktivitäten mitmachen! Gruppenrituale beachten! Ein bestimmtes Leistungsniveau nicht über- oder unterschreiten! Keine überstürzten Neuerungen einführen! ...). Insbesondere dann, wenn die Gruppe keine einheitsstiftenden Aufgaben, Erfolge und Symbole (mehr) hat, kann die Kohäsion durch das Ziehen neuer Gruppengrenzen gefestigt werden. Durch das Ausgrenzen Abweichender wird dann die Gruppen-Identität hergestellt.

Antisemitische Ausschreitungen, Ausländerhass, Gewalt gegen Kinder und Frauen, Aggressivität gegen andere Verkehrsteilnehmer etc. könnten im Sinne einer solchen "Ventil-Theorie" der Aggression interpretiert werden. Ein in der Allgemeinen Psychologie bewährtes Erklärungsschema ist als Frustrations-Aggressions-These bekannt geworden; diese Deutung des Geschehens würde dazu auffordern, zunächst einmal die Frustrationen aufzuspüren, die die TäterInnen aggressiv machen.

Ein Konfliktverlaufs-Modell, das auf der Frustrations-Aggressions-These aufbaut, haben *Hugo-Becker & Becker* (1992, 75) vorgelegt. Es ist unkommentiert in Anhang 9.5, S. 226 abgedruckt; die Komplexität dieses Schemas zeigt einmal mehr, dass die Konsequenz 'Mobbing' nur eine unter vielen Möglichkeiten ist, mit denen auf Frustrationen reagiert werden kann.

'Mobbing' würde sich in diese Symptomfamilie recht gut einordnen lassen. Allerdings kann es für Mobbing andere Gründe als 'Frustration' geben. Man kann dabei zwischen Mobbing-Motiven und Mobbing-Ursachen unterscheiden. Zur ersten Gruppe gehörten z.B. Lust am Quälen und Zeitvertreib aus Langeweile[39] oder Abreaktion von Spannungen oder sozialdarwinistisches Konkurrenzverhalten, das in einer auf Aussonderung der Ungeeigneten ausgerichteten Wirtschaftsordnung jene eliminiert, die sich als schwächste erweisen, weil sie unter dem Druck zusammenbrechen, krank werden. Damit ist aber auch schon das Prinzip der zweiten Gruppe

[39] "Mobbing an diesen Arbeitsplätzen [gemeint sind kurzzyklisch getaktete monotone Fließbandarbeitsplätze, O.N.] kann in vielen Fällen auch als 'Langeweile-Mobbing' gekennzeichnet werden. Um seinen Geist überhaupt zu beschäftigen, nimmt man sich einen Kollegen vor, mit dem man seinen Spaß treibt" (*Leymann*, 1993, 136).
"Es gibt zwei Ursachen für Terror im Büro. Die eine heißt Stress, die andere Langeweile ... Manchen macht es einfach Spaß. Gerüchte, Tratsch und boshafte Inszenierungen haben Unterhaltungswert, besonders wenn der Job langweilig ist" (*Meyer*, 1991, 27).

eingeführt: Es geht um jene objektiven Ursachen, die hinter dem berühmten Rücken der Subjekte wirken, also um Bedingungen, deren aggressionssteigernde Wirkung meist nicht gesehen wird und nicht gewollt ist, die aber den Korridor der Möglichkeiten begrenzen, innerhalb dessen gehandelt werden kann (z.B. Bezahlungssysteme, Zuschnitt von Arbeitsinhalten, Zusammenstellung von Teams, Termin- und Kostendruck ...).

Pawlowsky (1988, 27f., 32f.) vermutet, dass die Angst um den Arbeitsplatz das Miteinander zum Gegeneinander werden lässt. Vielleicht ist es auch das durch betriebliche *Systeme* (Gehaltsfindung, Arbeitsplatzzuweisung, Personalbeurteilung, Beförderung usw.) und *Normen* (Leistungsprinzip, Effizienz, Kosteneinsparung etc.) erzwungene Konkurrenzverhalten, das es vorteilhaft erscheinen lässt, allein die eigenen Interessen zu verfolgen? Wer sich kollegial verhält, ist zwar *"... immer der Idiot, aber andererseits ist derjenige der hilft, beliebt. Aber diejenigen, die keinem helfen, die kommen schneller voran"* (so zitiert *Pawlowsky,* S. 29, einen Gesprächspartner). Aus Tiefeninterviews mit 70 Berliner ArbeitnehmerInnen hat *Pawlowsky* drei "markant konkurrenzbezogene Äußerungen" herausgearbeitet:

- "Man muss in seinem Verhalten gegenüber Kollegen von vornherein deutlich machen, wer der Stärkere ist.
- Es ist erforderlich, im Berufsleben mit härteren Bandagen zu kämpfen.
- Man sollte zusehen, dass man sich durchsetzt, auch wenn das hier und da auf Kosten anderer geht" (*a.a.O.*, 31).

In einer repräsentativen Stichprobe von 1129 befragten ArbeitnehmerInnen wurde gefunden, dass 10% die erste Feststellung, 22% die zweite und 14% die dritte bejahten [siehe zu dieser Befragung auch die von *Charlotta Fodell* (1989) entwickelte Fragebogen-Skala (dort sind z.B. auf S. 122 und 130 die Gesamtskalen abgedruckt); siehe auch die von *Frese & Zapf* (1987) konstruierte Skala zur Erfassung von sozialen Stressoren und die bei *Krieger* (1992) abgedruckten Skalenitems zur Erfassung der psychosozialen Anforderungen und Ressourcen am Arbeitsplatz].

> "Arbeitnehmer, die diesen Statements in hohem Maße zustimmten ('auf jeden Fall'), zeigen darüber hinaus ein geringes Interesse an einer 'guten Zusammenarbeit mit Kollegen', lehnen Hilfsbereitschaft als wichtige Handlungsorientierung für beruflichen Erfolg eher ab, sind weitaus seltener bereit, auf 'die Belange anderer Kollegen' einzugehen oder Kollegen zu helfen, 'wenn sie mit ihrer Arbeit nicht fertig werden' und befürworten weit überdurchschnittlich 'Rücksichtslosigkeit und Härte' als persönliche Verhaltensleitlinie für beruflichen Erfolg" (*Pawlowsky* 1988, 32).

In einer Wirtschaftsordnung, die auf Eigennutz und Konkurrenz setzt, kann man Personen, die diese Haltungen leben, nicht plötzlich als pervers oder abartig stigmatisieren: sie sind vielmehr diejenigen, die die Konstruktionsprinzipien des Systems am konsequentesten verinnerlichten und leben. Es wäre verfehlt, ihnen Charakterschwäche zu attestieren, wo sie doch den gewollten Charakter zeigen. Ihr Verhalten macht aber überdeutlich, dass diese Haltungen nur auf dem Hintergrund der von anderen freiwillig eingebrachten Kooperationsbereitschaft gedeihen kann, die parasitär ausgenutzt wird. In diesem Licht muss auch die prekäre Natur von Aufforderungen zu 'kooperativer Führung' oder 'trust management' gesehen werden, die nur erfolgreich sein können, wenn die prinzipiell vorhandenen Möglichkeiten zu Zwang und Druck freiwillig ausgesetzt, aber als Drohpotentiale behalten werden.

Wer von Mobbing spricht, hat latent oder ausgesprochen ein Ideal funktionierender Sozialbeziehungen vor Augen, das als Bewertungsstandard für die Abweichungen dient. Ist ein solches Ideal-Modell gekennzeichnet durch stete Harmonie, Freundlichkeit, Fürsorge, Ausgeglichenheit gegenüber allen? Auf der Folie einer solch paradiesischen Idylle müssen alle real existierenden Sozialbeziehungen als defizitär, krank und problematisch erscheinen. *Leymann* scheint dieses Ideal-Modell nicht anzustreben, dennoch hat er wohl eine implizite Messlatte, an der zum Beispiel auch die Effektivität der Bemühungen ums Abstellen von Mobbing gemessen werden kann. Mobbing ist schlecht - was aber ist "gut"?

Wie bei der Evaluation von PE-Maßnahmen ist auch hier zwischen summativer und formativer Bewertung zu unterscheiden. Summative Evaluation zielt auf die Effekte, formative auf den Prozess. Summierend-bilanzierende Evaluation nennt einen Satz von (Erfolgs-)Kriterien und misst den Abstand des Bestehenden zu diesen fixen Bezugspunkten. Formative Evaluation geht (der Idee nach) nicht davon aus, dass es unumstritten und dauerhaft gültige Messgrößen gibt, sondern konzentriert sich auf die Untersuchung von Prozessen oder Entwicklungen, deren Letzt-Ziele oder -Konsequenzen offen sind, die aber bestimmten(!) Ansprüchen an ihren Verlauf genügen und - zum Teil noch unexplizierte - Meta-Kriterien verfolgen. Beispiele solcher Verlaufskriterien könnten sein: Fairness, Reversibilität, Authentizität, Chancengleichheit, Nichtdiskriminierung usw. "Gute" Sozialbeziehungen sind dann beispielsweise nicht ausgezeichnet durch Harmonie (als Zielzustand), sondern durch die Möglichkeit aller Beteiligten, ihre Interessen artikulieren und auf funktionierende Mechanismen zurückgreifen zu können, die die unausweichlichen Konflikte regulieren helfen.

Mobbing entsteht aus dem Versagen der Reparatur-Einrichtungen. Das Problem ist nicht, dass es Konflikte, Streit, Aggression, Intrigen etc. in Gruppen gibt, sondern dass keine eingespielten Verfahren zu ihrer Kanalisierung existieren.

Eine solche systemische Sichtweise würde auch den Blick öffnen für eine Möglichkeit, die im ersten Moment zynisch klingt: dass nämlich auch Mobbing-Opfer Vorteile aus der Mobbing-Situation ziehen. Als Delegierte können attackierte Personen ihre eigenen Anteile verleugnen. Damit ist nicht etwa latenter Masochismus gemeint, sondern die entlastende Zuschreibung, dass an allem Elend die anderen schuld sind. Dies ist möglicherweise das Endstadium in einem Prozess, der immer mehr in 'erlernte Hilflosigkeit' geführt hat. Wer erfahren musste, dass alle seine Bemühungen um Wiedererlangung von Kontrolle scheiterten, findet womöglich (schwachen)

Trost in der Vorstellung eines unabwendbaren Schicksals, in das man sich zu fügen hat.

Schließlich kann Mobbing auch als Kollusions-Phänomen[40] interpretiert werden. Zum einen gibt es Kollusionen innerhalb der Gruppe der Mobbenden (die verschiedene Rollen unter sich aufteilen) und womöglich auch Kollusionen zwischen Mobbern und Gemobbten: die unterdrückten Anteile der eigenen Person werden der anderen zugeschrieben und das komplementäre Verhalten wird aneinander ausagiert. Auf diese Weise entsteht eine zwar einseitige und pathologische, aber womöglich stabile Beziehung, deren Rollenaufspaltung sich im Verlaufe der gemeinsamen Geschichte immer stärker extremisiert.

Aus systemischer Sicht ist auch noch an eine weitere funktionale Begründung für die Existenz von Mobbing zu denken. In einer Diskussion über das Thema gab *Daniela Rastetter* (1993 bzw. 1994) die Anregung, Mobbing im Sinne einer Strategie des "Spaltens und Herrschens" zu sehen. Mobbing untergräbt Solidarität und produziert Abweichler, an denen ein Exempel statuiert werden kann: Wer unangenehm auffällt, muss mit unangenehmen Konsequenzen rechnen. Mobbende übernehmen so eine Disziplinierungsfunktion, die das Management aus rechtlichen oder Image-Gründen nicht wahrnehmen will. Manche *müssen* aus der Gruppe ausgestoßen werden, damit sich die Identität der Gruppe (in Abgrenzung gegen andere und das Andersartige) bilden kann. Durch Mobbing wird "ausgetestet", welches Mischungsverhältnis von Konkurrenz und Kooperation bzw. Harmonie und Widerspruch für eine Einheit gelten soll. Dabei werden bestehende Gruppenbeziehungen immer wieder 'aufgemischt', sodass ein charakteristischer Pegel von Wachsamkeit und Abwehrbereitschaft entsteht und die Einlullung durch Harmonie und Nettigkeit verhindert wird. Auf diese Weise verraten und erzeugen sich unternehmens- oder systemspezifische Werte und Haltungen, wie etwa Misstrauen, Alertness, Wettbewerbsgeist, Frustrationstoleranz, Schlag-Fertigkeit ...

6.4 Labelling- und attributionstheoretische Interpretation

An einigen Stellen seines 1993-Buchs gebraucht *Leymann* den Begriff der Stigmatisierung des Opfers (S. 76, 78, 145). Er geht dabei von attributionstheoretischen Überlegungen aus (*a.a.O.*, 77) und bedauert die verbreitete Tendenz, das Verhalten der Mobbing-Opfer *personal* verursacht zu sehen, wenn ihre zum Teil dramatische

[40] Kollusion ist ein Begriff aus der Partner-Therapie (s. vor allem *Willi* 1975), der die stabile Verschränkung zweier Akteure dadurch erklärt, daß sie komplementär aufeinander bezogen sind. Sie haben sich - unwissentlich - gegenseitig ihre abgelehnten und ungelebten Anteile delegiert und finden so im Partner oder der Partnerin die andere Seite ihres Ich: die Starke braucht z.B. den Schwachen, um ihre verdrängte eigene Schwachheit im anderen kontrollieren zu können; der Schwache wiederum verleugnet die eigenen Anteile an Mut, Stärke, Aggression und delegiert sie an die Partnerin.

Reaktion auf ihre notorische Unleidlichkeit, ihr Querulantentum, ihren Neurotizismus etc. geschoben wird. Damit wird völlig übersehen, dass dieses Opfer-Verhalten Antwort oder Verteidigung ist und dass es eine Vorgeschichte der Fremdverursachung geben kann.

Die Labelling-Theorie (s. z.B. *Wiswede* 1979, *Goffman* 1974, *Jones* 1984) setzt an dieser Stelle an. Sie beschreibt den Prozess (die "Karriere") der Entwicklung abweichenden Verhaltens. Ein erster Schritt ist, dass irgendeine Differenz (z.B. eine Auffälligkeit des Verhaltens, der Erscheinung oder irgendwelche Attribute wie Name, Kleidung, Religionszugehörigkeit usw.) identifiziert wird. Diese Be-Sonderheit dient nun im Folgenden zur Ab-Sonderung der Person als deviant. Festgemacht an einem einfachen Etikett (einem 'Label' wie Jude, Verbrecher, Neger, Homo, Bayer, Linker, Beamter) werden stereotypisierte weitere Attribute zuerkannt. "Man" weiß dann mit ziemlicher Sicherheit, wie ein "Junkie" aussieht, was von ihm zu erwarten ist und wie man mit ihm umzugehen hat. Das Opfer wird herabgewürdigt(!); dann ist es nicht mehr gleichwertig, sondern anders und vor allem: schlechter - und kann/muss entsprechend behandelt werden. Die Labelling-Theorie ist eine Form sozialer Kategorisierung, die aber nicht bei der kognitiven Ordnung der Wirklichkeit stehenbleibt, sondern die Wertungen, die mit der Etikettierung unausweichlich verbunden sind, zur Grundlage entsprechender "Behandlungen" macht, die wiederum die Zielperson auf Antworten festlegen, die die Erwartungen der anderen bestätigen. Damit ist durch solch selbsterfüllende Prophezeiungen ein Teufelskreis eröffnet, aus dem es kaum ein Entrinnen gibt. Wenn z.B. Drogensüchtige kriminalisiert werden, haben sie wenig Chancen auf Resozialisation (z.B. stabile Arbeitsverhältnisse, normale Wohnungen, therapeutische Betreuung), dies treibt sie in weitere Beschaffungskriminalität usw.

Ähnliche Prozesse dürften auch bei Mobbing-Opfern ablaufen. Irgendeine Kleinigkeit oder eine unerwartete Abweichung vom Üblichen (Marotten des Verhaltens oder der Kleidung, unsicheres Auftreten, Stottern, Stimmungsschwankungen, Dialekt, Herkunft, eine zufällige Häufung von Erkrankungen, scheinbare Knauserigkeit bei Betriebsfeiern, besonderer Leistungseifer, innovative Ideen usw.) können Anlass zu plakativer Etikettierung sein [*Leymann* nennt (1993, 145) z.B. die Beobachtung, dass Behinderte fünfmal häufiger Mobbingopfer wurden als ihre nichtbehinderten Kollegen]. Damit wird eine *Abweichung* zu den anderen, den 'Normalen', begründet, die sich demonstrativ von dem *Sonder*ling abzuheben trachten und sich selbst für gesund, wohlanständig, arbeitsam etc. halten. Auf diese Weise wird eine Kluft vertieft (und meist überhaupt erst geschaffen), die sich als zunehmend schwieriger zu überbrücken erweist. Kommt nun ein beunruhigendes soziales Problem hinzu (auf gesellschaftlicher Ebene z.B. Verbrechen, Drogensucht, Missernten, Wohnungs- oder Arbeitslosigkeit etc., auf betrieblicher Ebene Personalabbau, Misserfolge, Qualitätsmängel, Zeitdruck usw.), kann als Ursache für dieses Problem oder als Sündenbock für aufgestaute Emotionen die 'verfremdete' Person ausgesucht werden. Was immer die Zielperson tut, es wird gegen sie ausgelegt (Musterfall: die Hexenprozesse des Mittelalters). Als einzelne hat die 'ausgesuchte' Person kaum eine Chance, aus eigener Kraft der Stigmatisierung zu entkommen.[41]

Im Labellingansatz als einer soziologischen Theorietradition spielen Attributionsmechanismen, die vor allem in der (Sozial-)Psychologie erforscht wurden, eine wichtige Rolle. In der Attributionsforschung geht es um die Aufhellung der Prozesse der Ursachenwahrnehmung. Werden Handlungen oder Ergebnisse beobachtet, besteht eine Tendenz, ihr Zustandekommen zu 'erklären', indem sie personalen oder situativen Ursachen zugeschrieben (attribuiert) werden. Im Rahmen dieser Verantwortungszuschreibung werden charakteristische Prozesse (oder 'Fehler') beschrieben, die auch für das Mobbinggeschehen von Interesse sind. BeobachterInnen neigen z.B. zu vorwiegend *personaler*, Handelnde zu *situativer* Attribution (fundamentaler Attributionsfehler, s. *Ross* 1977). Damit findet sich auch eine Erklärung für das oft passive Verhalten von unbeteiligten ZuschauerInnen: Sie geben den Mobbingopfern die Schuld und interessieren sich nicht weiter für situative Umstände. Die Opfer aber sehen sich in der Lage, zahlreiche Auslöser, Einflüsse und Bedingungen zu benennen, die *außerhalb* ihres Einflussbereichs liegen, und für die sie keine Verantwortung übernehmen. Ein anderer Urteilseffekt ist der sog. 'self-serving bias': Für das eigene Selbstwertgefühl abträgliche Zuschreibungen werden tendenziell abgewehrt, sodass man für Vorkommnisse, die einen z.B. als dumm, unfähig, charakterlos, feig etc. erscheinen ließen, eher externe Ursachen geltend macht. Auch der Mechanismus "falscher Konsens-Wahrnehmung" könnte bei Mobbingfällen eine Rolle spielen: Verhalten wird zuweilen damit gerechtfertigt, dass "es alle so machen", dass man sich mit seinen Handlungen im Einklang mit der Mehrheit oder den Sitten, Normen und Gebräuchen befindet und dass nur 'Abweichende' sich erklären(!) müssen.

An dieser Stelle kann nicht auf die zahlreichen Differenzierungen der Attributionsforschung eingegangen werden (s. dazu den Überblick bei *Schettgen* 1992); festgehalten werden soll aber, dass für die Interpunktion des Mobbingprozesses (Wer hat zuerst angefangen? Wer ist schuld?) nicht auf Dinge der 'objektiven Welt da draussen' zurückgegriffen werden kann (z.B. 45 eindeutige Mobbing-Handlungen), sondern dass subjektive Interpretationen berücksichtigt werden müssen. Bedeutsam ist dabei, dass die zunächst *individuellen* Rekonstruktionen und Rechtfertigungen in einem *interpersonellen* Prozess weiter bearbeitet werden, der in eine sozial validierte Konstruktion der Wirklichkeit münden kann.

Die interpersonelle Relation hat zwei Seiten: andere Personen machen sich ein Bild über Motive, Fähigkeiten, Haltungen ihres Gegenübers - das ist die Thematik der Attributions- und Labellingforschung. Die Person ist jedoch diesen Fremdurteilen nicht hilflos ausgeliefert, sondern versucht ihrerseits, aktiv dafür zu sorgen, dass die

---

[41] In anderem Zusammenhang - mit der Bildung von 'Mythen' - behauptet *Leymann* eine geradezu magische Konsequenz: "Die Umwelt hat ihn [gemeint ist das Mobbingopfer, O.N.] krank gezaubert" (1993, 78).

anderen ein günstiges oder nützliches Bild von ihr haben. Diese zur Attribution spiegelbildliche Aktivität wird in der Literatur unter den Begriffen 'impression management' oder Selbstdarstellung abgehandelt (s. dazu unter anderem *Schlenker* 1985, *Mummendey* 1995, *Giacalone & Rosenfeld* 1991, *Giacalone & Rosenfeld* 1989, *Benoit* 1995). Wie jedes Verhalten kann auch das Mobbingverhalten - und zwar sowohl von Opfer wie TäterIn - als authentischer oder aber taktischer Ausdruck mit dem Ziel oder Effekt der Eindrucksbildung betrachtet werden. Wenn sie ihre Rollen als Opfer oder TäterIn übernommen haben, 'produzieren' sie sich (im Doppelsinn des Wortes). Ich habe in der Tab. 16 aus verschiedenen Texten einen Überblick über offensive und defensive Taktiken des impression management zusammengestellt. Es wäre vermutlich lohnend, TäterInnen-Handeln als offensive Selbstdurchsetzung, Opfer-Handeln als Selbstschutz und -verteidigung zu interpretieren.

Wenn die Parteien in einer Mobbingbeziehung zur Rede gestellt (!) werden, müssen sie sich vor anderen und nicht zuletzt: vor sich selbst rechtfertigen.

> "Eine soziale Rechtfertigung ist eine Erklärung, die versucht, die Wahrnehmung einer Person zu beeinflussen im Hinblick auf a) die *Verantwortung* für einen Vorfall oder eine Handlung, b) die *Motive* einer Handlung oder c) die *Ungünstigkeit* eines Vorfalls oder einer Handlung (*Sitkin & Bies* 1993, 354)."

> "Drei Kategorien von Rechtfertigungen sind von den Forschern untersucht worden. Diese Rechtfertigungen beinhalten: (a) *Verantwortung abschwächen*, oder die Wahrnehmung der Kausalität für einen Vorfall oder eine Handlung verändern, (b) *Motive entschuldigen*, oder die Handlung durch Berufung auf höherrangige Normen oder Werte legitimieren und c) *Ergebnisse in einen anderen Kontext stellen* (reframing) oder die Wahrnehmungen über die Konsequenzen des Vorfalls oder der Handlung verändern" (*a.a.O.*, 354).

Um das am Beispiel einer Täterrechtfertigung zu illustrieren: a) "Das wollte ich ja gar nicht", "Damit konnte niemand rechnen", "Der Zusammenbruch ist auf eine angeknackste Psyche oder private Probleme zurückzuführen!"; b) "Aus Gründen der Fairness (Ordnung, Gleichbehandlung, Betriebsfrieden usw.) musste ich einschreiten und Grenzen setzen"; c) "Man darf Menschen nicht immer mit Samthandschuhen anfassen; erst wenn sie unter Druck gesetzt und herausgefordert werden, lernen sie sich zu wehren und entfalten ungeahnte Kräfte. Später sind sie einem dankbar!"

offensive Techniken Selbstdurchsetzung	defensive Techniken Selbstverteidigung
● Einschüchtern, bedrohen, ängstigen ● Anflehen, bitten, betteln (sich als hilfsbedürftig darstellen) ● Eigenwerbung, Eigenförderung, Selbstanpreisung, durch: - Anrechte geltend machen oder hohe Ansprüche signalisieren (Titel, Grade, Referenzen, Ehrungen, Preise), - viel von sich her machen, groß herauskommen, sich im besten Licht darstellen, dick auftragen, - sich mit der Zugehörigkeit zu geachteten Gruppen brüsten, - sich über Kontakte und Beziehungen aufwerten, mit fremden Federn schmükken, - andere vom Sockel stürzen, heruntermachen. ● Demonstration von Beispielhaftigkeit und Vorbildlichkeit; Selbstverleugnung, Aufopferung für eine gute Sache ● Kompetenz und Expertise zeigen	● In misslichen Lagen das Gesicht wahren: - sich herausreden, persönliche Verantwortlichkeit abstreiten, - sich rechtfertigen, vernünftige Gründe anführen, abwiegeln, - abstreiten (es war gar nichts oder nur eine Kleinigkeit, man war gar nicht beteiligt), - sich als unvollkommen (gehandicappt) darstellen, möglichen Misserfolgen vorbeugen, indem man sich selbst abwertet oder hohe Erwartungen dämpft, - Fehler zugeben und Bedauern ausdrücken, um Verzeihung bitten.
● Attraktivität, Beliebtheit, Sympathie betonen, liebenswert sein	● Hilflosigkeit und Angst zeigen
● Status und Prestige betonen, elitär auftreten	● sich in Alkohol- und Drogensucht flüchten (und sich damit als nicht verantwortlich darstellen)
● Glaubwürdigkeit und Vertrauenswürdigkeit ausstrahlen	● Symptome von Geisteskrankheit zeigen (um als nicht zurechnungsfähig zu gelten)
● Offenheit (Informationen über sich preisgeben, Einblicke in sein Innerstes geben)	
● Sich einschmeicheln oder beliebt machen, durch: - selbst groß herauskommen, - andere groß herauskommen lassen, - Meinungskonformität zeigen, - anderen einen Gefallen tun	

Tab. 16: Formen der Selbstpräsentation (nach *Tedeschi* 1981, *Jones & Pitmann* 1982, *Mummendey* 1995)

6.5 Konflikttheoretische Interpretation

Liest man Texte über Konfliktmanagement in Organisationen (z.B. *Rüttinger* 1977, *Berkel* 1984, *Glasl* 1980 bzw. 1992[3], *Schwarz* 1995[2]), dann findet man eine Fülle von Beispielen und Erklärungen, die in jedem Mobbing-Text stehen könnten. Mobbing ist demnach eine Art von fehlgeschlagenem Konfliktmanagement; die Dynamik interpersonaler Konflikte ist außer Kontrolle geraten und entfaltet sich ungesteuert, wenngleich nicht regellos.

Es gibt eine Reihe von Verlaufsschemata sozialer Konflikte (von dyadischen bis hin zu internationalen Konflikten), die z.B. bei *Berkel* (1984, 20-33) oder *Glasl* (1980, Kap. 8-10) beschrieben werden. Von besonderer Nähe zum Mobbing-Verlauf ist *Glasls* "Phasenmodell der Eskalation" (235-326), das hier in seinen Grundzügen skizziert werden soll.

Glasl unterscheidet neun 'Eskalationsstufen', die er in je drei 'Hauptphasen' unterteilt; diese drei Hauptphasen sind jeweils durch 'Hauptschwellen' getrennt, bei deren Überschreiten sich die Konfliktdynamik qualitativ ändert. Die neun Eskalationsstufen sind im einzelnen:

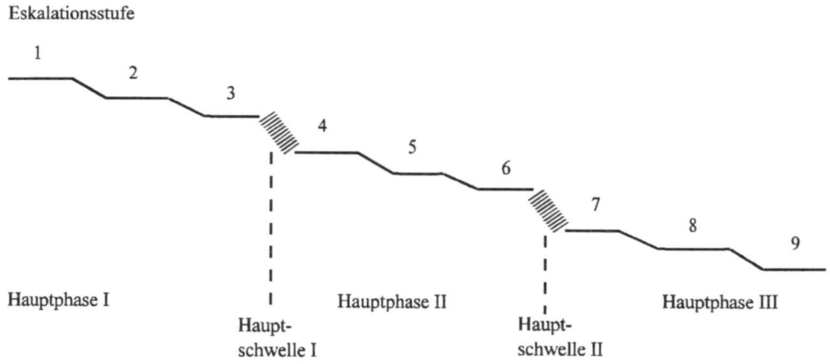

1. *"Kooperationsbemühungen bei gelegentlichem Abgleiten in Reibungen und Spannungen"*

   Es handelt sich um im Grunde normale Gespanntheit und Reizbarkeit, die als erstes Warnsignal deutlich registriert wird; die Beteiligten glauben jedoch, mit rationalem Argumentieren und vernünftiger Auseinandersetzung die Probleme in den Griff bekommen zu können.

2. *"Polarisation und Debatte"*

   Die Konfrontation wird rigoroser, die harten verbalen Auseinandersetzungen nehmen zu (Debatte), man fixiert sich auf eingenommene Standpunkte, deren Verteidigung zur Prestigesache wird: die eigene Position gilt als sachlich, die andere als nicht-sachlich. Die Unterschiede werden zugespitzt (Polarisation), die andere Seite wird - auch emotional - provoziert ("Erst auf den Mann, dann auf den Ball spielen"). Unfaire Mittel werden eingesetzt, man ist sich dessen bewusst und bejaht es.

3. *"Nicht Worte, sondern Taten!"*

   Die 'Einsicht' setzt sich durch, dass Gespräche zu nichts mehr führen und dass man zu Taten übergehen muss. Durch Herstellung vollendeter Tatsachen provoziert man die andere Seite, man deutet die Handlungen der anderen als unfreundliche Akte, durch die sich ihre - in den Worten bloß kaschierten - wahren Absichten verraten; nonverbale Kommunikation nimmt zu. Innerhalb der Gruppe kommt es zum Schulterschluss, die Kluft zu den anderen wird größer, die Gruppenidentität wird durch die Abgrenzung verstärkt.

Die 1. Hauptphase ist insgesamt gekennzeichnet durch Sachbezogenheit. Auch wenn die Parteien zunehmend mehr auf ihren Standpunkten beharren, geht es doch immer noch um Lösungsversuche *mit* der anderen Partei. Die Hauptschwelle zur 2. Hauptphase ist ein 'Aha-Erlebnis', das die Beteiligten erkennen lässt, dass für die anderen die Sachfrage nur Mittel zum Zweck ist: Das Problem ist die Gegenpartei selbst! Nach dem Überschreiten der 1. Hauptschwelle kommt es zu einem Umschlag: *"Die gegenseitigen Blockaden, Irritationen und Probleme kommen nun hauptsächlich aus der subjektiven Sphäre"* (*a.a.O.*, 257); die Parteien können nicht mehr realistisch sehen, wie sie aufeinander wirken, die Empfindlichkeit steigt, ungezielte Ausbrüche häufen sich. Mit dem Übergang in die zweite Hauptphase werden geltende Normen nur noch äußerlich respektiert, innerlich wächst die Bereitschaft, sie zu umgehen und auszuhöhlen.

4. *"Sorge um Reputation und Unterstützung"*

   Für die Parteien heißt die Parole jetzt Sieg oder Niederlage, Gewinn oder Verlust. Die Haltungen werden rigoroser, starrer und aggressiver; ein Denken in Schwarz-Weiß-Kategorien herrscht vor. Die Hauptsorge gilt der Wahrung und Festigung der eigenen Reputation ('das Gesicht wahren'). Es kommt zur 'Selbstglorifizierung' und zur Abwertung der anderen, die als schwach, dumm, feig etc. etikettiert werden. Zunehmend wird nicht mehr die Maximierung des eigenen Nutzens angestrebt, sondern die Maximierung des Unbehagens des Gegners, z.B. durch 'Strafverhalten'. Andere werden in den Konflikt hineingezogen und als Koalitionäre geworben. "Ironisieren, Insinuieren, versteckte und offene Anspielungen, denunzierte Aggressionen usw. sind Verhaltensformen", die dazu dienen, die Gegenseite 'auflaufen' zu lassen (*a.a.O.*, 273).

5. *"Kampf mit verlorenem Gesicht"*

   Das 'Gesicht' ist, so *Goffman*, ein 'soziales Darlehen'; wenn es einem von der sozialen Umwelt gekündigt wird, ist man de-maskiert und wird zu einer ganz anderen und vor allem minderwertigen Person. Plötzlich (!) erkennt die eine Partei die 'wahre Natur' der anderen und sieht nun alles vergangene und gegenwärtige Handeln in einem völlig veränderten, negativen Licht. Die eigene Partei wird verklärt, die andere als tierisch oder dämonisch etc. abgewertet und verachtet, buchstäblich verteufelt. Der Konflikt verschärft sich, er wird totalisiert und ideologisiert, wie ein 'Religionskrieg', in dem es um die fanatische Verteidigung von Grundüberzeugungen geht. Die Kontakte werden abgebrochen, eine 'Echo-Hölle' entsteht: jede Partei hört praktisch nur noch ihre eigenen Klagen und Vorwürfe, sodass sich die Positionen noch mehr stabilisieren und entfremden.

Image-Beschädigung rückt in den Vordergrund. Der Feind soll zur Raserei gebracht werden, sodass er sich selbst entblößt (sein wahres Gesicht zeigt) und von der Gemeinschaft verachtet werden kann. Mit 'sektiererischer Besessenheit' versucht die andere Partei das gleiche. Persönliche aggressive Handlungen werden durch "institutionell-strukturelle Gewaltausübung" überlagert, die dann zu 'generalisiertem Hass' führt (*a.a.O.*, 284).

6. *"Drohungsstrategien beherrschen das Geschehen"*

Gegenseitige Drohungen, werden immer häufiger, entschlossener und schärfer, ja sogar ultimativ. "Das Spielen mit Gefühlen der Angst, unbestimmten, undefinierbaren Befürchtungen, ist eine der fatalen Erscheinungen der sechsten Eskalationsstufe" (S. 292). Die sich steigernden Drohungen beschwören eben jene soziale Wirklichkeit herauf, die durch die Drohung gerade verhindert werden sollte.

Glasl zitiert eine Aufstellung von 'acht Denkfehlern der Drohung und Abschreckung' von *Karl Deutsch* (S. 299):

"1. die Parteien verstricken sich in kurzfristiges Ad-hoc-Denken,
2. die Drohenden erwecken den Eindruck, dass ihr ursprüngliches Ziel weit mehr Wert besitzt und damit alle Kosten rechtfertigt,
3. man behandelt nur noch isolierte Einzelfälle und verliert das größere Ganze aus dem Bewusstsein,
4. die Parteien leben in dem Wahn, dass sie die Situation völlig unter Kontrolle hätten,
5. die Parteien übersehen den kumulativen Effekt aller Drohungen,
6. und meinen, auch unter schwerem Stress noch rational zu handeln,
7. die Parteien gehen von der prinzipiellen Ungleichheit der Parteien aus
8. und meinen, dass sich die Motive der Gegner nie ändern könnten."

In der zweiten Hauptphase steht nicht mehr das Sachproblem im Mittelpunkt, sondern die Beziehung zwischen den Akteuren. Das Hauptproblem ist die 'Natur' der Gegenpartei, die durch ihre Auffassungen, ihr beschränktes und starres Denken und ihre verwerflichen Werthaltungen einer Problemlösung im Weg steht. Es setzt sich die Auffassung durch, dass eine Lösung *mit* der anderen Partei nicht mehr möglich ist und so bilden sich immer mehr die Merkmale der 'Krisensituation' heraus: der Konflikt wird unübersichtlicher und komplexer, die Fronten werden starrer und die Parteien räumen sich gegenseitig immer weniger Zeit zu reagieren ein.

Die folgenden drei Eskalationsstufen sind ursprünglich in Texten zur Konfliktdynamik internationaler Konflikte entwickelt worden, weil sie den Einsatz von Gewalt thematisieren. Innerorganisatorische oder interpersonale Konflikte dürften sich nach

Glasl nur selten bis zu diesen Extremen entwickeln. Gerade die Mobbing-Diskussion zeigt jedoch, dass manchmal die TäterInnen 'bis zur letzten Konsequenz' gehen, bis zur 'Endlösung', zum 'Ausrotten' und 'Vertilgen'. Die Parteien sind sich nun bewusst,

> "dass es nichts zu gewinnen gibt. Das einzige, das zählt, ist ein gegenseitiges Aufrechnen des Schadens ... Wenn ich in den Abgrund stürzen muss, dann reiße ich wenigstens den Gegner mit! Er muss mit mir zu Grunde gehen!" (*a.a.O.*, 311).

7. *"Systematische Zerstörungsschläge gegen das Sanktionspotential"*
   Es geht darum, die andere Seite ohne Ankündigung und Warnung zu entmachten. In Organisationen ist damit meist Organisations- und Produktsabotage gemeint. Ohne Rücksicht auf Verlust wird Sand ins Getriebe gestreut: Unterlagen werden vernichtet, Maschinen zerstört, Verfahren manipuliert.
8. *"Gezielte Angriffe auf das Nervensystem des Gegners"*
   Die Angriffe werden noch heftiger, die Macht- und Existenzgrundlagen des Gegners sollen schlechthin vernichtet werden. Die andere Seite wird als korrupt, egoistisch, minderwertig etc. verleumdet, sodass sie alle Vertrauensgrundlagen verliert. Bösartige Listen und Hinterhalte werden eingesetzt, alle "Spuren von Vitalität" sollen ausgemerzt werden.
9. *"Totale Vernichtung und Selbstvernichtung"*
   In der neunten Phase ist ein Schritt zurück kaum noch möglich; bedenkenlos wird alle verfügbare Gewalt eingesetzt.

   > "Die Konfliktparteien führen einen totalen Vernichtungskrieg gegen ihre Umgebung, ohne darin noch Parteien oder Neutrale zu unterscheiden. Sie schlagen besinnungslos um sich, weil sie fühlen, dass sie unaufhaltsam einem Abgrund zutreiben, aus dem kein Entkommen möglich ist" (*a.a.O.*, 317).

Die Steigerungsstufen des sozialen Konflikts, innerhalb deren *Glasl* jeweils Motivationen und Einstellungen, Perzeptionen, Interaktionen und Beeinflussungsmethoden unterscheidet, zeigen ein differenziertes und vor allem konsistenteres Bild als *Leymanns* pragmatisches 4- bzw. 5-Stufen-Schema. *Glasl* macht deutlich, dass der fatalistische Eindruck, den sein Eskalationsmodell macht, nicht unabdingbar ist. Gestützt auf sein offen bekanntes (anthroposophisches) Menschenbild verlässt er den Bereich der Analyse und formuliert eine Vision:

> "Jeder Konflikt stellt nach unserer Anschauung große Herausforderungen an unser Ich, d.h. an die integrative Kraft unserer Persönlichkeit oder Gruppe bzw. Organisation. Ohne einen Akt der Bewusstseins-Anstrengung, ohne Besinnung auf die eigenen Intentionen, auf die eigene Moralität, auf den eigenen menschlichen und sozialen Standort, droht der Konflikt einen verhängnisvollen Lauf zu nehmen. Auch Prozeduren oder Konfliktlösungs-'Mechanismen' können einer weiteren Eskalation des Konfliktes nicht wirksam Einhalt gebieten, es sei denn, dass sie im Wesen dafür sorgen, dass trotz der abschüssigen Tendenz im Konfliktprozess Raum für Abwägen, Besinnung und Entscheidung gegeben wird" (*a.a.O.*, 321).

Glasl stellt sehr ausführlich - auf über 150 Seiten - Probleme und Verfahren der Intervention dar und präsentiert damit das Repertoire der üblichen Organisationsentwicklungsmethoden. Seine Einteilung kann auch als Überblick über externe Anti-Mobbing-Interventionen gelesen werden:

1. Moderation,
2. Prozessberatung, Prozessbegleitung,
3. Sozio-therapeutische Prozessbegleitung,
4. Vermittlung,
5. 'Conciliation' (eine Variante der Prozessberatung, die nicht auf Integration und Kooperation, sondern auf *Verhandlung* gestützt ist),
6. Schiedsverfahren und
7. Machteingriff.

Nur am Rande sei bemerkt, dass *Glasl* diese verschiedenen Drittpartei-Rollen nicht für alle Konfliktphasen gleichermaßen geeignet hält. Er unterstellt vielmehr, dass in der oben abgedruckten Reihenfolge die Erfolgswahrscheinlichkeit zunimmt, je eskalierter und verhärteter der Konflikt ist. Es hat z.B. wenig Sinn, in der Phase 9 eine *Moderation* zu versuchen; andererseits wäre rücksichtsloser *Machteingriff* ein verhängnisvoller overkill, würde er in Phase 1 praktiziert.

Auch hier bleibt *Glasl* streng im Rahmen seines interpersonal-organisationstheoretischen Rahmens. Seine differenzierten und durch zahlreiche Beispiele und Falldarstellungen belegten Ausführungen lassen daran zweifeln, ob es aus wissenschaftlichen Gründen eines Begriffs wie Mobbing überhaupt bedurft hätte. Alles, was in der Mobbing-Literatur berichtet wird, findet sich auch bei ihm, jedoch in systematischer Einbettung. Aber ganz offensichtlich ist der allgemeine Konfliktbegriff zu bekannt oder abgegriffen, als dass er das Interesse der Öffentlichkeit noch hätte erregen können.

Das für die Mobbing-Diskussion Bemerkens- und Bewahrenswerte an *Glasl*s Analyse sehe ich in zwei Leistungen:

Er macht stets darauf aufmerksam, dass konflikthafte Interaktionen nicht allein auf der rationalen Sachebene ablaufen. Für ihn ist es ein auszeichnendes Merkmal der Konflikteskalation, dass sich mit zunehmender Beschleunigung Sachthema und Emotionen spalten und irrationale Momente immer mehr die Oberhand gewinnen. Dies beginnt - noch harmlos - mit dem schon einseitigen und voreingenommenen Zurückweisen von Argumenten zur Sache, weitet sich aus zur Abwertung des *Gegners* und mündet schließlich in den Vernichtungskampf gegen den *Feind*.

Die inzwischen triviale Einsicht, dass jedes Sachthema einen Emotions- und Beziehungsaspekt hat, wird ausgeweitet zur These, dass bei der Eskalation von Konflikten das sogenannte Sachliche (das ja zuerst als Neutrales, Interesse- und Wertfreies ausgegrenzt werden musste) nur noch Vorwand oder Erinnerungsspur ist. Blinde Wut, ineinander Verbissensein, Rücksichtslosigkeit gegenüber den anderen, der Sache und schließlich auch sich selbst markieren die typische Unerreichbarkeit und Unerbittlichkeit in späteren Phasen. Mobbing über bestimmte *Täter*handlungen zu definieren, verfehlt eben diese charakteristische emotionale Qualität des Geschehens.

Bedenkenswert scheint mir auch, dass *Glasl* sein Modell nicht linear, sondern in treppenartigen Schrittfunktionen angelegt hat. Es wird jeweils eine Zeitlang nach bestimmten Regeln 'gespielt', bevor scheinbar plötzlich eine neue Qualität (neue Regeln) erreicht wird, was beide Parteien zwingt, ihre Taktiken umzustellen, sodass mitunter völlig neue Situationen entstehen. Besonders interessant ist in diesem Zusammenhang der Begriff der "Schwelle". Wie ein Damm steigende Fluten zurückhält, aber bei zu starkem Zufluss überschwemmt wird oder bricht, so gibt es bei Konflikten Wende- oder Umschlagspunkte, die den Übergang in eine ganz andere Qualität der Auseinandersetzung anzeigen. Auch bei Mobbing kann es Entwicklungen geben, die Sicherungen ausschalten und zu nachgerade katastrophalen Folgen führen. Das Nachher ist dann nicht einfach eine quantitative Steigerung des Vorher, sondern eine neue Form von Beziehungen und Emotionen. Um ein anderes Bild anzubieten: Es wird in eine Einbahnstraße eingefahren, auf der man nicht mehr wenden kann, und die zielsicher ins nächste Fiasko führt. Die Schwellen-Überlegung könnte - auf die Mobbinghandlungen angewandt - dazu anregen, intern zwischen verschiedenen Intensitäts- oder Eskalationsstufen zu unterscheiden. Man würde demzufolge z.B. mehrere Klassen differenzieren können:

- einfache Querelen, Streit, Blockaden, Unsachlichkeiten;
- Angriffe gegen die Person, mit dem Ziel, sie dadurch zum Einlenken in der Sache zu bringen;
- Behandlung der Person als Feind, den es zu vernichten gilt.

Es wäre jedenfalls nicht qualitätslos abzufragen, wie oft und wie lange irgendwelche Handlungen vorkamen, sondern welche 'Mobbing-Stufe' erreicht wurde. Angriffe auf die Würde oder die Gesundheit wären dann weit schwerer zu gewichten als das Nicht-zu-Wort-kommen-lassen in Diskussionen. Vielleicht könnte man Mobbinghandlungen auch daraufhin einstufen, wie leicht oder schwer sie es machen, wieder auf eine niedrigere Eskalationsstufe zurückzukommen und wie unwiderruflich (öffentlich festgelegt, zu materiellen Konsequenzen konkretisiert) eine Handlung ist.

6.6 Psychodynamische Interpretationen

Nicht in der Absicht einer differenzierten Analyse, sondern nur, um weitere Perspektiven aufzuzeigen, sei auf die Gruppe der psychodynamischen Ansätze hingewiesen. Hinter diesem Sammelbegriff verbergen sich sehr heterogene Zugänge, die z.B. individualpsychologisch-psychoanalytisch, gruppenanalytisch oder systemtherapeutisch argumentieren.

Aus klassischer psychoanalytischer Perspektive wäre nach den Übertragungs- und Gegenübertragungsbeziehungen zu fragen, die zwischen den Mobbing-Parteien bestehen. In TäterInnen und Opfern werden Figuren erlebt, die frühkindliche Konstellationen und Probleme wiederbeleben, z.B. Ablösung aus einer symbiotischen Beziehung, Identifikation mit und Widerstand gegen väterliche(r) Autorität, Projektionen von Schuld- und Schamgefühlen auf andere usw. In der *inter*personalen Auseinandersetzung zwischen TäterIn und Opfer wird eine *intra*psychische Dynamik ausagiert, weil und wenn die TäterInnen die bei sich selbst abgelehnten und bekämpften Anteile abspalten und externalisieren (auf das Opfer projizieren) und den ungelösten inneren Konflikt dadurch bewältigen, dass sie andere Personen überwältigen. Je stärker das eigene Selbstbild gefährdet ist, desto radikaler ist der Versuch, die Erinnerung an die eigenen dunklen Seiten zu tilgen; der Sündenbock, dem das eigene Negative delegiert wurde, wird davongejagt (ursprünglich: geopfert, in den Tod getrieben). Wenn ein Ersatzobjekt für die eigene Schlechtigkeit büßt, kann man sich selbst von ihr freisprechen. Aber man muss zugleich verdrängen, dass und was man verdrängt hat; die Spuren, die zum Opfer führen und die den Täter verraten könnten, müssen verwischt werden, auch vor einem selbst: Das Opfer hat es verdient, es ist wirklich schlecht - und ganz allein schuld. Bei vielen Mobbingfällen beeindruckt der regressive Charakter des Geschehens: alle sozialen (= zivilisierten) Umgangsformen sind vergessen, es kommt zu quasi archaischen Ausbrüchen, in denen der 'dünne Firnis der Kultur' die zu Grunde liegende Triebgewalt nicht länger zurückhalten kann. Dieser These des Triebdurchbruchs kann die These der Angstabwehr gegenübergestellt werden: Wer andere mit solcher Unerbittlichkeit verfolgt, muss damit große eigene Ängste abwehren. Es wäre deshalb zu fragen, welche Ängste das Opfer auslöst. Vielleicht besitzt die tyrannisierte Person Attribute, die der mobbenden Person fehlen (z.B. Jugend, gutes Aussehen, Gesundheit, Qualifikationen, Titel), sodass Mobbing aus Ressentiment erfolgte; es mag sein, dass die gemobbte Person etwas vorlebt, was sich die mobbende nicht erlauben darf oder/und mühsam bei sich unterdrückt (Weichheit, Selbstbewusstsein, Frechheit, Faulheit, Lässigkeit, Leichtsinn, Großzügigkeit, Unpünktlichkeit usw.). Es kommen aber nicht nur solche Gegenübertragungs-, sondern auch - wie eingangs schon erwähnt - Übertragungsphänomene in Frage: die drangsalierte Person erinnert an eine wichtige Person in der Biografie des oder der Mobbenden und die an diese damalige Person geknüpften und früher nicht ausgelebten heftigen Emotionen und Handlungstendenzen werden am Opfer ausagiert. So kann eine Geschwisterrivalität wiederbelebt werden [das Opfer scheint z.B. eine Vorzugsbehandlung zu genießen, die geneidet wird (privilegierter Zugang zur Chefin, flexible Arbeitszeitregelung, bessere Arbeitsplatzausstattung usw.) und Mobbing vergällt auf dem Weg 'ausgleichender Gerechtigkeit' diese Vorzüge] oder der lange Jahre unterdrückte Hass gegen Vater oder Mutter findet ein Ventil, wenn ein Opfer diesen Autoritätsfiguren ähnelt ...

In jedem Fall erinnert die psychodynamische Perspektive daran, dass die *sachlichen* Gründe, die von den TäterInnen für Mobbing geltend gemacht werden (z.B.: dass das Opfer eben nicht belastbar sei, seine Pflicht und Schuldigkeit nicht getan habe, sich danebenbenommen habe etc.) nicht hinreichend sind, um die enorme emotionale Beteiligung zu erklären, mit der agiert wird. Es scheint den TäterInnen gut zu tun, das Opfer zu quälen. Das aber lässt darauf schließen, dass es verborgene Motive gibt, die auf diese Weise befriedigt werden. Es mag z.B. sein, dass sich TäterInnen als über- oder allmächtig erleben, wenn sie andere Leute quälen können, dass sie sich durch das Opfer bedroht fühlen (weil sie in ihm eigene Probleme verkörpert sehen) und die eigene Last 'ausser sich' abarbeiten können, dass sie im Grunde wissen, dass sie selbst die Erniedrigungen verdient hätten, die sie anderen zufügen ... Die aussergewöhnliche Energie, die Mobbingaktivitäten kennzeichnet, ist eine Über(re)aktion, die sowohl als Not-Wehr, wie als Lust-Genuss zu sehen ist.

Soziale Aspekte betont der gruppenanalytische Ansatz (z.B. *Bions*), der hinter jeder "Arbeitsgruppe" eine "Grundannahmen-Gruppe" sieht. Die sog. Grundannahmen verweisen auf Probleme, die in jeder intimen sozialen Beziehung gelöst werden müssen, weil es um fundamentale Konflikte im Zusammenhang mit Autorität, Integration und Autonomie geht. Die Grundannahme der *Abhängigkeit* thematisiert die Beziehung des einzelnen zur Autorität als Unterwerfung; *Kampf/Flucht* betonen demgegenüber Bemühungen der Abgrenzung und Verselbständigung, während *Paarung* Phantasien der Vereinigung und Verschmelzung wiederbelebt. Diese Grundannahmen liegen als meist ungelöste Konflikte vielen Auseinandersetzungen in Gruppen zugrunde. Die Gruppenentwicklung wird als Aufeinanderfolge von Phasen beschrieben, in denen es um die Bewältigung der angeschnittenen Fragen geht. Eine Arbeits-Gruppe kann - so die These - erst dann effektiv funktionieren, wenn die ungelösten Grundannahmen zu Bewusstsein gebracht und bearbeitet wurden. Mobbing könnte aus dieser Perspektive vor allem im Rahmen der Kampf-Flucht-Thematik untersucht werden: Es geht darum, Positionen in der Gruppe (Rang, Status, Macht etc.) zu bestimmen, zu verteidigen oder herauszufordern, um den eigenen Standort zu finden. Aus einer gruppenanalytischen Sicht könnte Mobbing auch interpretiert werden als Aggression gegen ein 'Omega-Mitglied' durch Gamma-Mitglieder, bei der die Gammas an Omega ausagieren, was ihr Führer (Alpha) eigentlich am Gruppenfeind (z.B. der Konkurrenz) vollziehen sollte (s. *Schindler* 1973).

Auf systemtherapeutische Überlegungen ist oben im Zusammenhang mit gruppendynamischen Ansätzen schon hingewiesen worden, sodass sie hier nicht weiter vertieft werden sollen.

7. Mikropolitische Interpretation: Mobbing als grausames Spiel

Beim mikropolitischen Ansatz stehen nicht etwa die Realisierung von (gemeinsamen) Sachzielen oder vertrauensvolle Kooperation im Mittelpunkt, sondern Aufbau und Einsatz von Macht, um eigene Interessen durchzusetzen. Mikropolitisches Handeln ist an situative Voraussetzungen geknüpft, die nicht unbedingt schon 'gegeben' sein müssen, sondern u.U. erst hergestellt werden. Insofern wird hier ein Aspekt des Mobbingprozesses beleuchtet werden, der bei einer ausschließlichen Fokussierung auf die Mobbing*handlungen* unbeachtet bleibt: die Charakteristika der *Situation*, in der Mobbing stattfindet.

7.1 Merkmale politischer Situationen

Im Folgenden sind wichtige Bestimmungen mikropolitischer Situationen aufgezählt und kurz erläutert; es wird unterstellt, dass diese Merkmale auch auf Mobbing-Situationen zutreffen. Die folgenden Parameter definieren Bedingungen der Möglichkeit *politischen* Handelns:

- *Ambiguität*: Die Situation ist mehrdeutig, mehrdimensional, widersprüchlich, intransparent, komplex, unsicher, facettenreich usw. Wo alles eindeutig, klar, präzise, einfach etc. geregelt ist, kann es kaum Mobbing geben!
- *Zeitabhängigkeit*: Es kommt auf die Aufeinanderfolge von Aktionen, den günstigen Zeitpunkt, die Vorgeschichte und Zukunft, die Synchronisation von Handlungen etc. an. Mobbing ist stark zeitabhängig, weil es unter anderem ausgelöst wird durch eine bestimmte Laune oder wenn 'jemand auf dem falschen Fuß erwischt wird' oder wenn es zu einer Verkettung unglücklicher Umstände kam ...
- *Inter-Subjektivität*: Mikropolitische Situationen sind soziale Situationen, die sich zwischen konkreten Subjekten abspielen. Wohlgemerkt: Es geht nicht um *typisierte* Akteure (= Stellen), sondern um konkrete, und außerdem sind Akteure im Plural gemeint. Grundsätzlich sind zumindest zwei antagonistische Parteien, darüber hinaus aber auch noch andere Beteiligte und Interessenten vorhanden. Die Akteure sind oft auf eine vielfältige, womöglich instabile und kaum durchschaubare Weise miteinander vernetzt. Soziale Akteure werden nicht als isolierte Individuen, sondern in Konfigurationen, Koalitionen, Oppositionen vorgestellt. Zwischen konkreten Akteuren gibt es Spannungen, Spaltungen, Koalitionen, Aversionen, Freundschaften - die der individuelle(!) homo oeconomicus in seinen sachorientierten Kalkülen nicht berücksichtigt.
- *Interessengeladenheit*: Die Beteiligten betrachten und behandeln einander und die Umstände instrumentell, d.h. unter dem Blickwinkel der Verwertbarkeit für eigene Interessen. Vor allem aber werden *Eigen*interessen - und nicht das fiktive Gesamtwohl - verfolgt.
- *Wechselseitige Abhängigkeit*: Weil die Beteiligten einander (genauer: die jeweiligen Ressourcen) ausnutzen wollen, um eigene Ziele zu erreichen, sind sie von-

einander abhängig und daran interessiert, die Beziehung - wenngleich als asymmetrische - aufrechtzuerhalten. Auch in der Mobbing-Beziehung besteht wechselseitige Abhängigkeit: TäterIn und Opfer brauchen einander. Das ist klar für TäterInnen, denn ohne Opfer würden ihre Aktionen ins Leere laufen. Aber inwiefern 'brauchen' Opfer die TäterInnen? Im Allgemeinen wird man davon ausgehen können, dass der Täter oder die Täterin wichtige Ressourcen kontrolliert, auf die das Opfer nicht verzichten kann oder will (Einkommen, Arbeitsplatz, Anerkennung, Zugehörigkeit etc.). Um sie nicht zu verlieren, kann sich das Opfer den Attacken nicht einfach entziehen.

- *Legitimationsbedarf*: Es ist der beständige Versuch zu beobachten, die ergriffenen Maßnahmen als *legitim* erscheinen zu lassen, d.h. den Eindruck zu erwecken, sie seien durch geltende Sitten, Regeln, Normen, Werte, Traditionen etc. gedeckt. Zu Grunde gelegt wird somit keine chaotische oder anarchische Situation des regellosen Kampfs aller gegen alle; vielmehr ist bei allen Beteiligten auf Nachfrage – und sei es auch nur aus taktischen Gründen – die Berufung auf übergeordnete Grundsätze zu beobachten. Zumindest in den Anfangsphasen regieren auch bei Mobbing meist nicht blanker Hass und Sadismus; vielmehr versuchen die TäterInnen, das eigene Tun als Re-Aktion darzustellen, mit dem versucht wird, 'die rechte Ordnung', die durch das Opfer verletzt wurde, wiederherzustellen.
- *Machtorientierung*: Interaktionen und Transaktionen werden unter dem Gesichtspunkt der Ausweitung eigener und/oder der Einengung fremder Handlungsmöglichkeiten betrachtet. Es geht darum, Ungewissheitszonen zu kontrollieren, anderen den eigenen Willen diktieren zu können und dies auch zu tun. TäterInnen wollen alles 'im Griff' haben und gerade deshalb sind sie *TäterInnen* (nicht abwartende BeobachterInnen). Widerstand gegen diese Praxis muss sich ebenfalls machtförmig organisieren.

7.2 Zur Charakterisierung der Spiel-Metapher

Als ein geeignetes theoretisches Konzept, das diese Merkmale zu integrieren erlaubt, kann die Spiele-Metapher angesehen werden. Mit 'Spiel' ist hier weder Verspieltheit (unverbindlicher, genussvoller, zweckloser Zeitvertreib) gemeint, noch Rollen- oder Theaterspiel, bei dem eine verabredete und geprobte Dramatisierung eines Drehbuchs oder die Improvisation einer typisierten Szene erfolgt.

Im Allgemeinen löst es Befremden wenn nicht gar Empörung aus, ein Geschehen als 'Spiel' zu bezeichnen, bei dem Leute erniedrigt, gequält, drangsaliert, beleidigt, ja sogar in den Selbstmord getrieben werden. Deshalb ist von allem Anfang an festzuhalten, dass der Begriff 'Spiel' metaphorisch gebraucht wird. Das bedeutet nicht, dass Mobbing ein Spiel *ist*, sondern dass es *als* Spiel betrachtet werden kann, sodass nicht inhaltliche, sondern Struktur-Identität gemeint ist: Mobbing hat Gestalt- und Verlaufsmerkmale, die aus der Perspektive der Spiel-Metapher (besser) verstanden werden können. Dass 'Spiel' eine Metapher mit langer kulturphilosophischer Tradition ist, zeigt der berühmte Text von *Huizinga* (1956) (s.a. die vielen anderen Quellen, die *Scheuerl* 1991 zusammenstellte). Es ist müßig darüber zu grübeln, was zuerst da war: Spiel oder Ernst. (Soziales) Leben beginnt spielerisch, als Einüben von Interaktions- und Praxisformen unter verringertem Realitätsdruck, im Schonraum; hier wird trainiert, was man später zum Überleben braucht. Mobbing bringt typische Merkmale dieser sozio-historischen Konstellation zum Ausdruck.

In praxisnaher Literatur wird immer wieder das Spielkonzept zur Charakterisierung des Geschehens in Organisationen herangezogen. Das zeigt sich in verbreiteten Konzepten (Team, gute Mannschaft, Global player, Gamesman, fair play, Coach, Training, Outplacement ...). Gerade in der feministischen Literatur findet sich gehäuft die Bezugnahme auf die Männer-Spielkultur; so etwa in *Betty Harragan*s (1977) vielzitiertem Buch *Games Mother Never Taught You*; *Pat Heim* (1993) überschreibt in *Frauen lernen fighten* gleich das erste Kapitel mit *Wirtschaft als Spiel* [In Anhang 8.7. (auf S. 141f.) habe ich aus *Heim*s Buch einige 'Lektionen' zitiert].

Es zeigt sich, dass die Spiel-Metapher einen Begriffshof hat, der aufgedeckt werden muss, damit nicht Assoziationen einfließen, die der Erklärungsabsicht zuwiderlaufen. Normalerweise werden 'Spielen' die folgenden vier Merkmale zugeschrieben; ich halte diese Bestimmungen für nicht zwingend und zu eng und werde deshalb in den folgenden vier Abschnitten meine abweichende Position begründen.

Freiwilligkeit der Teilnahme

Dieses Merkmal unterstellt ganz generell, dass es sich nur dann um ein Spiel handelt, wenn man jederzeit aussteigen kann, sobald es einem nicht mehr gefällt. Das Mobbing-'Spiel' ist jedoch ein aufgezwungenes, ausweglos es. Die Opfer wollen gar nicht spielen, sie wollen in Ruhe gelassen werden, ihre Arbeit tun, Erfolgserlebnisse haben usw. Sie werden kaum gefragt, ob sie zustimmen, dass ihnen 'übel mitgespielt' wird! Sie sind in einer Situation der Abhängigkeit (weil sie z.B. Geld verdienen müssen und keinen anderen Arbeitsplatz bekommen) und müssen sehen, dass sie unter den gegebenen Bedingungen zurechtkommen. Aus der Sicht des Opfers beginnen die anderen das Foul*spiel* und man kann sich nicht einfach ausblenden und sagen, dass man da nicht (mehr) mitmacht. Eine Frau, die belästigt wird, *muss* sich wehren und das Beste aus der Situation zu machen suchen. Um auf erwartbare Situationen re-agieren zu können, braucht sie ein Repertoire von Strategien. Sie weiß in etwa, mit welchen (Spiel-)Zügen der Belästiger sie zu rechnen hat; im ersten Schritt muss sie sich schützen, im zweiten kontern können, im dritten Schritt erst wird es darum gehen, die (Spiel-)Regeln und (Spiel-)Strukturen zu ändern - was man nur kann, wenn man sie zuvor identifiziert hat. Auch bei Wettkampfspielen kann man nicht einfach ausscheiden, wenn es einem keinen Spaß mehr macht oder wenn man zu verlieren droht: man muss zu Ende spielen (bis eine vereinbarte Zeit abgelaufen ist, bestimmte Ergebnisse erreicht wurden oder eine verabredete Zahl von Durchgängen absolviert ist). Dabei kann es eine ziemliche Qual sein, trotz absehbarer Niederlage weitermachen zu müssen. "Freiwilligkeit" ist somit kein unverzichtbares Merkmal von Spielen, vor allem dann nicht, wenn es um die Fortsetzung von Spielen geht.

Identifikation des Spiels

Unterstellt wird, dass - wenn denn von Spielen geredet wird - der Name, und das heißt: die Regeln dieses Spiels bekannt sein müssen. Mobbing aber ist eine Situation, bei der Beteiligte nach verschiedenen Regeln spielen: Frauen, die sexuell belästigt werden, wollen - wie gesagt - arbeiten und Geld verdienen; die Belästiger sehen sie jedoch nicht als Kolleginnen, sondern als 'Gespielinnen', die ihnen zu Gefallen sein sollen. In einer solchen Situation werden Macht, Stärke, Erfahrung, Klugheit, Kreativität, Kaltblütigkeit etc. darüber entscheiden, wer wem sein Spiel diktiert. Nicht von Anfang an steht fest, welches und wessen Spiel gespielt wird, vielmehr ist dies Ergebnis eines Aushandlungs- oder Zwangsprozesses. Möglicherweise wird über längere Zeit von den beteiligten Parteien nach verschiedenen Regeln gespielt, sodass unter Umständen zwei oder noch mehr Spiele durcheinander ablaufen. Das Gesamt-Spiel ist somit *nicht* wohlkoordiniert, einzelne Züge sind *nicht* anschlussfähig - eben weil *verschiedene* Spiele gespielt werden, was aber nur aus der distanzierten Beobachtungsperspektive oder retrospektiv zu erkennen ist. Es gehört bei Mobbing zum Meta-Spiel, der anderen Partei die eigenen Regeln aufzuzwingen. Der Name des Spiels wird dabei nicht angesagt. Das Spiel heißt vielmehr ganz allgemein *Arbeiten in einer Organisation.* Auf dieses Spiel sind verschiedene Teilnehmer unterschiedlich gut vorbereitet und auch die Einführungszeiten und Trainingsmöglichkeiten dauern unterschiedlich lange. In diesen Vorbereitungsphasen hat man von allen möglichen Coaches zu lernen, was erlaubt und verboten, erfolgbringend und misserfolgsträchtig ist.

Regelstabilität und -befolgung

Selbst wenn die Regeln bekannt wären, kann man nicht davon ausgehen, dass sie über das ganze Spiel hinweg gleichbleiben und befolgt werden. Es können - je nach strategischer Lage - Regeländerungen zu den eigenen Gunsten diktiert und scheinbar gültige Regeln können ausgehöhlt oder missachtet werden ('foul spielen'). Auch hier muss man sich freimachen von der Idee eines gesitteten wohlüberwachten Gesellschaftsspiels, auf das man sich einstellen und das man trainieren kann. Unter dem allgemeinen Titel (siehe oben: "*Arbeiten in Organisationen*") werden verschiedene Unter-Spiele gespielt. Man kann sogar unter Umständen die Kreation eines neuen Spiels miterleben oder mitgestalten: was scheinbar als Schach begann, endet als Rugby oder als irgendetwas dazwischen. Wichtig ist, dass nicht Beliebigkeit oder Regellosigkeit unterstellt wird, sondern dass die geltenden Regeln *im Laufe des Spiels* vereinbart oder diktiert werden. Der sog. Praxisschock besteht unter anderem darin, dass man lernen muss, dass die an Schule oder Universität verkündeten Regeln in der Praxis wenig(er) Bedeutung haben und andere Programme oder Muster zu lernen sind. Der irritierte Ausruf: "Was wird denn hier gespielt" offenbart, dass der oder die Betroffene das Geschehen nicht mehr einordnen kann, weil ihm/ihr die sinngebenden Spiel-Anweisungen oder -Regeln ('script') verborgen sind. Die Spiele der Praxis sind emergente Spiele, die sich durchs Spielen herauskristallisieren und stets kreativ weiterentwickelt werden können.

Chancengleichheit

Nichts am Spiele-Modell besagt, dass alle SpielerInnen die gleichen Chancen haben müssen, vielmehr sehen die meisten Spiele Zulassungsbedingungen und verschiedene Rollen oder Einstufungen nach "Spielstärke" vor. Es macht vielleicht keinen Spaß, mit einer Weltmeisterin zu spielen, aber man kann nicht verlangen, dass eine Expertin aufs Gewinnen verzichtet, nur um der Anfängerin eine Freude zu machen. Dieses Merkmal ist besonders in Mobbingsituationen zu beachten. Raffinierte erfahrene MobberInnen werden jede Chance nutzen, Schwächen der anderen Seite in eigene Vorteile zu verwandeln.

7.3 Warum ist Mobbing (k)ein Spiel?

Die Verwendung der Spiel-Metapher rechtfertigt sich durch den Zugewinn an Einsichten, den sie gegenüber anderen Paradigmen verspricht. Modelle mit langer Tradition sind z.B. das der rationalen Entscheidung, das Maschinen-Modell, das Theater-Modell (s. *Morgan* 1986). In diesen Fällen werden rationale Akteure mit konsistenten ausgebildeten Präferenzordnungen, vorgeplante ineinandergreifende Einzelaktivitäten, von einem allwissenden Stückeschreiber verfasste Skripten etc. zugrundegelegt. Die Spiele-Metapher betont demgegenüber viel stärker die Bedeutung von Freiheit, Kreativität, Improvisation, individuellen Interessen etc. und vor allem: den unaufhörlichen Abstimmungsbedarf und die Eigendynamik, die auch dazu führen kann, dass (bislang) geltende Regeln missachtet, umgedeutet, weiterentwickelt, außer Kraft gesetzt werden und dennoch das Rahmen- oder Meta-Spiel weitergeht.

Merkmale des Spiels *Arbeiten in Organisationen* können sein:

- Fremdbestimmung: Du musst anderen gehorchen! Du musst Dich kontrollieren und beeinflussen lassen! Es gibt mächtigere Spieler, die Dir Züge vorschreiben und/oder Deine Bedingungen einseitig ändern können.
- Zeitregime: Deine Zeit steht zur Disposition, sie wird im Spiel benutzt, verteilt, begrenzt etc. (Pünktlichkeit, Ausdauer, Termine, Privat-Zeit ...); analoges gilt für die Verfügung über Territorien, Beziehungen, Tätigkeiten, Einkommen ...
- Benehmen, Kleidung, Sprache sind reglementiert; Körper und Gefühle werden diszipliniert, eingespannt und verwertet; soziale Beziehungen und Gruppierungen werden vorgeschrieben und überwacht.
- Vorgegebene Leistungen oder Ergebnisse werden gefordert und bewertet; dabei wird mit Aneignungen und Zurechnungen operiert: nicht was man 'tatsächlich' geschafft hat, zählt, sondern was einem gutgeschrieben wird.

- Mit knappen (zugewiesenen oder erworbenen) Mitteln müssen bestimmte Positionen oder Ergebnisse erreicht werden.
- Dominante - aber nicht einzige - Abrechnungseinheit ist Geld; die Abhängigkeit vom Arbeitseinkommen wird zuvor erzeugt. Die Substitutionsbeziehungen zwischen Geld und anderen Modalitäten sind verschwommen.
- Unpersönlichkeit und Indirektheit (Formalisierung, Rollenhaftigkeit) vermischen und überkreuzen sich mit Unmittelbarkeit und Freundschaftlichkeit.

Unter solchen Bedingungen wird man wohl kaum Heiterkeit, Fröhlichkeit, Spiellaune, Experimentierfreude, Fairness etc. als generelle und typische Haltungen erwarten dürfen.

Im Folgenden soll in einem didaktischen Dreier-Schritt vorgeführt werden, dass die Spiele-Metapher auf Mobbingsituationen angewandt werden kann. Dazu soll in einem ersten Schritt das Modell regelgeleiteter Gesellschafts- oder Wettkampf-Spiele skizziert werden. Wird - zweitens - Mobbing an diesen Kriterien gemessen, so scheint(!) es kein Spiel zu sein. In einem dritten Schritt soll jedoch gezeigt werden, dass es durchaus Sinn macht, den *erweiterten* Spielbegriff für die Analyse von Mobbing zu nutzen.

Vorauszuschicken ist, dass 'Spiel' als Metapher gebraucht wird, die dazu dienen soll, Wissen in einem Bereich (Spiel) auf einen anderen Bereich (Organisation) zu übertragen und damit der Analyse des zweiten, erklärungsbedürftigen Bereichs eine neue Richtung zu geben. Organisationen - das ist schon gesagt worden - *sind* keine Spiele, genauso wenig wie sie Maschinen, Gebäude, Organismen, Theater etc. *sind.* Das Wort 'Spiel' soll aber Assoziationen auslösen, die ein vertieftes Verständnis von Organisation erlauben; insofern ist das Spiel-Konzept eine Heuristik zur Förderung von Erkenntnissen. Erst auf diesem Hinter-Grund der Organisationsmetapher 'Politische Arena' macht der Vorder-Grund 'Wettkampfspiel' Sinn, der nachstehend näher betrachtet werden soll.

1. Merkmale von Wettkampfspielen

Normalerweise sind Wett-Kampf-Spiele durch folgende Merkmale charakterisiert:

a) Die Partner kommen überein, ein bestimmtes Spiel (das durch seinen Namen identifiziert wird) für eine bestimmte Zeit zu spielen; es gibt eine deutliche Trennung zwischen Spiel und "normalem Leben". Das Spiel ist eine Realität, gleichzeitig aber wird auf ritualisierte Weise seine Fiktionalität signalisiert (z.B. Anfangs- und Endemarkierungen bzw. Eröffnungs- und Abschlussprozeduren, Kleidung, Materialien).

b) Es ist klar, wer unter welchen Bedingungen in welcher Rolle/Funktion mitspielen darf [Zulassung (z.B. ein bestimmter Einsatz), Einweisung, Markierung der SpielerInnen]. Bei vielen Spielen sind interessierte Zuschauer zugelassen oder erwünscht; bei komplexen oder riskanten Spielen kann es zudem SpielleiterInnen oder SchiedsrichterInnen geben.

c) Erlaubte und/oder verbotene Züge, nicht aber der konkrete Verlauf sind festgelegt: In den meisten Spielen ist ein Zufalls- oder Überraschungsmoment eingebaut, das die Vorhersage der nächsten Aktion(en) unsicher macht und ein Element der Spannung 'ins Spiel' bringt. Bei den meisten Spielen gibt es definierte Situationen (z.B. Foul), in denen bestimmte Handlungen erlaubt/vorgeschrieben sind (z.B. Freistoß).

d) Es gibt einen Satz von Regeln und bestimmte Spielbedingungen (Materialien, Markierungen, Zeitgrenzen, Belohnungen usw.); die Beteiligten kennen sie und sind durch sie in ihren Handlungsmöglichkeiten eingeschränkt.

e) Die SpielerInnen verfügen über Trümpfe oder Handicaps bzw. können sich diese durch (Miss-)Geschick oder Glück bzw. Pech während des Spiels erwerben.

f) Ein Spiel-Ziel und ein Spielende sind vereinbart oder durch die Spielstruktur festgelegt. Die meisten (aber keinesweges alle) Spiele sind als Wettkampf- oder Glücksspiele angelegt und kennen (belohnte) Gewinner und (bestrafte) Verlierer.

2. Mobbing ist kein Spiel!

Überfliegt man diese Merkmalsliste, dann kann man den Eindruck gewinnen, dass für das Spiel *Mobbing* keines der Kriterien zutrifft. Angesichts der persönlich oft sehr belastenden Verläufe und Folgen klingt es - wie oben schon erwähnt - geradezu zynisch, hier von *Spielen* zu sprechen, weil für die meisten bei dem Begriff Spiel immer noch Metakriterien wie Heiterkeit, Entspannung, Fairness, Folgenlosigkeit usw. mitschwingen. Niemand käme jedoch auf die Idee, diese Assoziation bei Spielen im Profi-Fussball oder Profi-Schach oder bei den Olympischen 'Spielen' zu haben. Hier geht es ums Siegen, ums Geschäft, um Ruhm - um beinahe jeden Preis.

Auf die genannten Merkmale (a-e) bezogen, scheint für Mobbing zu gelten:

- Die Beteiligten, zumindest die betroffenen Opfer, wissen vielfach gar nicht, *was hier (mit ihnen) gespielt* wird; das sogenannte Spiel ist brutale und verletzende Wirklichkeit; sein Anfang und Ende sind weder vereinbart noch bekannt ...
- Es wird häufig über längere Zeit verschleiert, wer in welcher Rolle 'mitspielt'; auch bei Mobbing kann es interessierte Zuschauer geben, aber sehr selten finden sich Spielleiter oder Schiedsrichter.
- Es besteht keine Klarheit darüber, welche Züge erlaubt und verboten sind; es scheinen selbst die unfairsten Taktiken möglich zu sein.
- Für Mobbing gibt es keine verbindlichen Regeln, im Gegenteil, es kommt darauf an, das Opfer unfair zu behandeln und über den 'Spielstand' im Unklaren zu lassen.
- Die Opfer im Mobbing-Spiel scheinen keinerlei Trümpfe zu haben: sie sind in einer hoffnungslos unterlegenen Position.
- Der Beginn des Spiels Mobbing wird selten angekündigt; auch Spielziel und -ende sind meist weder bekannt noch werden sie bekannt gemacht; der Preis, den die Gewinner bekommen und die Verlierer zu bezahlen haben, scheint ebenfalls nicht vorab ausgemacht zu sein.

Es ist deshalb nötig, die Spiele-Idee abstrakter zu fassen, um ihr erkenntnisleitendes Potential auch in diesem Falle nutzen zu können. Dazu gäbe es die Möglichkeit, die Spieldefinition der Transaktionsanalyse zu benutzen und unter "Spielen" wiederholte verdeckte Transaktionen zu verstehen, die ein latentes Muster haben und den Beteiligten psychologischen Nutzen bringen. *Walter* (1993) hat sein Buch über Mobbing auf diesem Gedanken aufgebaut.

3. *Mobbing ist ein Spiel!*

Hier soll ein anderer Ansatz verfolgt werden. In die Organisationstheorie haben *Crozier & Friedberg* (1979) die Spielmetapher eingeführt, weil dieses Konzept Freiheit und Zwang vereinigt und zugleich am Gedanken der (subjektiven, intendierten) Rationalität festhält. Der Gang der Dinge und die schließlichen Auszahlungen hängen aber nicht nur vom Geschick der Spielenden, sondern vor allem auch von der Spielstruktur ab, die die Gewinnchancen (für die Beteiligten oftmals undurchschaut) sehr ungleich verteilen kann. Die Spielstruktur darf man sich nicht als ein für allemal feststehend vorstellen (wie etwa bei Monopoly oder Fußball); sie ist vielmehr ebenso Bedingung wie Produkt des Spielens, wird also durch das Spielen selbst verändert und weiterentwickelt.

Es müssen aber einige Lockerungen des Spielkonzepts akzeptiert werden:

- Zum Zeitpunkt des Mobbings muss den Beteiligten nicht klar sein, dass sie ein Spiel spielen; wohl aber muss das *im Nachhinein* erkennbar oder vermittelbar sein. Dies scheint zu unterstellen, dass man unwissentlich und unwillentlich mitspielen kann. Eine solche Annahme wäre selbstwidersprüchlich. Es ist deshalb davon auszugehen, dass man sich zunächst täuscht über die Natur des Spiels. Eine Person oder Gruppe glaubt bzw. macht glauben, dass ein bestimmtes Spiel gespielt wird, während die andere Partei überzeugt ist, dass ein anderes Stück auf dem Plan steht. Für die meisten Mobbing-Geschichten ist typisch, dass vor allem die Opfer zum Teil erst relativ spät erkannt hatten, dass ihnen übel mit*gespielt* worden ist.

  Die Trennung von Spiel und Wirklichkeit scheint aufgehoben; dennoch gibt es bei fast allen Beteiligten klare Vorstellungen darüber, wie es *eigentlich* sein sollte, sodass die bestehenden Abweichungen durchaus als besondere Situation erkannt werden.

  Die Charakterisierung: "Dies ist *nur* ein Spiel!" suggeriert, dass es im Gegensatz dazu noch einen anderen, nämlich ernsthaften Lebensbereich gibt, der die eigentliche Wirklichkeit ausmacht. Nun wird niemand bestreiten, dass Spiele (eine) Wirklichkeit sind, also muss man Abstufungen oder Qualitäten von Wirklichkeit annehmen. Spiele wären dann eine Suspendierung der 'harten' Realität, sie leben im und vom Als-Ob, sind unverbindlich, revidierbar, konsequenzenlos, können rundum genossen werden und vor allem: aus ihnen kehrt man immer wieder in die 'eigentliche Wirklichkeit' zurück. Bei näherer Betrachtung lässt sich dieses 2-Welten-Modell nicht halten, weil die sogenannte ernste Wirklichkeit ebenfalls spielförmig organisiert ist. Die Existenz von Mikropolitik in Organisationen zeigt, dass es die unerbittliche, sachliche Realität des Sozialen nicht gibt, dass vielmehr fortwährend Sichtweisen ausgehandelt und auferlegt werden, dass Re-Visionen möglich sind, dass scheinbar sichere Vorrechte und Besitzstände "irrealisiert" werden. Das Realitäts-Prinzip meint nicht das Bauen auf eine vermeintliche solide Außenwelt, sondern die Begründung von Handlungen auf geltende(!) Tat-Sachen. Soziale Fakten sind harte Fakten, sie stehen nicht für wunschgemäße Uminterpretation zur Verfügung. Man kann genau genommen gegen Naturgesetze nicht verstoßen, weil man ihnen alternativenlos unterliegt. Anders ist es bei sozialen Gesetzen, die verletzbare Normen sind. Jede soziale Innovation bricht die bisher geltenden Spielregeln. Also gibt es Freiheitsgrade, und Handeln ist - im Gegensatz zu reaktivem Verhalten - gerade durch Freiheitsgrade und Entscheidungsspielräume gekennzeichnet. Wie sich Verhalten zu Handeln verhält, so verhalten sich Spiele zu den organisationsnotwendigen Ritualen und Standardabläufen. Bezeichnet man Mobbing als Spiel, dann nimmt man - paradox genug - die soziale Wirklichkeit ernst: Es gibt zu einem solchen Handeln Alternativen; die Situation ist nicht fatalistisch hinzunehmen, sondern als eine Inszenierung zu sehen, aus der man aussteigen kann - aber nicht ins Nichts und nicht in die 'eigentliche' Wirklichkeit, sondern nur in eine andere. Und auch diese Wirklichkeit hat ihre spezifischen (Spiel-)Regeln und Bedingungen.

Aus einer solchen Perspektive kann auch die Frage nach den "TeilnehmerInnen" an einem Spiel beantwortet werden. Das Mitmachen an einem Spiel ist keineswegs immer eine freie und bewusste Entscheidung. Man wird in Spiele hineingezogen, es wird - verräterischer kann man es nicht ausdrücken - einem mitgespielt. Wenn z.B. durch die 'Schachzüge' der Unternehmensleitung einige ArbeitnehmerInnen als 'Bauernopfer' auf der Strecke bleiben, dann zeigt das, dass man andere nicht nur als GegenspielerInnen behandeln, sondern als Spielfiguren benutzen kann. Die Mobbingdiskussion hat sich eingeengt auf die Täter-Opfer-Opposition, sie hat noch zu wenig in Rechnung gestellt, dass *beide* Parteien Spielfiguren sind. Nicht in dem Sinn, dass sie Marionetten unerkannter Drahtzieher seien; eine solche Vorstellung klebte an personalistischen Macher-Phantasien. Beide Parteien spielen vielmehr nach undurchschauten Regeln mit in einem Spiel, das weit umfassender ist, als dass man es verstehen könnte, wenn man sich auf die Interaktionen der ineinander verbissenen Akteure beschränkt. Eine Mobbing-Therapie, die sich auf die unmittelbaren Inter-Aktionen konzentriert und die Meta-Spiele und deren Regeln außer Acht lässt, gleicht dem Ringrichter, der die Kämpfenden bei unfairen Schlägen verwarnt und aus dem Clinch trennt, aber keineswegs verhindert, dass sie gegeneinander boxen; im Gegenteil, durch sein Eingreifen boxen sie (erst) richtig. Nimmt man dieses Bild als Analogie für betriebliche Mobbingsituationen, dann folgt daraus, dass - solange sich die Randbedingungen des Boxkampfs "Arbeiten in Organisationen" nicht ändern - Mobbing bestenfalls kultiviert, aber nicht eliminiert werden kann. Warum nennen wir es nicht Mobbing, wenn Frauen diskriminiert werden, wenn Leistungsschwächere 'freigesetzt' (oder gar nicht erst eingestellt) werden, wenn ArbeitnehmerInnen durch die betriebliche Institution 'Hierarchie' infantilisiert werden, wenn es krasse Einkommensunterschiede innerhalb der Organisation gibt, wenn mögliche Verbesserungen an

Arbeitsplätzen aus finanziellen Gründen unterbleiben oder Produktionen ins Ausland 'ausgelagert' werden...?

Ganz offensichtlich haben die MitspielerInnen (voneinander abweichende) Erwartungen, wie das Spiel (*Arbeiten in Organisationen*) aussehen sollte, wenn es richtig gespielt wird. Aber sie legen voreinander nicht alle Regeln und Züge offen, die sie für erlaubt halten. AnfängerInnen meinen z.B., es ginge hauptsächlich um Leistung, alte Hasen dagegen wissen, dass auch oder vor allem Beziehungen, Loyalität, Ausschaltung von Konkurrenten, Sichtbarkeit oder Unsichtbarkeit, Vorteilsmitnahme etc. angesagt(!?) sind.

Anders als beim ersten Augenschein vermutet, sind - zumindest nach einiger Zeit und/oder Erfahrung - auch beim Mobbing Spielregeln und Spielbedingungen bekannt, sie werden nur nicht gegenseitig anerkannt. Innerhalb desselben Spiels (*Arbeiten in Organisationen*) werden verschiedene Strategien eingesetzt, die sogar beinhalten können, (scheinbar) unverbrüchlich geltende Regeln zu den eigenen Gunsten zu verändern. TäterInnen und Opfer können, weil vorab keine definitive Festlegung erfolgt, dann verschiedene Meta-Regeln beschwören, wie wenn die einen Football, die anderen Fußball spielten. Das zeigt sich zum Beispiel darin, dass Mobbingopfer immer wieder an die Einhaltung bestimmter Spielregeln appellieren (z.B. auf Rechte, Besitzstände, Gewohnheiten, Traditionen, Absprachen, Zusagen etc. pochen) und nicht erkennen, dass die andere Seite gegebene Situationen anders typisiert und deshalb für sich das Recht in Anspruch nimmt, andere Regeln darauf anzuwenden. Fehlzeiten werden von den einen auf Krankheit, von den anderen auf Drückebergerei zurückgeführt; einen Leistungsabfall erklärt A mit zu hoher Belastung, während ihn B auf Faulheit zurückführt, die anderen Mehrarbeit beschert; die Qualität seiner 'hervorragenden' Leistung sieht A nicht gebührend anerkannt, B aber, der andere oder zusätzliche Maßstäbe anlegt, hält sie für lediglich normal ...Und je nachdem wie attribuiert wird, werden andere Regeln (Scripts) nicht nur aktiviert, sondern auch für sinnvoll und legitim gehalten.

Im Grunde wird bei Mobbing ein komplizierteres Spiel gespielt, als die Mobbingopfer glauben: Es gehört zum Meta-Spiel, herauszufinden, in welcher Arena gerade jetzt von wem welches (Sub-)Spiel gespielt wird! Das spannungsgeladene Mischungsverhältnis von Kooperation und Konkurrenz, das Wirtschaftsorganisationen auszeichnet, erfordert Mechanismen, die sicherstellen, dass die angelegten Tendenzen nicht entweder zu Kumpanei oder zu Vernichtung eskalieren. Eines der wichtigsten Steuerungsmedien ist die Meta-Regel 'Fairness'. Mobbing kann verstanden werden als die einseitige Aufkündigung dieser Regel. Dies bedeutet nicht das Ende des Spiels, sondern nur das Umschalten auf ein anderes Spiel, bei dem *diese* Meta-Regel nicht mehr vorausgesetzt wird.

Dies eröffnet auch eine neue Perspektive auf die Natur des Spiels "*Arbeiten in Organisationen*". Mobbing ist nicht nur eine Verletzung oder Missachtung von Regeln, die aber als solche unangetastet bleiben; bei einer solchen Betrachtungsweise wäre Mobbing im Grunde nur ein Betriebsunfall. Stattdessen kann man die Geburt eines neuen (Sub-)Spiels miterleben: die Regeln werden geändert, nicht nur verletzt. Wenn ein Probespiel Mobbing durchgeht, gelten *danach* andere Regeln!

- Eindeutige Zulassungsregeln fürs Mitmachen beim Mobbing gibt es nicht; es können sich jederzeit neue Konstellationen von Beteiligten und ZuschauerInnen ergeben. Wer bislang neutraler Zuschauer war, kann plötzlich gefragter Koalitionär oder verdächtiger Komplize, aktiver Täter oder bedrängtes Opfer sein. Wichtiger noch als die Benennung der Beteiligten ist das Aufzeigen der *Beziehungen*, die zwischen ihnen bestehen; diese können in der Art eines Soziogramms oder Struktogramms visualisiert werden. Mit fortschreitendem Mobbingverlauf ist es typisch, dass eine Person (das Opfer) immer mehr in die Position des oder der Isolierten gedrängt wird und/oder sich selbst in diese Position manövriert. Für Mobbing-Situationen ist es typisch, dass es Zuschauer gibt, die sich auf keine der beiden Seiten schlagen und mitspielen. Sie verfolgen das Geschehen mit Interesse oder Abscheu, aber sie intervenieren ebensowenig wie die Vorgesetzten, die als die geborenen 'Spielleiter' für die Herstellung von Recht und Ordnung zu sorgen hätten. Auch die betrieblichen Schiedsrichter-Systeme (Beschwerdeordnungen, Schlichtungsregeln, Vertrauensleute, Betriebsräte etc.) versagen in den Augen des Opfers.
- Mobbing scheint durch machiavellistische Regellosigkeit ausgezeichnet zu sein: Erlaubt ist, was Erfolg verspricht! Dies lässt sich jedoch nur bei oberflächlichem Hinsehen behaupten. Wie das Synonym '*Psycho*terror' schon andeutet, sind z.B. gewaltsame körperliche Attacken selten. Es wird stattdessen auf das reiche Arsenal der "seelischen Grausamkeiten" zurückgegriffen, die durchaus in passender Dosierung eingesetzt werden. Das Opfer wird quasi ausgetestet; an seinen Reaktionen erkennt man, welche Schikane ihm besonders zusetzt - und diese wird dann mit Vorliebe praktiziert. Eine weitere Einschränkung, die meist sorgfältig beachtet wird, ist, dass justiziable Übergriffe nach Möglichkeit vermieden werden. Gerade dies macht es für die Opfer so schwierig, auf dem Rechtsweg ihre Ansprüche durchzusetzen, weil ZeugInnen fehlen und weil vielfach mehrdeutige Formulierungen und An*spiel*ungen gebraucht werden, die man später leicht anders interpretieren kann.

  Die Beteiligten sind stets darum bemüht, die *Legitimität* ihres Vorgehens zu sichern. Was immer sie tun, sie suchen es gegen Kritik zu immunisieren, indem sie es mit allgemeinen Werten oder Meta-Regeln in Beziehung bringen. Rücksichtslosigkeit wird so zum Konkurrenzprinzip, Egoismus zum Gesamtwohl, Rache zur Gerechtigkeit verklärt. Mit Andauern des Mobbinggeschehens werden die jeweiligen Trümpfe - und beide Seiten haben Trümpfe! - immer schonungsloser eingesetzt. Damit verändern sich im Laufe des 'Spiels' auch die Spielmotive (s. die obigen Ausführungen zu *Glasl*s Modell); stehen am Anfang vielleicht sachliche Gründe für den Konflikt im Vordergrund, so wird das Geschehen zunehmend mehr 'personalisiert', sodass immer leidenschaftlicher und verbissener gekämpft wird. Was man Spielleidenschaft oder Spielsucht nennt, kann auch bei Mobbing beobachtet werden. Genauso wie Pokern oder Schach hochintellektuelle kalkulierte Spiele sind und dennoch zugleich eine für viele Dritte unerklärliche Faszination auf die SpielerInnen ausüben, sodass für sie das Spielen in den Mittelpunkt aller Interessen rückt, kann die Lust am Mobbing alle anderen Rücksichten außerkraftsetzen. Diejenigen, die sich als SiegerInnen herauskristallisieren, lassen nicht eher locker, als bis sie die andere Seite 'fertiggemacht' haben; die VerliererInnen kämpfen immer aussichtsloser und verzweifelter um Position, Selbstachtung und Existenz.

Niemand wird bestreiten, dass gerade bei Mobbing das Überraschungsmoment und die Unerwartetheit der Schachzüge eine bedeutsame Rolle spielen.

- Spielziel für die Mobber ist, das Opfer fertigzumachen; das Spiel ist zu Ende, wenn der Ausschluss des Opfers aus der Arbeitsgruppe oder gar aus dem Arbeitsleben geschafft ist. Die Attackierenden haben den Triumph des Siegs, das Opfer zahlt mit seiner Gesundheit, seinem Ruf, seinem Arbeitsplatz. Eventuell ist jedoch nur eine Spielrunde beendet; mit anderen Namen und Rollen geht dasselbe Spiel weiter.

Im Anhang 9.2.2 (siehe Seite 211ff.) habe ich zum Fall "Lena" Grundzüge einer Spielanalyse skizziert, die diesen Überlegungen folgt.

7.4 Vom Nutzen, Mobbing als grausames Spiel zu sehen

Wenn man sich mit der Idee befreundet hat, Mobbing als '*grausames Spiel*' zu betrachten, dann eröffnen sich einige Hinsichten, die das Verständnis der Vorgänge fördern können.

1. Auflistungen von Mobbing-Handlungen (wie sie etwa der LIPT mit seinen 45 Handlungen vornimmt, s.o.) sind von vorneherein und immer unvollständig, weil sie die Kreativität der Beteiligten unterschätzen. Wohl können Hauptgruppen von Vorgehensweisen differenziert werden; dies aber ist gerade im Fall von Mobbing nicht besonders hilfreich, weil sich Mobbing durch die *spezifische* Ausgestaltung oder Einbettung der einzelnen Mobbinghandlungen auszeichnet und dabei können auch kleinste Variationen erhebliche Wirkung zeigen. Es kommt nicht darauf an, wie Handlungen sind, sondern wie sie ankommen.

   Was die innerorganisatorischen Einflusstaktiken anbelangt, so hat die mikropolitische Forschung inzwischen sehr umfangreiche Arsenale der Einflusstechniken erstellt. Ausgehend von der wegweisenden Studie von *Kipnis et al.* (1980), sind einige Inventare vorgeschlagen worden (s. zusammenfassend dazu *Engelhart* 1994a und b; *Neuberger* 1995; *Schriesheim & Hinkin* 1990; *Wunderer & Weibler* 1992). Die ihnen zugrundeliegende Dimensionalität erweist das, was im LIPT zusamengestellt wurde, als Ausschnitt und Sonderfall der Techniken, die im innerbetrieblichen 'Machtkampf' eingesetzt werden.

2. Das Spiele-Modell fordert zur Differenzierung zwischen *Handlungen* (z.B.: Jemand schwach anreden), *Taktiken* (z.B.: Intrigieren) und *Strategien* (z.B.: Jemand isolieren und dann eliminieren) auf. Die Liste der 45 Mobbing-*Handlungen(!)* kann bestenfalls als Rohmaterial verstanden werden, aus dem im konkreten Fall sehr komplexe Interaktionssequenzen montiert werden.

3. Der Spiele-Ansatz ist ein theoretischer Entwurf, der die *soziale* und *interpersonale* Natur des Geschehens betont und eine einseitige Parteinahme für Täter oder Opfer ablehnt. Die Sichtweise des Opfers darf nicht als die eigentlich richtige verabsolutiert werden (wie *Leymann* das tut). Auch das Opfer hat seinen Anteil und manchmal sogar einen Krankheitsgewinn[42] am Geschehen. Das heißt zum einen: Es ist nie nur Opfer. Es heißt zum anderen: Ohne sein Mitspielen gäbe es das Spiel gar nicht. Es wird einem oder jemandem übel mitgespielt und man spielt wohl oder übel mit.

   Eine Betrachtung von Mobbing als Spiel ist zunächst einmal ein analytisches Instrument, mit dem das Augenmerk auf die Abfolge und Bedingtheit der einzelnen Züge gerichtet ist. Nicht die Auszählung von Häufigkeiten (3 mal unterbrochen, 1 mal sinnlose Arbeit zugewiesen, 4 mal Kontakt verweigert ...) oder die Identifikation von Typen [etwa: Shotgun[43]!] steht im Mittelpunkt, sondern die "Verlaufsgestalt": Mit welchem Handlungsmuster x reagiert A, wenn B y getan hat und C z ...?

4. Zu untersuchen ist, wer *seine* Spiel-Idee durchsetzt, wenn gleichzeitig ganz verschiedene Sub-Spiele auf verschiedenen Ebenen von verschiedenen Akteuren 'durcheinander' gespielt werden. Wie oben schon ausgeführt, kann nicht angenommen werden, dass zu jedem Zeitpunkt immer nur *ein* (Sub-)Spiel gespielt wird. Es bringt vermutlich strategische Vorteile, möglichst schnell herauszufinden, welche (Sub-)Spiele gespielt werden, um die eigenen Chancen und Strategien realistisch kalkulieren zu können.

5. Durch das Spielen selbst verändert sich die Spielfertigkeit oder -kunst. Dies hat für eigenschaftstheoretische Interpretationen Konsequenzen, weil es sein kann, dass sich dauerhafte Kompetenzen herausbilden. Im und durch das Spielen wird die Spielfertigkeit hergestellt und trainiert.

6. Spiele schaffen eine Art *Zugzwang;* dies ist sowohl kognitiv, wie motivational zu verstehen. Zum einen sind die Folgezüge, die einem selbst oder den anderen Parteien zur Verfügung stehen, nicht (alle) zu überschauen, sodass notgedrungen unter Unsicherheit weitergemacht werden muss; zum anderen wird Druck auf die Beteiligten ausgeübt, fortzufahren (s.o.: Man kann nicht nicht handeln!). Insofern können Spiele einen Sog ausüben, der von keiner der beteiligten Parteien gewollt und absehbar war. Die Beteiligten haben sich oft so sehr in die Konfrontation verrannt, dass sie voneinander nicht mehr lassen können und der ursprüngliche sachliche Dissens, wenn es ihn denn gegeben hat, längst bedeutungslos geworden ist.

---

42 Als primärer Krankheitsgewinn gilt in der Psychoanalyse die Einsparung der inneren Arbeit (der Auseinandersetzung mit der Realität) durch die 'Flucht in die Erkrankung', die zudem äußere Vorteile bringen kann (z.B. beachtet und umsorgt werden); folgen darauf Meidung oder phantasierter Umbau der Realität, dann erhält die somit wunschgerecht gefertigte Wirklichkeit für die Person narzisstischen Befriedigungswert: sekundärer Krankheitsgewinn.

43 'Shotgun' (Schrotflinte) ist eine von vier mikropolitischen Manager-Strategien, die *Kipnis & Schmidt* (1988) unterschieden haben. Die anderen drei: Taktiker (Diplomat), Einschmeichler und Zuschauer.

7. In den meisten Fällen ist zu Beginn noch nicht ausgemacht, wer Opfer und wer TäterIn ist, die handelnden Parteien sind beides. Am Ende einer Spielrunde(!) ist vielleicht eine Partei Verliererin (Opfer), aber sie hat mitgespielt bzw. mitspielen müssen (und war insoweit auch Täterin). Natürlich gibt es auch die Situation aussichtsloser Übermacht einer Spielpartei. Das Resignieren vor ihr bedeutet automatisch die Niederlage. Aber was heißt schon Niederlage: Es gibt totale Niederlagen und Beinahe-Siege, Verluste in der ersten Runde, die in der zweiten wettgemacht werden können, Siege, die unter so schweren Opfern erkauft wurden, dass sie Niederlagen sind ... Anders als bei Fussball ist das mikropolitische Spiel nicht nach 90 Minuten zu Ende, oft ist es ein 'repeat business' mit sehr zahlreichen Wiederholungen. Es ist offen; zumindest in letzter Konsequenz könnten sich nämlich SpielerInnen zurückziehen und das *unmittelbare* Abhängigkeitsverhältnis beenden. Wenn sie bleiben, dann haben sie etwas davon oder aber sie haben keine Strategien gelernt oder parat, sich in anderen Kontexten zurechtzufinden: Sie ertragen lieber die Erniedrigung in einer Mobbing-Beziehung, als - z.B. mit geringerem Entgelt - woanders ihre Chance zu suchen. Wie gesagt, dies ist 'in letzter Konsequenz' argumentiert. Realistischer dürfte es sein, davon auszugehen, dass trotz bekannter, oft krass benachteiligender Auszahlungsunterschiede weitergespielt wird, weil es Risikoaversionen gibt, oder weil die Alternativen als noch schlechter identifiziert werden.

   Auch dies mag für viele wiederum zynisch klingen, wenn es als der wohlbekannte Ratschlag dechiffriert wird: "Wenn es Dir hier nicht passt, kannst Du ja gehen!" Das darf nicht darüber hinwegtäuschen, dass Mobbing ein Machtspiel (!) ist, in dem es darum geht, der anderen Seite die Regeln zu diktieren, nach denen gespielt wird. Nicht selten geht das so weit, dass Mobbenden im "Spielausschluss" des Opfers die beste Möglichkeit sehen, ihre eigenen Spiele und Ziele ungestört weiter zu verfolgen. Wem die Macht genommen wird, den Gang der Dinge im eigenen Sinn zu beeinflussen, ist Verlierer und zahlt den Preis, wer siegt, kassiert den Lohn.

8. Schluss

Das Phänomen Mobbing kann einem in zwei Varianten begegnen: als Selbsterfahrung und als Literatur, grob gesagt: praktisch oder theoretisch. Im ersten Fall steckt man mittendrin, sei es als betroffene, sei es als beobachtende Person; im zweiten Fall wird die Situation abstrakt repräsentiert, statt heißer Emotionen herrschen kalte Kognitionen vor. Das unmittelbare (Mit-)Machen von Mobbing nimmt mit: man kann sich mit dem Opfer identifizieren oder als Täter triumphieren, man kann sich persönlich engagieren und helfen wollen, resignieren, verzweifeln ... Das theoretische Reflektieren lässt einen persönlich unberührt; man kann einen Schritt zurücktreten, abwägen, sich informieren und versuchen, Zusammenhänge zu ent-decken.

In der Selbsterfahrung regiert die Maxime: Nicht denken, handeln! Wenn andererseits Mobbing vergeistigt (oder zumindest verschriftlicht) wurde, kann man abwartend-vorsichtig sein, distanzierend vorgehen und distanziert bleiben. Die Maxime lautet: Alles bedenken, nichts tun!

Für das zupackende Handeln kann man Verständnis haben, wenn man aus den oft erschütternden Fallstudien erfährt, wie niederträchtig und bösartig den Opfern mitgespielt wurde. Es ist unmittelbar nachvollziehbar, wenn in einer solchen Praxissituation der Impuls entsteht, nicht länger zuzuschauen, sondern was dagegen zu tun. Das gibt einem auch das gute Gefühl, ein tatkräftiger, sozial engagierter Mensch zu sein; durch das eigene Handeln wird eine Situation beendet, die einem selbst Angst und zu schaffen macht. Das gilt vor allem auch für die Übernahme der Täter-Rolle, die besondere narzisstische Gratifikationen vermitteln kann. Jeder Mensch ist Praktiker, wenn er sich in der konkreten Situation befindet und er ist unausweichlich Partei, die nicht nichthandeln kann.

Die theoretisierende Haltung ist - definitionsgemäß - praxisfern, weil handlungsentlastet. Dies schafft den Freiraum zum Nach-Denken und Probe-Handeln. Nicht menschliche Anteilnahme oder spontane Aktivität stehen zur Debatte, sondern die Verlagerung des Problems auf eine kognitive Ebene; zugunsten der Suche nach Verständnis und grundsätzlicher Lösung wird das konkrete Handeln aufgeschoben, ja nicht einmal erwogen. Insofern stehen sich - extremisierend gesprochen - spontaner Aktionismus und handlungsferne Reflexion gegenüber. Diese Positionen können nicht gegeneinander ausgespielt werden, sie markieren eher die Elemente, die zu jeder Praxissituation eine jeweils eigentümliche Verbindung eingehen. Das gilt auch für Maßnahmen gegen Mobbing: es muss aktiv vorgegangen werden, aber nicht blind, sondern reflektiert - und in dieser Reflexionsarbeit kann Theorie unterstützen. Außerdem gibt es gleitende Übergänge zwischen den beschriebenen Extremen; sie lassen sich andeuten im unmerklichen Ineinanderfließen der programmatischen Verben: angreifen, anpacken, begreifen, verstehen.

Gute Gründe sprechen für die Entscheidung, zunächst einmal innezuhalten und sich zu fragen, mit welchen Vorannahmen man an das Praxisproblem Mobbing herangehen will. Zu den in der Mobbing-Literatur vorherrschenden Basisannahmen, die das Verstehen von und Handeln in Mobbingsituationen kanalisieren, gehört z.B. die Metapher der Sozial-Ingenieurin, die in der ansonsten gut laufenden Maschine einen Defekt entdeckt, der repariert werden soll. Was aber hilft der Einbau eines Ersatzteils, wenn Konstruktions- und/oder Bedienungsfehler vorliegen? Nach kurzer Zeit wird das gleiche Problem wieder anstehen. Ähnliche Schwierigkeiten bereitet eine Einstellung, die dem Arzt-Patient-Modell verpflichtet ist: Der medizinische Experte diagnostiziert die Krankheit, operiert (das Krebsgeschwür Mobbing) bzw. verschreibt das passende Medikament oder die richtige Kur - und der Organismus wird gesund? Was aber, wenn Lebensumstände oder -gewohnheiten die Symptome immer wieder produzieren, wenn der Prozess unaufhaltsam oder der Organismus schon zu geschwächt ist? Ähnliche Probleme tun sich auf, wenn man die Kultur-Metapher zugrundelegt (hier muss sich der Culture-Manager kolonialistische Erobe-rer-Attitüden vorwerfen lassen) oder wenn man vom Bild der politischen Arena ausgeht und glaubt, machiavellistisch eigene Ziele durchsetzen zu können. Alle diese Modelle können Handeln orientieren, und alle haben ihre spezifischen Voraussetzungen und blinden Flecken. Wichtig ist, sich klarzumachen, dass man ohne solche (meist unreflektierte) Basismodelle wohl reagieren, aber nicht handeln kann. Eine geschickte und geglückte Kombination von Interventionen kann für den Moment das Funktionieren wiederherstellen, Linderung bringen, Verständnis oder Zustimmung finden; aber wenn das Zustandekommen dieser Resultate nicht erklärt ist, sind die Ergebnisse Zufall. Dazu kommt, dass Handeln in Mobbingsituationen nicht allein aus der Perspektive von Wirksamkeit oder Erfolg betrachtet werden sollte, sondern auch Maßstäbe der Moral und der Wahrhaftigkeit ins Spiel(!) kommen. Ist die ideale Arbeitsorganisation eine, in der alle Energien - konflikt- und aggressionsfrei - auf die Erledigung der Aufgaben konzentriert sind? Das würde von vorneherein die Beteiligung und Berechtigung sozialer und emotionaler Belange aus dem Arbeitskontext hinausdefinieren. Mobbing macht deutlich, dass Arbeit nicht nur ein produktives Verhalten, sondern auch ein soziales Verhältnis ist - und zwar unausweichlich. Die Kuppelproduktion von Leistung und Beziehung, Kooperation und Konflikt, Selbst- und Fremdbestimmmung zwingt zum Eingeständnis, dass in der Mobbingtherapie nicht isoliert 'Beziehungsarbeit' geleistet werden kann, sondern dass die andere Seite der Medaille (Produktion, Verwertung) genauso auf dem Programm steht, ja dass diese zweite Seite die Bedingungen diktiert, unter denen allein Beziehungsarbeit erfolgen kann. Dieses Diktat ist jedoch nicht deterministisch, Handeln in Organisationen lebt vom Spannungsverhältnis zwischen Freiheit und Zwang. Das gilt auch für Mobbing, denn es ist nicht das Problem, sondern (bloß) ein Symptom oder Indikator. Zwar hat man verschiedene Möglichkeiten, Probleme zu definieren, aber keine Möglichkeit ihrer endgültigen Lösung. Deshalb kann man PraktikerInnen nicht vertrösten mit dem Argument, 'weitere Forschung' würde bessere Hilfestellung geben. Es geht - wie gesagt - nicht nur um Wahrheit und Wirksamkeit. Ein gleichwertiges Kriterium ist spontane Mitmenschlichkeit. Diese *Beziehungsform* unter unseren Systembedingungen zu praktizieren, ist eine *Leistung*.

9. Anhang

9.1 Mobbingstrategien (nach: *Huber* 1993)

(zusammengestellt aus den Angaben auf den Seiten 42f., 50f., 58, 66f., 72f., 78, 112f.)

Häufige Strategien

- Unterstützung wird verweigert.
- Türen werden verschlossen.
- Zusammenarbeit wird abgeblockt.
- Das Opfer wird wie Luft behandelt.
- Das Opfer darf sich nicht äußern.
- Neuigkeiten werden zurückgehalten.
- Wichtige Informationen werden vorenthalten.
- Gespräche werden abrupt beendet.
- Ausgrenzung von den geselligen Teilen des Arbeitsalltags.
- Räumliche Isolierung.
- Heimtückisches Tuscheln.
- Geheimnisvolle Anspielungen.
- Einzelne Vorfälle werden aufgebauscht und generalisiert.
- Bösartige Verleumdungen.
- Anschwärzen beim Chef.
- Negative Vorfälle werden dem Opfer in die Schuhe geschoben.
- Gezielter Rufmord.
- Arbeitsunterlagen und -geräte verschwinden.
- Fälschungen und Beschädigungen.
- Informationslüge.
- Unterschlagungen.
- Hinterhältige Blockade.
- Geistiger Diebstahl.
- Aus der Mücke wird ein Elefant.
- Ständige Kritik und Tadel.
- Bloßstellen.
- Entscheidungen werden in Frage gestellt.
- Die Motivation wird gebremst.
- Kompetenzen werden beschnitten.
- Die berufliche Qualifikation wird angezweifelt.
- Aussehen und Outfit werden unter Beschuss genommen.
- Das Opfer wird imitiert.
- Die Täter machen sich über Behinderungen lustig.

- Stochern in offenen Wunden.
- Überzeugungen werden kritisiert.
- Das Privatleben wird ständig durchgekaut.
- Persönliche Gegenstände werden beschädigt oder entwendet.
- Vertrauliches wird publik gemacht.
- Telefonterror.
- Die Familie des Opfers wird mit hineingezogen.
- Das Opfer wird verdächtigt, psychisch krank zu sein.
- Androhung körperlicher Gewalt.
- Körperliche Verletzungen und Misshandlungen.
- Schädliches Verhalten wird ausgeübt.
- Das Opfer wird zu gesundheitsschädlichen Arbeiten gezwungen.

Die häufigsten Strategien

- Sisyphustaktik.
- Unterforderung.
- Überforderung.
- Achillesfersen-Methode.
- Dauerkontrolle.
- Überraschungsangriffe.
- Kompetenzbeschneidung.
- Isolierung.
- Angriffe auf die Gesundheit.
- Anspielungen auf die psychische Verfassung.

9.2 Der Fall "Lena aus Schweden"

9.2.1 Darstellung und Interpretationsvorschlag

Ich möchte mit diesem Fall aufzeigen, dass eine Fülle konkreter Details im Umfeld und im zeitlichen Ablauf dafür verantwortlich gemacht werden kann, dass "Mobbinghandlungen" ihre Wirkungen entfalten. Zu diesem Zweck zitiere ich einen von *Leymann* berichteten Fall; dabei habe ich alle Stellen kursiv gesetzt, die nach meiner Meinung wesentliche Kontextinformationen enthalten und ohne die das Geschehen vermutlich einen anderen Verlauf genommen hätte. Damit will ich die extreme Bedingtheit belegen, die vermutlich jeden Mobbingfall charakterisiert; dies verstehe ich als ein Plädoyer für die These, dass es nicht auf die Mobbinghandlungen 'an sich' ankommt (wie *Leymann*s Definition suggeriert), sondern auf ihre Plazierung in einem ganz bestimmten sachlichen, sozialen und zeitlichen Rahmen.

"Lena hatte sich *umschulen* lassen und *arbeitete nun als Schweißerin.* Sie war *stolz und freute* sich, als sie *gleich nach ihrer Ausbildung eine Anstellung bekam.*

Anfangs ging alles gut. Natürlich *erregte sie Aufsehen,* zumal sie *die erste weibliche Schweißerin war, die je in diesem Betrieb eingestellt worden war.* Aber *das störte sie nicht.* Sie hatte es erwartet. Immerhin war sie ja in einem *typisch männlichen Beruf* gelandet!

Es *dauerte keinen Monat,* da kam der *Werkmeister mit einem Anliegen.* Ich machte gerade eine Schweißarbeit, als er ankam und sagte, dass zwei *Mädchen in der Küche krank* geworden seien. Ich sollte *für sie einspringen.* Ich *wagte nicht nein zu sagen, weil ich neu war,* und alle *glotzten sowieso immer zu mir rüber.* Aber *was wäre passiert, wenn er einen Mann gefragt hätte*? Jetzt *saß ich in der Patsche. In der folgenden Zeit kam er mehrmals an.'*

Lena *entschloss sich dann doch, nein zu sagen,* und *es gab Stunk. 'Alle Augen waren auf mich gerichtet.* Jetzt kamen die *Kollegen* auf die Idee: *Da ist ja eine Emanze im Betrieb.* Na, dann man ran an die Wurst! Sie fingen an zu lästern, und die *Jüngeren kniffen mir in den Hintern,* wenn ich vorbeiging. Es war schrecklich. Plötzlich fühlte man, da ist dein Arbeitsplatz, aber *du gehörst nicht dazu, du bist der Spielball* der anderen. Der *Werkmeister hasste mich.* Immer *kritisierte* er. Nichts war mehr gut genug. Morgens *hatte ich Angst, zur Arbeit* zu *gehen.* Ich hatte *oft Weinkrämpfe und Magenschmerzen.'*

Während einer Mittagspause, als die Anmache wieder schlimm war, wurde Lena wütend und *verbat sich die Behandlung.* Von da ab *wurde es noch übler.* Was vorher nur ein Lästern war, bekam jetzt einen *feindlichen Unterton.*

Eine *gerechte Lohneinstufung blieb aus.* Das wurde deutlich, als männliche Kollegen mit gleicher Erfahrung und gleichen Kenntnissen wie sie höher eingestuft wurden. 'Es war deprimierend. Ein *Journalist von der Gewerkschaftszeitung* interessierte sich für meinen Fall und *schrieb einen Artikel.* Zwei Tage später bekam ich einen *anonymen Drohbrief mit beleidigenden Behauptungen.* Ich *beschwerte mich beim Meister, aber der lachte nur.*'

Über Lenas Probleme gibt es noch viel mehr zu berichten. Nach längerer Zeit des Ausgestoßenseins erkrankte sie nämlich psychisch" (*a.a.O.*, 19-20).

[*Leymann* fährt an anderer Stelle fort:]

"Lena war, wie erwähnt [...] , zum Kartoffelschälen in die Kantine abkommandiert worden. Ihre männlichen Kollegen hatten sie als Emanze 'gemobbt', und der Betriebsrat hatte nur mit der Achsel gezuckt.

Unter der Voraussetzung, dass *weder Lenas Vorgesetzter noch die Gewerkschaft irgend etwas unternehmen*, ist Lenas Schicksal im Detail voraussehbar. Als erstes werden sich *psychosomatische Stress-Symptome* einstellen: Magenbeschwerden, leichte Depressionen, Schlaflosigkeit. Dann wird der Tag kommen, an dem Lena damit *zum Arzt geht.* Und der *schreibt sie für eine Woche krank.* Nach einer Woche hat sich der Körper soweit erholt, dass die *Stress-Symptome stark nachlassen* oder ganz verschwunden sind. Und *Lena geht wieder zur Arbeit.* Was wird nun geschehen? Voraussichtlich *wird das Mobbing weitergehen.* Und bald wird Lena *wieder krankgeschrieben.* Allmählich gerät sie in eine *Serie von kurzen Fehlzeiten.*

Wie geht es weiter? Lena *stört jetzt den Produktionsablauf.* Schließlich muss jemand an der Bank stehen und schweißen. Lena ist zu oft weg. Man muss *zu oft Ersatz* besorgen. Also kommt der *Werkmeister* eines Tages und sagt zu ihr, sie müsse wohl einsehen, dass sie *nicht weiter an der Schweißbank stehen könne.* Mag sein, dass er dann noch ein Sprüchlein von der schweren *Männerarbeit* aufsagt, die vielleicht doch *zu viele Frauenkrankheiten* bei Lena auslöse. *Lena wird versetzt.*

Wohin versetzt man wohl eine Schweißerin, die den Produktionsablauf mit dauernden Fehlzeiten stört? Nein, nicht in die Küche. In Industriebetrieben kommen die Leute *ins Lager.* Genau das geschah mit Lena - getreu dem Ablauf, der hier dargestellt wurde. Lena *wollte nicht versetzt werden.* Doch *ohne Hilfe der Gewerkschaft stand sie auf verlorenem Posten.* Die *Arbeit wurde ihr zur Qual.* Schon wenn der *Wecker rasselte, bekam sie Angstzustände.* Alle möglichen *psychosomatischen Symptome* stellten sich ein. Lena wurde schließlich auf *lange Zeit krankgeschrieben.* Heute steht Lena vor der Tatsache, dass sie *mit 39 Jahren in die Frührente* gehen muss. Sie ist *zu keiner Arbeit mehr fähig*, sie ist *depressiv* und hat vermutlich eine *Medikamentensucht* von den vielen Psychopharmaka, die sie seit langer Zeit geschluckt hat" (S. 57-58).

Ein Interpretationsvorschlag zum Fall "Lena aus Schweden":

Lena war Umschülerin (hatte vorher einen anderen Beruf, vielleicht in der Küche?), sie war berufsunerfahren als Schweißerin, neu in der Gruppe (1 Monat da) und ebenso die einzige Frau in der Gruppe wie die erste Frau, die im Betrieb je als Schweißerin gearbeitet hatte. All dies bringt geradezu ideale Voraussetzungen für Stigmatisierung mit, weil sich Lena in mehrfacher Hinsicht klar vom Rest der Gruppe unterscheidet.

Als sie der Werkmeister zum Küchendienst aufforderte, war dies ein erster Test, ihre Randposition auszubauen. Der Meister hätte irgendeinen Mann in die Küche schicken können. Zum einen aber war Lena Neuling und unerfahren - und das genügt normalerweise, um für unbeliebte Sonderjobs ausgewählt zu werden, zum anderen aber ist sie eine Frau. Es scheint so, als ob Lena noch nicht in die Gruppe integriert gewesen sei (es hatte offenbar der übliche formelle Initiationsritus, der die Zustimmung der Gruppe zum neuen Mitglied besiegelt und Verpflichtungen schafft, bislang nicht stattgefunden; insofern war Lenas Lage noch prekär). Lena erlebt die 'Erniedrigung' nicht als Aufforderung, sich in der Gruppenhierarchie hochzudienen, sondern interpretiert sie als Geschlechterdiskriminierung: Weil sie eine Frau ist, muss sie in die Küche! Anstatt ihren Ärger sofort mit dem Meister zu besprechen, befolgt sie seine 'Bitte'. Nach dem ersten Zugeständnis wird sie nun mehrere Male abgeordnet - und erst dann entschließt sie sich - offenbar vor den Kollegen - "Nein" zu sagen (wiederum ohne mit dem Meister gesprochen zu haben). Der ist durch die öffentliche Befehlsverweigerung herausgefordert und bleibt hart. Alle Augen verfolgen diese Szene. Lena hat verloren und wird nun vollends als *Frau* stigmatisiert (Emanze, in den Po kneifen) - vermutlich auch deshalb, weil den Männern die Entsendung in die Küche droht, wenn Lena ausgespart würde. Es kommt zur Solidarisierung der Restgruppe mit dem Meister, der auf die Autoritätsprobe mit verstärkter Kritik an Lenas Arbeit reagiert. Lena erlebt sich isoliert und missachtet und entwickelt Angstsymptome.

Auch die Anmache der Kollegen hatte sie offenbar bislang still geschluckt; erst während einer Mittagspause, als es ihr zu bunt wurde, rastete sie aus und verbat sich die Behandlung. In einer Männerkultur - in der Hänseleien und oft grobe Scherze durchaus üblich sind - führt eine solche Reaktion zu mehr von demselben. Lena hatte sich bzw. wurde endgültig als anders und nicht dazugehörig definiert.

Weitere Benachteiligungen folgten (Lohndiskriminierung). Lena machte nun in ihrer Empörung und Ratlosigkeit den Fehler (in den Augen der 'Gang'), den Konflikt nach außen zu tragen (Artikel in der Gewerkschaftszeitung). Jetzt hatte sie endgültig die Gruppe und den Meister zum Feind.

Sie wurde krank und fehlte für eine Woche, was vermutlich Mehrarbeit und Probleme für Meister und Gruppe mit sich brachte. Nach ihrer Rückkehr hören (deshalb?) die Feindseligkeiten nicht auf. Lena wird wieder krank und reiht kurze Fehlzeiten aneinander. Damit wird sie für die Personaleinsatzplanung des Meisters zum Risikofaktor. Er hat nun einen Grund, ihre Versetzung zu erwirken; dies ist für ihn mit objektiven Notwendigkeiten begründbar (und deshalb kann die Gewerkschaft nichts einwenden). Für Lena ist es ein weiterer Akt der Diskriminierung, noch dazu, wo sie als ausgebildete Schweißerin ins Lager abgeschoben wird und damit in der innerbetrieblichen Prestige-Rangordnung der Arbeitsplätze nach ganz unten fällt. Sie entwickelt 'alle möglichen psychosomatischen Symptome', wird 'für lange Zeit krankgeschrieben' und schließlich mit 39 frühverrentet.

Auf der Oberfläche der Erscheinungen und aus der Sicht von Lena ist an fortgesetzten Mobbinghandlungen nicht zu zweifeln. Wo aber beginnt die Interpunktion? Ist Lena unschuldig? Sie hat zunächst dem Meister gegenüber ihr Gefühl der Diskriminierung nicht ausgedrückt, hat ihn dann (vermutlich) öffentlich brüskiert, die Gruppe der (vom 'weibischen' Küchenjob bedrohten) Männer gegen sich aufgebracht und auf den Korrektur- und Disziplinierungsversuch mit überdrehten Aktionen geantwortet (Wutausbruch, an die Gewerkschaftszeitung verpfeifen).

Lena war davon ausgegangen, dass bestimmte Normen gälten (Gleichheit, Leistungsprinzip, qualifikationsentsprechende Arbeitszuweisung, Kollegialität, Gesprächsbereitschaft, Fairness etc.) und musste die Realität anderer stärkerer Normen erleben (Geschlechterdiskriminierung, Gehorsam, Männer-Solidarität, Nehmerqualitäten ...).

Es kam also keineswegs mit Naturnotwendigkeit und aus heiterem Himmel zum Mobbing. Deshalb genügt es nicht, die Tatsache von Mobbinghandlungen zu registrieren und dann Mobbing zu diagnostizieren. Der Verlauf war nicht unumkehrbar, aber Lena ist bei ihren missglückten Versuchen, sich zu wehren, im Stich gelassen worden. Lena hat versagt, noch mehr aber der Meister. Er hätte Verständnis für die prekäre Lage seiner neuen Mitarbeiterin aufbringen, sie beim Aufbau ihrer neuen beruflichen Identität unterstützen (und nicht sabotieren) und sie vor den 'Erziehungsmaßnahmen' der Gruppe schützen müssen. Es gibt also zahlreiche Wenns und Abers (abstrakt gesprochen: Kontingenzen), die das Mobbinggeschehen als komplex bedingten Interaktions- und Attributionsprozess erscheinen lassen. Damit zeigt sich, dass eine schlichte Anwendung der LIPT-Prüfliste die Situation eher verfälscht als erhellt.

9.2.2 Eine spieltheoretische Skizze des Falls "Lena aus Schweden"

Diese Skizze lehnt sich an die Überlegungen im Kap. 7.3 an.

a) Wie ist der Name des Spiels, um welches Spiel geht es? Hier zeigt sich gleich zu Beginn eine charakteristische Mehrdeutigkeit. Wählt man als Globaltitel *"Wer setzt sich mit seinen Interessen durch?"*, dann heißt für Lena das Spiel womöglich *"Sich als Frau in einem Männerberuf behaupten"* oder *"Als Fachkraft anerkannt werden und sich beweisen können".* Die heiße Phase des Spiels ist durch die Entscheidung des Meisters markiert, Lena in die Küche zu schicken *und* durch Lenas protestlose Hinnahme dieses Auftrags. Für den Meister geht es zunächst um *"Mit Personalengpässen fertig werden ohne Unruhe in die Mann(!)schaft zu bringen"*, später (auch) um *"Autoritätswahrung"*; für den Rest der Arbeitsgruppe heißt das Spiel womöglich: *"Einem Neuling - und noch dazu einer Frau - beibringen, dass man sich der Gruppe unterzuordnen hat."* Je sichtbarer die Handlungen werden (Entsendung Lenas in die Küche, Protest, Belästigungen durch die Kollegen), desto deutlicher kristallisiert sich das Spiel *"Einer renitenten Frau Mores beibringen"* heraus; Lena kann zur Umdefinition des Spiels nichts mehr beitragen; sie wird festgelegt auf die Rolle der zickigen, nicht zum Männerbund gehörigen Emanze.

b) Beteiligte sind zunächst Lena und der Meister, die Arena weitet sich aber sehr schnell aus. Als Lena sich weigern will, bekommt sie es mit der Männergruppe zu tun, sie wird isoliert und stigmatisiert. Meister und Männergruppe solidarisieren sich gegen Lena; Lena sucht in der Gewerkschaft (Journalist!) Verbündete; dies schweißt jedoch die 'Männerkoalition' nur noch enger zusammen. Weitere Beteiligte (Personalchef, Arzt) greifen in das Geschehen nicht unmittelbar ein, regulieren aber Folgen (Versetzung, Krankschreibung, Psychiatrisierung). Über soziale Unterstützung Lenas aus dem privaten Bereich ist nichts bekannt. Die Konstellation ist somit nach wenigen Spielzügen: Eine geschlossene Männerfront gegen eine Frau. Unparteiische Schiedsrichter oder Spielleiter gibt es nicht.

c) Die Spielzüge beginnen vermutlich schon mit der Einweisung der Frau Lena in die Männergruppe; sie wird nicht solide integriert, sondern quasi auf eine Bewährungsposition gesetzt. Die eigentliche Mobbingphase wird mit dem Schachzug des Meisters eröffnet, Lena zum Küchendienst abzukommandieren. Sie interpretiert dies als Diskriminierung, aber sie äußert ihren Widerstand nicht sofort, sondern führt die Anweisung aus. Als der Meister diesen erfolgreichen Spielzug wiederholen will, und Lena befürchtet, dass er zur Routine wird, wehrt sie sich öffentlich und protestiert. Dieser Gegen-Zug spielt das Problem zur Staatsaffäre hoch: der Meister sieht seine Anweisungsbefugnis gefährdet, den Männern droht der für sie offenbar entwürdigende Küchendienst. Die nächsten Züge machen der Frau ihre schwache Position klar: der Meister missachtet ihren Protest, die Kollegen demontieren sie: für sie ist sie nun keine Fachkraft mehr, sondern sexualisiertes Objekt. Je mehr sich Lena dagegen wehrt, desto mehr setzen die Männer auf diese Karte. Einen Zwischensieg erzielen die Männer, als Lena krank wird und fehlt. Damit hat sie 'bewiesen', dass sie nicht die nötige Belastbarkeit für einen Männerberuf hat. Der Meister 'bestraft' sie für ihre Aufmüpfigkeit und mangelnde Stressresistenz, indem er sie nicht mehr als Fachkraft, sondern nur noch für Hilfstätigkeiten einsetzt. Weil höhere Stellen in die 'internen Streitigkeiten' nicht eingreifen wollen, steht Lena auf verlorenem Posten: sie wird mit 'mehr von demselben' konfrontiert und antwortet mit 'mehr von demselben': Protest, Zusammenbruch, Fehlzeiten - und gerade dadurch belegt sie (für die beteiligten Männer), dass es richtig war, sie nicht als vollwertige

Kollegin zu integrieren. Der letzte Schritt ist darum folgerichtig: endgültiger Ausschluss aus der Gruppe, ja sogar aus dem Erwerbsleben.

d) Zu den Ge- und Verboten, die sich als Spielregeln formulieren lassen, gehören u.a.:

- Anordnungen des Meisters nicht öffentlich kritisieren bzw. seine Autorität nicht in Frage stellen!
- Als Neuling keine großen Ansprüche stellen, sich langsam 'hochdienen'!
- Proteste 'sachlich', unter vier Augen und konstruktiv vortragen!
- Immer daran denken, dass eine Frau in einem Männerberuf und einem 'Männerladen' (buchstäblich) ein Fremdkörper ist. Frauen sind wie Frauen zu behandeln.
- Nicht jammern, weinen, krank werden, sondern sich durchbeißen, sich nichts anmerken lassen, sich Respekt verschaffen!
- Keine internen Probleme nach aussen tragen! (Gewerkschaftszeitung).
- In eine Meisterei nicht 'von oben her' hineinregieren! (Zurückhaltung der höheren Vorgesetzten).
- Männliche Besitzstände sind zu wahren! (z.B.: "Keine erniedrigenden Küchenarbeiten, solange Frauen dafür verfügbar sind!").

e) Welche Trümpfe (Machtressourcen) und Handicaps werden aktiviert? Wer hat für das übergeordnete Spiel ('Arbeiten in Organisationen') die besseren Karten, weil er oder sie unentbehrlich, erfahren, von zentraler Bedeutung, geachtet, unangreifbar etc. ist?

- Der Meister spielt seine legitime Positionsmacht (Amtsautorität, Anweisungsbefugnis) aus.
- Er hat einen 'besseren Draht' nach oben, weil er (mehr) strategische Ungewissheitszonen kontrolliert. (Für das Unternehmen ist der Ausfall eines bewährten Meisters wesentlich folgenreicher als der Ausfall einer neu einzuarbeitenden Schweißerin.)
- Lena kann keine interne und externe Unterstützung mobilisieren. Es gibt keine weiblichen Rollenmodelle (erfolgreiche Schweißerinnen, etablierte Frauen als Team-Mitglieder), über konsequent gehandhabte Richtlinien der Frauenförderung (oder zumindest Nichtdiskriminierung) ist nichts bekannt; der Artikel in der Gewerkschaftszeitung löst keinen Proteststurm von außen aus, der die Firmenleitung zum Handeln zwänge, im Gegenteil, er erweist sich als großes Handicap für Lena (sie hat 'gepetzt' und damit Goodwill verloren).
- Die Männergruppe ist geschlossen und einig im Vorhaben, Lena eine Lektion zu erteilen. Dieser Zusammenhalt erlaubt keine Dissidenten, die Lena evtl. auf ihre Seite ziehen könnte.
- Offensichtlich kann die Abteilung ihre Leistungen auch ohne Lena befriedigend erbringen; Lena war zu kurz in der Abteilung, um sich unentbehrlich oder wertvoll zu machen.
- Gewerkschaftliche VertreterInnen setzen sich nicht für Lena ein. Andere Personen, Gruppen oder Abteilungen solidarisieren sich nicht mit Lena.

- Unter dem hohen Druck erkrankt Lena; dies erweist sich als entscheidendes Handicap, weil es als Begründung für die Übertragung von Nebenaufgaben und schließlich die Versetzung ins Lager herhalten muss. Ihre 'mangelnde Belastbarkeit' würde wohl auch vor einem Arbeitsgericht als Grund für ihre Versetzung akzeptiert werden.

f) Wie wird das Spiel-Ende markiert? Welche Gewinne/Verluste gibt es?

- Das Spiel könnte mehrere Ausgänge haben: Lena gibt klein bei, macht Küchendienst, lernt gut schweißen und wird im Laufe der Zeit in die Gruppe integriert, wo sie sich Freunde macht, die ihr bei späteren Problemsituationen beistehen. Oder: Lena gelingt es, den Meister und/oder die Gruppe zu einem 'vernünftigen' Gespräch über ihre Situation zu gewinnen; sie kann sie überzeugen und es kann eine faire Lösung ausgehandelt werden, bei der niemand sein Gesicht verliert (z.B. Rotation des Küchendiensts, seine zeitliche Begrenzung, Gegenleistungen für den Küchendienst usw.). Oder: Für den ungeliebten Küchendienst wird eine andere Kraft gefunden/eingestellt ... Diese Spiel-Abschlüsse sehen Lena letztlich wieder in die Gruppe integriert. Sie sind nur wahrscheinlich bei einer sehr niedrigen Eskalationsstufe (wenn Lena noch nicht stigmatisiert ist). Da es aber im vorliegenden Fall schon zu Mobbing gekommen ist, ist das bittere Ende vorgezeichnet: Die Episode '*Lena, die Schweißerin*' ist zu Ende, wenn es diese Schweißerin Lena in der Arbeitsgruppe nicht mehr gibt.
- Der Meister gewinnt dadurch 'Ruhe im Laden', eine homogene Mannschaft (Sicherheit im gewohnten Umgang mit Männern), Wahrung seines Gesichts, Respektierung seiner Autorität, eine neue voll belastbare Arbeitskraft (anstelle von Lena), einen guten(?) Ruf als Problemlöser ...
- Die Arbeitsgruppe ist einen unbequemen Störenfried losgeworden, der den Status quo in Frage gestellt hatte; männliche Solidarität hat sich bewährt. Weil sich die Gruppe auf die Seite des Meisters gestellt hat, ist ihr dieser verpflichtet; es wurde sehr deutlich, dass Männer nicht für Küchendienst (oder ähnliche 'weibliche' Tätigkeiten) in Frage kommen; es wurde ein warnender Präzedenzfall geschaffen für alle, die Renitenz zeigen ...
- Es muss abgewehrt werden, dass sich Meister und Gruppe unfair gegenüber der Frau verhalten und sie in die Krankheit getrieben haben; sie haben eine Lernchance vergeben, Erfahrungen in der Zusammenarbeit mit weiblichen Fachkräften zu machen; sie haben sich womöglich firmenintern einen Ruf als rückständig oder aggressiv erworben ...
- Lena hat einen sehr hohen Preis bezahlt für ihren Versuch, in eine Männerdomäne einzudringen und sich dort zu behaupten: sie ist aus dem Erwerbsleben ausgeschieden (worden), ihre Gesundheit und ihr Selbstvertrauen sind ruiniert. Ihr Fall muss herhalten als Warnung für Frauen, die ihre Grenzen nicht kennen und ist damit - pervers! - ein Argument für diejenigen, die am Status quo der Geschlechtertrennung festhalten wollen.

Es ist festzuhalten, dass diese Rekonstruktion des 'Falls Lena' (allein schon diese Etikettierung ist voreingenommen, weil man mit demselben Recht vom 'Fall eines unfairen Meisters' oder dem 'Fall einer belästigenden Männergruppe' reden könnte) vom Ergebnis her argumentiert und abstrahiert (Regeln, Einsatz, Gewinne/Verluste) herausarbeitet. Damit ähnelt sie dem aktuellen Spielgeschehen so wie eine Zeitungsreportage dem wirklichen Fußballspiel. Sie ist ein hochselektiver Extrakt. Der konkrete Ablauf ist weit intransparenter, emotionaler, irrationaler; er ist augenblicks- und gelegenheitsabhängig und voller überraschender Wendungen. Man muss nur an die vielen Pausen- und Kantinengespräche denken, die die beteiligten Männer wohl geführt haben, die spontanen boshaften Quälereien, die einzelne ausgeheckt haben, den Ärger des Meisters und seine Rachepläne, die Verzweiflung Lenas und ihre trotzigen Versuche, zu ihrem 'Recht' zu kommen, die Wellen, die der Fall geschlagen hat (sonst hätte wohl kaum die Gewerkschaftszeitung darüber berichtet), die Erwägungen in der Geschäftsleitung, vielleicht doch ein Machtwort zu sprechen oder ungünstige Bedingungen zu ändern ... Es wäre verfehlt, dem Spiel-Ansatz vorzuwerfen, er sei zu unscharf, feuilletonistisch und beliebig, solange andere Ansätze kaum auf eine bessere Bewährung verweisen können. (Was hätte eine Fragebogenstudie gebracht? Was eine Motivationsanalyse? Ein Problemlösungsseminar? Ein Qualitätszirkel? Eine externe Prozessberatung? Coaching? ... Alle diese Interventionen sind ja selber wiederum 'bloß' Spielzüge in dem komplexen Spiel *Konfliktbewältigung im Unternehmen.*) Der große Vorteil der Spielmetapher liegt in der Aufforderung, nicht die Aktionen *einzelner* (Mobbinghandlungen!) in den Mittelpunkt zu rücken, sondern Personen, Aktionen, Strukturen, Regeln (man beachte jeweils die Mehrzahl!) zusammenzusehen.

9.2.3 Eine Antwort auf *Leymanns* Kritik an meinem Vorgehen

Leymann argumentiert auf folgende Weise gegen meine Neuinterpretation der Fallgeschichte "Lena"

> "Ein Beispiel: Die Mobbinggeschichte Lenas wies die Besonderheit auf, dass eine junge Frau einen "Männerberuf" gewählt hatte und deshalb zu einer Arbeitsgruppe stieß, in der sonst nur Männer beschäftigt waren. Sicherlich hat dieser Umstand den Mobbingverlauf beeinflusst, aber bei Neuberger wird er zum Anlass genommen, die Verweigerung eines gruppendynamischen Prozesses zu konstruieren.
>
> Und dazu wird die authentische Fallgeschichte nicht nur neu interpretiert, sondern bisweilen auch einfach umschrieben. So wird aus der Tatsache, dass Lena aufgefordert wird, in der Werksküche erkranktes Personal zu vertreten, ein "Küchendienst" gemacht, den bisher die Männer erledigen mussten. Und daraus darf man dann schließen, warum Lena nicht versteht, was mit ihr geschieht (S. 103): "Lena erlebt die 'Erniedrigung' nicht als Aufforderung, sich in der Gruppenhierarchie hochzudienen, sondern interpretiert sie als Geschlechterdiskriminierung: Weil sie eine Frau ist, muss sie in die Küche!" In Neubergers Umdeutung scheitert Lena, weil sie mit den angeblichen Regeln einer "Männerwelt" nicht zurechtkommt. Und in seinen Folgerungen entwirft er Bilder über Männer und Frauen in der Arbeitswelt, die Gewerkschafter und Feministinnen gleichermaßen interessieren dürften, unter anderem (S. 106ff.): "Als Neuling keine großen Ansprüche

stellen, sich langsam hochdienen" - "Immer daran denken, dass eine Frau in einem Männerberuf und einem 'Männerladen' (buchstäblich) ein Fremdkörper ist. Frauen sind wie Frauen zu behandeln" - "Nicht jammern, weinen, krank werden, sondern sich durchbeißen, sich nichts anmerken lassen" - "Männliche Besitzstände sind zu wahren! (z.B. 'keine erniedrigenden Küchenarbeiten, solange Frauen dafür verfügbar sind!')" - "Die Männergruppe ist geschlossen und einig im Vorhaben, Lena eine Lektion zu erteilen. Dieser Zusammenhalt erlaubt keine Dissidenten, die Lena evtl. auf ihre Seite ziehen könnte" - "Ihr Fall muss herhalten als Warnung für Frauen, die ihre Grenzen nicht kennen..."

Von welcher Arbeitswelt ist hier die Rede? Von der schwedischen? Von der deutschen? - Hier werden wohl eher Vorurteile über Vorurteile ausgebreitet, die mit Lenas Realität und der ihres Betriebes jedenfalls nichts zu tun haben.

Die Kritik Neubergers am Mobbingkonzept läuft in der Substanz darauf hinaus, dass es gewissermaßen den oder die Mobber einseitig schuldig spreche, die Opfer mit ihrer Geschichte ebenso einseitig in Schutz nehme und damit unterschlage, dass Mobbing in komplexen Kommunikationszusammenhängen stattfinde, in denen alle Beteiligten Schuld auf sich laden und die man in ihrer Komplexität durchschauen müsse, um Mobbing zu begegnen. Nichts von alledem ist der Fall. Wahr ist nur, dass für die Mobbingforschung von Bedeutung ist, dass sich in einem zu Mobbing eskalierenden Prozess ein Opfer herausschält und was dann warum mit ihm geschieht. Und dass sie dabei von juristischen und ethischen Regeln nicht absieht, weil sie das Verhalten der Beteiligten mit prägen. Die Kritik Neubergers - und auch sein eigenes Theoriegebilde, das sich an der Spielmetapher orientiert - lebt davon, dass seine Entwürfe von Mobbing sich grundsätzlich im rechtsfreien Raum bewegen, in dem die Beteiligten ihre Handlungsspielräume nach Belieben neu aushandeln oder ausfechten können. Arbeitsrecht und Arbeitsschutzgesetze - das zeigt auch sein Umgang mit Lenas Fall - scheinen für ihn nicht zu existieren, ebensowenig Zivilrecht und Strafrecht. Mobbing findet aber in der *Arbeitswelt* statt, und deshalb kann man von diesen äusseren, feststehenden "Regeln" nicht absehen, wenn es darum geht, Mobbing und seine Folgen zu qualifizieren - und etwas dagegen zu tun. Denn gerade sie werden im Mobbingverlauf immer wieder verletzt (auch wenn es schwer ist, das vor Gericht zu beweisen) oder gebeugt. Somit hat diese Art der akademischen Kritik bisher sehr wenig dazu beigetragen, das Mobbingkonzept weiterzuführen".

Ich war von dieser Wertung meiner Interpretation sehr überrascht, weil ich geglaubt hatte, ich hätte den hypothetischen und experimentellen Charakter meiner Re-Visionen deutlich genug herausgestellt. Aber es kam noch schlimmer (siehe Beleg 14).

Beleg 14: Der Fall Heinz: Expertenmobbing oder: Wieviel Kritik muss man vertragen?

Leymann hat auf seiner homepage (*Leymann* 1996www, Stand 20.8.98) auch zu "unwissenschaftlicher Kritik" in der Mobbingforschung Stellung genommen und er behandelt die 1. Auflage des vorliegenden Buchs als Musterbeispiel für unseriöse Kritik. Hier einige wörtliche Zitate:

"Neubergers Buch streut Desinformationen"

[Mit zwei Ausnahmen, nämlich *Resch* und *Niedl*] "sind sämtliche Bücher, die 1993-1995 publiziert wurden, von Autoren geschrieben worden, die keinerlei Erfahrungen mit Mobbingopfern hatten"

"Neubergers Buch ist aber kein wissenschaftliches Buch."

"Neuberger zitiert in seinem Buch, das er als wissenschaftlich unterbaut vorführt, aus Quellen, die gelinde gesagt, merkwürdig sind ... Er liest Bücher von Trittbrettfahrern und jedwede Zeitungsnotiz, als ob sie Tatsachen berichteten."

"Neuberger zitiert aus Büchern der Trittbrettfahrer. Dabei wendet er die Technik an, Itemlisten, die dort abgedruckt sind und die diese Autoren aus meinem Rowohltbuch in grob vereinfachender Form abgeschrieben haben, mit meinen ím selben Rowohltbuch zu vergleichen".

"Die Zitattechnik des Herrn Neuberger lässt sehr viel zu wünschen übrig. Schon seine Fehler hier sollten dazu führen, sein Buch nur mit Vorsicht zu genießen. Jedenfalls darf man aus ihm nicht zitieren, denn man weiß nicht, was richtig und was falsch verstanden wurde - von den bewussten Verfälschungen ganz zu schweigen. Die Bücher anderer Trittbrettfahrer sind gleichartig fehlerhaft in ihrer Berichterstattung. Ist dies die Art des Herrn Neuberger zu arbeiten, dann ist sicher den Betrieben zu gratulieren, die ihn als Berater nutzen!"

"Auf S. 56 [im vorliegenden Buch: S. 161f.] behauptet er, Mobbing sei eine antrainierte Eigenschaft, die aus den Vorgaben des Kapitalismus zu erklären ist. Mir sind tatsächlich viele Mobbingfälle aus den ehemaligen kommunistischen Staaten bekannt."

"Aber Neubergers Sinn ist von unserer westlichen Welt des Konkurrierens geprägt und er hängt darum leichtfertig ethnozentrischen Gedankengängen nach. Er gleitet hier in einen Sozialdarwinismus übelster Sorte ab. ... Auch seine Moritaten auf dieser Seite über die Ellbogengesellschaft, in der es heißt, 'hart wie Kruppstahl' zu sein, geben einen sehr schlechten geschichtlichen Nachgeschmack ab."

"Eine sehr üble Technik wendet Neuberger an, um den authentischen Fallbeschreibungen und -analysen alternative Deutungen geben zu können. Auf S. 28 [im vorliegenden Buch: S. 61f.] täuscht er ein Interview mit der Chefin eines Betroffenen in einem meiner echten Fallbeispiele vor, das nie stattgefunden hat. Er legt dieser Pseudochefin Aussagen in den Mund über das Verhalten des Opfers, um von dieser Fälschung her dann eine Gegenargumentation führen zu können. Dieses scheußliche und betrügerische Verfahren wendet er mehrmals an."

"In seiner verfälschten Gegendarstellung brüht Neuberger dann sehr schlimme Vorurteile über Arbeiter im allgemeinen und Frauen im besonderen auf. Seine Technik ist erschreckend."

"Neubergers Vorgehen ist sehr dummdreist. Auch hätte er nicht von der Tatsache absehen sollen, dass es in Schweden, Norwegen, Finnland und Deutschland heute an die achthundert sorgfältig durchgeführte Fallbeschreibungen gibt."

"Neubergers Ansichten über Frauen sind einzigartig. Es kann natürlich so sein, dass dies gar nicht seine eigenen Vorurteile über Frauen sind, sondern seine Vorurteile über die Vorurteile seiner Mitmenschen. Ehrlich gefragt: Würde das eigentlich das Urteil über ihn mildern?"

Mein Kommentar:

Aus meiner Opfersicht bin ich auf dem besten Weg, gemobbt zu werden. Weil ich mir natürlich täglich die Internet-Seite anschaue, und das vermutlich ein halbes Jahr lang tun werde, treffen für mich die LIPT-Items Nr. 5 ("Ständige Kritik an der Arbeit"), 18 ("Man verbreitet Gerüchte") und 28 ("Man beurteilt den Arbeitseinsatz in falscher oder kränkender Weise") zu. Noch zeige ich keine posttraumatische Stressstörung, aber das kann ja noch kommen. Ich werde in mich gehen müssen und lernen müssen: Wenn Du über Mobbing schreibst, dann zitiere *Leymann*, aber kritisiere ihn nicht. Deute nicht an *Leymann*s Texten herum, sie sind die einzige und wahre Sicht der Dinge. Nur *Leymann* und von ihm Akkreditierte sagen die Wahrheit über Mobbing. Alle anderen sind Trittbrettfahrer - halte Dich fern von ihnen, zitiere auf gar keinen Fall aus ihren Schriften! Was immer Du von anderen übernimmst: es gilt als Deine Meinung! Über Mobbing darf nur schreiben, wer mit Mobbingopfern gearbeitet hat (über Gold darf nur schreiben, wer selbst welches geschürft hat).

Ich glaube, diese Lektionen werde ich nie lernen.

Leymann wendet sich generell gegen Versuche, von anderen Autoren veröffentlichte Fallbeschreibungen neu zu interpretieren:

> "Schließlich sind die Fallbeschreibungen selbst schon ein Teil der Analyse, und es darf nicht vergessen werden, dass sie gemeinsam mit den Betroffenen erarbeitet wurden. Es ist ein entscheidender Unterschied, ob man in der Zusammenarbeit mit lebenden Menschen und ihrer konkreten Wirklichkeit zu Ergebnissen kommt oder an seinem Schreibtisch auf der Grundlage von Texten, die diese Menschen und ihre Wirklichkeit in einer spezifischen Weise beschreiben" (*Leymann* 1995b, 31).

Wenn man die Sache als Therapeut sieht, hat *Leymann* recht: schriftliche Texte leiden nicht, man kann ihnen nicht helfen. Bemüht man sich um ein wissenschaftliches Verständnis eines Phänomens, sieht es anders aus. Denn aus dieser Perspektive sind auch gemeinsam erarbeitete Rekonstruktionen der Vergangenheit Texte: sie entstehen in der Interaktion zwischen zwei Autoren (Opfer und ForscherIn) und benutzen das Medium Sprache (modifiziert durch die Einflüsse der unmittelbaren sinnlichen

Gegenwart beider Beteiligter). Wissenschaft geht es nicht um das idiografische Nachzeichnen eines einmaligen Lebensschicksals, sondern um dessen systematische Analyse, um das Aufzeigen von Bedingungsstrukturen und Zusammenhängen. Ausgangspunkt sind Beobachtungen (also Differenzierungen, die bezeichnet werden). Diese Beobachtungen erfolgen im Raster historisch-gesellschaftlich-kulturell-biografischer Sehgewohnheiten und müssen über ein Medium (Sprache, Schrift) mitgeteilt werden, damit sie verstanden werden können. Alle diese Prozesse (Beobachten, Mitteilen, Verstehen) erfordern mehrfache Selektionen, d.h. sie könnten auch anders erfolgen (s. *Luhmann* 1984). Es ist unmöglich, alle Informationen (Unterschiede, die einen Unterschied machen!) zu kennen und zu verarbeiten. Auch intuitives Verstehen, Mitschwingen, Empathie, oder unmittelbare Resonanz blenden andere Erfahrungsmöglichkeiten aus. Wenn ein Therapeut mit Mobbingopfern spricht, erhält er Informationen, deren er sich selbst nicht bewusst ist und die er nicht oder nicht unverzerrt sprachlich mitteilen kann. Bei einer wissenschaftlichen Analyse geht es aber nicht um Unmittelbarkeit, weil prinzipiell davon ausgegangen wird, dass Mitteilungen ver-mittelt sind und dass die BeobachterInnen (ForscherInnen) miterzeugen, was sie sehen und nicht sehen. Wenn das schon - siehe *Heisenberg* - für den Bereich der Naturwissenschaften gilt, dann noch mehr für die Humanwissenschaften. Jede Hinsicht ist - im Doppelsinn - eine Absicht.

Unbestritten: Das Mobbingopfer hat einen privilegierten Zugang zu seiner eigenen Geschichte und Erfahrungswelt, ebenso wie der Therapeut einen privilegierten Zugang zu seinem Klienten hat. Aber man muss auch das Immunisierende einer solchen Argumentation sehen, wenn man sie auf Wissenschaft überträgt. Denn damit wird Kritik - die untrennbar zur wissenschaftlichen Analyse gehört - ausgeschlossen. Ein Forscher kann sich nicht auf die Position zurückziehen, er besitze eben Informationen, die nicht mitteilbar sind - weil dann seine Folgerungen nicht nachvollziehbar und kritisierbar sind. Wer wissenschaftlich arbeitet, kann womöglich von einem einzelnen unwiederholbaren Fall ausgehen (Beispiel: Astronomie), aber nur, um aus ihm strukturelle, übertragbare Einsichten abzuleiten. Wer Mobbing untersucht, wird viele Fälle sammeln und vergleichen, er muss also abstrahieren und die Vielfalt der heterogenen Eindrücke reduzieren, um sie in Beziehung setzen zu können. Argumentiert man mit Ganzheitlichkeit, Einmaligkeit und Unmittelbarkeit, dann schreibt man dem Gesagten/Geschriebenen ästhetischen Wert zu, der als solcher genossen und hingenommen, aber nicht in Frage gestellt werden kann. Wer seine Aussagen für nicht nachvollziehbar, nicht prüfbar und nicht kritisierbar erklärt, argumentiert nicht mehr wissenschaftlich, sondern künstlerisch, religiös, dogmatisch, normativ. *Leymann* schreibt Falldarstellungen und veröffentlicht Tabellen mit quantitativen Befragungsergebnissen, weil er informieren (Unterschiede machen) möchte, mitteilen (mit LeserInnen über ein geeignetes Medium in Beziehung treten) will und weil er verstanden werden möchte (d.h. auch, dass er die LeserInnen mit seinem 'Material' von der Richtigkeit seiner Auffassungen [Theorie] überzeugen möchte, sodass schon die Fall-Darstellung theoriedurchtränkt ist; ansonsten würde er ja über Ergonomie, Kostenrechnung, Nervenphysiologie etc. schreiben können, denn all das spielt in der von *Leymann* beschworenen 'Wirklichkeit' auch eine Rolle). Aus einer wissenschaftlichen Perspektive ist es unverzichtbar, sowohl die Unterscheidungen eines Forschers wie deren Präsentation und die Sinnangebote zu kritisieren. Nichts ist unantastbar. Möchte einer eine Sekte begründen, kann er zum Kriterium der Mitgliedschaft machen, dass seine Heiligen Schriften, so wie er sie auslegt, verehrt werden.

> "Kurze Zeit nach dem Erscheinen meines deutschen Buches (1993a) wurde eine ganze Reihe von weiteren Büchern publiziert, in manchen davon war vieles offenkundig bereits geschrieben, bevor mein Buch herauskam. Was wussten diese Autoren über Mobbing? Sofern sie des Schwedischen nicht mächtig waren, einzig das, was in den Medien zu lesen oder zu sehen war. ... Kaum etwas in solchen Büchern hat Wert" (*Leymann*, 1995a, 24).

Wer Wissenschaft betreibt, beteiligt sich an einem Spiel, bei dem es darum geht, Aussage-Konstruktionen einem Härtetest zu unterziehen, sie zu dekonstruieren, mit Alternativen zu konfrontieren, in Frage zu stellen und zu widerlegen. Nicht aus Kritiksucht und Besserwisserei (obgleich solch menschliche Motive nicht ausgeschlossen werden können), sondern um den Strukturkern, die Bedingtheit und Verallgemeinerbarkeit der Aussagen aufzuzeigen und zu prüfen und die Ergebnisse wieder in den Diskussionsprozess einzuspeisen, denn natürlich ist auch Analyse analysierbar und Kritik kritisierbar. Wer bei diesem Spiel mitspielt, darf sich nicht darüber beklagen, dass seine Arbeit in Frage gestellt, bezweifelt, mit anderen Arbeiten verglichen, relativiert und zurückgewiesen wird. Will er das nicht, soll er Romane schreiben - aber dann warten die Literaturkritiker auf ihn.

9.2.4 Der Fall Gertraud

Um zu belegen, dass ich nicht der einzige (Wissenschaftler) bin, der es wagt, *Leymanns* Fallgeschichten umzudeuten, zitiere ich zunächst ein weiteres Fallbeispiel von *Leymann* 1993 (Fall Gertraud) und dann eine nicht unironische Neuinterpretation durch *von Senger* 1993:

"Gertraud war Arztgehilfin

... und arbeitete in einem Krankenhaus. Es gehörte zu ihren Aufgaben, die Krankenschwestern mit Daten und Analyseergebnissen zu versorgen. Die Organisation der Abteilung war mangelhaft, hatte viele Schwachstellen, was immer wieder dazu führte, dass Gertraud - als letzte in der "Produktionskette" - unter Druck geriet und nicht alle Aufträge rechtzeitig erledigen konnte. So kam es hie und da zu kleineren Reibereien und auch schon mal zu einem größeren Streit. Ihre Chefin war der Ansicht, dass ein Streit, hie und da, das "Salz des Lebens sei", und ging nicht weiter darauf ein.

Der Chefarzt, dem die Abteilungsleiterin unterstellt war, setzte nie einen Fuß in die Abteilung und kümmerte sich folglich auch nicht um das, was dort geschah.

Gertraud war weiterhin überlastet und arbeitete unter ständigem Zeitdruck, und es kam häufig zu Streitereien mit Kolleginnen, die auf ihre Daten warten mussten. Gertrauds Versuche, mit ihrer Chefin effizientere Abläufe abzusprechen, z.B. gewisse Analysen zu gewissen Tageszeiten in zeitersparenden Serien zu machen oder anderweitige zeitsparende Routinen einzuführen, stießen auf Unverständnis und führten zu nichts.

Gertraud litt zunehmend unter Stress. Weinkrämpfe, Kopfschmerzen, Gefühle der Hilflosigkeit, Magenbeschwerden setzten ein. Ihre Kollegen sprachen generell schlecht über sie und unterstellten ihr psychische Störungen wegen ihres von starker Nervosität geprägten Verhaltens (was natürlich nicht verwundern kann). Sich krankschreiben zu lassen wagte sie nicht, obwohl die psychosomatischen Beschwerden das zeitweise eigentlich erforderten.

Als die Streitereien wieder einmal eskalierten und auch die Chefin ihr die Schuld zuschrieb und sie als Sündenbock missbrauchte, brach Gertraud in einen lauten Weinkrampf aus, lief in ein leeres Untersuchungszimmer, zerbrach dabei einige Glasröhren und schloß sich ein. Daraufhin holte die Chefin den Chefarzt und erzählte dem etwas von fortwährenden Ungehörigkeiten und Nervenzusammenbrüchen. Man öffnete mit einem Hauptschlüssel die Tür zur laut weinenden Gertraud, der Arzt verkannte den Vorfall und deutete ihn als eine akute Psychose. Mit einem Arztschein wurde sie sofort und zwangsweise in die geschlossene Psychiatrie eingeliefert, wo sie mehrere Wochen lang mit avancierten Psychopharmaka "im Zaum gehalten" wurde.

Die Stigmatisierung

Ich sah die junge Frau während ihrer stationären therapeutischen Behandlung, und sie erzählte mir weinend und immer noch wie im Schockzustand, wie erniedrigend sie die gewaltsame Überführung in die Psychiatrie erlebt hatte. Auch ihre eigenen Anstrengungen, sich in der Behandlung "einzugliedern", wurden ihr aus ihrer Sicht schlecht angerechnet: Hatte sie Weinkrämpfe, dann wurden die Dosen heraufgesetzt, wurden aber nicht wieder herabgesetzt, wenn sie sich bei der Gesprächstherapie bemühte. Gertraud empfand die psychiatrische Behandlung als eine Bestrafung.

Nach ihrer Rückkehr tat der Arbeitgeber nichts, um sie wieder einzugliedern. Bei ihren Kollegen war sie "abgestempelt" - sie war ja nun ein "psychotischer Fall", vor dem man sich in acht nehmen musste. Man erinnerte sich an ihr früheres Verhalten und glaubte, im nachhinein darin ein Krankheitsbild sehen zu können. Dass an ihrem Platz eine andere Frau stand, die, wie sie zuvor, unter hohem Stress litt und Erschöpfungssymptome zeigte, überging man schlicht.

Gertraud wurden nebensächliche Arbeiten angeboten, wie z.B. das Sauberhalten von Geräten. Analysen durfte sie nicht machen, aus Gründen, die ihr nicht mitgeteilt wurden. Gertraud zerbrach innerlich an diesem Ausschluss. Schon nach kurzer Zeit litt sie wieder unter Angstzuständen und wurde krankgeschrieben. Dies brachte sie in die oben erwähnte stationäre klinische Behandlung".

Soweit Originalton *Leymann*. Nun zur Interpretation durch *Harro von Senger* 1993.

Von Senger zitiert einleitend und seinen Aufsatztitel rechtfertigend (1993, 34) in Verteidigung der List im Alltag unvollständig (weil die erste Hälfte weglassend) einen Jesus-Spruch: "[Bedenket wohl: ich sende euch wie Schafe mitten unter Wölfe]; darum seid klug wie die Schlangen und ohne Falsch wie die Tauben" (*Matthäus*, 10, 16). Gerade aber die erste Hälfte ist aufschlussreich: man hat es mit Wölfen zu tun (homo hominem lupus) und die Erwartung allseitigen Wohlwollens ist verfehlt. Die Welt ist schlecht und verdorben; um in ihr zu bestehen, muss man - ohne selbst schlecht und verdorben zu sein (ohne Falsch wie die Tauben) - sich darauf einstellen und dem Bösen listig wehren. Eine ausweglose Situation, in der man nur Sünder oder Opfer werden kann!

Unter der Überschrift "List als Waffe gegen Mobbing" bietet *von Senger* folgende Deutung des Falls Gertraud an:

"Bei den mir bekannten Texten des Mobbing-Spezialisten *Heinz Leymann* fällt mir auf, dass nur konventionelle Mittel der Mobbing-Bekämpfung in Betracht gezogen werden. Im 'Fallbeispiel der Arzthelferin Gertraud' unternimmt diese 'Versuche, mit ihrer Chefin eine effiziente Arbeitsordnung abzusprechen' (Methode des rationalen Argumentierens). Nachdem dieser konventionelle Problemlösungsversuch scheitert, nimmt sie es hin, 'immer im Stress' zu sein und ihre Gesundheit zu ruinieren (Methode des Duldens und Erleidens). Doch auch diese als heldisch (im abendländischen Sinne: eine unhaltbar-hoffnungslose Stellung bis zum letzten Blutstropfen / bis zum Tod halten) zu bezeichnende konventionelle Methode der Problemlösung fruchtet nichts. Gertraud ist derart abendländisch-pflichtbewusst, dass sie es nicht einmal wagt, sich krankschreiben zu lassen (Methode des Zusammenbeißens der Zähne und des Durchhaltens). Doch auch diese - im Abendland - konventionelle Methode der Problembewältigung nützt nichts. Ihre Kollegen beginnen nun im Gegenteil, das Kreatorstrategem Nr. 7 ('Aus einem Nichts etwas erzeugen') anzuwenden und 'dichteten ihr psychische Ursachen für ihr Verhalten an'. Gertraud lässt es zu, dass 'auch die Chefin sie als Sündenbock missbrauchte', womit die Chefin das Strategem Nr. 11 'Einen Pflaumenbaum für einen Pfirsichbaum opfern' gegen sie benutzt. Auch jetzt reagiert die offensichtlich listenblinde Gertraud letztlich konventionell, indem sie ganz einfach in spektakulärer Weise ihre Gefühlsreaktion vordemonstriert. 'Sie brach in einen lauten Weinkrampf aus, lief in ein leeres Untersuchungszimmer, zerbrach dabei einige Glasröhrchen und schloß sich ein.' Damit befand sie sich in einer Situation, in der sie die offensichtlich unfreundlich, ja feindselig gesonnenen Vorgesetzten geradezu einlud, eine Reihe von Strategemen gegen sie anzuwenden: 'Ausgeruht auf den erschöpften Feind warten' (Strategem Nr. 4); 'Aus einem Nichts etwas erzeugen' (Strategem Nr. 7: die im Grunde harmlose Reaktion Gertrauds wird dramatisiert); 'Die Türe schließen und den Dieb fangen' (Strategem Nr. 22). Die Türe hatte allerdings Gertraud selbst geschlossen. 'Man öffnete mit einem Hauptschlüssel die Tür zur laut weinenden Gertraud.' Der wohl von Gertrauds Vorgesetzter mit falschen Informationen eingedeckte Arzt 'verkannte den Vorfall und deutete ihn als eine akute Psychose. Mit einem Arztschein wurde sie sofort und zwangsweise in die geschlossene Psychiatrie eingeliefert, wo sie mehrere Wochen lang mit avanzierten Psychopharmaka 'im Zaum gehalten' wurde.'

Auch diese letzte Anstrengung Gertrauds, ihr Problem zu lösen, nämlich das Zurschaustellen des Umstandes, dass sie völlig hilflos und total am Ende ihrer Kräfte war, muss der Kategorie der konventionellen, also unlistigen, Problemlösungsmethoden zugeordnet werden. Wahrscheinlich hoffte Gertraud, Mitleid zu erregen und auf diesem Umweg endlich Verständnis für ihre miserable Lage an ihrem Arbeitsplatz zu erwecken. Aber auch dieser letzte Versuch der konventionellen Problemlösung scheiterte. Zum Glück traf Gertraud während ihrer stationären therapeutischen Behandlung auf den Mobbing-Spezialisten *Heinz Leymann*. Endlich wurde sie verstanden. Durch die stationäre Behandlung (auch ein konventionelles Problemlösungsmittel) wurde sie gerettet. Worin bestand die Lösung ihres Problems? 'Gertraud ist heute wieder im Beruf in einer anderen Stadt.'

Diese, nach dem Einsatz einer ganzen Reihe von konventionellen Problemlösungsmitteln und nicht zuletzt mit Hilfe von Glück (die Begegnung mit einem Mobbing-Spezialisten), erzielte Lösung hätte Gertraud aus strategemischer Sicht viel einfacher erreichen können, nämlich durch eine frühzeitige Anwendung des Flucht-Strategems Nr. 36: 'Weglaufen ist bei völliger Aussichtslosigkeit das beste der 36 Strategeme!' Wieviel Leid und Gefahr (man stelle sich nur vor, *Herr Leymann* wäre ihr nicht begegnet!) wäre Gertraud erspart geblieben, wenn sie dieses Strategem gekannt und befolgt hätte!"

9.3 Manfred aus Dortmund

Als ein Beispiel für die Problematik der Interpunktion zitiere ich im folgenden einen Mobbingfall, den *Leymann* (1993, S. 36-37) berichtet.

"Manfred aus Dortmund"

Manfred arbeitete als Klempner in einem großen Chemiebetrieb, in einer Abteilung, die für Reparaturen an Rohrleitungen zuständig ist. Er gehörte einer christlichen Sekte an. Als sei dies eine Selbstverständlichkeit, versuchte Manfred immer wieder, seine Arbeitskollegen zu bekehren und zum Eintritt in die Sekte zu bewegen. Die Kollegen fühlten sich belästigt, doch anstatt das Problem über kollegiale Gespräche, eventuell unter Einschaltung des Chefs anzugehen, übertrugen sie den Konflikt auf die private Ebene. Anfangs reagierten sie groß auf Manfreds Bekehrungsversuche. Als das nicht half, ließen sie ihn links liegen. Sie drehten sich um und gingen weg, wenn er mit seinen Reden anfing. Niemand sprach mehr mit ihm. Als auch das nicht half, eskalierte die "Nicht-Kommunikation": Die Kollegen weigerten sich, mit Manfred in der Kantine am selben Tisch zu sitzen. Wenn er hereinkam, standen sie auf und verließen den Raum. Aber auch das half nichts.

Nun verfiel man auf eine groteske Art von Gewaltandrohung, wie man sie in gewissen "Männergesellschaften" beobachten kann: "Makabere Scherze", einschüchternde Drohungen, die nicht wirklich in die Tat umgesetzt werden. So nahm ein belästigter Kollege ein Messer in die Hand und drohte: "Halt deine miese Klappe, oder ..." Einer knüpfte einen Henkersknoten und befestigte das Seil unter der Decke des gemeinsamen Umkleideraumes. Oder die Kollegen zimmerten einen Sarg und stellten ihn vor Manfreds Spind auf.

In dieser Phase verselbständigte sich der Konflikt. Manfred gab die Bekehrungsversuche auf. Aber einmal in Gang gekommen, gingen die "Scherze" der Kollegen weiter, ein ganzes Jahr lang, bis sich Manfred versetzen ließ."

Kommentar:

Für *Leymann* gilt Manfred als Mobbingopfer; man kann jedoch die Geschichte auch ganz anders lesen: Mit seinem religiösen Fanatismus dringt Manfred in die Privatsphäre der Arbeitskollegen ein und belästigt sie in erheblichem Maß. Um sich zu schützen, grenzen sie sich ab. Als das den missionarischen Eifer immer noch nicht stoppt, greifen die Kollegen zu härteren Mitteln, werden grob und verletzend. Erst dann reagiert Manfred - zu spät! Wer ist hier Mobber, wer Gemobbter? (Siehe auch die ausführliche Interpretation dieses Falls in *Esser & Wolmerath* 1997, 63-73).

9.4 Anti-Mobbingstrategien (nach: *Thomas* 1993)

Als Beispiel für die Fragwürdigkeit von pragmatischen Empfehlungen zur Mobbing-Bekämpfung sei eine Stelle aus *Thomas'* "Chefsache Mobbing" zitiert (1993, 76-77). Der Doppeldeutigkeit seines Titels gerecht werdend, entwirft *Thomas* hier unwillentlich und ganz ernsthaft ein geradezu paranoides Programm der Überwachung von MitarbeiterInnen, das dem Mobbing wohl eher Vorschub leistet, als dass es dieses unterbindet:

"Führungskräfte sollten sich folgendes zur Regel machen:

- Gehen Sie zwei- bis dreimal pro Woche durch den Betrieb. Sprechen Sie mit Ihren Mitarbeitern. Fragen Sie, was sie gerade tun und ob alles klappt. Werfen Sie einen Blick auf die Auftrags- oder Stundenzettel. Drehen Sie unbedingt alleine Ihre Betriebsrunde. Will sich der jeweilige Meister oder Abteilungsleiter dazugesellen, dann schicken Sie ihn weg. Handelt es sich um einen Schichtbetrieb, sollten Sie auch nachts auftauchen. Zeigen Sie Interesse für die Arbeit Ihrer Mitarbeiter, und Sie erhalten unschätzbare Informationen.

- "Verschonen" Sie auf keinen Fall die Angestellten in den Büros. Fragen Sie jede und jeden, der Ihnen begegnet, wo sie oder er hin will. Denn wie gesagt, auf einigen Firmenfluren ist mehr Passantenverkehr als in der Fussgängerzone beim Schlussverkauf.
- Geben Sie die Anweisung, dass ab sofort Einstellungen nur mit Ihrer Zustimmung erfolgen, egal, ob Auszubildender oder Putzfrau. Sprechen Sie mit den Bewerbern, aber auch mit denen, die gekündigt haben. Verfahren Sie nach dem Motto: "Hier geht und kommt niemand, den ich nicht persönlich gesprochen habe."
- Lassen Sie sich jeden Tag über Krankmeldungen informieren. Machen Sie Besuche im Krankenhaus, gratulieren Sie zum Geburtstag.
- Verschließen Sie Ihr Büro, wenn Sie ausser Haus gehen. Sagen Sie der Sekretärin, dass niemand in Ihrem Büro etwas zu suchen hat. Fragen Sie die Mitarbeiter, wer während Ihrer Abwesenheit in Ihr Büro wollte, auch wann und warum.
- Sorgen Sie für klare Kompetenzregelungen. Dulden Sie keine selbsternannten "heimlichen" Chefs.
- Bringen Sie den Datenschutz auf Vordermann. Verschaffen Sie sich Einblick darüber, wer und warum er Zugang zu Personaldaten hat. Ist die Lohn- und Gehaltsbuchhaltung "wasserdicht"?
- Sprechen Sie mit den Mitarbeitern der Personalabteilung über das Thema Mobbing. Sorgen Sie für klare Verhältnisse, indem Sie Vertrauen und Verschwiegenheit als oberste Priorität betrachten. Benennen Sie Beispiele aus der Vergangenheit, die für Gesprächsstoff sorgten, obwohl sie der Schweigepflicht unterlagen.
- Niemand hat etwas am Schreibtisch des/der anderen zu suchen, es sei denn, man hat sich abgesprochen. Auch Führungskräfte sollten den Arbeitsplatz der unterstellten Mitarbeiter respektieren.
- Dulden Sie keinen abwertenden oder diskriminierenden Ton in Besprechungen. Machen Sie den Abteilungsleitern klar, was Sie von ihnen erwarten. Mitarbeiter sind weder zu "blind", noch zu dumm für alles. Beharren Sie auf fachlichen und sachlichen Umgangston. Führungskräfte haben auch eine Vorbildfunktion.
- Unterbinden Sie weitgehend Flur- oder Treppengespräche.
- Besucher, Lieferanten oder Vertreter haben am Empfang auf ihren Gesprächspartner zu warten. Kommen Prüfer vom Finanzamt, den Krankenkassen, der Berufsgenossenschaften, der Gerichtsvollzieher oder gar die Polizei, so sind Sie umgehend zu informieren. Aussergewöhnliche Vorgänge benötigen die persönliche Präsenz des Chefs."

9.5 Konfliktablauf im Überblick (nach: *Hugo-Becker & Becker* 1992, 100)
(nach *Titze & Gröner* 1989, 226)

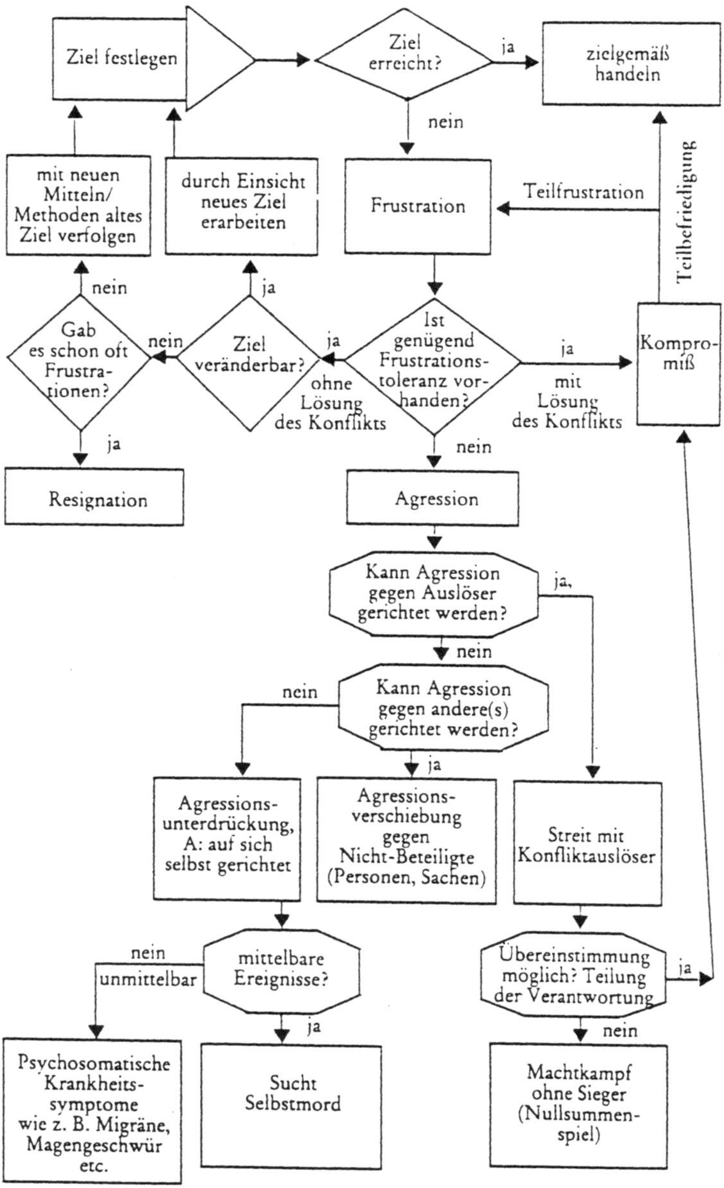

9.6 Das Stressmodell von *Rahe & Arthur* (1978)

übernommen aus: *Dittmann* (1991, 99)

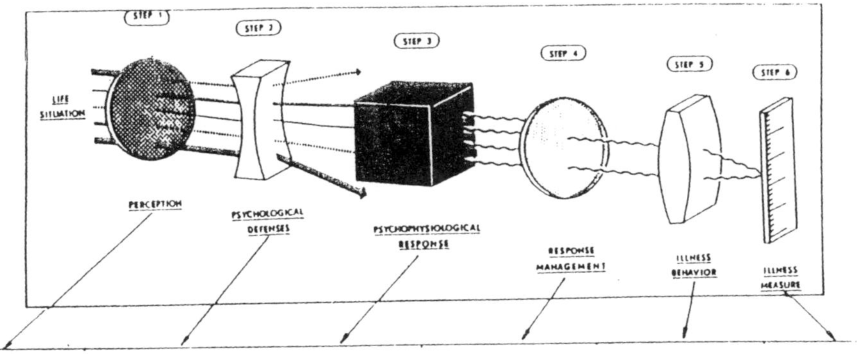

1 **Wahrnehmung**	2 **Psychologische Abwehr**	3 **Psychophysiologische Reaktion**	4 **Coping**	5 **Krankheits-Verhalten**	6 **Krankheits-Erfassung**
a) Biographische Erfahrungen	a) Verleugnung	a) Bewusste Reaktionen (z.B. Muskelspannung, Kopfweh	a) Muskel-Entspannung	a) Symptom-Wahrnehmung	a) Diagnosestellung
a) Biographische Erfahrungen ("Aktiva und Passiva") b) Frühere LE-* Erfahrungen c) Aktuelle soziale Unterstützung * LE = Life event	a) Verleugnung b) Verschiebung c) Verdrängung d) Reaktionsbildung e) Isolation	a) Bewusste Reaktionen (z.B. Muskelspannung, Kopfweh) b) Unbewusste Reaktionen (z.B. erhöhte Lipide, Blutdruck)	a) Muskel-Relaxation b) Körperübungen c) Medikation d) Situative Anpassung	a) Symptom-Wahrnehmung b) Vertrauen in ärztl. Entscheidungen c) Kranken-Rollen-Verhalten (z.B. Fehlen bei der Arbeit, Inanspruchnahme ärztlicher Hilfe	a) Diagnosestellung b) Registrierung als "Fall"

9.7 "Frauen sollen fighten lernen!" (aus: *Pat Heim*, 1993)

Heim arbeitet einige Lektionen heraus, die nach ihrer Meinung Jungen wie selbstverständlich in ihrer Sozialisation lernen und die sie - anders als die puppenspielenden Mädchen - ideal auf die künftige Bewährung im Wirtschaftsleben vorbereiten (1993, 31-34):

"- Worum gespielt wird: Konkurrenz.
- Immer tun, was der Trainer sagt.
- Ein guter Teamspieler sein.
- Ein Führer sein.
- Aggressiv sein oder sich aggressiv gebärden.
- Mit Kritik und Lob umgehen.
- Zielorientiert bleiben.
- Gewinnen ist alles.
- Einen Spielplan haben."

Es ist nicht wichtig, ob diese Diagnose zutrifft, ob *alle* Jungen in dieser Weise sozialisiert werden und ob Wirtschaft wirklich nach diesen Regeln 'gespielt' wird. Entscheidend ist, dass Haltungen oder Regeln identifiziert werden, die für einen Teil der Bevölkerung - die Frauen - fremdartig klingen, während ein anderer Teil - die Männer - sie für selbstverständlich hält. Man kann *Heims* Buch als ethnographischen Text lesen, in dem eine Fremde versucht, die Regeln einer Eingeborenenkultur zu verstehen.

Heim verspricht ihren Leserinnen, dass sie durch die Lektüre die für sie befremdenden Regeln des Männerspiels Wirtschaft kennenlernen werden. Es ist bezeichnend, welche Besonderheiten sie ent-deckt:

"- Zuversicht und Macht ausstrahlen, auch wenn Sie sich ängstlich und machtlos fühlen;
- Hilfe anbieten, damit Sie nicht als Quertreiberin dastehen;
- bei einer Konferenz Hiebe einstecken oder austeilen und trotzdem danach herzlich sein;
- mit Leuten arbeiten, die Sie nicht mögen;
- Männer führen, Frauen führen - und die Unterschiede erkennen;
- Kritik und Lob einstecken und austeilen;
- Risiken eingehen;
- Ihre Verletzlichkeit verbergen;
- eine Teamspielerin im männlichen Sinn sein." (*a.a.O.*, 35)

oder (*a.a.O.*, 69):

- "... Sie müssen konkurrieren oder erwarten, dass man Sie niedermacht.
- Wenn Sie Zielscheibe des Spiels 'Angriff' sind, nehmen Sie sich den Führer zuerst vor!
- Denken Sie daran, dass Arbeit für Männer nur ein Spiel ist.
- Wenn das Spiel (der Streit, der Konflikt) gelaufen ist, ist es vorbei und ihre Beziehung kann weitergehen wie zuvor!
- Nur weil jemand 'nett' zu Ihnen ist, bedeutet das nicht, dass er Sie nicht ausbooten will!"

9.8 Auszug aus Gesetzen

Beleg 15: Mobbingrelevante Gesetzesbestimmungen

Grundgesetz

Art. 1 GG (1): Die Würde des Menschen ist unantastbar. Sie zu achten und zu schützen ist Verpflichtung aller staatlichen Gewalt.

Art. 2 GG (1): Jeder hat das Recht auf die freie Entfaltung seiner Persönlichkeit, soweit er nicht die Rechte anderer verletzt und nicht gegen die verfassungsmäßige Ordnung oder das Sittengesetz verstößt.

Art. 17 GG (1): Alle Deutschen haben das Recht, Beruf, Arbeitsplatz und Ausbildungsstätte frei zu wählen. ... (2) Niemand darf zu einer bestimmten Arbeit gezwungen werden, außer im Rahmen einer herkömmlichen allgemeinen, für alle gleichen öffentlichen Dienstleistungspflicht.

Betriebsverfassungsgesetz (BetrVG)

§ 75 Grundsätze für die Behandlung der Betriebsangehörigen.

(1) Arbeitgeber und Betriebsrat haben darüber zu wachen, dass alle im Betrieb tätigen Personen nach den Grundsätzen von Recht und Billigkeit behandelt werden, insbesondere, dass jede unterschiedliche Behandlung von Personen wegen ihrer Abstammung, Religion, Nationalität, Herkunft, politischen oder gewerkschaftlichen Betätigung oder Einstellung oder wegen ihres Geschlechts unterbleibt. Sie haben darauf zu achten, dass Arbeitnehmer nicht wegen Überschreitung bestimmter Altersstufen benachteiligt werden.

(2) Arbeitgeber und Betriebsrat haben die freie Entfaltung der Persönlichkeit der im Betrieb beschäftigten Arbeitnehmer zu schützen und zu fördern.

§ 87 Mitbestimmungsrechte

(1) Der Betriebsrat hat, soweit eine gesetzliche oder tarifliche Regelung nicht besteht, in folgenden Angelegenheiten mitzubestimmen:

1. Fragen der Ordnung des Betriebs und des Verhaltens der Arbeitnehmer im Betrieb...

§ 104 Entfernung betriebsstörender Arbeitnehmer

Hat ein Arbeitnehmer durch gesetzwidriges Verhalten oder durch grobe Verletzung der in § 75 Abs. 1 enthaltenen Grundsätze den Betriebsfrieden wiederholt ernstlich gestört, so kann der Betriebsrat vom Arbeitgeber die Entlassung oder Versetzung verlangen.

Bürgerliches Gesetzbuch (BGB)

§ 242 Treu und Glauben

Der Schuldner ist verpflichtet, die Leistung so zu bewirken, wie Treu und Glauben mit Rücksicht auf die Verkehrssitte es erfordern.

§ 611a Benachteiligungsverbot

(1) Der Arbeitgeber darf einen Arbeitnehmer bei einer Vereinbarung oder einer Maßnahme, insbesondere bei der Begründung des Arbeitsverhältnisses, beim beruflichen Aufstieg, bei einer Weisung oder einer Kündigung, nicht wegen seines Geschlechts benachteiligen. Eine unterschiedliche Behandlung wegen des Geschlechts ist jedoch zulässig, soweit eine Vereinbarung oder eine Maßnahme die Art der vom Arbeitnehmer auszuübenden Tätigkeit zum Gegenstand hat und ein bestimmtes Geschlecht unverzichtbare Voraussetzung für diese Tätigkeit ist. Wenn im Streitfall der Arbeitnehmer Tatsachen glaubhaft macht, die eine Benachteiligung wegen des Geschlechts vermuten lassen, trägt der Arbeitgeber die Beweislast dafür, dass nicht auf das Geschlecht bezogene, sachliche Gründe eine unterschiedliche Behandlung rechtfertigen oder das Geschlecht unverzichtbare Voraussetzung für die auszuübende Tätigkeit ist.

(2) Hat der Arbeitgeber bei der Begründung eines Arbeitsverhältnisses einen Verstoß gegen das Benachteiligungsverbot des Absatzes 1 zu vertreten, so kann der hierdurch benachteiligte Bewerber eine angemessene Entschädigung in Geld in Höhe von höchstens drei Monatsverdiensten verlangen...

§ 618 Pflicht zu Schutzmaßnahmen

(1) Der Dienstberechtigte hat Räume, Vorrichtungen oder Gerätschaften, die er zur Verrichtung der Dienste zu beschaffen hat, so einzurichten, und zu unterhalten und Dienstleistungen, die unter seiner Anordnung oder seiner Leistung vorzunehmen sind, so zu regeln, dass der Verpflichtete gegen Gefahr für Leben und Gesundheit soweit geschützt ist, als die Natur der Dienstleistung es gestattet.

§ 823 Schadensersatzpflicht. Unerlaubte Handlungen

(1) Wer vorsätzlich oder fahrlässig das Leben, den Körper, die Gesundheit, die Freiheit, das Eigentum oder ein sonstiges Recht eines anderen widerrechtlich verletzt, ist dem anderen zum Ersatze des daraus entstehenden Schadens verpflichtet.

(2) Die gleiche Verpflichtung trifft denjenigen, welcher gegen ein den Schutz eines anderen bezweckendes Gesetz verstößt. Ist nach dem Inhalte des Gesetzes ein Verstoß gegen dieses auch ohne Verschulden möglich, so tritt die Ersatzpflicht nur im Falle des Verschuldens ein.

§ 826 Sittenwidrige vorsätzliche Schädigung

Wer in einer gegen die guten Sitten verstoßenden Weise einem anderen vorsätzlich Schaden zufügt, ist dem anderen zum Ersatze des Schadens verpflichtet.

§ 831 Haftung für Verrichtungsgehilfen

(1) Wer einen anderen zu einer Verrichtung bestellt, ist zum Ersatze des Schadens verpflichtet, den der andere in Ausführung der Verrichtung einem Dritten widerrechtlich zufügt. Die Ersatzpflicht tritt nicht ein, wenn der Geschäftsherr bei der Auswahl der bestellten Person und, sofern er Vorrichtungen oder Gerätschaften zu beschaffen oder die Ausführung der Verrichtung zu leiten hat, bei der Beschaffung oder der Leitung die im Verkehr erforderliche Sorgfalt beobachtet oder wenn der Schaden auch bei Anwendung dieser Sorgfalt entstanden sein würde.

(2) Die gleiche Verantwortlichkeit trifft denjenigen, welcher für den Geschäftsherrn die Besorgung eines der im Absatz 1 Satz 2 bezeichneten Geschäfte durch Vertrag übernimmt.

§ 847 Schmerzensgeld

(1) Im Falle der Verletzung des Körpers oder der Gesundheit sowie im Falle der Freiheitsentziehung kann der Verletzte auch wegen des Schadens, der nicht Vermögensschaden ist, eine billige Entschädigung in Geld verlangen.

Strafgesetzbuch (StGB)

§ 185 Beleidigung

Die Beleidigung wird mit Freiheitsstrafe bis zu einem Jahr oder mit Geldstrafe und, wenn die Beleidigung mittels einer Tätlichkeit begangen wird, mit Freiheitsstrafe bis zu zwei Jahren oder mit Geldstrafe bestraft.

§ 186 Üble Nachrede

Wer in Beziehung auf einen anderen eine Tatsache behauptet oder verbreitet, welche denselben verächtlich zu machen oder in der öffentlichen Meinung herabzuwürdigen geeignet ist, wird, wenn nicht diese Tatsache erweislich wahr ist, mit Freiheitsstrafe bis zu einem Jahr oder mit Geldstrafe und, wenn die Tat öffentlich oder durch Verbreiten von Schriften (§ 11 Abs.3) begangen ist, mit Freiheitsstrafe bis zu zwei Jahren oder mit Geldstrafe bestraft.

§ 187 Verleumdung

Wer wider besseres Wissen in Beziehung auf einen anderen eine unwahre Tatsache behauptet oder verbreitet, welche denselben verächtlich zu machen oder in der öffentlichen Meinung herabzuwürdigen oder dessen Kredit zu gefährden geeignet ist, wird mit Freiheitsstrafe bis zu zwei Jahren oder mit Geldstrafe und, wenn die Tat öffentlich, in einer Versammlung oder durch Verbreiten von Schriften (§11 Abs. 3) begangen ist, mit Freiheitsstrafe bis zu fünf Jahren oder mit Geldstrafe bestraft.

§ 223 Körperverletzung

Wer eine andere Person körperlich misshandelt oder an der Gesundheit beschädigt, wird mit Freiheitsstrafe bis zu fünf Jahren oder mit Geldstrafe bestraft.

§ 223a Gefährliche Körperverletzung

(1) Ist die Körperverletzung mittels einer Waffe, insbesondere eines Messers oder eines anderen gefährlichen Werkzeugs, oder mittels eines hinterlistigen Überfalls oder von mehreren gemeinschaftlich oder mittels einer das Leben gefährdenden Behandlung begangen, so ist die Strafe Freiheitsstrafe von drei Monaten bis zu fünf Jahren.

(2) Der Versuch ist strafbar.

§ 223b Misshandlung von Schutzbefohlenen

(1) Wer Personen unter achtzehn Jahren oder wegen Gebrechlichkeit oder Krankheit Wehrlose, die seiner Fürsorge oder Obhut unterstehen oder seinem Hausstand angehören oder die von dem Fürsorgepflichtigen seiner Gewalt überlassen worden oder durch ein Dienst- oder Arbeitsverhältnis von ihm abhängig sind, quält oder roh misshandelt, oder wer

durch böswillige Vernachlässigung seiner Pflicht, für sie zu sorgen, sie an der Gesundheit schädigt, wird mit Freiheitsstrafe von sechs Monaten bis zu fünf Jahren, in minder schweren Fällen mit Freiheitsstrafe bis zu fünf Jahren oder mit Geldstrafe bestraft.

(2) In besonders schweren Fällen ist die Strafe Freiheitsstrafe von einem Jahr bis zu zehn Jahren. Ein besonders schwerer Fall liegt in der Regel vor, wenn der Täter die schutzbefohlene Person durch die Tat in die Gefahr

1. des Todes oder einer schweren Körperverletzung (§ 224) oder
2. einer erheblichen Schädigung der körperlichen oder psychischen Entwicklung bringt.

§ 230 Fahrlässige Körperverletzung

Wer durch Fahrlässigkeit die Körperverletzung eines anderen verursacht, wird mit Freiheitsstrafe bis zu drei Jahren oder mit Geldstrafe bestraft.

§ 240 Nötigung

(1) Wer einen anderen rechtswidrig mit Gewalt oder durch Drohung mit einem empfindlichen Übel zu einer Handlung, Duldung oder Unterlassung nötigt, wird mit Freiheitsstrafe bis zu drei Jahren oder mit Geldstrafe, in besonders schweren Fällen mit Freiheitsstrafe von sechs Monaten bis zu fünf Jahren bestraft. Ein besonders schwerer Fall liegt in der Regel vor, wenn der Täter eine Schwangere zum Schwangerschaftsabbruch nötigt.

(2) Rechtswidrig ist die Tat, wenn die Anwendung der Gewalt oder die Androhung des Übels zu dem angestrebten Zweck als verwerflich anzusehen ist.

(3) Der Versuch ist strafbar.

§ 241 Bedrohung

(1) Wer einen anderen mit der Begehung eines gegen ihn oder eine ihm nahestehende Person gerichteten Verbrechens bedroht, wird mit Freiheitsstrafe bis zu einem Jahr oder mit Geldstrafe bestraft.

(2) Ebenso wird bestraft, wer wider besseres Wissen einem anderen vortäuscht, dass die Verwirklichung eines gegen ihn oder eine ihm nahestehende Person gerichteten Verbrechens bevorstehe.

§ 323c Unterlassene Hilfeleistung

Wer bei Unglücksfällen oder gemeiner Gefahr oder Not nicht Hilfe leistet, obwohl dies erforderlich und ihm den Umständen nach zuzumuten, insbesondere ohne erhebliche eigene Gefahr und ohne Verletzung anderer wichtiger Pflichten möglich ist, wird mit Freiheitsstrafe bis zu einem Jahr oder mit Geldstrafe bestraft.

Strafprozessordnung (StPO)

§ 380

(1) Wegen Hausfriedensbruchs, Beleidigung, Verletzung des Briefgeheimnisses, Körperverletzung (§§223, 223a, 230 des Strafgesetzbuches), Bedrohung und Sachbeschädigung ist die Erhebung der Klage erst zulässig, nachdem von einer durch die Landesjustizverwaltung

zu bezeichnenden Vergleichsbehörde die Sühne erfolglos versucht worden ist. Der Kläger hat die Bescheinigung hierüber mit der Klage einzureichen.

Arbeitsschutzgesetz (ArbSchG)

§ 4 Allgemeine Grundsätze

Der Arbeitgeber hat bei Maßnahmen des Arbeitsschutzes von folgenden allgemeinen Grundsätzen auszugehen:

1. Die Arbeit ist so zu gestalten, dass eine Gefährdung für Leben und Gesundheit möglichst vermieden und die verbleibende Gefährdung möglichst gering gehalten wird;
2. Gefahren sind an ihrer Quelle zu bekämpfen;
3. bei den Maßnahmen sind der Stand von Technik, Arbeitsmedizin und Hygiene sowie sonstige gesicherte arbeitswissenschaftliche Erkenntnisse zu berücksichtigen;
4. Maßnahmen sind mit dem Ziel zu planen, Technik, Arbeitsorganisation, sonstige Arbeitsbedingungen, soziale Beziehungen und Einfluß der Umwelt auf den Arbeitsplatz sachgerecht zu verknüpfen;
5. individuelle Schutzmaßnahmen sind nachrangig zu anderen Maßnahmen;
6. spezielle Gefahren für besonders schutzbedürftige Beschäftigtengruppen sind zu berücksichtigen;
7. den Beschäftigten sind geeignete Anweisungen zu erteilen;
8. mittelbar oder unmittelbar geschlechtsspezifisch wirkende Regelungen sind nur zulässig, wenn dies aus biologischen Gründen zwingend geboten ist.

§ 15 Pflichten der Beschäftigten

(1) Die Beschäftigten sind verpflichtet, nach ihren Möglichkeiten sowie gemäß der Unterweisung und Weisung des Arbeitgebers für ihre Sicherheit und Gesundheit bei der Arbeit Sorge zu tragen. Entsprechend Satz 1 haben die Beschäftigten auch für die Sicherheit und Gesundheit der Personen zu sorgen, die von ihren Handlungen oder Unterlassungen bei der Arbeit betroffen sind.

§ 17 Rechte der Beschäftigten

(1) Die Beschäftigten sind berechtigt, dem Arbeitgeber Vorschläge zu allen Fragen der Sicherheit und des Gesundheitsschutzes bei der Arbeit zu machen. Für Beamtinnen und Beamte des Bundes ist § 171 des Bundesbeamtengesetzes anzuwenden. § 60 des Beamtenrechtsrahmengesetzes und entsprechendes Landesrecht bleiben unberührt.

(2) Sind Beschäftigte auf Grund konkreter Anhaltspunkte der Auffassung, dass die vom Arbeitgeber getroffenen Maßnahmen und bereitgestellten Mittel nicht ausreichen, um die Sicherheit und den Gesundheitsschutz bei der Arbeit zu gewährleisten, und hilft der Arbeitgeber darauf gerichteten Beschwerden von Beschäftigten nicht ab, können sich diese an die zuständige Behörde wenden. Hierdurch dürfen den Beschäftigten keine Nachteile entstehen.

Gesetz zum Schutz der Beschäftigten vor sexueller Belästigung am Arbeitsplatz (Beschäftigtenschutzgesetz BeschSchG) (vom 24.6.1994)

§ 2 Schutz vor sexueller Belästigung

(1) Arbeitgeber und Dienstvorgesetzte haben die Beschäftigten vor sexueller Belästigung am Arbeitsplatz zu schützen. Dieser Schutz umfasst auch vorbeugende Maßnahmen.

(2) Sexuelle Belästigung am Arbeitsplatz ist jedes vorsätzliche, sexuellbestimmte Verhalten, das die Würde von Beschäftigten asm Arbeitplatz verletzt. Dazu gehören

1. sexuelle Handlungen und Verhaltensweisen, die nach den strafgesetzlichen Vorschriften unter Strafe gestellt sind, sowie

2. sonstige sexuelle Handlungen und Aufforderungen zu diesen, sexuell bestimmte körperliche Berührungen, Bemerkungen sexuellen Inhalts, sowie Zeigen und sichtbares Anbringen von pornographischen Darstellungen, die von den Betroffenen erkennbar abgelehnt werden.

§ 4 Maßnahmen des Arbeitgebers oder Dienstvorgesetzten, Leistungsverweigerungsrecht

(1) Bei sexueller Belästigung hat

1. Der Arbeitgeber die im Einzelfall angemessenen arbeitsrechtlichen Maßnahmen wie Abmahnung, Umsetzung, Versetzung oder Kündigung zu ergreifen ...

(2) Ergreift der Arbeitgeber oder Dienstvorgesetzt keine oder offensichtlich ungeeignete Maßnahmen zur Unterbindung der sexuellen Belästigung, sind die belästigten Beschäftigten berechtigt, ihre Tätigkeit am betreffenden Arbeitsplatz ohne Verlust des Arbeitsentgelts und der Bezüge einzustellen, soweit das zu ihrem Schutz erforderlich ist.

(3) Der Arbeitgeber oder Dienstvorgesetzte darf die belästigten Beschäftigten nicht benachteiligen, weil diese sich gegen eine sexuelle Belästigung gewehrt und in zulässiger Weise ihre Rechte ausgeübt haben.

Handelsgesetzbuch (HGB)

§ 2 Abs. 1: Der Arbeitgeber ist verpflichtet, die Geschäftsräume und die für den Geschäftsbetrieb bestimmten Gerätschaften so einzurichten und zu unterhalten, auch den Geschäftsbetrieb und die Arbeitszeit so zu regeln, dass der Arbeitnehmer gegen eine Gefährdung seiner Gesundheit, soweit die Natur des Betriebes es gestattet, geschützt und die Aufrechterhaltung der guten Sitten und des Anstands gesichert ist.

10. Literaturverzeichnis

Adams, Andrea (1992): Bullying at Work. How to Confront and Overcome it. London (Virago Press)

Althaus, Diethmar (1979): Zur Psychopathologie des Alltagslebens am Arbeitsplatz. Frankfurt u.a. (Campus)

Analoui, Farhad & Kakabadse, Andrew (1991): Sabotage: How to Recognise and Manage Employee Defiance. London (Merkury)

Analoui, Farhad & Kakabadse, Andrew (1994): Tatort Arbeitsplatz. Ergebnisse der Sabotage-Forschung. gdi impuls, 12 (3), 14-23

Andrews, F.M. & Whitey, S.B. (1976): Social Indicators of Well-Being. New York

Ardelt, E., Buchner, R. & Gattinger, E. (1993): Mobbing aus psychologischer Sicht. In: Kammer für Arbeiter und Angestellte Für Salzburg (Hrsg.): Mobbing. Psychoterror am Arbeitsplatz und wie man sich dagegen wehren kann. Salzburg (Unveröffentl. Manuskript), 27-31

Bamme, Arno, Feuerstein, Günter & Holling, Eggert (1982): Destruktiv-Qualifikationen. Zur Ambivalenz psychosozialer Fähigkeiten. Bensheim (päd. extra buchverlag)

Baron, Robert A. & Neumann, Joel H. (1996): Workplace Violence and Workplace Aggression: Evidence on their relative frequency and potential causes. Aggressive Behavior, 22, 161-173

Bassman, Emily S. (1992): Abuse in the workplace. Management remedies and bottom line impact. Westport & London (Quorum)

Baumeister, Roy F., Stillwell, Arlene & Wotman, Sara R. (1990): Victim and perpetrator accounts of interpersonal conflicts. Autobiographical narratives about anger. Journal of Personality & Social Psychology, 59 (5), 995-1005.

Bensimon, Helen Frank (1994): Violence in the workplace. Training and Development Journal, January, 27-32

Berkel, Karl (1984): Konfliktforschung und Konfliktbewältigung. Berlin (Duncker & Humblot)

Berkel, Karl (1990): Konflikttraining. Heidelberg (Sauer)

Bieler, Frank & Heilmann, Joachim (1996): Mobbing - ein bekanntes Ärgernis unter neuem Namen (?). Arbeit und Recht 44 (11), 430-434

Bierhoff, Hans W. (1980): Hilfreiches Verhalten. Soziale Einflüsse und pädagogische Implikationen. Darmstadt (Steinkopff)

Bion, Wilfred R. (1971): Erfahrungen in Gruppen. Stuttgart (Klett)

Björkqvist, Kaj (1992): Trakassering förekommer bland anställda vid Aa. In: Meddelanden fran Abo Akademi 9, 14-17 [zit. in *Niedl* 1995a]

Björkqvist, Kaj, Osterman, Karin & Lagerspetz, Kristi M. (1994b): Sex differences in covert aggression among adults. Aggressive Behavior, 20, 27-33

Björkqvist, Kaj, Österman, Karin & Hjelt-Bäck, Monika (1994a): Aggression among University Employees. Aggressive Behavior, 20, 173-184

Brauchle, Thomas (1995): Arbeitsplatz und Mobbing. Universität Augsburg (Diplomarbeit)

Brinkmann, Ralf D. (1995): Mobbing, Bullying, Bossing. Treibjagd am Arbeitsplatz. Erkennen, Beeinflussen und Vermeiden systematischer Feindseligkeiten. Heidelberg (Sauer)

Brodsky, Carroll M. (1976): The Harassed Worker. Lexington & Toronto (Lexington Books)

Brommer, Ulrike (1995): Mobbing - Psycho-Krieg am Arbeitsplatz und was man dagegen tun kann. München (Heyne)

Burawoy, Michael (1979): Manufacturing Consent. Chicago u.a. (Chicago University Press)

Commer, Heinz & Rindermann, Rudolf (1977): Der Krieg im Betrieb. München (Langen-Müller u. Herbig)

Crozier, Michel & Friedberg, Erhard (1979): Macht und Organistion. Königstein (Athenäum)

Däubler, Wolfgang (1995): Mobbing und Arbeitsrecht. Betriebs-Berater (26), 1347-1351

De Man, Hendrik (1927): Der Kampf um die Arbeitsfreude. Jena

Deal, Terrence & Kennedy, Allan (1982): Corporate Cultures. The Rise and Rituals of Corporate Life. Reading, Mss. (Addison-Wesley)

Desselberger, Alex (1993): Terror im Büro. Focus, 1 (6), 90-93

Deutsch, Karl (1976): Konstruktive und destruktive Prozesse. München u. Basel (Reinhardt)

Die Heilige Schrift des Alten und Neuen Testaments (1949[11]) (übersetzt von Hermann Menge). Stuttgart (Württembergische Bibelanstalt)

Dieball, Heike (1996): Mobbing und Arbeitsrecht. Bemerkungen zu Gralka. Betriebs-Berater (9), 483-484

Diergarten, Eckhard (1994): Mobbing. Wenn der Arbeitsalltag zum Alptraum wird ... Von Tätern und Opfern, Schuld und Mitverantwortung. Köln (Bund)

Dittmann, Klaus (1991): Perspektiven der Lebensereignisforschung. Eine kritische Diskussion theoretischer und methodischer Probleme und Lösungsansätze. Frankfurt u.a. (P. Lang)

Dunckel, H. & Semmer, Norbert (1987): Stressbezogene Arbeitsanalyse: Ein Instrument zur Abschätzung von Belastungsschwerpunkten in Industriebetrieben. In: Sonntag, K. (Hrsg.): Arbeitsanalyse und Technikentwicklung. Köln (Bachem), 163-177

E.D. (1993): Mobbing: "Versuchen Sie's doch noch mal", Beamte heute, 3, 10-11

Einarsen, Stale & Raknes, Björn (1991): Mobbing i arbeidslivet. En undersokelse av forekomst og helsemessige konsekvenser av mobbing pa norske arbeidsplasser. Bergen (Forskningssenter for arbeidsmiljo, Helse og Sikkerhet (FAHS), Universitetet i Bergen) [zit. in Niedl 1995a]

Einarsen, Stale & Skogstad, Anders (1996): Bullying at work: Epidemiological Findings in Public and Private Organizations. European Journal of Work and Organizational Psychology, 5 (2), 185-201

Einarsen, Stale, Raknes, Björn Inge & Matthiesen, Stig Berge (1994): Bullying and Harassment at work and their relationships to work environment quality: An exploratory study. European Journal of Work and Organizational Psychology, 4 (4), 381-401

Engelhart, Roman (1993): Alles Mobbing oder was? WISOLOG Gesprächsforum Augsburger Wirtschaftsakademiker e.V. (Hrsg.): Bericht an die Mitglieder. Augsburg, Dezember, 31-39

Engelhart, Roman (1994a): Mikropolitik im Spiegelbild empirischer Organisationsforschung. Kritischer Vergleich dreier Fragebogeninstrumente. Teil 1: Die Profiles of Organizational Influence Strategies (POIS). Zeitschrift für Personalforschung, 8 (1), 5-24

Engelhart, Roman (1994b): Mikropolitik im Spiegelbild empirischer Organisationsforschung. Kritischer Vergleich dreier Fragebogeninstrumente. Teil 2: Der Influence Behavior Questionnaire (IBQ) und die Perceptions of Organizational Politics Scale (POPS). Zeitschrift für Personalforschung, 8 (2), 158-186

Esser, Axel & Wolmerath, Martin (1997): Mobbing. Der Ratgeber für Betroffene und ihre Interessenvertretung. Köln (Bund)

Färber, Christiane (1993): Mobbing - ein neuer Betriebssport? Die Mitbestimmung, 55-57

Felstiner, W.L., Abel, R.L. & Sarat, A. (1980-81): The emergence and transformation of disputes: Naming, blaming, and claiming. Law and Society Review, 15, 631-654

Filipczak, Bob (1993): Armed and dangerous at work. Training, July, 39-43

Fisher, Roger, Kopelman, Elizabeth & Kupfer Schneider, Andrea (1995): Jenseits von Machiavelli. Kleines Handbuch der Konfliktlösung. Frankfurt u. New York (Campus)

Flanagan, James G. (1954): The Critical Incident Technique. Psychological Bulletin 51, 327-358

Fodell, Charlotta (1989): Miteinander oder Gegeneinander. Wiesbaden (Deutscher Universitäts Verlag)

Frese, Michael & Zapf, Dieter (1987): Eine Skala zur Erfassung von sozialen Stressoren am Arbeitsplatz. Zeitschrift für Arbeitswissenschaft, 41, 134-142

Friedberg, Erhard (1995): Ordnung und Macht. Dynamiken organisierten Handelns. Frankfurt u.a. (Campus)

Gabriel, Yiannis (1991): On Organisational Stories and Myths: Why it is Easier to Slay a Dragon than to Kill a Myth. International Sociology 6 (4), 427-442

Galliker, Mark (1980): Arbeit und Bewusstsein. Eine dialektische Analyse von Gesprächen mit Arbeitern, Angestellten, Beamten und selbständig Erwerbenden. Frankfurt u.a. (Campus)

Galtung, Johan (1981^{5}): Strukturelle Gewalt. Beiträge zur Friedens- und Konfliktforschung. Reinbek (Rowohlt)

Giacalone, Robert A. & Rosenfeld, Paul (Eds.) (1989): Impression Management in the Organization. Hillsdale (Erlbaum)

Giacalone, Robert A. & Rosenfeld, Paul (Eds.) (1991): Applied Impression Management. How Image-Making Affects Managerial Decisions. Beverly Hills u.a. (Sage)

Glasl, Friedrich (1980^{1},1990^{2}, 1992^{3}): Konfliktmanagement. Diagnose und Behandlung von Konflikten in Organisationen. Bern u.a. (Haupt)

Goffman, Erving (1974): Stigma. Über Techniken der Bewältigung beschädigter Identität. Frankfurt (Suhrkamp)

Gralka, Peer (1995): Mobbing und Arbeitsrecht. Eine Erwiderung auf Däubler. Betriebs-Berater, (51/52), 2651-2655

Groeblinghoff, Dieter & Becker, Michael (1996): A case study on mobbing and the clinical treatment of mobbing victims. European Journal of Work and Organizational Psychology, 5 (2), 277-294.

Grüner, U. (1993): Es mobbt allerorten. Die Zeit, 48 (43), 90-91

Grunewald, Benno (1993): Mobbing - Arbeitsrechtliche Aspekte eines neuen Phänomens. Neue Zeitschrift für Arbeitsrecht 10 (23), 1071-1073

Haan, Norma (1977): Coping and Defending. New York (Academic Press)

Hahne, Anton (1994): Mobbing: Konflikte unter Kollegen. Zeitschrift Führung und Organisation, (3), 188-193

Halama, Peter & Möckel, Udo (1995): "Mobbing". Acht Beiträge zum Thema Psychoterror am Arbeitsplatz. In: Evangelischer Pressedienst (Hrsg.): epd-Dokumentation (Bd. 11/95). Frankfurt/M. (Gemeinschaftswerk der evangelischen Publizistik e.V.).

Haller, Robert & Koch, Ulrike (1995): Mobbing - Rechtsschutz im Krieg am Arbeitsplatz. Neue Zeitschrift für Arbeitsrecht 12 (8), 356-360

Hank, Petra (1995): Ärgererleben und Ärgerverarbeitung im Alltag. Hamburg (Kovac)

Harragan, Betty L. (1977): Games mother never taught you. Corporate gamesmanship for women. New York (Warner Books)

Haubl, Rolf (1998): Erinnerungsarbeit: Über die Konstruktion individueller und kollektiver Autobiographien. Manuskript, Universität Augsburg

Heim, Pat (unter Mitarbeit von Susan Golant) (1993): Frauen lernen fighten. Ein Sparringskurs für Aufsteigerinnen. Freiburg (Haufe)

Heinemann, Peter-Paul (1972): Mobbning - gruppvald bland barn och vuxna. Stockholm (Natur och Kultur) [zit. in *Niedl* 1995a]

Heller, Waltraud (1994): Arbeitsgestaltung. Stuttgart (Enke)

Henes-Karnahl, Beate (1994): Systematischer Psychoterror im Büro kann Mitarbeitern jedes Selbstbewusstsein nehmen. Karriere-Magazin, 15.10.1994, K1-K2

Herkner, H. (1921^{7}): Die Arbeiterfrage. 1. Bd.: Arbeiterfrage und Sozialreform. Leipzig.

Herzberg, Frederick, Mausner, Bernard & Snyderman, B. (1959): The Motivation to Work. New York

Hesse, Jürgen & Schrader, Hans Chr. (1993): Krieg im Büro. Konflikte am Arbeitsplatz und wie man sie löst. Frankfurt (Eichborn)

Hildebrandt, Sabine (1993): Krank durch Kollegen-Terror. Süddeutsche Zeitung, 13.11.93, 50

Hildebrandt, Sabine (1994): Kollegen-Terror. Management & Seminar, 1994 (2), 14-17

Hjelt-Bäck, M. (1992): Arbetsplatstrakassering vid Abo Akademi - en undersökning om upplevda orsaker till, förekomst och följder av vuxentrakassering. Abo (Abo Akademi, humanistiska fakulteten, psykologiska institutionen) [zit. in *Niedl* 1995a]

Hoffmann, Rainer (1981): Der alltägliche Arbeitskampf. Frankfurt (Campus)

Holzbecher, Monika, Braszeit, Anne, Müller, Ursula & Plogstedt, Sibylle (1990): Sexuelle Belästigung am Arbeitsplatz. Schriftenreihe des Bundesministers für Jugend, Familie, Frauen und Gesundheit, Bd. 260, Stuttgart u.a. (Kohlhammer)

Huber, Brigitte (1993): Psychoterror am Arbeitsplatz - Mobbing. Niedernhausen (Falken)

Hugo-Becker, Annegret & Becker, Henning (1992): Psychologisches Konfliktmanagement. München (dtv/Beck)

Hugo-Becker, Annegret & Becker, Henning (1997): Mobbing. In: dies.: Motivation. Neue Wege zum Erfolg. München (dtv/Beck), 175-226

Huizinga, J. (1956): Homo ludens. Versuch einer Bestimmung des Spielelementes der Kultur. Reinbek (Rowohlt)

Jones Edward E. & Pittman, Thane S. (1982): Toward a General Theory of Strategic Self-Presentation. In: Suls, J. (Ed.): Psychological Perspectives on the Self. Vol. 1. Hillsdale (Erlbaum), 231-262

Kämpf, Silvia (1994): Krank vom Krieg mit den Kollegen. Augsburger Allgemeine, 4.3.94, 34

Kasper, Horst (1998): Mobbing in der Schule. Probleme annehmen, Konflikte lösen. Lichtenau (AOL) & Weinheim u. Basel (Beltz)

Katz, Petra (1995): Der ganz alltägliche Ärger. Vom Umgang mit Alltagsproblemen. Münster u. New York (Waxmann)

Kaufmann, I., Pornschlegel H. & Udris, Ivar (1982): Arbeitsbelastung und Beanspruchung. In: Zimmermann, L. (Hrsg.): Humane Arbeit. Leitfaden für Arbeitnehmer. Bd. 5: Belastungen und Stress bei der Arbeit. Reinbek (Rowohlt), 13-48

Kipnis, David & Schmidt, Stuart (1988): Upward influence styles: Relationships with performance evaluations, salary, and stress. Administrative Science Quarterly, 33, 528-542

Kipnis, David, Schmidt, Stuart & Wilkinson, Ian (1980): Intraorganizational influence tactics: Explorations in getting one's way. Journal of Applied Psychology, 65, 440-452

Kirsch, Claudia (1994): S-Klasse. Forbes (6), 121-124

Klein, Paul (1980): Fallstrick Intrige. Intrigen im Betrieb rechtzeitig erkennen und wirkungsvoll abwehren. Kissing (Weka)

Knorz, Carmen & Zapf, Dieter (1995): Mobbing - eine extreme Form sozialer Stressoren am Arbeitsplatz. Manuskript (Veröffentlicht in der Zeitschrift für Arbeits- und Organisationspsychologie 1996, 40 (1), 12-21), Gießen u. Konstanz

Kollmer, Norbert (1997): Mobbing im Arbeitsverhältnis. Heidelberg (Forkel)

Kossens, Michael (1998): Mobbing am Arbeitsplatz. In: Handwörterbuch des Arbeitsrechts für die tägliche Praxis (1997), Bd. 2, Nr. 1345, 97. Erg.-Lfg. Mai 1998

Kramer, Gisela (1993): Die Betriebskampfgruppe im Einsatz. Mobbing - ein unfairer Sport. Frankfurter Rundschau, 13.2.93, ZB5

Kraus, Wolf Dieter & Kraus, Renate (1993): Mobbing - Die Zeitbombe am Arbeitsplatz. Renningen (Expert Verlag)

Krieger, Winfried (1992): Soziale Beziehungen am Arbeitsplatz: Belastung oder Stütze. Psychosozial, 15 (4), Nr. 52, 23-32

Kröber, Sabine (1993): Der Mob ist los. Schikane im Büro. Forum, 9 (3), 20-22

Laux, Lothar & Weber, Hannelore (1993): Selbstdarstellung bei der Bewältigung von Ärger und Angst. In: Laux, Lothar & Weber, Hannelore (Hrsg.): Emotionsbewältigung und Selbstdarstellung. Stuttgart u.a. (Kohlhammer), 70-94

Laux, Lothar (1993a): Selbstdarstellung bei der Bewältigung von Emotionen. In: Laux, Lothar & Weber, Hannelore (Hrsg.): Emotionsbewältigung und Selbstdarstellung. Stuttgart u.a. (Kohlhammer), 37-69

Laux, Lothar (1993b): Angst, Selbstwert und Selbstdarstellung. In: Laux, Lothar & Weber, Hannelore (Hrsg.): Emotionsbewältigung und Selbstdarstellung. Stuttgart u.a. (Kohlhammer), 121-141

Lazarus, Richard & Folkman, Susan (1984): Stress, Appraisal, and Coping. New York (Springer)

Lazarus, Richard & Launier, R. (1978): Stress-related transactions between person and environment. In: Pervin, Lawrence & Lewis, M. (Eds.): Perspectives in Interactional Psychology. New York (Plenum), 287-327 [deutsch: Stressbezogene Transaktionen zwischen Person und Umwelt. In: Nitsch, J. (Hrsg.) 1981: Stress. Bern (Huber), 213-260)]

Lazarus, Richard (1966): Psychological Stress and the coping process. New York (McGraw-Hill)

Lerner, Melvin J. (1980): The Belief in a Just World. New York (Plenum)

Levenstein, A. (1912): Die Arbeiterfrage. München

Leymann, Heinz & Gustafsson, Annelie (1996): Mobbing at work and the development of post-traumatic stress disorders. European Journal of Work and Organizational Psychology, 5 (2), 251-275

Leymann, Heinz (1989): Presentation av LIPT-formuläret: konstruktion, validering, utfall. Stockholm (Praktikerjänst AB) [zitiert in *Niedl* 1995a, 255]

Leymann, Heinz (1990): Mobbing and Psychological Terror at Workplaces. Violence and Victims, 5 (2), 119-126

Leymann, Heinz (1993a): Ätiologie und Häufigkeit von Mobbing am Arbeitsplatz. Eine Übersicht über die bisherige Forschung. Zeitschrift für Personalforschung, 7, (2), 271-284

Leymann, Heinz (1993b): Mobbing. Psychokrieg am Arbeitsplatz. gdi impuls, 4, 20-29

Leymann, Heinz (1993c): Krankheiten und Rechtsprobleme als Folge von Mobbing am Arbeitsplatz. In: Kammer für Arbeiter und Angestellte für Salzburg (Hrsg.): Mobbing. Psychoterror am Arbeitsplatz und wie man sich dagegen wehren kann. Salzburg (Unveröffentl. Manuskript), 5-8

Leymann, Heinz (1993d): Die derzeitige Kontroverse über den Mobbingbegriff. In: Kammer für Arbeiter und Angestellte für Salzburg (Hrsg.): Mobbing. Psychoterror am Arbeitsplatz und wie man sich dagegen wehren kann. Salzburg (Unveröffentl. Manuskript), 1-8

Leymann, Heinz (1993): Mobbing. Psychoterror am Arbeitsplatz und wie man sich dagegen wehren kann. Reinbek (Rowohlt)

Leymann, Heinz (1995a): Einführung: Mobbing. Das Konzept und seine Resonanz in Deutschland. In: Leymann, H. (Hrsg.): Der neue Mobbing-Bericht. Erfahrungen und Initiativen, Auswege und Hilfsangebote. Reinbek (Rowohlt), 13-26

Leymann, Heinz (1995b): Theorien - aber welche? Wie Lena, die Schweißerin, unter die Wissenschaft fiel: Zur Kontroverse über Mobbing. In: Leymann, H. (Hrsg.): Der neue Mobbing-Bericht. Erfahrungen und Initiativen, Auswege und Hilfsangebote. Reinbek (Rowohlt), 27-41

Leymann, Heinz (1995c): Wenn Mobbing krank macht. Die posttraumatische Stressbelastung und ihre Folgen. In: Leymann, H. (Hrsg.): Der neue Mobbing-Bericht. Erfahrungen und Initiativen, Auswege und Hilfsangebote. Reinbek (Rowohlt), 42-54

Leymann, Heinz (1995d): Am Anfang steht das Zuhören. Einige Bemerkungen über den Umgang mit Mobbingopfern und über Hilfsmaßnahmen. In: Leymann, H. (Hrsg.): Der neue Mobbing-Bericht. Erfahrungen und Initiativen, Auswege und Hilfsangebote. Reinbek (Rowohlt), 111-123

Leymann, Heinz (1995e): Konkurrenz und Kooperation oder Vom Mythos der Konkurrenzgesellschaft. Ein Nachwort. In: Leymann, H. (Hrsg.): Der neue Mobbing-Bericht. Erfahrungen und Initiativen, Auswege und Hilfsangebote. Reinbek (Rowohlt), 173-182

Leymann, Heinz (1996): The content and development of mobbing at work. European Journal of Work and Organizational Psychology, 5 (2), 165-184

Leymann, Heinz (1996www): Mobbying, Bullying, Whistleblowing. Die Mobbingforschung: Notwendigkeit einer seriösen Kritik. In: http://www.leymann.se/deutsch/11451d.htm (20.08.98)

Lind, Allan E., Kray, Laura & Thompson, Leigh (1998): The Social Construction of Injustice: Fairness Judgements in Response to Own and Others' Unfair Treatment by Authorities. Organizational Behavior and Human Decision Processes, 75 (1), 1-22

Lindemeier, Bernd (1996): Mobbing. Krankheitsbild und Intervention des Betriebsarztes. Die Berufsgenossenschaft, Juni, 428-431

List, Karl-Heinz (1993): Mobbing - ein alter Hut. Personal, (11), 532-533

Löffler, Rainer & Sofsky, Walter (1986): Macht, Arbeit und Humanität. Zur Pathologie organisierter Arbeitssituationen. Augsburg (Cromm)

Luhmann, Niklas: Soziale Systeme. Frankfurt/M. (Suhrkamp)

Mantell, Michael & Albrecht, Steve (1994): Ticking Bombs. Defusing violence in the workplace. New York (Irwin)

Matthiesen, S., Raknes, B. & Rokkum, O. (1989): Mobbing pa arbeidsplassen. Bergen (Forskningssenter for Arbeidsmiljo, Helse og Sikkerhet (FAHS), Universitetet Bergen) [zit. in *Niedl* 1995a]

Meyer, Angelika (1991): Intrigen, Schikanen, Rufmord. Stern, 44, 23-27

Michaelis, Wolfgang (1976): Verhalten ohne Aggression? Versuch der Integration der Theorien. Köln (Kiepenheuer & Witsch)

Moebius, Monica (1988): Psychoterror im Betrieb. Psychologie Heute, Januar, 32 - 39.

Monahan, John (1975): The prediction of violence. In: Chappel, D. & Monahan, J. (Eds.): Violence and Criminal Justice. Lexington (Lexington Books), 15-31

Morgan, Gareth (1986): Images of organization. Beverly Hills (Sage)

Müller, Günter & Hassebrauck, M. (1993): Gerechtigkeitstheorien. In: Frey, D. & Irle, M. (Hrsg.): Theorien der Sozialpsychologie. Bd 1: Kognitive Theorien. Bern (Huber), 217-240

Mummendey, Hans D. (1995^2): Psychologie der Selbstdarstellung. Göttingen (Hogrefe)

National Board of Occupational Safety and Health (1993): Offensive Discrimination at Work. Ordinance of the National Board of Occupational Safety and Health containing provisions on measures against offensive discrimination at work and General Recommendations on the implementation of the provisions. Vorlage vom 21.09.93. Stockholm (National Board of Occupational Safety and Health) [zit. in *Niedl* 1995a]

Neuberger, Oswald & Allerbeck, Mechthild (1979): Messung und Analyse von Arbeitszufriedenheit. Bern (Huber)

Neuberger, Oswald (1985): Arbeit. Stuttgart (Enke)

Neuberger, Oswald (1985): Im Reden verzaubern wir uns selbst. Psychologie heute, (11), 32-35

Neuberger, Oswald (1995): Mikropolitik. Der alltägliche Aufbau und Einsatz von Macht in Organisationen. Stuttgart (Enke)

Niedl, Klaus (1993a): Mobbing in einem österreichischen Unternehmen - Gemeinsamkeiten und Unterschiede zu Schweden sowie betriebswirtschaftlich relevante Aspekte des Mobbinggeschehens. In: Kammer für Arbeiter und Angestellte für Salzburg (Hrsg.): Mobbing. Psychoterror am Arbeitsplatz und wie man sich dagegen wehren kann. Salzburg (Unveröffentl. Manuskript), 9-16

Niedl, Klaus (1993b): Psychoterror/Schikane am Arbeitsplatz. Einsichten in das Phänomen 'Mobbing' aus empirischer Sicht. In: Eschenbach, R. (Hrsg.): Forschung für die Wirtschaft. Im Mittelpunkt: der Mensch. Wien (Service), 89-98

Niedl, Klaus (1995a): Mobbing/Bullying am Arbeitsplatz. Eine empirische Analyse zum Phänomen sowie zu personalwirtschaftlich relevanten Effekten von systematischen Feindseligkeiten. München u. Mering (Hampp)

Niedl, Klaus (1995b): Wem nützt Mobbing? Psychoterror am Arbeitsplatz und die Personalwirtschaft von Unternehmen. In: Leymann, H. (Hrsg.): Der neue Mobbing-Bericht. Erfahrungen und Initiativen, Auswege und Hilfsangebote. Reinbek (Rowohlt), 55-75

Nuber, Ursula (1998): Gut, dass wir nicht darüber geredet haben!, Psychologie Heute, 1, 22-27

o.V. (1992): Tratsch und Terror. Magenkrämpfe, Migräne, Kündigung - Angestellte leiden unter Mobbing. Der Spiegel, 1992, 31, 58-59

o.V. (1993): Terror am Arbeitsplatz. Der Volks- und Betriebswirt, 63 (2), 26

o.V. (1993): Zweckbündnis auf Zeit. Angestellten-Magazin, 11, 12-14

o.V. (1995): Dumme Sache. Moderne Rationalisierung: Chefs ekeln unliebsame Mitarbeiter per 'Bossing' raus - und sparen so die Abfindung. Der Spiegel, 5, 111-113

o.V. (1997): "Er musste entsorgt werden." Der Spiegel 49 (1.12.97), 120-136

Olweus, Dan (1995): Gewalt in der Schule. Was Lehrer und Eltern wissen sollten - und tun können. Bern u.a. (Huber)

Orendi, Bennina (1982): Stressbewältigung - Möglichkeiten und Grenzen. Psychosozial, 5 (1), 55-66

Pauli, Wilhelm (1993): Wie intrigiere ich erfolgreich. Die Mitbestimmung, 52-54

Pawlowsky, Peter (1988): Aus Kollegen werden Konkurrenten. In: Redaktion Psychologie Heute (Hrsg.): Arbeit: Die seelischen Kosten. Weinheim u. Basel (Beltz), 27-34

Pikas, Anatol (1989): The Common Concern Method for the treatment of Mobbing. In: Erling, Roland & Munthe, Elaine (Eds.): Bullying. An International Perspective. London (David Fulton Publishers), 91-104

Piwinger, Manfred & Niehüser, Wolfgang (1997): Skandale: Verlauf und Bewältigung. In: dies. (Hrsg.): Stimmungen, Skandale, Vorurteile. Frankfurt (Profess. Kommunikation / FAZ), 42-73

Plogstedt, Sibylle & Bode, Kathleen (1984): Übergriffe. Sexuelle Belästigung in Büros und Betrieben. Reinbek (Rowohlt)

Pourroy, Gustav A. (1986): Das Prinzip Intrige. Über die gesellschaftliche Funktion eines Übels. Zürich (Edition Interform)

Prosch, Alexandra (1995): Mobbing am Arbeitsplatz. Literaturanalyse mit Fallstudie. Konstanz (Hartung-Gorre)

Pullig, Karl-Klaus (1998): Konfliktberatung in non-profit-Organisationen - mit Fallstudien. München u. Mering (Hampp)

Rahe, R.H. & Arthur, R.J. (1978): Life change and illness studies: Past history and future directions. Journal of Human Stress, 4, (March), 3-15

Rapoport, Anatol (1976): Kämpfe, Spiele und Debatten. Drei Konfliktmodelle. Darmstadt (Verlag Darmstädter Blätter)

Rastetter, Daniela (1993): Die Sexualität der Organisation. Dissertation. Universität Augsburg. [Unter dem Titel "Sexualität und Herrschaft in Organisationen" veröffentlicht 1994; Opladen (Westdeutscher Verlag)]

Rayner, Charlotte & Hoel, Helge (1997): A summary review of literature relating to workplace bullying. Journal of Community & Applied Social Psychology, 7, 181-191

Rayner, Charlotte (1997): The incidence of workplace bullying. Journal of Community & Applied Social Psychology, 7, 199-208.

Resch, Martin (1994): Wenn Arbeit krank macht. Frankfurt (Ullstein)

Rheinz, Hanna (1994): Der Feind in meinem Büro. Süddeutsche Zeitung, 29.1.94, 68

Röhrle, Bernd (1993): Soziale Netzwerke und soziale Unterstützung. Weinheim (Beltz PVU)

Roland, Erling & Munthe, Elaine (1989): Bullying. An International Perspective. London (Fulton)

Roland, Erling (1989): A System Oriented Strategy against Bullying. In: Roland, E. & Munthe, E. (Eds.): Bullying. An international perspective. London (David Fulton), 143-151

Rosenfeld, Paul & Giacalone, Robert A. (1995): Impression Management. Persönliche Imagestrategien. gdi impuls 13 (2), 17-26

Ross, Lee (1977): The intuitive psychologist and his shortcomings: Distortions in the attribution process. In: Berkowitz, l. (Ed.): Advances in experimental social psychology, Vol. 10. New York (Academic Press), 173-220

Ruoss, Brigitta (1997): Noch eine Kränkung. Vom sprachlichen Umgang mit dem Themenbereich 'Sexuelle Gewalt' in der Psychotherapie. GFK-Texte, 3, 28-34

Rüttinger, Bruno (1977): Konflikt und Konfliktlösen. München (Goldmann)

Schäfer, Rolf (1996): Der Mobber. Terror am Arbeitsplatz. Offenburg (Jasmin Eichner Verlag)

Scharlowsky, Volker, Diergarten, Eckhard, Grontzki, Hermann & Benthien, Dieter (1994): Mobbing. Psychoterror am Arbeitsplatz. Unterlagen für die Vorbereitung einer Betriebsversammlung/Personalversammlung zum Thema Mobbing. Köln (Bund Verlag)

Schettgen, Peter (1991 bzw. 1992): Führungspsychologie im Wandel. Neue Ansätze in der Organisations-, Interaktions- und Attributionsforschung. Wiesbaden (DUV)

Schettgen, Peter (1998): Politische Ökonomie der Kampfkunst. Organisations- und kulturpsychologische Perspektiven. Unveröffentlichte Habilitationsschrift (Universität Augsburg)

Scheuerl, Hans (Hrsg.)(1991): Das Spiel. Theorien des Spiels. Bd. 2, Weinheim und Basel (Beltz)

Schindler, Raoul (1973): Das Verhältnis von Soziometrie und Rangordnungsdynamik. In: Heigl-Evers, A. (Hgin.): Göttingen (Vandenhoek & Rupprecht), 30-36

Schlenker, Barry R. (1980): Impression Management. The Self-Concept, Social Identity, and Interpersonal Relations. Monterey (Brooks-Cole)

Schmidbauer, Wolfgang (1978): Die hilflosen Helfer. Über die seelische Problematik der helfenden Berufe. Reinbek (Rowohlt)

Schneider, Klaus (1994): Mobbing ist 'in'. Arbeit und Arbeitsrecht 49 (6), 180-182

Schriesheim, Chester & Hinkin, Timothy (1990): Influence tactics used by subordinates: A theoretical and empirical analysis of the Kipnis, Schmidt, and Wilkinson subscales. Journal of Applied Psychology, 75, 246-257

Schwarz, Gerhard (1995²): Konfliktmanagement. Sechs Grundmodelle der Konfliktlösung. Wiesbaden (Gabler)

Schwertfeger, Bärbel (1992): Mobbingfieber. Wirtschaftswoche, 31 (24.7.92), 46-49

Seemann, Hans-Jürgen & Meier; Rainer (1989²): Das Prinzip Bosheit. Die Alltäglichkeit der Schikane. Weinheim (Beltz)

Selye, Hans (1988): Stress. Bewältigung und Lebensgewinn. München (Piper)

Siegert, W. (1993): Mobbing und die Verantwortung der Sekretärin. Kissing (Weka)

Simon, Fritz & Conecta-Autorengruppe (1993): Radikale Marktwirtschaft. Verhalten als Ware oder Wer handelt, der handelt. Heidelberg (Carl Auer)

Sitkin, Sim B. & Bies, Robert J. (1993): Social Accounts in Conflict Situations: Using Explanations to Manage Conflict. Human Relation, 46 (3), 349-370

Skogstad, A., Matthiesen, S. & Hellesoy, O. (1990): Hjelpepleiernes Arbeidsmiljokvalitet. En undersokelse av arbeidsmiljo, helse og trivsel blant hjelpepleierne i Hordaland. Bergen (Forsningssenter for Arbeidsmiljo, Helse og Sikkerhet (FAHS), Universitetet Bergen) [zit. in *Niedl* 1995a]

Sprouse, Martin (1993): Sabotage. Arbeiterinnen aus den USA erzählen. TheKla 16, Berlin (Sisina)

Sprouse, Martin (1994): Sabotage. gdi-impuls, 12 (3), 3-13

Stelzer, Josef (1992): Mobbing. Terror im Büro. Forbes, 1992, 10, 76-79

Stierlin, Helm (1976): Das Tun des Einen ist das Tun des Anderen. Frankfurt (Suhrkamp)

Stuart, Peggy (1992): Murder on the job. Personnel Journal, February, 72-77

Tedeschi, James T. (1981): Impression Management Theory and Social Psychological Research. New York (Academic Press)

Thau, Martin (1990): Intrigen. Heimtücke und Verschlagenheit im Alltag. Leitfaden der öffentlichen und privaten Hinterlist. Stuttgart u.a. (Verlag Bonn Aktuell)

Thomas, R.F. (1993): Chefsache Mobbing. Souverän gegen Psychoterror am Arbeitsplatz. Wiesbaden (Gabler)

Thylefors, I. (1987): Syndabockar. Om utstötning och mobbning i arbetslivet. Stockholm (Natur och Kultur) [zit. in *Niedl* 1995a]

Titze, Michael & Gröner, H. (1989). Was bin ich für ein Mensch? Freiburg (Herder)

Udris, Ivars & Frese, Michael (1988): Belastung, Stress, Beanspruchung und ihre Folgen. In: Frey, Dieter, Graf Hoyos, Carl & Stahlberg, Dagmar (Hrsg.): Angewandte Psychologie. Ein Lehrbuch, 427-447

Vartia, Maarit (1991): Bullying at workplaces. In: Towards the 21st Century. Work in the 1990s. International Symposium on Future Trends in the Changing Working Life. 13-15 August 1991, Helsinki, Finland, 131-135 [zit. in *Niedl* 1995a]

Vartia, Maarit (1996): The sources of bullying - Psychological work environment and organizational climate. European Journal of Work and Organizational Psychology, 5 (2), 203-214

Verres, Rolf & Sobez, Ingrid (1980): Ärger, Aggressionen und soziale Kompetenz. Stuttgart (Klett)

von Hoyningen-Huene, Gerrick (1991): Belästigungen und Beleidigungen von Arbeitnehmern durch Vorgesetzte. Der Betriebsberater, 31, 2215-2222

von Senger, Harro (1992): Strategeme. Bern (Scherz)

von Senger, Harro (1993): Gegen die Listenblindheit von Machiavelli bis Mobbing hilft nur eines: Seid klug wie die Schlangen! gdi impuls, 11 (4), 30-39

Walgenbach, Peter (1994): Mittleres Management. Aufgaben - Funktionen - Arbeitsverhalten. Wiesbaden (Gabler)

Walter, Henry (1993): Mobbing: Kleinkrieg am Arbeitsplatz. Frankfurt u. New York (Campus)

Waniorek, Linda & Waniorek, Axel (1994): Mobbing: Wenn der Arbeitsplatz zur Hölle wird. Landsberg (mvg)

Weber, Hannelore & Laux, Lothar (1993): Emotionsbewältigung. Formen und Intentionen. In: Laux, Lothar & Weber, Hannelore (Hrsg.): Emotionsbewältigung und Selbstdarstellung. Stuttgart u.a. (Kohlhammer), 10-36

Weber, Hannelore (1993): Ärger, Selbstwert und Selbstdarstellung. In: Laux, Lothar & Weber, Hannelore (Hrsg.): Emotionsbewältigung und Selbstdarstellung. Stuttgart u.a. (Kohlhammer), 95-120

Weber, Hannelore (1993): Dem Phlegma eine Chance! Argumente gegen das Persönlichkeitsideal des problemzentriert Bewältigenden. In: Montada, L. (Hrsg.): Bericht über den 38. Kongreß der Deutschen Gesellschaft für Psychologie in Trier (Bd. 2), Göttingen (Hogrefe), 770-778

Weber, Hannelore (1994): Ärger. Psychologie einer alltäglichen Emotion. München (Juventa)

Wilhelm, Thorsten (1995): Rechtliche Möglichkeiten gegen Mobbing. Arbeit und Arbeitsrecht 50 8/), 234-237

Willi, Jürg (1975): Die Zweierbeziehung. Spannungsursachen, Störungsmuster, Klärungsprozesse, Lösungsmodelle. Reinbek (Rowohlt)

Willmann, Helmut, Messinger, Heinz, Langenscheidt-Redaktion (Hrsg.) (1985): Langenscheidts Großwörterbuch, Englisch-Deutsch. Berlin u.a. (Langenscheidt)

Wilson, Brady C. (1991): U.S. Businesses Suffer from Workplace Trauma. Personnel Journal (7), 47-50

Wimmer, Peter (1980): Der Zusammenhang zwischen Arbeitssituation und gesundheitlichen Störungen. Eine kritische Analyse vorliegender Ansätze und Ergebnisse. Augsburg (Unveröffentlichte Dissertation)

Wiswede, Günter (1979): Soziologie abweichenden Verhaltens. Stuttgart u.a. (Kohlhammer)

Wittenzellner, Christine (1993): Wenn sich Intrigen häufen. IO Management Zeitschrift, 62 (10), 41-44

Wolff, Georg (1993a): Kampf der Kollegen. Mobbing - Psychoterror im Unternehmen. Erfolg-Magazin, 42 (7/8), 42-44

Wolff, Georg (1993b): Mobbing: Psychoterror im Unternehmen. Personalwirtschaft (6), 41-44

Wunderer, Rolf & Weibler, Jürgen (1992): Vertikale und laterale Einflussstrategien: Zur Replikation und Kritik des 'Profiles of Organizational Influence Strategies (POIS)' und seiner konzeptionellen Weiterführung. Zeitschrift für Personalforschung, 6 (4), 515-536

Zapf, Dieter & Warth, Konstantin (1997a): Subtile Kriegsführung am Arbeitsplatz. Psychologie Heute, 8, 20-25, 28-29

Zapf, Dieter (1997b): Mobbing in Organisationen - Überblick über den Stand der Forschung. Manuskript (Universität Konstanz)

Zuschlag, Berndt (1994): Mobbing - Schikane am Arbeitsplatz. Erfolgreiche Mobbing-Abwehr durch systematische Ursachenanalyse. Göttingen (Hogrefe)

11. Autorenverzeichnis

12. Stichwortverzeichnis